우방과 제국, 한미관계의 두 신화

8·15에서 5·18까지

우방과 제국, 한미관계의 두 신화

8·15에서 5·18까지

박태균 지음

창비

▪ 책머리에

1985년 서울 주한미문화원 점거농성 사건, 1986년 김세진·이재호 선배의 분신자살 사건은 필자의 머리에 '미국'이라는 두 글자를 확실하게 새기는 동시에 인생의 전환점을 만들어주었다. 그리고 1980년대 후반의 대학생활 내내 필자뿐만 아니라 대한민국의 많은 젊은이들에게 미국은 하나의 '제국'으로 다가왔다. 그후 '미국'은 필자의 모든 연구과정에서 '화두'가 되었다.

한국현대사를 연구하면서 필자는 미국이 한국사회의 깊은 곳에 항상 존재했음을 발견할 수 있었다. 물질적인 측면에서뿐만 아니라 정신적·문화적 측면에서도 미국은 한국사회의 곳곳에 깊숙이 침투해 있었다. 그렇지 않다면 왜 그 바쁜 한국의 모든 대통령(후보)들이 미국과의 관계정립에 가장 많은 노력을 기울였겠는가?

미국은 한국현대사에서 단지 외부적인 조건이 아니라 한국사회를 움직인 하나의 '주체'였으며, 한국을 도와주고 지켜주는 '우방'이자 세계질서를 주도하면서 한국에 개입하는 '제국'이었다. 지난 60년 동안 우방과 제국이라는 이 두가지 인식은 한국인의 머릿속에 깊이 각인돼왔고 이제는 하나의 신화가 된 감이 없지 않다. 한국이 미국과 항상 우호관계를 유지해온 것도 아니고 심각한 갈등만 겪은 것도 아니었는데 말이다.

오늘날 한국은 전환기에 서 있다. 양극화의 문제, 새로운 성장 동력의 문제, 그리고 교육문제 등 사회의 모든 부분에서 새로운 전략이 요구되고 있다. 그 중에서 빼놓을 수 없는 문제가 바로 한미관계이다. 미국의 요청에 의해 자이툰 부대가 이라크에 파병되어 있으며, 한국정부는 주한미군의 전략적 유연성을 수용하면서 미국으로부터 전시 작전통제권을 환수하기 위한 협상을 진행하고 있다. 또한 한국정부는 미국과의 자유무역협정(FTA)을 추진하고 있으며, 두 나라는 북한을 둘러싼 문제에서 견해 차이를 드러내고 있다.

8·15부터 5·18까지의 한미관계를 다루는 이 책은 한편으로는 과거의 복원이면서, 다른 한편으로는 위와 같은 현실적 문제들에 대처하는 새로운 대안을 내놓기 위한 작업이기도 하다. 오늘 우리에게 이라크 파병문제가 있다면, 1960년대에는 베트남 파병문제가 있었다. 오늘 우리에게 주한미군의 재편문제가 있다면, 1950년대에는 아이젠하워 행정부의 주한미군 감군론이, 1960년대에는 버거 플랜과 닉슨 독트린이 있었다. 오늘 우리에게 FTA가 문제라면, 1950년대에는 환율문제, 1960년대에는 경제개발계획의 방향을 둘러싼 한미간의 논쟁이 있었다.

그러나 한미관계를 연구하면서 필자는 과연 우리에게 과거의 일들에서 얻은 '학습효과'가 얼마나 있었는가를 반문하게 된다. 이 점에서 한국과 미국은 철저하게 비교된다. 1970년대 주한미국대사는 한미관계를 고민하면서 1952년 부산정치파동 당시의 상황을 회고했다. 1947년 미군정의 CIC 정보요원, 5,60년대 주한미국대사관의 참사관으로 활동한 인사들은 70년대와 90년대초 주한미국대사로 부임했다. 하비브와 레이니는 그 대표적인 인물들이다.

이들에게 이전의 경험은 당시의, 그리고 앞으로의 한미관계를 풀어가는 중요한 시금석이 되었다. 오늘 주한미군의 재배치와 전시 작전통제권 환수문제를 논의하면서 미국방부나 국무부, 그리고 주한미군의 고위 관료들은 6,70년대 주한미군 감축과 재배치를 논의했을 때의 경험을 먼저 분석하고 있을지도 모른다.

그러나 한국의 경우는 어떤가? 자이툰 부대를 이라크에 파병하면서 베트남 파병 당시의 문제들을 얼마나 세밀하게 연구해보았는가? 한국정부는 베트남에 전투부대를 파병하면서, 미일동맹에 버금가는 수준으로 한미동맹을 격상하려고 했다. 한국은 미국의 베트남전쟁 정책에 가장 협조적인 우방이었다. 그러나 파병의 결과 한미관계가 정상적인 외교관계로 격상되지도 못했다. 여기에는 여러가지 요인이 있었지만, 과거를 살피지 못한 한국정부의 부적절한 대응이 결정적인 요인의 하나였다. 이미 이승만 정부 때 한국정부는 미국의 대외정책을 제대로 인식하지 못한 채 미국에 동남아시아 파병을 제안했다가 거절당한 경험이 있었던 것이다.

지금 한국은 세계에서 세번째 규모의 병력을 이라크에 보내놓고도 부시 행정부로부터 적절한 대우를 받지 못하고 있다. 이것은 혹 한국정부의 부적절한 대응 또는 미국의 정책을 오독한 때문은 아닐까? 또는 베트남전쟁에서처럼, 한국이 개입하지 말아야 할 지역에 외부의 요구에 의해 무리하게 개입한 것이 근본적인 문제로 작용하고 있는 것은 아닐까?

현재 전시 작전통제권의 환수가 한미동맹이나 한국의 안보에 미칠 영향을 두고 논란이 진행중이다. 과연 이러한 논쟁은 올바른 것인가? 미국이 전시 작전통제권의 환수를 적극적으로 추진하려는 이유를 고민하고 분석해보았는가? 1960년대초 미국은 주한미군 감축을 시도하면서 한국군의 작전통제권에 대해 고민했다. 만약 일정 수준 이하로 주한미군의 규모가 감축된다면, 주한미군 사령관이 한국군의 작전통제권을 행사할 수 없게 되기 때문이다.

만약 현재의 해외주둔 미군의 재배치 계획하에서 주한미군의 규모가 1개 사단 이하로 줄어든다면, 주한미군 사령관은 계급이 낮아질 수밖에 없고, 이 경우 한미연합사령관으로서의 지위를 유지하기 어렵게 된다. 1개 사단 이하로 감축되지 않는다고 하더라도, 신속기동군으로 변화된 주한미군이 다른 지역으로 이동할 경우에는 주한미군 사령관이 한국군의 작전통제권을 행사하는 것이 쉽지 않다.

한미 FTA를 추진하면서 과거 한미간에 경제문제로 겪은 갈등을 분석해보았는가 하는 것도 짚어볼 만하다. 미행정부는 1950년대 이후 현재에 이르기까지 경제문제에 관한 한 한국에 어떠한 양보도 하지 않았다. 50년대 환율문제에서부터 60년대 경제개발계획의 경우에 이르기까지 경제적 이해관계는 미국의 대한정책에서 가장 중요한 전제가 되었다. 때로 군사·정치적인 정책까지도 미국의 경제적 이해관계를 확보하기 위한 것이었다. 1949년의 경제부흥원조도, 50년대의 뉴룩정책도, 60년대의 경제개발원조도 모두 예외가 아니었다. 그러므로 FTA 협상에서 미국이 상당한 양보를 할 것으로 상정하고 접근하는 것은 매우 순진한 생각이다.

그럼에도 불구하고 미국의 대외정책에는 몇가지 점에서 약한 고리가 있었다. 그 하나가 세계 여론이며, 다른 하나가 미국의 위신이다. 세계 여론이 악화될 때, 세계적 차원에서 미국의 위신이 위협받을 때 미국은 '무리'하면서까지 대외정책의 전환을 추진했다. 1952년 부산정치파동과 1961년 5·16쿠데타 그리고 1972년 유신선포 등 한국현대사의 전환기에 미국이 쉽사리 개입하지 못한 이유 중 하나는 세계 여론을 의식했기 때문이다.

반면에 미국은 항상 한국이 외부의 침략이 아닌, 내부의 문제로 인해 스스로 붕괴하는 것을 막고자 했다. 대한민국의 자체 붕괴는 동북아에서 미국의 위신에 결정적인 타격을 가하는 것이었기 때문이다. 이 때문에 4·19혁명과 1987년의 6월 민주항쟁 때 미국은 개입을 선택한 것이다.

물론 '과거'에서 무엇을 배울 것인가에 대해서는 신중하게 고민해야 한다. 그것은 때로 긍정적인 교훈일 수도 있고, 부정적인 교훈일 수도 있다. 특히 미국과의 관계에서 한국정부의 정책들은 성공적인 경우가 드물었다. 그러나 성공적이지 못했기 때문에 과거의 경험은 더 소중하다. 도대체 왜 성공적이지 못한 것일까? 왜 시작부터 정상적이지 못했던 한미관계가 지금까지도 그대로 유지돼온 것일까? 이것이 이 책에서 필자가 꾸준히

던진 질문이다.

『조봉암 연구』를 출간한 지 11년 만에 다시 창비에서 책을 출간한다. 평소 신망해온 출판사에서 책을 내는 것은 연구자에게 개인적으로 영광이 아닐 수 없다. 게다가 기획에서부터 편집에 이르기까지 창비와 안병률 씨의 도움을 받을 수 있었다는 것은 필자의 복인가보다.

이 책을 내면서 감사의 말을 전해야 할 분들이 너무나 많다. 필자에게 한미관계에 눈을 뜨게 해준 정병준 선배. 함께 쎄미나를 하면서 혜안을 주신 도진순·임대식·정용욱·김광운·정창현·홍석률 선배. 하바드 옌칭연구소에서 도움을 받은 에커트 교수와 베이커 부소장님. 사회과학적인 아이디어와 자료를 제공해주신 신욱희·이철순·정일준·이근·오유석 교수. 『역사비평』에 실린 필자의 글을 게재하는 데 동의해주신 역사비평사 사장님. 사진을 구하는 데 협조해주신 강성천 씨와 국가기록원 관계자들께도 감사한다.

한미관계를 보더라도 한국 내부의 힘에 대한 접근이 필요하다는 것을 강조하신 한영우 선생님은 필자를 역사학자로 만들어주셨고, 정옥자 선생님과 이태진 선생님은 인간의 '생각'과 '사상'의 중요성을 일깨워주셨다. 권태억 선생님과 김인걸 선생님 그리고 서중석 선생님은 필자에게 학문적 철저함과 실천적 문제의식의 필요성을 항상 강조해주셨다. 그럼에도 불구하고, 덜렁대는 필자의 성격은 지금도 학문적 철저함에서 많은 문제를 안고 있다.

국제대학원의 선생님들은 항상 필자에게 좀더 넓고 현실적인 시각을 갖도록 도와주셨다. 국제대학원의 김용덕 원장님과 박태호 선생님을 비롯한 모든 교수님들은 필자가 역사적 시각에서 현실문제에 좀더 천착할 수 있도록 많은 조언을 주셨다. 돌아가신 김장권 선생님은 필자의 정신적 스승과 같은 분이셨다. 국제대학원에서 연구와 교육활동을 할 수 있다는 것은 역사학자로서 큰 행운이다. 여러 선생님들의 배려는 역사학자로서 현실과 교감하는 연구를 진행할 수 있는 조건이 되었다.

아내와 가족들은 항상 필자에게 가장 소중한 존재이다. 마쯔바라(松原) 교수와 큐우슈우대학 한국학연구센터의 도움으로 후꾸오까에서 이 책의 마지막 작업을 할 때, 조그만 방안에서 소현, 승현과 함께 지낸 시간은 필자에게 고생스러웠지만, 행복했던 시간이다. 아내는 항상 나의 글을 읽고 이해가 안되는 곳을 찔러주기도 하고 비판도 해주는 인생과 학문의 동반자이다.

항상 연구와 작업을 핑계로 혼자이신 어머니를 제대로 못 모시는 것이 죄송하다. 어머니께서는 필자의 신중하지 못함을 지적하시면서도 필자의 모든 활동에 세심하게 신경을 써주신다. 필자를 대신해 큰아들 노릇을 하는 동생, 바쁜데 자주 찾아오지 않아도 된다고 하시는 빙부모님께도 고마운 마음을 전한다.

옆에서 도와주는 고근·김유리·권희영·서영희·국수형 조교, 새로운 시각과 부족한 부분을 채울 수 있도록 격려해준 '한국현대사' '한국의 역사' '한미관계사 연구' 수강생들, 그리고 어려운 상황에서도 항상 열심히 공부하는 국제대학원의 외국인 학생들은 필자의 가장 큰 재산이다. 모두에게 감사의 말을 전한다.

항상 필자의 삐딱한 시각을 염려하시면서도 연구를 계속 지원해주신 돌아가신 아버지께 이 책을 바친다.

2006년 8월

박태균

차례

제4부 군사정부와 미국

제5부 한일협정 체결과 김종필 제거계획

제6부 베트남 파병을 둘러싼 한미간의 줄다리기

제7부 1970년대의 한미관계와 학습효과

결론

서론

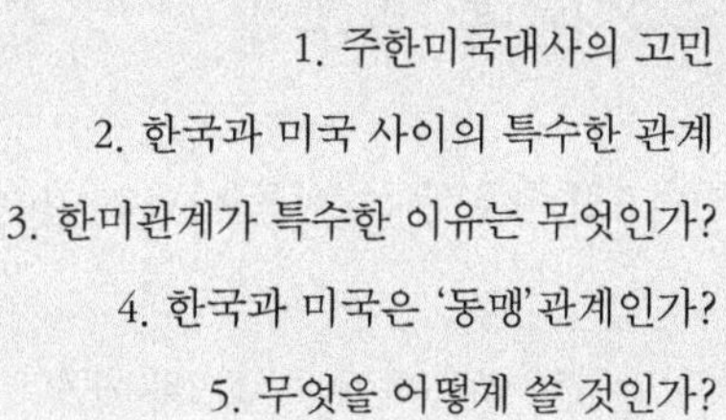

1. 주한미국대사의 고민
2. 한국과 미국 사이의 특수한 관계
3. 한미관계가 특수한 이유는 무엇인가?
4. 한국과 미국은 '동맹'관계인가?
5. 무엇을 어떻게 쓸 것인가?

1. 주한미국대사의 고민

1966년 8월 주한미국대사는 다음과 같은 전문(電文)을 국무부에 보냈다.

우리는 한국인들과 매우 특별한 관계를 맺고 있다. 우리가 아니고선 대한민국은 존재할 수 없다. 우리는 한국의 군대가 움직이도록 하며 모든 중요한 경제적 결정에 참여한다. 경제기획원 중앙의 은밀한 곳에는 항상 미국인들이 있다. 각 지역 도지사들에게는 미국의 자문관이 배치된다. 우리는 유별난 정보 연계를 맺으며 미군은 항상 한국의 국방비를 검토한다.

한국의 어느 곳이든 중요한 자리에는 미국인들이 있다. 이들은 종종 한국인들 위에서 "자문하는" 유능한 사람들이다. 종종 그들의 주요한 활동은 바람직하지 못한 한국의 정치적 압력에 의해서 견제를 받는다. 지금까지는 한미관계가 어렵지 않게 풀렸으며 상호보완적이었다. 한국은 아직도 많은 지역과 문제 들에서 우리를 필요로 하고 있다.

그러나 이러한 관계가 계속되거나 계속되어야만 한다고 보지는 않는다. 특히 지난 2년간 표출된 것처럼 한국의 경제성장, 정치적 성숙 그리고 국제적 경쟁력이 높아진다면 이러한 관계는 변화될 수도 있다. 문제는 오히려 비정상적으로 가까우면서 좋은 관계를 맺고 있다는 점에서 발생한다. 우리의 관계가 어떻게 두 주권국가 사이에서 일반적으로 존재하는 좀더 정상적인 관계로 나아갈 수 있을까?[1]

이 전문은 한국정부가 미국의 요청을 받아들여 베트남에 전투병을 파견했을 때 작성되었다. 그때는 한미관계가 가장 좋았던 시기였다. 한국을 제외하고는 어떤 나라도 대규모의 전투병을 베트남에 파병하지 않았다. 한국만이 2개 사단의 전투병력을 베트남에 보냄으로써 미국을 응원한 유일한 국가였다.

따라서 그 어느 때보다 미국은 한국을 특별히 대접했으며, 한국정부는 미국과의 갈등에 시달리지 않았다. 특히 1961년 불법적인 쿠데타 이후 경제개발계획, 통화개혁, 미국의 한국군 및 주한미군 감축계획, 한일관계 정상화문제 등으로 계속해서 미국과 갈등을 빚어온 한국정부로서는 처음이자 마지막으로 '떳떳하게(?)' 미국에 무엇인가를 요구할 수 있는 지위를 얻고 있었다.

이 싯점에서 주한미국대사가 국무부 극동담당 차관보에게 보낸 위의 전문은 한국과 미국의 관계를 잘 보여준다. 한국의 어느 곳에서든 중요한 곳에는 미국인들이 있다. 때때로 미국의 역할이 한국정부에 의해 견제받기도 하지만, 미국인들은 한국인들의 모든 정책에 깊숙이 개입해 있으며, 앞으로도 개입할 것이라는 점이 한미관계의 특징으로 거론된다.

결국 "우리는 한국인들과 매우 특별한 관계를 맺고 있다"는 진술은 한미관계를 한마디로 요약하는 가장 핵심적인 문장이다. '비정상적으로 가까우면서 좋은 관계를 맺고 있는 두 주권국가' 사이의 관계는 특별한 것이며, 이것을 어떻게 하면 '일반적으로 존재하는 정상적인 관계'로 만들어나갈 것인가가 당시 주한미국대사의 고민이었던 것이다.

2. 한국과 미국 사이의 특수한 관계

주한미국대사의 전문에서 나타나는 바와 같이 한국과 미국의 관계는 매우 특수하기 때문에 일반적인 외교관계로는 잘 설명되지 않는다. 이 점을 가장 잘 보여주는 것이 바로 군사적 관계로, 미국의 군대가 한국에 주둔하고 있다는 사실이다. 1945년 일본의 패망과 함께 진주한 미군은 1949년 6월부터 1950년 6월까지 1년간의 기간을 제외하고 지난 60년이 넘는 기간 동안 한반도에 주둔해왔다. 이 예외적인 1년간에도 정식부대는 아니지만 500여명이 넘는, 그때로서는 세계 최대규모의 미국 군사고문단이 한국에 주둔해 있었다.

그러나 이보다 더 중요한 것은 '주한미군'이 한국군의 작전지휘권을 갖고 있다는 점이다. 즉 한국군의 작전을 지휘할 수 있는 권한은 한국군 사령관에게 있는 것이 아니라 여전히 주한미군 사령관에게 있다. 헌법상 한국군의 최고 통수권자는 한국의 대통령이다. 한국이 주권국가인 이상 한국 국민이 선출한 최고 지도자가 한국의 군대를 움직일 수 있는 최고의 권한을 갖는 것은 지극히 당연한 일이다. 그러나 한국의 최고 지도자는 한국군을 마음대로 움직일 수 없다. 작전지휘권을 주한미군 사령관이 갖고 있기 때문이다.

물론 몇차례의 변화가 있었다. 초기에 한국군의 작전지휘권을 가진 것은 유엔군 사령관이었다. 그러나 유엔군 사령관을 주한미군 사령관이 겸임했다는 점을 고려한다면, 주한미군 사령관이 줄곧 한국군의 작전지휘권을 장악했다고 해도 과언이 아니다. 이 문제에 대해 국내외에서 많은 비판이 제기되자, 미국은 지난 1994년 평상시의 작전지휘권을 한국의 최고 지도자에게 이양했다. 그러나 비상시의 작전지휘권은 아직도 주한미군 사령관이 장악하고 있다. 형식상 한미연합사령부가 있어서 여기에서 한국군과 주한미군을 지휘하지만, 최고 지휘는 주한미군 사령관이 맡는다.

이로 인해 한국과 미국 사이에는 여러 차례 작전지휘권을 둘러싼 논란이 벌어졌다. 1952년 이승만(李承晩) 대통령은 정치적인 위기에서 벗어나기 위해 전선에서 싸우는 한국군을 부산으로 불러들이려 했다. 그러나 한국군의 육군참모총장은 이승만 대통령의 명령에 불복했다. 그에게는 유엔군 사령관의 명령에 따라야 할 대전협정상의 의무가 있었기 때문에, 이승만 대통령의 명령은 따를 필요가 없었던 것이다.

1953년 유엔군과 공산군이 정전협정을 조인하기로 한 날, 이승만 대통령은 반공포로의 석방을 단행했다. 반공포로 석방은 유엔군 사령관을 거치지 않고 이승만 대통령이 헌병대에 직접 명령함으로써 이루어졌다. 이승만 대통령은 한국전쟁이 일어난 직후 대전에서 체결된 협정을 통해 한국군의 작전지휘권을 유엔군 사령관에게 넘겼다. 그는 자신의 약속을 스스로 어긴 것이다.

1960년 이승만 대통령은 4·19혁명의 위기를 맞아 한국군을 서울로 불러들여 경무대로 몰려드는 시위대를 막고자 했다. 한국군은 질서 유지를 위해 서울에 진주했지만, 시위대에 발포하지는 않았다. 군이 헌법상 최고 통수권자의 명령을 따르지 않아도 대통령은 손을 쓸 수 없었다.

1961년 5·16쿠데타 직후 유엔군 사령관은 대한민국 대통령을 찾아갔다. 헌법상 군 최고 통수권자에게 쿠데타군을 진압할 수 있도록 해달라고 요청했다. 그러나 대통령은 무너져야 할 정부가 무너졌을 뿐이라며 쿠데타 진압에 반대했다. 유엔군 사령관은 한국의 대통령이 원하지 않는 상황에서 한국군을 움직여 쿠데타군을 진압하는 것은 무의미하다는 전문을 미국에 보냈다. 어쩌면 유엔군 사령관은 쿠데타를 진압하고 싶어하지 않았는지도 모른다. 왜냐하면 대통령의 동의가 없어도 한국군을 동원해 진압할 수 있는 능력이 있었기 때문이다.

미행정부는 쿠데타가 일어난 지 3일이 지나자 쿠데타 세력들이 실질적으로 권력을 장악했음을 인정했다. 그러나 쿠데타 세력과 유엔군 사령관 사이에서 격론이 벌어졌다. 둘 사이에는 해결해야 할 문제가 남았던 것이다. 바로 불법적인 쿠데타 과정에서 유엔군의 승인을 받지 않고 군대를 움직인 사실에 대한 책임문제였다.

1979년 12월 12일 전두환(全斗煥)을 비롯한 하나회의 핵심성원들은 쿠데타를 일으켰다. 물론 주한미군 사령관의 승인을 얻지 않은 상태에서 불법적으로 군대를 이동시켰다. 한국군 일부에서 쿠데타 세력을 진압하기 위하여 부대의 출동을 승인해달라고 주한미군 사령관에게 요청했다. 그러나 주한미군 사령관은 이 요청을 받아들이지 않았다. 그후에 당시 주한미군 사령관은 쿠데타의 성공에 미국이 관여한 바가 없다고 주장했다.

1980년 5월 광주는 시민군에 의해 장악되었다. 12·12쿠데타로 권력을 장악한 신군부는 시민군과의 타협을 거부하고 한국군을 투입해 유혈 진압으로 광주지역을 장악했다. 물론 한국군의 투입을 주한미군 사령관이 승인했다. 민주화를 열망하던 한국인들은 당시 주한미군 사령관이 한국군의 투입을 승인했다면, 광주의 유혈사태에 책임이 있다고 주장했다. 당시 주한미군 사령관은 좀더 온건한 부대의 이동을 승인함으로써 더이상 유혈사태가 확산되지 않도록 했다고 회고했다. 그리고 미국은 책임이 없다고 주장했다.

1987년 6월 한국은 민주화의 열풍에 휩싸여 있었다. 당황한 전두환 정부는 군대를 동원해 모종의 조치를 취하려 했다. 유혈사태가 나더라도 국민들의 민주화 열망을 누르지 않는다면, 자신들이 위험해질 수 있기 때문이었다. 그러나 결국 이러한 조치를 취하지 않았다. 아니, 취할 수 없었다. 워싱턴에서 날아온 미국무부의 특사가 전두환 정부를 설득했으며, 주한미군 사령관의 승인 없이 군대를 이동하는 것은 불가능했기 때문이다.

위와 같은 여러 사건들은 겉으로 드러난 것들만을 뽑아본 것이다. 아마 겉으로 드러나지 않은 문제들까지 다 찾는다면, 1945년부터 지금까지 엄청나게 많은 사건들이 밝혀질 것이다. 이처럼 한국군의 작전지휘권 문제는 한국과 미국 사이의 특수한 관계를 가장 잘 보여주는 사례라고 할 수 있다.

3. 한미관계가 특수한 이유는 무엇인가?

한국과 미국 관계의 특수성은 군사부문에서 잘 나타나지만, 군사문제에만 국한된 것은 아니다. 앞에서 인용한 주한미국대사의 전문에서 군사적인 부분에 대한 언급은 한 부분에 지나지 않는다. 그는 미국이 한국의 중요한 정책 결정과정에 빠짐없이 개입해 있다고 말한다. 심지어 주요기관의 중심부에는 항상 미국인들이 있다고 언급한다.

아래의 전문은 1966년 12월 이동원(李東元) 외무부장관이 미국을 방문했을 때 국무부장관과 나눈 대화록을 발췌한 자료다. 대화의 제목은 '미국의 박정희(朴正熙) 선거유세 지원'(U. S. Assistance to Pak's Election Campaign)이라고 되어 있다.

> 외무장관(이동원)은 미국정부가 어떠한 대중적인 제스처를 보여줌으로써 박정희의 재선 캠페인을 도와줄 수 있겠느냐고 물었다. 이에 대해서 러스크(D. D. Rusk) 국무장관은 미국에 대한 한국의 여론이 선거에서 한국정부에 도움이 될 것이냐고 반문했다. 외무장관은 그렇다고 말했다. 주미한국대사(김현철)는 미국의 태도가 선거 결과를 결정할 것이라고 말했다. 외무장관은 언제쯤 러스크 국무장관이 한국을 방문할 계획이 있는지 물었다. 국무장관은 현재로서는 계획이 없다고 말했다. 외무장관은 선거 전에 한국에 와서 박정희의 지도력을 대중적으로 찬양해줄 것을 고려해달라고 촉구했다.[2]

이 전문에서 나타나는 바와 같이 한국과 미국의 특수한 관계는 정치부문에서도 잘 나타난다. 한국정부는 미국이 선거에 관여해줄 것을 요청하고, 미국의 관여가 선거에서 이기는 데 도움이 될 것이라고 말하고 있다.

일반적인 국가에서 외세의 도움은 선거결과에 결코 이득이 되지 않는다. 특히 민족주의적 성향이 강한 국가들에서 이러한 현상이 나타난다.

외세에 의존하는 모습은 결국 스스로의 약함을 증명하는 것이기 때문이다. 따라서 외세에 종속적인 모습은 국민들에게 비판의 대상이 될 가능성이 크다.

그러나 그것이 비정상적이라고 할지라도, 미국의 개입이 국내 정치에 크게 불리하지 않게 작용한 것이 한국현대사의 역사적 진실이었다. 유엔군과 미군이 한국군의 군사작전권을 가졌다고 하더라도 여기에 대한 비판이 전혀 제기되지 않았던, 아니 문제를 제기하는 것이 금기시되었던 것이다. 분명 이것은 정상적인 외교관계에서는 볼 수 없는 특수한 관계라고 할 수 있다.

그렇다면 이러한 특수한 관계는 어디에서 비롯된 것일까? 이 질문은 그렇게 어려운 질문은 아니다. 미국이 일본에 승리함으로써 한국이 해방되었고, 북한과의 전쟁에서 미국의 도움으로 생존할 수 있었으며, 미국의 원조와 차관 덕분에 경제성장에 성공했기 때문에 한국과 미국 사이에 특수한 관계가 존재할 수밖에 없었다는 답변을 누구나 할 수 있을 것이다.

그러나 이것만으로 모든 설명이 끝나지 않는다. 특히 다른 나라의 경우와 비교해본다면, 위의 답변이 결코 정답이 아니라는 점을 알 수 있다. 안보와 경제문제에 관한 한 미국과 일본의 관계는 한미관계를 넘어서는 특수성을 갖는다. 그렇다고 해서 미국이 일본 자위대의 작전지휘권을 갖는다거나, 일본의 정치에 직접적으로 개입한 흔적은 보이지 않는다. 물론 미국의 문서들에는 미국이 일본의 재무장화를 계속 강조했고, 사회당의 집권을 막기 위하여 여러가지 노력을 기울였다는 점도 기록돼 있다. 그러나 미국이 일본의 내부문제에 직접적으로 개입한 흔적이 밝혀진 경우는 거의 없다.

일본은 한국과 달리 분단되지 않았고, 북한이나 중국과 직접 대치하고 있지 않기 때문이라고 말할 수도 있다. 그러나 이 또한 정확한 답변이 될 수는 없다. 한국처럼 비무장지대나 북방한계선에서 남북한이 직접 대치하고 있지는 않지만, 일본은 한국만큼 중국과 북한 그리고 러시아로부터 항상 안보의 위기를 느끼고 있다. 한일협정에 적극적인 태도를 보이지 않던 일본정부가 결국 이 협정에 조인하게 된 데는 1964년 중국이 핵개발에 성공했다는 안보적 위기감이 중요하게 작용했다. 최근 중국·북한과의 갈등 역시 이러한 안보적 위기감이 표출된 대표적인 예라고 할 수 있다. 그러나 이러한 위기감에도 불구하고 미일관계는 한미관계와는 다른 성격을 갖고 있다.

한미관계의 특수성이 세계적 차원의 냉전에서 비롯되었다고 말할 수도 있을 것이다. 하지만 냉전은 한국 이외에도 미군의 기지가 있거나 또는 있었던 지역에서 공통적인 현상이다. 독일은 그 대표적인 예라고 할 수 있다. 동유럽과 국경을 맞대고 있다는 상황이 독일에 미군기지를 유지하는 명분을 주는데, 이런 측면에서 한국의 상황과 크게 다르지 않았다고 할 수 있다.

그러나 독일군의 작전지휘권을 미국이 갖지는 않았다. 독일군의 경우 전시에 '나토(NATO) 군사위원회'의 작전통제권 하에 놓이게 되어 나토의 사령관인 미군 사령관의 작전통제를 받게 된다. 하지만 형식상으로는 유럽연합군 총사령관의 전시작전통제권 하에 놓이게 되나, 독일군이 소속되어 있는 유럽연합군 산하의 중부연합군 사령관이 독일장성이기 때문에 사실상 독일군이 스스로 작전통제권을 행사한다고 할 수 있다. 또한 독일에서는 미국의 대외정책에 비판적인 정권이 집권하는 경우가 종종 있으며, 현재 이라크 전쟁에 군대를 파병하지도 않았다.

한국과 비슷한 차원에서 미국과의 관계를 유지한 지역은 공산화되기 이전의 베트남이었다. 베트남에서 미국은 정치적으로 깊숙이 개입했으며, 때로는 뒤에서 군사쿠데타를 조종하기도 했다. 또한 미국이 메콩강 계획과 같은 경제개발계획을 만들어주고 지원도 하는 등 오히려 한국에서보다도 개입의 정도가 더 강했다. 그러나 베트남 사람들은 그러한 미국과의 관계를 반대했다. 결국 미군은 베트남에서 철수했고, 베트남은 공산화되었다.

그렇다면 한국과 미국의 특수한 관계의 원인은 어디에 있는 것일까? 왜 미국과 가까운 관계인, 또는 동맹관계인 다른 나라들과는 차이가 나는 것일까? 한국과 미국은 동맹관계라고 하는데, 과연 한국과 미국이 동맹국가라고 할 수 있을까? 한국과 미국 사이에 상호방위조약이 있듯이 미국과 필리핀, 미국과 일본 그리고 미국과 서유럽 사이에도 방위동맹이 존재한다. 그러나 한미관계는 이들 동맹관계와는 다른 특수한 관계를 보여주고 있다. 이 특수성이 어디에서 비롯된 것인지를 밝혀내려면 한국과 미국의 관계를 역사적으로 살펴보지 않으면 안된다. 바로 이것이 이 책을 쓴 목적 중 하나다.

4. 한국과 미국은 '동맹'관계인가?

한국과 미국의 관계를 표현할 때 흔히 '한미동맹'이라는 용어를 사용한다. 한국과 미국 사이에 상호방위조약이 맺어져 군사적인 동맹관계가 현실적으로 존재하고 있기 때문에 '한미동맹'이라는 용어가 일반적으로 사용되고 있다. 그러나 한국과 미국 사이의 불균형적인 관계를 고려한다면, '동맹'(alliance)이라는 용어가 과연 적절한 것인가에 대해서는 의문이 생길 수밖에 없다.

'동맹'은 일반적으로 공통된 이해를 지닌 국가들 사이에서 발생하는 관계를 말한다. 특히 힘의 논리가 국제관계에서 기본적인 동인이 될 경우, '동맹'은 '공통된 적'이 있을 때 형성된다. 즉 공통된 적의 공격을 방어하거나, 공통된 적의 침략을 억제하거나, 또는 공통된 적을 공격할 때 동맹관계가 형성되는 것이다. 이 경우 '동맹'관계는 주로 국력이 비슷한 수준의 나라들 사이에서 맺어진다. 제국주의시대의 독일·이딸리아·오스트리아 '삼국동맹'은 그 대표적인 예라고 할 수 있다.

그러나 제국주의시대가 끝나고 냉전시대가 되면서 '동맹'관계는 서로

한국과 미국의 특수한 관계를 어떻게 규정할 수 있을까? 미 해병대 장병에게 감사의 위문공연을 하는 초등학생들의 모습. 한국전쟁이 끝나갈 무렵으로 추정됨.

국력이 다른 나라들 사이에서도 형성되었다. 세계체제가 미국과 소련이라는 두 강대국 사이에서 재편되었기 때문이다. 미국과 소련은 자본주의와 공산주의 체제 내에서 정점에 섰다. 그리고 다른 국가들을 자본주의권 또는 공산주의권 내에 편입시킴으로써 상대방의 힘을 약화하려 했다. 이 과정에서 미국과 소련은 국력에서 차이가 나는 다른 국가들과 '동맹'관계를 맺게 되는데, 이 싯점부터 국력이 서로 다른 나라들 사이에서도 동맹관계가 형성되기 시작했던 것이다.

여기에서 두가지 문제가 발생한다. 하나는 국력이 서로 다른 나라들 사이에서 맺어진 관계를 '동맹'으로 정의할 수 있는가의 문제다. 동맹관계는 동일한 적에 대한 공통된 이해관계를 유지하기 위하여 맺어지는 것이지만, 동맹국간의 이해관계의 크기에서는 큰 차이가 나타날 수 있다. 지금 진행중인 이라크전쟁에 미국의 동맹국들이 함께 참여하고 있지만 모든 동맹국이 참여하는 것은 아니며, 참여의 정도에서도 많은 차이가 난다. 이 경우 미국과 이라크에 참전한 국가, 그리고 참전하지 않은 국가들의 관계를 모두 동일한 의미에서 '동맹'이라는 용어로 설명할 수 있을까?

또한 '동맹'관계라고 해도 국력이 강한 나라와 국력이 약한 나라에 주어지는 조건이 다르다. 우리는 이것을 한미상호방위조약에서 어렵지 않게 발견할 수 있다. 한 나라는 다른 나라에 군사기지를 제공할 의무가 있는 반면, 다른 한 나라는 군사기지를 설치할 권리만이 있다. 기지를 제공하는 댓가로 안보를 보장해주고 있다고 주장할 수도 있다. 그렇다면 왜 이승만과 박정희는 한미상호방위조약 내에 '자동개입' 조항을 넣으려고 노력했을까? 과연 이러한 관계를 '동맹'이라고 부를 수 있을까? 특히 역사 속에서 한국과 미국의 관계가 서로 주고받는 관계가 아니라 불평등한 관계였다는 점을 감안한다면, '동맹'이라는 용어가 적합한 것인가에 대해서 의문을 제기할 수 있다.

따라서 한미관계에 대한 연구는 이러한 불평등한 관계의 역사적 연원을 분석하는 과정에서 시작되었다. 세계체제론에 근거한 연구들은 대체로 이러한 문제의식에서 출발했다. 최상룡(崔相龍)의 선구적인 연구가 1970년대 유신체제의 칼날 아래 제대로 빛을 보지 못한 가운데,[3] 커밍스(B. Cumings)의 연구는 세계체제론의 시각으로 한미관계의 연원을 분석한 독보적인 연구라고 할 수 있다.[4] 한반도가 왜 분단되었는가를 미국의 정책을 통해 분석하면서, 한미관계가 동맹관계가 아니라 중심부국가와 주변부국가 사이의 종속관계임을 밝힌 것이다. 커밍스는 근대 동아시아에서 중심부국가와 주변부국가 사이의 관계가 미국–일본–한국과 타이완으로 이어지는 일종의 신분제적 관계를 이루고 있다고 규정했다.[5]

커밍스의 연구는 한미관계의 역사적 기원을 해명하는 데 매우 중요한 역할을 했다. 커밍스의 연구 이후 많은 연구자들은 분단을 전후한 시기 한미관계의 성격을 밝히기 위해 노력했다.[6] 최근에는 1950년대부터 70년대까지 연구의 범위가 확대되고 있다.[7] 1980년 전후의 시기를 분석한 이삼성(李三星)의 연구성과 역시 세계체제론적인 입장에서 이루어졌다.[8] 또한 정일준(鄭一畯)은 연성권력(soft power)의 차원으로 연구의 지평을 넓히기도 했다.

최근의 연구들 가운데 특히 눈에 띄는 것은 한미관계의 시각을 한-미-일 관계로 확대한 이종원(李鍾元)의 잇단 연구성과들이다.[9] 이종원은 1950년대를 주로 분석하면서 미국의 세계정책이 동북아시아에서 어떤 방식으로 표출되는가를 분석했다. 이종원은 한국전쟁 이후 동북아시아의 특수한 사정으로 미국의 정책이 다른 지역과는 달리 시간적·공간적으로 굴절될 수밖에 없었다고 보았다. 다른 연구성과들이 한미관계의 특수성에 주목한 반면, 이종원은 미국의 세계정책이라는 보편성 속에서 한미관계를 바라보았다는 점에서 이전의 연구를 한단계 발전시킨 것이라고 할 수 있다.

그러나 세계체제론에 근거한 연구들의 가장 큰 문제는 한미관계를 상호간의 작용에 기초한 국제관계로 바라보지 않는다는 점이다. 한국과 미국의 불평등한 관계에 촛점을 맞추었기 때문에 미국의 대한정책에 관심을 집중시킨다. 즉 한국이 어떻게 대응했고, 한국의 대응이나 변화에 의해서 미국의 정책이 어떻게 바뀌었는가에 대해서는 거의 촛점을 맞추지 못했다.

커밍스의 연구를 보자. 커밍스는 한국 내에서 좌파운동이 얼마나 강했는가를 먼저 분석했다. 그리고 한국 내 정치인들의 활동을 분석함으로써 한국 내의 역동적인 정치적 흐름을 파악하고자 했다. 그러나 연구의 전체적인 흐름은 그러한 역동적인 한국 내부의 힘이 미국의 정책을 바꾸어놓지는 못했다는 쪽으로 흘러갔다. 무소불위의 힘을 갖는 중심부국가의 정책은 한국에 그대로 관철될 수밖에 없었으며, 그것이 곧 분단과 한국전쟁으로 이어지는 결정적인 요인이 되었다는 것이 커밍스의 결론이다. 『한국전쟁의 기원』 2권에 가면 커밍스의 이러한 관점은 강화되며 1권과 달리 미국을 중심으로 한 국제정치적 측면이 좀더 중요하게 분석된다.

또 하나의 문제는 한국과 미국의 관계를 지나치게 특수한 관계로 규정한다는 점이다. 이들 연구를 보면 한반도는 미국에 너무나도 중요한 지역이라는 점이 하나의 전제가 된다. 다시 말해 미국은 다른 지역보다 한반도에 지나치게 많은 관심을 쏟는다는 것이다. 때로는 관심은 많지 않지만 군사적인 측면의 특수한 관계에 따라 미국의 대한정책은 다른 지역에서의 정책과는 달리 특수한 성격을 갖는다고 규정되기도 한다.

한편, 최근 이루어진 한미관계에 대한 연구 중에서는 빅터 차(Victor D. Cha)의 연구가 주목된다.[10] 그는 세계체제론에 근거한 한미관계 분석과는 달리 '동맹' 개념에 기초하여 한미관계를 규명하고자 했다. 그는 한국과 미국의 관계, 그리고 나아가 일본과의 관계를 규명하기 위하여 '유사동맹'(quasi alliance)이라는 개념을 적용했다. 물론 여기서 '유사동맹'이란 한국과 미국 사이의 동맹을 뜻하는 것이 아니라, 미국과 각각 따로 군사적인 동맹관계를 맺고 있는 한국과 일본 사이의 관계를 뜻한다. 한국과 일본이 직접적인 군사적 동맹관계를 맺고 있지는 않지만, 동맹국인 미국을 매개로 하여 양국 사이의 관계가 결정된다는 것이다.

한국과 미국의 관계를 종속관계가 아닌 동맹관계로 설정했기 때문에, 빅터 차는 기존의 연구에 비해 한국이나 일본 쪽의 대응양상을 중요하게 고려했다. 그리고 미국이 어떠한 성격의 정책을 구사하는가에 따라서 한일관계가 어떻게 변화하는가를 분석했다.

그러나 이러한 설명이 적절한 분석이 되려면, 무엇보다도 한미관계가 일미관계와 동일한 성격의 '동맹'이라는 사실이 전제되어야 한다. 그래야만 삼국간의 관계에서 미국을 정점으로 한 한국과 일본의 관계가 규명될 수 있기 때문이다. 만약 미국과 일본·한국의 관계가 삼각형을 그리지 못하고 일직선상에서 하나의 상하관계를 그리고 있다면, 여기에서는 '유사동맹'이라는 개념 자체가 성립될 수 없다. 빅터 차는 1972년부터 1974년 사이 한일관계의 위기가 일본이 닉슨(R. Nixon)-사또오(佐藤) 회담에서 나온 한국 조항을 다르게 해석한 데서 기인했으며, 이로 인해서 한국정부가 일본으로부터 안보적 관점에서 '방기'될 수 있다는 위험을 인식했다고 분석했다. 이것은 한국과 일본의 관계를 수평적 관계로 볼 수 없음을 스스로 인정한 것이라고 할 수 있다.[11]

또한 유사동맹의 개념을 도출하는 과정에서 한국과 일본에 대한 미국의 정책을 가장 중요한 변수로 설정했기 때문에, 세계체제론에 근거한 연구와 마찬가지로 한미관계를 미국의 대한정책에 따라 좌우될 수밖에 없는 일방적인 관계로 보게 된다. 빅터 차가 사용하고 있는 방기(abandonment)와 연루(entrapment)의 개념은 모두 미국의 정책을 중심에 놓고 이해할 때 가능한 것이다.

아울러 한국과 일본과의 관계를 '유사동맹'의 모델로 설명하려면, 일단 공동의 적이 존재해야만 한다. 그러나 냉전시대를 통해 한국이 상정한 제1의 '적'이 북한이었다면, 일본의 적은 '중국'이었다. 물론 지금도 한국과 일본은 서로 다른 제1의 적을 상대하고 있다. 따라서 서로 다른 제1의 적을 상대로 했기 때문에 한국과 일본은 '위기'에 대응하는 방식에 차이가 나타날 수밖에 없었다. 예컨대 빅터 차는 1972년부터 1974년 사이 한일간의 갈등을 데땅뜨(Détente)에 대응하는 방식의 차이로 보고 있지만, 북한과의 갈등이 심화되었던 한국과, 중국과의 관계 개선이 이루어진 일본이 보는 정세인식의 차이에서 비롯된 갈등으로 보아야 할 것이다.

5. 무엇을 어떻게 쓸 것인가?

이 책에서는 기존 연구성과들의 문제를 염두에 두면서, 한미관계의 역사적인 현상들을 살펴보려고 한다. 따라서 다음과 같은 몇가지 점에 중점을 두어 한미관계의 흐름을 따라가보도록 하겠다.

첫째, 역사적으로 중요한 순간에 벌어진 한미관계의 양상을 살펴보도록 하겠다. 이 책은 한미관계가 시작된 이래 최근까지의 한미관계를 모두 고려의 대상으로 삼았지만, 그 중에서도 1945년부터 1980년까지의 시기를 중심으로 삼을 것이다. 또한 전체의 기간을 다 포괄하기보다는 각각의 시기에 나타난 중요한 사건들을 중심으로 한미관계의 흐름을 살펴볼 것이다. 물론 분석의 기초가 되는 것은 이론적인 것이 아니라 한미관계를 보여주는 기초적인 자료들이 될 것이다. 이 책에서 분석의 대상 시기를 1970년대까지 한정한 것 역시 현재 한미관계를 구체적으로 파악할 수 있는 기초자료들이 1970년대 초반까지만 공개되어 있기 때문이다. 이는 최대한 실증적인 방법으로 한미관계를 짚어보기 위한 것이다.

1970년대 초반 이후의 한미관계를 보여주는 자료들도 부분적으로 공개되어 있다. 그러나 아직 미국의 대한정책을 전반적으로 보여줄 수 있는 *FRUS*(*Foreign Relation of the United States*, 미국의 대외관계; 중요한 미국의 외교문서들을 엮은 자료집으로 미국의 대외관계를 시기별·지역별로 잘 보여준다)의 70년대 초반 이후 부분이 출간되지 않은 상황에서 부분적인 자료만으로 70년대 이후의 흐름을 파악하기는 어렵기 때문에, 본격적인 분석은 80년 이전에 한정했다. 1945년 이전 시기를 기존의 연구자료에 기초하여 서술한 것과 마찬가지로 70년대 이후의 한미관계 또한 기존 연구에 기초하여 서술할 것이다.

둘째, 한국과 미국 사이의 상호관계에 주목할 것이다. 한미관계의 불평등을 해명하는 데 세계체제론은 유용한 이론적 틀이 되지만, 일방적인 한미관계를 묘사하는 데 그치고 있다. 따라서 한국 내부의 대응이 한미관계에 어떠한 영향을 미치는가를 살펴보도록 하겠다. 물론 한국 내의 자료가 부족하기 때문에 한국 측 자료를 통해서 한국의 대응을 살펴보는 것은 쉬운 작업이 아니다. 최근에서야 한국에서도 기록 보존의 중요성에 대한 논의가 시작되었다. 그에 따라 국가기록원이 설립되었고, 각 정부기관에는 기록을 보존하는 기관들이 설치되었다. 그러나 국가기록원이 보유한 역대 한국정부 관련 기록들은 미미하기 짝이 없다. 따라서 한국의 신문이나 미국의 자료에 나타나는 한국정부의 대응을 최대한 복원해낼 것이다. 그리고 이 과정을 통해서 한미관계를 쌍방향의 측면에서 밝혀보도록 하겠다. 2005년 외교통상부에서 1960년대 이후 외교관련 자료들을 공개하기 시작했는데, 이 책의 출간일정으로 인해 차후의 분석을 통해 보충하도록 하겠다.

셋째, 미국의 세계정책이라는 일반적인 함의 속에서 한미관계의 위치를 규정할 것이다. 남한에 미군이 주둔하기 때문에 한미관계는 미국과 다른 나라 사이의 일반적인 외교관계와는 다를 수밖에 없다. 주한미군의 존재는 특수한 한미관계의 기본적인 이유가 된다. 그러나 주한미군에 대한 정책 역시 일반적인 미국의 대외정책에 따라 결정되는 것이기 때문에 특수성만을 강조해서는 미국의 대한정책을 이해할 수 없다. 따라서 전반적인 미국의 대외정책을 먼저 이해하고, 그것을 토대로 대한정책을 분석하는 방식을 취할 것이다. 이 점은 미국과 미군이 주둔한 독일·일본의 관계가 특수한 상호관계보다는 일반적인 국제관계에 대한 연구 위에서 분석되고 있다는 점에서도 잘 드러난다.

넷째, 표면적으로 드러난 정책 분석보다는 특정한 정책이 나오게 된 배경이 된 정책입안자들의 '생각'에 촛점을 맞출 것이다. 공개된 정책문서들의 내용을 분석해 특정한 정책의 성격을 밝히는 연구는 벌써 많은 연구자들에 의해서 이루어졌다. 그러나 그러한 정책을 입안한 사람들이 어떠한 생각을 갖고 정책을 입안하게 되었는가에 대한 분석은 거의 이루어지지 못했다. 이 책에서 케넌, 니츠 그리고 로스토우의 사상을 언급하는 것은 정책을 입안한 사람들에 대한 개인적인 호기심을 넘어 한미관계를 이해하는 데 매우 핵심적인 단초를 마련하기 위한 것이다.

일반적으로 대외관계 연구에서는 정책의 성격과 배경을 설명할 때 물질적인 이해관계에 주목한다. 그러나 때로 사람의 생각은 우리가 일반적으로 예상하는 것보다 정책 결정과정에서 더 큰 힘을 발휘한다.

다섯째, '한국'과 '한국정부'를 구분할 것이다. 기존의 국제관계에 대한 연구는 '한국정부'의 입장을 '한국'으로 일반화해서 사용했다. 이럴 경우 '한국정부'의 이익에 맞지 않으면 그것이 마치 '한국'의 이익에 맞지 않는 것으로 표현된다. 이것은 '한국정부'의 입장이 '한국' 전체를 대변하는 것을 전제로 할 때 가능하다. 그러나 그것은 '한국정부'가 민주주의적인 기초 위에 서 있다는 전제가 성립할 때에야 가능하다. 국민들의 여론과 공감대를 무시하는 독재정부가 존재한다면, '한국정부'와 '한국'의 이해관계는 서로 일치하지 않는다. 따라서 '한국정부'라는 표현은 그것이 '한국정부'의 이해관계에 근거한 것인지, 아니면 '한국'의 이해관계에 근거한 것인지를 구분할 수 있는 중요한 용어가 될 것이다.

제1부 한미관계의 출발

1. 한국인의 눈에 비친 미국, 미국인의 눈에 비친 한국
2. 미국의 신탁통치안 선택 이유
3. 정치세력 재편공작 1—보수세력을 강화하자
4. 미국의 딜레마—반탁운동으로 인한 정책 수정
5. 정치세력 재편공작 2—좌익을 약화시키자

해방 직후 한미관계를 분석하는 기존의 연구들은 두가지 서로 상반된 결론을 이끌어낸다. 하나는 미국의 개입은 한반도에서 혁명적인 역량을 파괴했고, 이것이 곧 분단정부 수립으로 이어졌다는 것이다. 이 견해는 주로 커밍스에 의해 대표되는 것으로, 세계질서 속에서 미국이라는 중심의 주변부에 위치한 한국은 미국의 질서에 종속되었으며, 이를 통해 과거 식민지시기의 질서가 1945년 이후 부활했다고 본다.

다른 하나는 냉전이 격화되던 당시의 상황에서 한반도는 어차피 분단될 처지였기 때문에 미국이 추진한 분단정부 수립에 적극 동참한 세력들이 승리할 수밖에 없었다는 것이다. 이러한 시각은 주로 한국의 보수적인 학자들에 의해서 주장된다. 이들은 냉전적 세계질서 속에서 한반도가 분단될 수밖에 없었다면, 처음부터 분단을 주장한 세력들이 현실적으로 더 현명한 정치노선을 선택한 것이라는 결과론적인 해석을 내놓고 있다.[1]

과연 이러한 두가지 시각은 1945년 직후의 상황을 객관적으로 파악하고 있는 것일까?

1. 한국인의 눈에 비친 미국, 미국인의 눈에 비친 한국

한미관계는 1882년 공식적으로 시작되었다. 그러나 당시 미국은 해외 진출에 적극적이지 않았을 뿐만 아니라 한국보다는 만주에 더 많은 관심을 기울이고 있었다. 한국에 대한 진출은 연성권력(soft power)으로서의 진출이 우선시되었으며, 선교사의 진출과 그들이 주도한 교육·의료사업으로 나타났다. 이러한 미국인들의 활동은 그 무렵 한반도에 직접적으로 영향을 미치려고 했던 청나라, 일본, 러시아와는 다른 것이었다. 청·일·러시아는 모두 한국을 식민지화함으로써 스스로 식민지가 되거나 후진국이 되는 길에서 벗어나고자 했기 때문에 한반도 점령을 위해 전쟁을 불사할 정도로 깊은 이해관계를 갖고 있었다.

20세기초 미국의 대통령 윌리엄 태프트(William H. Taft)는 어느 선교단체의 모임에 참석하여 기독교 선교의 역할에 관해서 "선교사 여러분은 기독교문명을 동양에 전파하는 개척자들입니다. 여러분들은 단지 신부나 목사일 뿐 아니라 정치가들(Statesmen)입니다. 아니, 정치가들이어야만 합니다"라고 연설하면서 선교사들의 활동을 통한 외교정책 실행을 강조했다.[2]

따라서 당시 한국인들에게 미국은 다른 열강과는 다른 '아름다운'〔美〕 나라로 비쳤다. 미국과의 조약은 청나라의 중재에 따라 이루어졌음에도 불구하고 다른 나라와의 불평등조약과는 달리 한국에 매우 유리하게 맺어졌다. 관세율에서 최혜국 대우에 이르기까지 다른 나라와의 조약에서는 볼 수 없는 조항들이 포함되었다. 한미수호통상조약 제1조의 '우의적 중재'(Good Office) 조항 역시 조선이 식민지화되는 상황을 피하기 위해 미국에 의지할 수 있다는 기대감을 안겨주었다.

고종은 이러한 미국의 태도를 신뢰했으며, 미국에 영사를 파견하고 독립을 청원하기 위한 특사를 보내기도 했다. 조약 초기 미국은 조선에 대한 일본과 청국의 거만한 태도를 견제하는 자세를 보였다. 또한 미국의 공사를 겸임하던 선교사 알렌(H. N. Allen)은 본국의 반대를 무릅쓰고 한국이 일본이나 러시아의 식민지로 전락하는 것을 막기 위해 외교적인 활동을 벌이기도 했다.

그러나 무엇보다도 중요한 것은 선교사들의 교육활동과 미국 유학을 주선하는 활동이었다. 배재학당, 이화학당, 경신학교 그리고 평양에 세워진 숭실학교는 선교사들이 세운 대표적인 교육기관이었다. 이들 학교에서는 주로 미국식 사상과 제도 그리고 기독교사상을 교육했다. 또한 일부 청년들은 선교사들의 주선으로 미국에 유학할 수 있었다. 부패한 봉건적 국가시험에 낙방하고 실망한 이승만이 배재학당을 졸업한 뒤 선교사와 고종의 총애를 받던 엄비(嚴妃)의 주선으로 사형을 면하고 미국에 유학한 것은 그 대표적인 예라고 할 수 있다. 식민지시기 대표적인 독립운동가인 여운형·김규식·박헌영도 모두 선교사의 주선으로 미국에 유학하고자 했다. 이 중 김규식만이 유학생활을 성공적으로 마쳤고, 여운형과 박헌영은 유학은 가지 못한 채 상하이에 체류하면서 사회주의사상에 젖어들었다. 이러한 과정에서 미국에 긍정적인 인식이 나타난 것은 자연스러운 현상이었다.

구한말 미국에 파견된 관리들 역시 이러한 긍정적 인식에 일조했다. 초대 주미공사를 지낸 박정양(朴定陽)의 미국에 대한 인식은 대표적인 예라고 할 수 있다.

고종이 말하길 미국에 머물 때 그 나라 사람이 과연 우대해주었는가? 정양이 말하길 만국의 교섭의 예에는 대소강약으로서 하는 것이 아니라 접대의 때에는 오로지 화평하게 고르게 우대하는 것으로서 예를 삼는 것이 미국인들의 마음과 습속입니다. 그 기질이 매우 순박한 고로 우리나라 사람을 대하는 데서도 또한 매우 우대합니다. (…) 고종이 말하길 그 나라가 그렇게 부강하다는데 과연 그러한가? 정양이 말하길 그 나라의 부강은 비단 금은의 풍요나 군대의 강함에 있는 것이 아니라, 오로지 안으로 잘 다스리는 데 모든 힘을 기울인다는 점에 있습니다. 재정에 관해 말한다면 곧 항구의 세금을 가장 중요하게 여기고 그 다음으로 술과 담뱃세, 그다음으로 지조(地租), 그 외에 각양 잡세를 중요하게 여기는데 또한 그것이 적지 않습니다. (…) 날로 부강해지는 것이 각국의 가장 중요한 일인데, 그 부강의 요체는 오로지 규범에서 말미암는 것이요, 그 나라가 이미 넓고 조밀한 부분 모두 하나의 규범을 가지고 있으니, 백성들이 감히 위반하지 못합니다. (…) 미국은 나라를 세운 지 불과 백여년에 지나지 않고 토지가 아직 개간되지 않은 곳이 많아 오로지 백성을 모아 노동력을 늘리려는 것을 중요시합니다. 또한 교육을 국가의 가장 큰 정치로 한 고로 백성들의 마음이 순박하고 진실합니다.[3]

임금이 말하길 그 나라의 법규가 주밀(周密)하다고 하는데 과연 그러한가?

정양이 말하길 관인(官人)으로서 말하면 국가의 일을 가정의 일과 같이 보아 각기각기 그 관직의 정해진 법규를 지키고 한마음으로 게으르지 아니하며 백성으로 말하면 사농공상(士農工商)이 각기 그 맡은 바 일을 행하며, 전국을 통계하면 놀고먹는 사람들이 거의 없으니, 재물은 이로부터 말미암아 부강한 것이요, 규범은 이로부터 말미암아 주밀한 것입니다.[4]

위의 인용문을 보면 그가 미국을 상당히 긍정적으로 인식하고 있음을 알 수 있다. 이 점은 그의 미국여행기 『미속습유(美俗拾遺)』에도 잘 나타난다.[5] 그는 미국의 부강함이 단지 겉으로만 드러나는 것이 아니라 내적으로도 아주 탄탄한 경제력을 갖고 있다는 평가를 내린다. 또한 미국 국민들이 "국가의 일을 가정의 일과 같이" 본다고 한 점이나 "백성으로 말하면 사농공상이 각기 그 맡은 바 일을 행하며"라고 한 점에서 잘 드러나듯이 내치(內治)를 우선하는 미국의 정책을 긍정적으로 평가하면서 교육을 중요시하는 정책, 세금을 통한 국내 산업발전의 도모 등도 언급했다.

이러한 긍정적인 미국관은 식민지시대 초기까지 계속되었다. 미국이 필리핀을 지배하는 조건으로 조선을 일본에 넘긴다는 이른바 '카쯔라(桂)-태프트 조약'을 일본과 맺었는데도 조선에는 이 사실이 알려지지 않았다. 오히려 1918년 윌슨(T. W. Wilson) 대통령이 민족자결주의를 발표하면서 미국은 한국 독립에 도움을 줄 존재로 부각되었다. 상하이 임시정부가 빠리와 워싱턴에서 열린 회의에 대표를 파견하여 독립을 청원하고자 한 것도 미국이 조선을 독립시켜줄 수 있으리라는 희망에서 비롯된 것이었다.

그러나 다른 한편으로 미국이 베르싸이유 조약에 서명하지 않은 사실, 그리고 윌슨의 민족자결주의가 단지 제1차 세계대전에서 패배한 유럽의 식민지국가들에만 한정된 선언이라는 사실이 드러나면서 조선의 지식인들 사이에서는 미국에 대한 실망이 나타나기도 했다. 미국은 조선을 단지 일본의 일부로 여길 뿐이며, 조선을 독립시켜주기는 어렵다고 본 것이다. 1919년 이후 상하이 임시정부 인사들이 분열되고, 러시아혁명 이후 레닌을 통해서 독립운동에 도움을 받고자 한 노력이 시작된 것도 윌슨의 민족자결주의가 더이상 유효하지 않다는 인식에 근거한 것이었다.

비록 부일협력자의 주장이기는 했지만, 3·1운동에 민족대표의 한사람으로 참여한 최린(崔麟)은 1941년 다음과 같은 연설로 미국의 민족자결주의에 실망감을 표현했다.

> 로우즈벨트여, 귀가 있거든 들어보라. 내가 윌슨의 민족자결주의에 속아 천황의 반신(反臣) 노릇을 했다. 이 절치부심할 원수야! 이제는 속지 않는다. 나는 과거를 모두 청산하고 훌륭한 황국신민(皇國臣民)이 되었다는 것을 알아라.

그러나 한국의 독립운동가들이 미국에 거는 기대를 완전히 버린 것은 아니었다. 1920년대 이후 임시정부는 미국에 구미위원회를 두고 독립을 청원하는 운동을 계속했다. 또한 태평양전쟁이 일어난 뒤에는 국내에 있던 지식인들 가운데 일부가 '미국의 소리'(Voice of America) 라디오 방송을 들으면서 세계정세를 이해하고자 했다.

이상과 같이 1945년 이전 한국인들의 대미 인식은 전반적으로 긍정적이었던 반면, 미국은 한반도를 거의 고려의 대상으로 삼지 않았다. 태평양전쟁이 시작되자 전후 동북아지역의 질서를 재편하기 위하여 한반도에 대한 여러가지 고려가 이루어졌지만, 그것이 한반도의 전략적 가치를 심각하게 변화시킬 만한 것은 아니었다. 당시 한반도를 보는 미국의 시각은 20세기초 로우즈벨트(Th. Roosevelt) 대통령의 자문위원이었던 케넌의 인식으로 대표된다.

> 한국인들을 전적으로 그들 스스로에게 맡겨놓으면 결코 지금보다 나은 수준으로 발전할 수 없을 것이다. 한국인들은 마치 이미 자연적인 치유가 불가능한 질병에 걸린 인체처럼 구제불능이다.[6]

물론 이같은 극단적인 견해를 벗어나 비교적 긍정적으로 조선사회를 보는 시각도 있었다. 그러나 부정적인 인식이 더 일반적이었으며, 이는 무엇보다도 근대화에 성공한 일본과의 비교에서 비롯된 것이었다.

이러한 부정적인 인식은 다른 미국인들에게서도 나타난다. 을사조약 체결 당시 고종의 특사로 미국을 방문하여 조약 강요의 부당성을 호소했고 『코리아 리뷰』(*Korea Review*)의 편집인으로 활동하는 등 한국에 매우 우호적인 태도를 보인 선교사로 알려진 호머 헐버트(Homer B. Hulbert)도 "한국인들은 진정한 교육의 혜택을 받을 때까지는 스스로 통치할 희망이 전혀 없다" "한국인들은 타락했고, 경멸할 만한 민족이며, 개선될 가능성이 없고, 지적으로 열등하며, 독립된 상태보다는 외국의 지배하에서 더욱 편안해하는 민족"이라고 주장했다. 당시 미국 장로교 해외선교본부의 총무로 한국을 두 번 방문했던 아서 브라운(Arthur J. Brown)은 『극동의 지배』(*The Mastery of the Far East*)에서 "게으름이 한국의 민족성이다. 따라서 주변의 강대국들이 한국인들에게 독립정신을 가르치려고 힘써온 것

은 당연한 일이다"라고 표현하고 있다.[7]

미국의 이러한 인식은 한국인들에게 자치의 능력이 없다는 판단을 전제로 하고 있었다. 한국인들은 스스로 통치해본 역사가 없으며, 따라서 스스로 통치할 수 있는 기틀을 마련할 때까지는 외부의 도움이 필요하다는 것이다. 이처럼 한국에 자치능력이 결여되어 있다는 판단은 전근대시기 한국이 중국의 속국이었으며, 1894년 청일전쟁 이후 중국의 지배에서 벗어난 뒤에는 일본의 도움으로 근대화를 이룩했다는 일본인들의 역사의식을 그대로 계승한 것이었다.

태평양전쟁 직후 벌어진 재미한인들의 분파적 독립운동은 기존의 한국관을 더욱 악화시켰다. 재미교포들은 1920년대부터 활발하게 독립운동을 전개했다. 그러나 이 과정에서 불거진 재미교포단체들 사이의 내분으로 미국무부는 한인단체들의 독립운동을 지원하는 데 어려움을 겪었다. 이승만 중심 세력과 그에 반대하는 세력으로 나뉜 재미교포 독립운동단체들은 서로간의 반목으로 인해 상대방을 비난하는 글을 미국무부에 보내곤 했다.

특히 미국무부는 이러한 갈등의 중심에 이승만이 있다고 판단하면서 그를 부정적으로 생각하고 있었다. 따라서 이승만을 재미교포들의 독립운동을 대표하는 인사로 인정하지 않았고, 그를 구미위원회의 대표로 임명한 임시정부도 한국인들을 대표하는 조직으로 보지 않았다. 미국무부는 임시정부를 인정할 수 없는 첫번째 이유로 독립운동진영에 통일된 한국인단체가 없다는 점을 들었다.[8] 1945년 해방을 맞이한 뒤에도 미국무부가 이승만과 임정 요인들의 조기 귀국을 반대한 이유 역시 이들의 분파투쟁 때문이었다. 이승만의 경우 다행히 미중앙정보국(Central Intelligence Agency, 이하 'CIA'로 약칭)의 전신인 미전략정보국(Office of Strategic Services, 이하 'OSS'로 약칭)과의 친분 덕분에 일찍 귀국할 수 있었지만, 임시정부 요인들은 일본이 패망한 지 석달이 지나서야 귀국할 수 있었다.

2. 미국의 신탁통치안 선택 이유

1945년 이전 한국과 미국 상호간의 인식은 곧 1945년 이후 한미관계의 성격을 규정하는 전제가 된다. 한국의 지식인들이 미국을 해방군으로 환영하면서도 다른 한편으로는 미군정의 정책을 받아들이지 못한 것, 그리고 일본이 패망했는데도 미국이 한반도에서 신탁통치를 실시하고자 한 것의 배경에는 1945년 이전의 상호 인식이 자리잡고 있다. 특히 주목되는 점은 미국의 '신탁통치안'이 제기되는 배경이다.

신탁통치안은 일본이 패전하기 6개월 전에 열린 얄따회담에서 로우즈벨트(F. D. Roosevelt) 대통령이 제안했다.

> 로우즈벨트 대통령은 신탁통치문제를 스딸린과 토의하고 싶다는 의사를 표명했다. 그는 한국을 미·소·중 3국 대표로 구성된 신탁통치위원회 관리 아래 둘 의사가 있다고 말했다. 로우즈벨트 대통령은 신탁통치의 유일한 경험이었던 필리핀에서는 자치 준비기간으로 50년이 필요했다고 설명한 다음 한국에서는 불과 20년이나 30년이면 충분할 것이라고 부언했다.
>
> 스딸린은 그 기간이 짧을수록 좋다고 말하고 한국에 외국군을 주둔시킬 것인지를 질문했다. 로우즈벨트 대통령은 이에 대해 부정적으로 답했고 스딸린 역시 그 답변에 동의했다.
>
> 그러자 로우즈벨트 대통령은 한국과 관련해 또 하나의 문제가 있는데 그것은 매우 미묘한 문제라고 하면서, 개인적인 의견으로는 한국 신탁통치에 영국의 참여를 권유할 필요가 없다고 생각하는데 영국 측은 그 견해에 불쾌해할지도 모른다고 말했다.
>
> 이에 대해 스딸린은 틀림없이 영국의 감정을 상하게 할 것이라고 답변했다. 이어서 그는 그렇게 되면 처칠 수상은 정말 '우리를 죽이려' 들지도 모른다고 말했다. 그러므로 스딸린의 의견으로는 영국도 초빙되어야 한다는 것이었다.[9]

그렇다면 로우즈벨트는 왜 패전국 일본에 대해서는 신탁통치를 고려하지 않으면서, 일본에 협력할 수밖에 없는 식민지 한국에 대해서는 신탁통치를 실시하려 한 것일까? 한국과 함께 신탁통치가 제안되었고, 실제로 1945년부터 1955년까지 10여년 동안 미국과 소련에 의해 신탁통치를 받은 오스트리아의 경우 독일의 동맹국으로서 제2차 세계대전에 참여한 패전국이었다. 그런데 왜 전쟁과는 상관없는 한국에 오스트리아에서와 같은 신탁통치를 제안한 것일까?

위의 대화에서 미국은 한국을 필리핀과 같은 경우라고 상정하고 있다. 물론 로우즈벨트는 필리핀이 경험한 50년에 비하면 반 정도밖에 안되는 '불과' 2, 30년 정도의 신탁통치 기간이면 충분하다는 입장을 밝히고 있다. 스스로를 다스릴 능력이 없다는 점에서 필리핀과 마찬가지지만 그래도 한국이 필리핀보다는 조금 나은 수준의 국가라는 위안을 준다. 필리핀 사람들이 들으면 아주 기분 나쁠 얘기지만 말이다.

그런데 미국은 패전국 일본·독일에서는 신탁통치를 고려하지 않았다. 일본의 경우 주일미군이 직접통치할 계획만 세우고 있었을 뿐이고 이는 독일에 대해서도 마찬가지였다. 미국은 반인륜적인 원자탄 투하로 일본에 1차적으로 면죄부를 주었고 한국전쟁 기간중에 이루어진 쌘프런씨스코 강화회담을 통해 다시 한번 면죄부를 주면서 6년에 걸친 미군정 간접통치를 종료했다. 이 과정에서 파시스트 국가들이 점령했던 지역에는 신탁통치를 실시한다는 명분으로 한국에서의 신탁통치를 합리화하고자 했다. 그러나 오스트리아는 독일의 점령지역이 아니었으며, 한국을 제외한 다른 점령지역을 신탁통치한다는 계획은 구체화되지 않았다.

결국 한국에 대한 신탁통치정책을 입안하게 된 이유는 크게 네가지로 볼 수 있다. 첫째, 한국은 자치할 수 있는 능력이 없다는 점이다. 이것은 전술한 바와 같이 1945년 이전에 형성된 한국관에 근거한 것이다. 또한 고대 이래로 한국의 역사를 중국의 속국으로 파악했기 때문에, 한국이 스스로 독립된 정부를 갖고 통치한 역사가 없다고 보았다.

둘째, 경제적인 이유 역시 중요했다. 일본이 패망한 뒤 일본경제에서 분리된 한국경제가 스스로 생존할 수 있을 정도의 역량을 갖추었는가 하는 것이 문제시되었다. 만약 한국경제가 스스로 생존하지 못할 경우 한반도 주변은 도미노 상태에 빠질 가능성이 컸다.

셋째, 제2차 세계대전 이후 미국의 세계전략에서 한국이 차지하는 위상이 그렇게 높지 않았다는 점을 들 수 있다. 일본과 독일에서 미국은 처음부터 군사정부를 수립해 직접적으로 통제하는 정책을 입안했지만, 한국에서는 독일과 일본만큼 많은 공을 들일 필요를 느끼지 않았다. 따라서 미국은 한국인들을 앞세운 간접통치를 실시할 것을 계획했으며, 신탁통치안 역시 간접통치의 일환으로 제기되었다.

마지막으로 미국이 고려한 것은 한국인 독립운동가들의 사회주의적 성향이었다. 8·15 직전 미국은 중국국민당으로부터 2만여명 정도의 한국인 공산주의자들이 시베리아에서 소련군의 훈련을 받고 있다는 정보를 입수했다. 미국은 보수세력의 힘이 약한 한국에서 소련의 지원을 받는 거대한 규모의 공산주의자들이 한반도에 투입될 경우 한반도 전체가 소련에 우호적인 국가가 될 가능성이 크다고 인식했던 것이다. 따라서 중국에서 국민당이 우세한 1945년의 상황에서 만약 미국·소련·중국·영국이 한반도에 대한 신탁통치를 실시한다면 3:1의 숫적 우위를 바탕으로 한반도에 자본주의 정권을 세울 수 있다고 본 것이다.

그러나 한반도 내부의 사정을 감안할 때 신탁통치안이 결코 미국에 유리한 계획이 아니라는 입장도 개진되었다. 사회주의자들의 세력이 강한 한반도 내부의 상황에서 신탁통치 같은 간접통치 방식은 궁극적으로 한반도에 사회주의 정권이 들어서게 할 것이라는 점 때문이었다. 후술하겠지만, 이러한 견해는 특히 한반도를 직접 통치했던 미군정 당국에 의해서 제기되었다. 현지에서 직접 한국 내부의 상황을 관찰할 수 있었던 미군정 관계자들은 신탁통치안이 결코 미국에 유리한 최상의 안이 될 수 없다고 판단했다. 미군정이 수립된 직후 군정 관계자들의 현실인식은 아래와 같은 전문에서 잘 드러난다.

남한은 점화되기만 하면 즉각 폭발할 화약통이라고 묘사할 수 있다. (…) 그러나 비록 일본인에 대한 한국인들의 증오가 믿어지지 않으리만큼 격렬하긴 하지만, 미군이 감시를 게을리하지 않는 한 한국인들이 폭력에 의지할 것이라고는 생각되지 않는다.

일본인 관료의 해임은 여론의 견지에서는 바람직하겠지만 당분간은 이루어지기 어려울 것이다. 그들은 명목상으로는 추방되겠지만 실제로는 계속 업무를 수행케 되지 않을 수 없다. (…)

정치정세 중 가장 고무적인 유일한 요소는 연로하고도 좀더 교육받은 한국인들 가운데 수백명의 보수주의자들이 서울에 거주한다는 점이다. 그들 중 많은 수가 일제에 협력했지만, 그러한 오명은 결국 점차 사라질 것이다. 이러한 인사들은 '임시정부'의 환국을 지지하고 있으며, 비록 다수를 구성하고 있지는 않더라도 아마 가장 규모가 큰 단일 그룹일 것이다.[10]

위의 전문은 미군정 사령관의 정치고문 베닝호프(H. M. Benninghoff)가 미국무부에 보낸 것이다. 이것은 미군이 한반도에 상륙한 지 일주일이 지난 싯점에서 보낸 문서로, 한국의 내부 사정으로 인해 미군정이 맞이하게 된 어려운 상황을 여실히 보여준다. 또한 한국이 식민지에서 해방되었음에도 불구하고, 일본인 관리뿐 아니라 한국인들에게 '친일파'로 비난받는 인사들까지 고용해야 한다고 지적한다. 바로 이러한 상황이야말로 미군정이 맞이한 딜레마였으며, 동시에 38선 이남을 직접통치할 수밖에 없었던 이유였다.

결국 미국이 취한 첫번째 정책은 식민지 조선에서의 독립운동세력을 인정하지 않겠다는 것이었다. 이러한 입장은 1945년 9월 2일 발표된 연합군 최고사령부 일반명령 제1호에서 잘 나타난다.

한미관계의 출발. 조선총독부 건물에서 일장기가 내려지고 성조기가 게양되면서 미군정이 시작되었다. 1945년 9월 9일.

(…)

2) 만주, 북위 38도 이북의 한국, 카라후또(樺太) 및 찌시마(千島) 열도에 있는 일본의 선임지휘관과 모든 육상, 해상, 항공 및 보조부대는 쏘비에뜨 극동군 최고사령관에게 항복할 것. (…)

3) 일본 대본영, 일본 본토에 인접한 제 소도, 북위 38도 이남의 한국, 류우뀨우(琉球)제도, 필리핀제도에 있는 일본 선임지휘관과 모든 육상, 해상, 항공 및 보조부대는 미국 태평양 육군총사령관에게 항복할 것.[11]

미군은 일반명령 제1호에서 일본군의 항복을 받을 수 있는 자격을 연합군에 한정했다. 즉 미국과 소련 그리고 중국군만이 동북아지역에서 일본군의 무장해제와 항복을 접수할 권한을 갖는다는 것이다. 이 제안은 소련과 중국국민당에 의해 수용되었다.

일반명령 제1호는 38선을 중심으로 한 한반도의 분할점령을 규정한 것이라고 알려져 있지만, 더욱 중요한 점은 한국의 독립운동단체들이 일본의 항복을 받을 수 있는 권리가 없음을 규정했다는 사실이다. 이 내용에 따른다면, 중국과 식민지 조선에서 제국주의 일본에 반대해 싸운 독립운동은 전혀 인정받지 못할 수밖에 없다. 따라서 국내에서 8·15 직후 조직된 조선건국준비위원회(이하 '건준'으로 약칭)와 인민위원회 등 자치조직들은 일본으로부터 어떠한 행정적·사법적 권리도 이양받을 수 없었다. 그리고 이것이 곧 미군정이 설치된 이후 좌익의 조선인민공화국과 우익의 대한민국 임시정부를 동시에 부정할 수 있는 가장 중요한 법적 근거가 되었다.

이러한 미국의 조치는 독립운동세력들의 권리를 어느정도 인정한 유럽에서의 정책과는 사뭇 다른 것이었다. 미국은 프랑스의 망명정권을 인정했으며, 유고슬라비아에서 독일군을 상대로 게릴라 활동을 전개한 띠또(J. B. Tito)의 독립운동을 인정했다. 띠또는 사회주의적·민족주의적 성향이 강했고 미국에 결코 호의적이지 않았지만, 미국은 띠또의 독립운동을 인정했다.

미국이 한국의 독립운동을 인정하지 않았다는 사실은 1951년 쌘프런씨스코 강화조약에서 한국이 승전국의 입장으로 참여할 수 없었다는 것과도 연결될 수 있다. 물론 한국이 승전국으로서 참여하는 것을 적극 저지한 것은 일본이었다. 한국이 승전국이 될 경우 수십만명의 재일한국인을 승전국 국민으로 대우해야 하기 때문에 일본의 보수적인 정치인들은 이를 적극적으로 반대했다. 그리고 미국은 일본의 보수적 정치인들의 요구를 받아들일 수 있었다. 왜냐하면 전후 한국의 지위는 이미 일반명령 1호에서 규정되어 있었기 때문이다.

3. 정치세력 재편공작 1 — 보수세력을 강화하자

미군정이 시작된 이후 미국의 가장 큰 고민은 한국 내부의 정치상황이었다. 한반도에 들어오기 전 일본총독부에서 한국에 관한 정보를 얻은 미군은 한국인들을 신뢰하지 못했다. 대부분의 정치세력들이 좌파이며, 한국인들 자체가 "근시안적이고, 이기적이며, 혼란된 정치사상을 갖고 있는 자들"이라고 보았다.[12] 미군사령관 하지(J. R. Hodge)의 정치고문 랭던(W. R. Langdon)은 한국인들을 다음과 같이 묘사했다.

> 나는 신탁통치를 현지의 현실적 조건에 맞출 수 없었을뿐더러 도덕적이고 현실적인 관점에서 그 적합성을 받아들일 수도 없었다. 따라서 우리는 이 안을 기각해야 한다고 믿게 되었다. 한국민이 일본치하의 35년을 제외하고는 항상 분명한 국가체계를 유지해왔으며, 아시아와 중동의 기준에서 볼 때 높은 학문적·문화적 및 생활상의 수준을 유지해왔으므로 이는 부당하다고 생각된다. (…)
>
> 한국민족에게는 그 해악한 결과를 실제로 체험하지 않고서는 극복될 수 없는 일종의 나쁜 기질이 있다. 분열, 아첨, 과도한 이기주의, 강력한 지역적 대립 그리고 반대파에 대한 아량의 부족 등이다. 일본인들은 한국인들에게 자신들의 제도에서 이러한 결점들을 쫓아낼 기회를 주지 않았다.

한국인들의 교육수준이 꽤 높았으며 독립국가를 유지한 경험을 고려할 때, 한국인들은 스스로 통치할 수 있는 능력이 있으며, 신탁통치는 결코 바람직한 방안이 아니라는 것이 랭던의 판단이었다. 그럼에도 불구하고 랭던은 한국인의 '나쁜 기질'을 지적했고 이것이 미군정의 딜레마라고 국무부에 보고했던 것이다.

그러나 미군정의 더 큰 문제는 미국의 기준에서 볼 때 합리적이면서 보수적인 인사들이 한국인 중에 그리 많지 않다는 사실이었다. 이것은 앞에서 인용한 베닝호프의 전문에서 더 잘 드러난다. 해방 직후 38선 이남의 형세를 보면 한국민주당(이하 '한민당'으로 약칭)이 유일한 보수정치세력이었다. 그러나 한민당에는 친일파와 지주들이 많이 참여하고 있었기 때문에 대중적인 지지를 얻지 못했다. 좌익은 박헌영(朴憲永)을 중심으로 하는 조선공산당(이하 '조공'으로 약칭)과 여운형(呂運亨)의 조선인민당이 대중적인 지지를 얻으며 조직적인 힘을 갖추고 있었다. 미군정의 평가에 따르면 여운형은 그나마 함께 대화라도 할 수 있는 상대였지만, 조공은 그렇지 못했다. 여운형 계열은 조선건국준비위원회를 결성하면서 초기 주도권을 장악했지만, 조공이 재건되면서 좌익의 주도권을 조공에 넘겨줄 수밖에 없었다. 식민지시기인 1925년부터 결성과 해체를 반복해온 조공은 해방 직후부터 광범위하고 강력한 조직을 복원할 수 있었다.

미군정의 고민은 이러한 정치지형을 바꾸어야 한다는 것이었다. 한국을 신탁통치하느냐 마느냐는 그다음 문제였다. 미국에 우호적인 세력이 약하다면, 한반도에 신탁통치를 실시하는 것 역시 미국의 이해관계에 득이 될 수 없었다. 이를 위해서는 두가지 전술이 필요했다. 하나는 우익을 강화시키는 조치를 취하는 것이었다. 여기에 대상이 되는 유일한 집단은 한민당밖에 없었다. 몇몇 군소정당들이 있었지만, 이들은 소수 명망가들이 이합집산한 정당에 지나지 않았다. 다른 하나의 전술은 좌익을 약화시키는 것이었다. 좌익이 약화된다면, 상대적으로 우익이 더 강한 영향력을 행사할 수 있기 때문이었다.

미군정이 처음으로 시도한 것은 좌익세력을 약화시키기 위하여 미군의 진주를 앞두고 조공이 만든 '조선인민공화국'의 '국가'로서의 지위를 부인하고, 보수적인 인사들을 중심으로 미군정의 '고문위원회'를 설치하는 것이었다. 미군정은 1945년 10월 초 11명의 한국인을 자문위원에 임명했다. 자문위원으로 임명된 인물들은 김성수(金性洙), 송진우(宋鎭禹) 등 7명이 한민당 당원이었고, 중도파 인물 가운데는 여운형만이 유일하게 자문위원으로 임명되었다. 물론 여운형은 한민당 당원이 다수인 고문위원회에 참여하는 것을 거부했고, 자문위원 중 한사람으로 지명된 조선민주당의 조만식(曺晩植)은 38선 이북에 있었기 때문에 참여하기 어려웠다. 결국 고문위원회 설치 시도는 친일파와 한민당을 지원하기 위한 조직이라는 비난만을 받은 채 무위로 돌아가고 말았다.

이에 미군정은 좀더 적극적인 정책을 시도한다. 즉 해외에 있는 영향력 있는 우익인사들을 귀국시켜 이들로 하여금 우익세력 강화를 위한 구심점으로서 역할하도록 한다는 것이다. 이 싯점에서 본격적인 정치세력 재편을 위한 공작이 시작되었다. 하지 사령관의 정치고문 베닝호프는 1945년 9월 15일자로 다음과 같은 전문을 토오꾜오에 있는 매카서(D. MacArthur) 극동군 사령관에게 보낸다.

> 연합국 후원하에 충칭 망명정부에 임시정부 자격을 주어 한국으로 환국시키고 점령기간 또는 선거 실시가 가능할 만큼 한국민이 안정될 때까지 간판으로 활용하는 문제가 고려되어야 함.

이 전문은 미군정이 얼마나 다급한 상황이었는지를 잘 보여준다. 미국이 1945년 이전에 대한민국 임시정부를 공식적인 정부로 인정하지 않기로 결정했음에도 불구하고 이제 이들을 환국시켜 간판으로 활용해야 할 필요성을 제기한 것이다. 즉 임시정부 계열 우익인사들의 권위를 어느정도 인정해주면서 보수세력을 뒷받침하도록 해야 한다는 것이 미군정의 논리였다. 그러나 조선인민공화국을 부인하면서 임시정부만 인정하기는 어려웠고, 임시정부 세력을 전적으로 신뢰할 수도 없었다. 임시정부에는 중국국민당의 지원을 받은 조선민족혁명당 계열의 민족주의 좌파세력이 합류해 있었다. 또한 임시정부 내 김구(金九)를 중심으로 하는 보수적인 정치인들도 민족주의적인 성향이 강했기 때문에, 미군정으로서는 이들을 전적으로 신뢰하면서 지원하기 어려웠다.

미군정이 처음 타깃으로 삼은 것은 이승만과 임시정부 세력이었다. 그중에서도 이승만에 먼저 주목했다. 앞에서 말한 바와 같이 1945년 이전 미국무부는 이승만을 매우 부정적으로 인식하고 있었다. 그러나 이승만에게는 든든한 후원자가 있었다. 이미 1945년 이전부터 미국에서 로비활동에 눈뜨고 있었던 그는 1944년부터 CIA의 전신인 OSS와 일정한 끈을 맺고 있었다. 군사관련 정보기관인 OSS와 관계를 갖고 있던 이승만이 미군정과 접촉하는 것은 그다지 어려운 일이 아니었다.[13]

이승만이 귀국하려고 하자 미국무부는 비자 발급을 거부했지만, OSS의 배려로 그는 결국 귀국하게 된다. 특히 그는 귀국하는 길에 토오꾜오에서 극동군 사령관 매카서와 회담할 수 있는 기회를 갖는다. 이 자리에는 한국에서 날아간 하지 사령관도 동석한다. 그리고 이 회담을 통해 정치세력 재편을 위한 계획을 구체화했다. 재일 미군정의 정치고문 애치슨(G. Acheson)이 미국무부에 보낸 문서에는 이 회의에서 논의된 내용이 기록돼 있다.

토오꾜오, 1945년 10월 15일

1. 이승만이 단독으로 한국에 귀환하던 길에 10월 13일 토오꾜오를 방문했기에 보고한다.

2. 그동안 본인은, 한국의 현상황으로 보아 진보적이고 대중적이며 존경받는 지도자 또는 소규모 그룹을, 군정과의 협조 및 군정의 지시 아래 장차의 집행부 또는 행정부의 성격을 가진 정부기관으로 발전할 수 있는 조직의 핵으로 활용하기 시작해야 하지 않겠는가 하는 문제를 국무부가 심각하게 고려해주도록 건의할 것을 미루어왔다. 그러나 핵심적인 조직을 군이 '한국임시정부'라 칭해야 할 필요는 없겠지만, 일종의 '조선국민집행위원회'(National Korean Peoples Executive Committee) 정도의 명칭은 주어질 수 있을 것이고, 하지 장군이 구성한 고문위원회도 위의 위원회에 대한 고문역으로 행동할 수 있을 것이며, 아니면 상황이 전개되는 대로 적당한 시기에 동 위원회에 통합될 수도

있을 것이다. 이미 보고한 바와 같이 이승만이 우리 지역 내의 한국민들에게서 받고 있는 존경을 감안할 때 그러한 위원회가 적어도 초기 단계에서는 이승만과 김구 및 김규식을 중심으로 구성되어야 할 것이다. (…)

4. 하지 장군은 10월 13일 본인과의 면담을 요청한 바 있으며, 그와의 토론 끝에 본인은 그가 위와 같은 견해에 반대하지 않을 것으로 생각한다. (…) 위에서 제안된 위원회는 군정의 부속기관으로 수립될 수 있을 것이다.[14]

'조선국민집행위원회'로 명명된 새로운 조직은 이승만과 김구 그리고 김규식(金奎植)을 중심에 놓고 보수세력들을 강화하기 위한 것이었다. 보수세력이 주가 된 고문위원회를 이 위원회에 통합할 것을 고려한 것 역시 정치적인 의도를 담고 있다. 또한 이 조직은 미군정의 부속기관이지만, '준정부'로서의 역할을 하도록 설정되어 있다.

이 계획은 1945년 11월에 가서 더욱 구체화된다. 미군정 정치고문 랭던은 "한반도에서 신탁통치를 실시하는 것은 현실성이 없다"면서 '조선국민집행위원회'의 이름을 '행정위원회'(Governing Commission)로 바꾸어 아래와 같이 구체적인 계획을 제시했다. 여기에는 중요한 변화가 엿보이는데, 10월에 환국한 이승만의 영향력이 생각만큼 크지 않자 김구에게 눈을 돌린 것이다.

① 사령관은 김구에게 군정 내에 몇몇 정치그룹을 대표하는 협의체를 구성케 하여 한국의 정부형태를 연구하고 안을 마련할 것과 행정위원회를 조직할 것을 지시한다. 군정은 그러한 위원회에 모든 편의와 조언과 운영자금을 제공한다.

② 행정위원회와 군정을 통합시킨다. (급속히 전 한국의 조직으로 수립된다.)

③ 행정위원회는 군정을 계승하여 과도정부가 되며, 사령관에게는 거부권과 함께 필요하다고 생각되는 미국인 감독과 고문의 임명권만을 남겨둔다.

④ 미국인 대신을 통해 나머지 관련 3대국에 동 행정위원회에 감독관과 고

문의 일부를 파견해주도록 요청한다.

⑤ 행정위원회는 국가수반 선거를 실시한다.

⑥ 선출된 국가수반은 새로이 정부를 재조직하여 외국과 조약을 맺으며 외교사절의 신임장을 제정하는 한편, 한국은 국제연합에 가입한다.

주: 이러한 변화과정의 어디쯤에선가, 아마도 ④와 ⑤의 중간쯤에서 소련 측과 양군 철수 및 행정위원회 권한을 소련군 지역까지 확대하는 협정을 조인한다. 위의 방안을 추진하면서 소련군 지역 내 인사를 행정위원회에 임명케 함으로써 권한을 확장시킬 수 있도록 소련 측이 서울을 방문하도록 초청해야 할 것이다. 그러나 만일 소련 측의 참여가 쉽사리 이루어지지 않을 경우에는 38도선 이남의 한국에 대해서만이라도 동 방안이 실현되어야 할 것이다.[15]

이 안에서 가장 충격적인 것은 한국의 국가수반을 미군정이 임명하는 행정위원회 위원들이 선출하도록 제안하고 있다는 점이다. 마치 한국에서 민주주의가 이루어지기를 원하는 것은 쓰레기통에서 장미가 피기를 기다리는 것과 같다고 한 어느 외신기자의 말처럼, 한국인들의 기질을 감안할 때 민주적인 선거가 불가능하다고 생각했을 가능성도 있다.

랭던이 제시한 이 방안은 경우에 따라서 분단정부의 수립을 상정하고 있었다. 일단은 38선 이남에서 행정위원회를 조직하고, 이 조직을 소련과 협의하여 38선 이북으로 확대한다는 것이다. 소련이 이 안을 받아들일 가능성이 거의 없었다는 상황을 고려한다면, 이 안은 곧 단독정부 수립안이나 다름없다. 물론 당시는 냉전이 본격화되는 1945년 이전이었고 미소간의 협조가 이루어지고 있었기 때문에 단순히 단독정부 수립안으로만 규정할 수는 없다. 그럼에도 이 안은 신탁통치의 실시 여부와 관계없이 38선 이남에서 미국에 우호적인 세력들을 강화하는 방안으로 이용되었다. 그 뒤 38선 이남에서 이루어진 미군정 주도하의 작업들은 대체로 랭던의 권고안에 제시된 내용에 근거하여 진행되었다.

미군정은 신탁통치안이 비현실적이라고 권고했지만, 미국무부는 신탁통치안이 대한정책의 핵심임을 거듭 강조했다. 결국 미국은 신탁통치안을 중심으로 하는 제안서를 1945년 12월 모스끄바 3상회의에 제출했다. 그러나 신탁통치안을 계속 추진하는 것이 랭던의 권고안 폐기를 의미하는 것은 아니었다. 미국은 신탁통치안을 실시하더라도 미국에 우호적인 보수적이고 우파적 경향의 정치인들이 정국의 주도권을 장악하도록 해야만 미국의 대한정책이 성공할 수 있다고 판단했다.

따라서 미군정은 신탁통치 실시 여부와 관계없이 38선 이남에서 보수적인 정치세력을 강화하기 위한 정치공작을 본격적으로 시작했다. 우선 미군정은 애치슨의 권고에 따라 '독립촉성중앙협의회'를 설립한 이승만을 중심으로 우익세력을 강화하려고 했지만, 이 계획은 성공하지 못했다. 무엇보다도 대중적인 지지를 받는 좌익에 대한 이승만의 배타적인 태도와 친일파에 대한 모호한 입장 때문에 독립촉성중앙협의회는 많은 정치인들에게 외면당했다.[16]

행정위원회를 조직하기 위한 본격적인 시도는 '대한국민대표민주의원'(이하 '민주의원'으로 약칭)에서 시작되었다. 당시 우익세력은 모스끄바 3상협정이 발표된 이후 '신탁통치반대운동'(이하 '반탁운동'으로 약칭)을 전개하고 있었으며, 이 과정에서 김구를 중심으로 한 임시정부 세력이 우익의 주도권을 장악했다. 김구의 임시정부는 반탁운동으로 획득한 정치적 주도권을 이용하여 '비상국민회의'라는 조직을 결성, 임시정부를 중심으로 우익세력을 통합하려고 했다.

반면 미국은 이러한 시도를 '행정위원회' 계획으로 흡수하고자 했다. 김구가 주도한 비상국민회의는 28명으로 '최고정무위원회'를 조직하기로 결정했는데, 미군정은 하지 사령관이 요청하는 형식을 빌려 최고정무위원회를 '민주의원'이라는 이름으로 바꾸었으며, 이 기관을 미군정의 자문기관으로 설정했다. 이러한 정치공작이 진행되는 과정에서 이승만을 돕고 있던 전 OSS 요원 굿펠로우(P. Goodfellow)가 결정적인 역할을 했다. 굿펠로우는 이미 이승만의 귀국과정에서도 많은 공헌을 했으며, 대한민국 정부가 수립된 이후에는 한국에 들어와 선박운송권을 따내기 위한 로비를 벌이기도 했다.[17] 그의 이름처럼 이승만의 '좋은 친구'였던 굿펠로우는 미군정의 정치고문이라는 명분으로 우익의 지도자들을 만나 최고정무위원회를 민주의원으로 전환하도록 설득했고, 결국 이승만을 수반으로 하는 민주의원이 출범하는 데 결정적인 역할을 했다.

이 과정에는 송진우 암살사건과 반탁운동으로 악화된 김구와 미군정의 관계가 반영돼 있다. 미군정은 아무런 물증도 없으면서 정황만으로 암살의 배후에 김구가 있을 것으로 의심하고 있었다.

4. 미국의 딜레마 — 반탁운동으로 인한 정책 수정

미군정은 보수세력들을 강화하기 위한 공작을 진행하는 과정에서 벽에 부딪혔다. 미군정이 지원하려는 세력들이 오히려 미국의 정책에 반대하는 입장을 표명한 것이다. 바로 이것이 반탁운동이었다.

미군정은 '신탁통치안'이 미국의 이해관계를 한반도에서 관철하는 데 적합지 않은 방안이며, 한국인들의 강한 반발을 불러일으킬 것이라고 생각하고 있었다. 앞에서 인용한 바와 같이 랭던이 "신탁통치를 현지의 현실적 조건에 맞출 수 없었을뿐더러 도덕적이고 현실적인 관점에서 그 적합성을 받아들일 수도 없었다. 따라서 우리는 이 안을 기각시켜야 한다고 믿게 되었다"는 내용의 전문을 미국무부에 보낸 것도 바로 이 때문이었다.

그럼에도 불구하고 미국은 모스끄바 3상협정에서 신탁통치안을 밀어붙였다. 그리고 모스끄바 3상협정을 통해 미국은 마침내 한반도에서 신탁통치를 실시할 것을 소련·영국과 합의했다. 미국이 모스끄바 3상협정에 제출한 제안은 아래와 같다.

① 미·영·중·소 4개국이 신탁통치체제의 최고행정관(administrative

authority)이 되어 유엔헌장 제79호에 규정한 기본목적에 따라 행동한다.

② 1인의 고등판무관(A High Commissioner)과 4개 신탁통치국의 대표로 구성되는 집행위원회에서 통치권한과 기능을 수행한다.

③ 한국의 통일행정체제, 즉 신탁통치체제에는 한국인을 행정관 상담역 고문으로 둔다.

④ 신탁통치기한은 5년으로 하되 필요하면 4개 신탁통치국간의 협정으로 다시 5년을 연장할 수 있다.[18]

물론 잘 알려진 바와 같이 모스끄바 3상협정에서 합의된 한반도문제에 대한 결정안(이하 '3상협정안'으로 약칭)이 곧바로 신탁통치안을 의미하는 것은 아니었다. 3상협정안이 신탁통치안을 포함하고 있었던 것은 사실이지만, 조선인들이 한반도의 미래를 결정하는 데 주체적으로 참여할 수 있는 여지 또한 남겨놓고 있었다. 바로 3상협정안의 1항에서 밝히고 있는 '임시조선민주주의정부'의 수립이 그것이었다. 3상협정안에 따르면 한반도 점령 문제는 미소공동위원회가 책임지지만, 신탁통치문제를 포함한 중대한 문제는 조선인들로 구성된 조선민주임시정부라는 조직 및 4대열강과의 협의에 의해 결정하도록 규정되어 있었다.[19]

그럼에도 3상협정안의 3항에는 최고 5년을 기한으로 한반도에서 신탁통치를 실시한다는 내용이 있었고, 보수세력들은 3상협정안이 발표된 직후부터 반탁운동에 적극적으로 나섰다. 미군정이 후원하려고 했던 세력들이 오히려 미국의 정책에 정면으로 반대하고 나선 것이다. 이와는 반대로 좌익과 중도파 세력들은 '모스끄바 3상협정에 대한 총체적 지지' 입장을 밝혔다. 떡 주려고 했던 세력들은 떡이 더러워서 싫다 하고, 떡을 주기는커녕 있는 떡까지도 뺏어오려고 했던 좌익세력은 떡을 달라고 하는 꼴이 된 것이다.

미국이 한국 내의 보수세력들을 강화하기 위해 귀국을 허용한 임시정부 그룹은 반탁운동의 선봉에 섰으며, 1945년 12월 30일 총파업을 선언하기도 했다. 이날 이들은 임시정부의 내무부장 명의로 '국자 1호' '국자 2호' 등을 발표하여 총파업을 시도했고, 여기에는 미군정에서 일하는 조선인들도 참여하여 미군정의 업무가 일시 마비되는 상황이 초래되기까지 했다. 미군정은 김구가 주도하는 반탁운동을 미군정으로부터 권력을 접수하고자 하는 극한적인 행동으로 규정했다. 이 일로 인해 미군정은 김구를 불러 폭언을 퍼붓기도 했으며, 김구가 '자살소동을 벌였다'는 보고서를 본국에 보내기도 했다.[20]

이제 미군정으로서는 김구를 중심으로 하는 보수세력 강화정책을 포기할 수밖에 없었다. 비록 미군정이 신탁통치안을 비현실적이라고 판단하고 있었다 하더라도, 워싱턴의 입장은 미·소 협조에 의한 신탁통치 실시를 대한정책의 골간으로 세워놓고 있었기 때문에, 미군정이 지원하는 세력이 반대한다고 해서 신탁통치안을 포함한 3상협정안을 포기하거나 수정할 수는 없었다. 이제 남은 방법은 '말〔馬〕'을 바꾸는 정책밖에 없었다.

미군정은 사면초가에 몰리게 되었다. 김구를 선택한 것이 '말을 잘못 고른 것'이라는 결론을 내렸지만, 김구는 반탁운동 과정에서 이미 보수세력 내부의 주도권을 장악했다. 반면 이승만은 귀국 초기의 활동이 실패로 돌아가면서 뚜렷한 전환점을 찾지 못했다. 이러한 상황에서 미군정은 민주의원을 조직하여 이승만을 의장으로 추대하고 김구와 김규식을 부의장으로 내려앉힘으로써 우익 내 정치지형의 반전을 시도했다.

그러나 미군정은 미소공동위원회가 시작되면서 다시 한번 딜레마에 빠진다. 미소공동위원회는 3상협정안 1항에 나온 바와 같이 한국인들 가운데 대표적이고 민주적인 지도자와 조직들로 '임시조선민주주의정부'를 조직하고, 이 조직과 협의하여 신탁통치문제를 해결해야 했다. 그러나 보수세력들의 반탁운동 때문에 미국의 정책에 유리한 방향으로 '임시조선민주주의정부'를 조직하는 것이 어려워졌다. 민주의원 결성은 미소공동위원회를 대비한다는 의미가 있었지만, 문제는 민주의원의 이승만과 김구가 모두 반탁 입장을 취하고 있었으며, 미군정 하에서 여당의 역할을 하

©NARA

미소공동위원회에서 소련 측 수석대표 스띠꼬프 중장이 연설하고 있다. 미소 양측은 3상협정안에 반대하는 세력의 참여여부를 놓고 맞섰다. 1946년 1월 16일 덕수궁 석조전.

던 한민당은 양자의 눈치를 보고 있었다는 점이다. 한민당의 수석총무 송진우가 신탁통치 반대운동을 온건하게 해야 한다고 주장하던 중 암살당한 사실이 반증하듯, 한민당은 운신의 폭이 넓지 않았다. 이들 보수세력들은 모두 미소공동위원회와 임시조선민주주의정부에 참여하는 것을 거부했다.

송진우의 암살을 둘러싸고, 누가 배후에서 조종했는지는 지금까지도 풀리지 않는 의문으로 남아 있다. 미군정의 고위 관계자와 당시 경기도 경찰청장 장택상은 송진우 암살의 배후로 김구 계열의 적극적인 반탁운동 세력을 지목했지만, 정확한 사실은 밝혀지지 않고 있다. 당시의 정치상황을 고려할 때 김구가 미군정과 가까운 송진우를 암살하라고 지시할 정도로 궁지에 몰린 상황이 아니었기 때문에 정치적 도박을 했을 가능성은 거의 없다. 아무튼 범인들은 해방 직후 송진우의 경호원이었던 인물들로 밝혀졌지만, 그 배후는 아직까지도 밝혀지지 않고 있다.[21]

한편 미소공동위원회에 참여한 소련은 모스끄바 3상협정에 반대하는 세력들을 제외해야 한다고 주장했다. 이러한 소련의 주장은 정당한 것이었다. 3상협정안에 반대하는 세력들을 모아놓고 3상협정안의 내용을 실현하기 위한 논의를 할 수는 없었다. 그러나 미군정의 입장에서 볼 때 반탁운동세력들을 제외하고 미소공동위원회를 개최한다면 그것은 3상협정안에 찬성하는 좌익세력들만의 잔치가 될 가능성이 컸다. 결국 이러한 딜레마 속에서 미군정은 1946년 5월 미소공동위원회의 유예를 선언할 수밖에 없었다.

결국 반탁운동은 미국의 대한정책 수정을 이끌어냈다. 외세에 반대한다는 명분으로 광범위한 한국 내 우익세력의 지지기반을 얻어냄으로써 주변부의 힘이 중심부의 정책을 바꾸는 첫번째 케이스가 된 것이다. 여기에는 물론 신탁통치안을 반대한 미군정이 고의적으로 반탁운동 세력을 이용했다는 '혐의' 역시 고려돼야 한다. 그러나 중요한 것은 미행정부가 소련 및 영국과 합의한 모스끄바 3상협정을 일거에 폐기할 수는 없었고 그렇다고 해서 결과적으로 좌익세력에게 유리한 국면을 만들어줄 수 있는 미소공동위원회를 무작정 밀고 나갈 수도 없었다는 사실이다. 결국 미국무부는 더이상 김구와 이승만을 내세운 보수세력 강화정책을 실행하기 어렵게 되었다. 또한 워싱턴에서도 3상협정안이 과연 미국에 유리한 정책인가에 대한 회의가 일기 시작했다. 이제 워싱턴과 미군정은 새로운 정책을 만들어야 했다.

5. 정치세력 재편공작 2—좌익을 약화시키자

1946년 5월 제1차 미소공동위원회가 결렬될 즈음, 미군정은 좌우합작위원회를 조직하고 이를 지원하기 시작했다. 보수세력들의 반탁운동으로 인해 미소공동위원회가 결렬된만큼, 반탁운동 세력의 영향으로부터 자유로운 새로운 조직이 필요했던 것이다. 민주의원은 한국인들의 지지를 받지도 못했고 미소공동위원회에서도 성공적인 구실을 못했기 때문에 더이상 '행정위원회' 계획의 대안이 될 수 없었다.

미군정은 미국의 정책을 지지하면서도 소련까지 받아들일 수 있는 새로운 정치세력을 찾아야만 했다. 그리고 이를 통해 미소공동위원회가 다시 개최될 때 소련보다는 더 우세한 입장에서 회의를 진행시켜야만 했다. 이 과정에서 미군정이 주목한 인물은 중도파로 평가받던 김규식과 여운형이었다. 김규식은 미국의 르노크대학을 나온 독실한 기독교 신자로, 미국으로부터 최고의 신사로 평가받고 있었다. 미군정은 김규식이 지식인적인 성향이 강한 것이 흠이지만, 미국식 합리주의를 갖춘 정치인이라고 판단했다.

> (아놀드 장군은) 한국에 대한 마음에서 우러나오는 헌신적인 관심을 갖고 있는 한국인 지도자는 단지 극소수일 뿐이라고 생각하며, 그 명단의 제일 꼭대기에 김규식을 들고 있다. 여운형에 대해서는 화려하고 품위가 있긴 하나 우유부단하다고 간주하고 있다. 김구는 완전히 제외되었다. 이승만은 강력하긴 하지만 완전히 이기적인 인물이다.[22]

미군정이 볼 때 여운형은 버리지도 못하고 취하지도 못하는 계륵(鷄肋) 같은 존재였다. 좌파와 관계가 가까웠기 때문에 미군정이 적극 지원하기는 어려웠지만, 여운형의 대중적인 영향력을 간과할 수는 없었다. 미군정은 고문위원회와 민주의원 조직과정에서 여운형에게 끊임없이 러브콜을 보냈지만, 여운형은 그때마다 참여를 거부했다. 고문위원회와 민주의원이 부일협력자라는 비난을 받는 한민당 계열을 중심으로 이루어져 있다는 사실이 그로 하여금 참여를 어렵게 한 것이다.

그러나 미소공동위원회가 결렬되자 미군정으로서는 더이상 주저할 여유가 없었다. 비록 여운형이 좌파적인 성향을 갖고 있지만, 그의 대중적인 지지도를 감안할 때 여운형에 대한 지원 그리고 김규식과의 합작이 소련으로부터 지지를 받는 동시에 미국에 유리한 상황을 만들 것이라고 판단했다. 소련과의 합의가 이루어지지 않는다면, 3상협정안의 실현은 불가능한 것이었다.

미국무부는 미소공동위원회가 개최되기 전부터 중도파 인사들을 중심으로 한 좌우합작이 필요하다는 점을 지적했었다.[23] 그만큼 미국무부는 미소공동위원회의 성공에 많은 기대를 걸었다. 미소공동위원회가 결렬된 싯점에서 국무부는 '난국'을 타개하기 위하여 1946년 6월 다음과 같은 새로운 계획을 내놓는다.

> 미국 정부의 의도는 한국에서 미국의 목표를 모스끄바 협정의 테두리 안에서 성취하는 것이며, 미국의 능력 내에서 동 협정의 기일 내의 이행, 특히 최단시일 내에 한국독립의 달성을 이루기 위해 할 수 있는 모든 노력을 다한다는 것이다. (…)
>
> 미국의 원칙과 실제 행동에 대한 적극적인 대중적 지지를 획득하여 소련 측으로 하여금 현재의 입장을 수정하게 하는 동시에 소련과의 협정을 위한 공통의 근거를 발전시킴으로써 이해를 도모케 하는 일련의 행동을 남한에서 취해야 한다. (…)
>
> 광범한 선거방법을 통하여, 현재의 민주의원을 능가하며, 임시조선정부가 수립될 때까지 미군사령관의 재량에 따라 정치·사회·경제적 개혁의 기초로 사용될 법령 초안을 작성하여 이를 사령관에게 제시하는 임무를 띤 입법자문기구를 설치한다. 주한미군 사령관은 법령 초안들이 미국의 기본목표 또는 모스끄바 협정에 위배될 경우를 제외하고는 이를 실행에 옮기도록 한다.[24]

이 문서는 미국무부가 육군성과 해군성의 동의를 얻어 미군정에 보낸 정책교서의 결론부분이다. 문서가 발송된 날은 제1차 미소공동위원회가 결렬된 지 한달여가 지난 1946년 6월 6일이며, 제목은 '대한정책'이라고 되어 있다. 민주의원의 효용성은 이제 끝났다고 선언하면서, 새로운 조직이 필요하다는 정책을 내놓은 것이다. 특히 이러한 조직은 민주의원 같은 정치인들의 연합이 아니라 선거를 통해 대표성을 가지면서, 동시에 '입법자문기구'처럼 더 많은 역할을 할 수 있는 기관이어야 한다는 것이다.

그렇다면 이러한 계획은 어떻게 추진되어야 하며, 누가 참여해야 하는가? 이와 관련해서는 '대한정책' 뒤에 붙어 있는 '첨부 B'에 그 대책이 실려 있다.

> 특히 입법자문기구를 위한 선거의 실시로 우리는 좌익세력이 전혀 포함되지 않은 현재의 민주의원보다 한국의 정치여론을 좀더 진정하게 대표할 수 있는 남한의 지도력을 창출할 수 있을 것이다. 그러한 새로운 지도력은 현재의 민주의원보다는 더욱 강력할 뿐만 아니라 분명히 소련 측에서도 훨씬 받아들일 만할 것이다. 따라서 소련과의 협정 체결 가능성을 약화시키기보다는 오히려 강화시키는 요인으로 작용할 것이 분명하다. (…)
>
> 최근 한국의 정치적 논쟁에서 태풍의 눈이 되어온 특정 인사들이 일시적으로 정치무대에서 은퇴하게 된다면, 미국과 소련 당국간의 협정뿐 아니라 남한의 여러 파벌간의 협정도 매우 촉진될 것이다. 표현의 자유원칙에 대한 미국의 고집과, 반소적인 특정 한국인 지도자들의 임시조선민주주의정부 참여 금지라는 소련의 공공연한 주장 간의 의견충돌이 공동위원회 회담 결렬의 원인이라고 해석하는 근거가 여기에 있다. 이들 지도자들은 일본의 무조건항복 이후 한국에 돌아온 원로 망명한국인단체를 구성하고 있다.

이 '첨부'문서는 미국의 정책을 곤란하게 하는, 즉 미소공동위원회의 진행을 방해하는 김구와 이승만을 지지하는 대신 새로운 세력과 새로운 조직이 필요하다는 점을 제시한다. 이들을 정계에서 은퇴시키고 새로운 정치세력으로 하여금 한국의 정계를 주도할 수 있게 한다는 것이 바로 미국무부의 새로운 복안이었던 것이다.

'대한정책' 문서에서 주목해야 할 점은 첫째, 미군정과 미국무부 사이의 심각한 견해차를 보여준다는 점이다. 즉 현지에 있는 미군정은 신탁통치안과 미소공동위원회가 희망이 없다고 본 데 반하여 워싱턴은 3상협정안에 근거한 미소공동위원회의 성공을 지속적으로 추진하고 있었다. 따라서 문서에는 미군정이 미국의 정책에 대해 오판하지 말고, 미소공동위원회의 성공을 위하여 모든 힘을 기울여야 한다는 내용이 담겨 있다.

둘째, 미국무부가 추진하는 정책이 미국식 사고 속에서 진행되고 있다는 점이다. 미국무부는 38선 이남에서 선거가 실시되어 새로운 정치지도자들이 선출되고, 이를 통해 민주주의적인 씨스템이 자리를 잡으면 한국인들에게 광범위한 지지를 얻을 수 있을 것으로 보았다. 그리고 그러한 대중적인 지지를 바탕으로 미국의 제안에 합의하도록 소련에 압력을 가해야 한다고 생각했다.

이러한 판단은 당시 38선 이남의 상황을 무시한 미국식 사고에서 비롯된 것이었다. 해방 직후의 상황을 고려해볼 때, 미군정이 주도하는 선거를 통해서 한국의 대표를 뽑는다는 생각은 그 자체로 불가능한 것이었다. 또한 선거를 통해 대표가 선출된다 하더라도 그들이 한국인들의 폭넓은 지지를 받음으로써 소련을 난처하게 만들 수도 없었다. 이미 좌익과 우익이 서로 다른 지지기반을 갖고 있는 상황에서 어느 한쪽의 주도로 이루어진 선거결과를 다른 한쪽이 절대로 지지하지 않을 것이기 때문이다.

미군정은 '대한정책'의 지시에 의거해서 입법기구를 수립하기 위한 전 단계로서 좌우합작위원회를 구성했다. 좌우합작위원회에는 우익의 민주의원과 좌익의 민주주의민족전선(이하 '민전'으로 약칭)이 각각 5명의 대표를 파견했다. 미군정이 좌우합작위원회를 지원하는 상황에서 좌우익의 정치세력이 이를 무시할 수 없었던 것이다. 여기에는 여운형과 김규식이 좌와 우의 대표로 활동했으며, 하바드대에서 법학을 전공한 변호사 출신으로 미군정 내에서 정치공작을 이끌었던 버치(L. Bertch) 중위가 미군정과의 중간 역할을 맡았다.

그러나 좌우합작위원회는 입법의원문제를 둘러싸고 결정적인 견해 차이를 드러냈다. 자신을 지지하는 세력을 강화하려는 미군정, 미군정의 계획이 현실화될 수 있다고 판단한 김규식, 입법기구 수립에 반대하면서 북한의 정치세력까지도 포함하는 새로운 정치세력체를 만들어보려고 한 여운형의 구상은 합의점을 찾을 수 없었다. 또한 좌익과 우익은 서로 자신들에게 유리한 내용만을 좌우합작위원회가 받아줄 것을 요구했다. 즉 마지못해 대표를 파견하기는 했지만 중도적 성향의 여운형과 김규식이 정치적 주도권을 행사하는 것을 방해하고자 한 것이다. 결국 좌우합작위원회에서 한민당·조선공산당 등 좌우익의 핵심세력이 철수했으며, 미군정이 주도하는 임시적인 입법기구의 설립이 확정되는 순간 여운형을 비롯한 중도좌파세력들 또한 좌우합작위원회에서 떠났다.

미군정은 여운형계 인사들을 제외한 채 '과도입법의원'을 조직했다. 과도입법의원은 전체 구성원 90명 가운데 45명은 관선, 나머지 45명은 민선으로 구성되었다. 관선의원에는 김규식의 입김으로 많은 중도파 인사들이 참여했지만, 간접선거로 치러진 민선위원에는 이승만과 한민당을 지지하는 각 지역의 우파 인사들이 당선되었다.

과도입법의원의 실체를 잘 모르고 있던 제주도에서는 과도입법의원으로 인민위원회 대표들을 선출했다. 그러나 막상 회의에 참석하기 위해 서울에 온 제주도 대표들은 그 구성을 보고 놀랄 수밖에 없었으며, 새로 출범한 대중적 좌익정당인 남조선노동당(이하 '남로당'으로 약칭)의 연락을 받고 과도입법의원에 참여하지 않았다. 출범할 당시 중도파 인사들이 많이 참여한만큼, 과도입법의원은 친일파 처리를 위한 법안과 농지개혁법안을 내놓기도 했다. 그러나 우파인사들이 다수를 차지했기 때문에 친일파 처리법안과 농지개혁법은 과도입법의원에서 통과되지 못했다. 과도입법의원은 새로운 정치세력의 조직이 될 수 없었고 또다시 김구와 이승만을 지지하는 세력의 연합체가 되고 말았다.

상황이 이렇게 되자 미군정은 더이상 새로운 정치세력들로 구성된 조직을 만드는 것을 포기했다. 그 대신 합리적인 우파세력들을 계속 지원하면서 좌익을 약화시키는 정책을 본격적으로 시도했다. 이 과정에서 가장 많은 피해를 본 것이 조공의 후신 남로당과 중도좌파의 여운형이었다. 미군정은 남로당 창당식에 미군정의 대표를 보내 축사를 하는 등 겉으로는 온건한 태도를 보였지만, 실제로는 1946년 5월 제1차 미소공동위원회가 결렬된 뒤부터 공산주의자들에 대한 본격적인 탄압에 들어갔다. 이미 1946년 3월과 4월 조봉암(曺奉岩)에 대한 정치공작을 통해 그의 전향과 조공에 대한 공개적인 비판을 이끌어낸 미군정은 조공의 기관지 『해방일보』를 인쇄하던 정판사에서 위조지폐를 발견했다고 발표하고 수사에 들어갔다.[25] 미군정은 좌익계 3개 신문사를 정간시켰고, 파업으로 맞선 조공 지도부들에 대한 전면적인 체포령을 내렸다. 그뒤 남로당 지도부는 모두 38선 이북으로 피할 수밖에 없었다.

반면 미군정은 여운형 계열에 대해서는 비밀리에 정치공작을 진행했다. 여운형을 좌우합작위원회에 끌어들인 것은 한편으로는 김규식과의 합작을 시도한 것이었지만, 다른 한편으로는 좌파세력을 여운형 계열과 박헌영(朴憲永) 계열로 분리하고자 한 것이었다. 또한 미군정은 여운형이 이끌던 조선인민당을 대상으로 비밀공작을 벌여 여운형의 동생을 탈당시키고, 이들을 지원하여 사회민주당이라는 새로운 정당을 만들어냈다. 이러한 공작은 모두 버치 중위에 의해 이루어졌다.[26]

미군정은 여운형의 발목을 잡기 위하여 그를 뒷조사했다. 즉 그가 식민지시기 조선총독부와 손을 잡은 친일파임을 밝혀냄으로써 활동범위를 제약하고자 한 것이었다. 다음은 1946년 8월초 여운형을 뒷조사하기 위해 미군정 내부에서 논의된 내용의 일부다.

현 싯점에서 여(呂)씨는 한국정계에서 아직도 결정적인 위치를 차지하고 있습니다. 오늘 날짜로 본다면 그가 우리 편에 서서 일해줄 가능성이 가장 큽니다. 그가 우리 편에 서든 안 서든 그와 일본인과의 관계를 모두 다 알아두는 것이 매우 중요하다고 생각됩니다. 만일 그가 우리 편에 선다고 가정할 때 우리는 이 정보를 이용하여 뜻밖의 일을 회피할 수 있고 필요한 반박을 준비할 수 있을 것입니다.[27]

그러나 여운형의 친일경력을 파헤치려는 미군정의 시도는 실패로 끝나고 말았다. 미군정의 조사과정에서 나온 관련자들의 증언은 모두 여운형의 활동이 결코 조선총독부에 협력적이지 않았다는 것뿐이었다.

그렇지만 이상과 같은 미군정의 좌익 약화정책은 여운형에게 커다란 타격을 안겨주었다. 좌우합작위원회 활동은 여운형과 박헌영 사이에 반목이 심화되는 결정적인 계기가 되었으며, 여운형이 더이상 조공 및 남로당과 연결될 수 없게 만들었다. 좌우합작위원회가 열리던 시기에는 9월 총파업, 10월 대구사건 그리고 남로당 결성 등 다양한 사건들이 일어났다. 특히 남로당 결성과정에서 여운형과 박헌영은 심각한 갈등을 드러냈다.

이 과정에서 여운형은 정치적인 타격을 입어 정계은퇴를 선언하기도 했다. 박헌영 측은 여운형이 미군정에 협조하여 과도입법의원 설립에 관여했다는 점을 비판의 한축으로 삼았다. 좌익 측으로서는 대중적인 인기와 영향력을 갖고 있던 여운형을 놓침으로써 큰 타격을 입었지만, 주도권 장악에만 혈안이 된 남로당 지도부는 여운형에게 더이상 미련을 갖지 않았다.

이러한 상황에서 여운형은 결국 정치적으로 고립되었다. 조선인민당을 근로인민당으로 개편하면서 박헌영에 반대하는 좌익세력과 연합했지만, 좌우합작을 추진한 그의 정치활동은 더이상 많은 지지를 받기 어려웠다. 1947년 제2차 미소공동위원회의 재개를 앞둔 싯점에서 그는 다시 한번 본격적인 정치세력 통합작업을 추진했지만, 끝내 암살당하고 말았다.

여운형의 암살은 국내 정치세력에나 미군정에나 더이상의 새로운 정치적 대안의 가능성을 차단하는 것이었다. 여운형은 좌우의 대립을 중간에서 중재할 수 있는 유일한 사람이었으며, 통일정부가 수립될 때 좌우가 받아들일 수 있는 유일한 인물이었기 때문이다. 미군정은 여운형이 암살된 뒤에도 제2차 미소공동위원회를 개최했지만, 이는 3상협정안을 폐기하고 한반도문제를 유엔으로 이관하여 분단정부를 수립하기 위한 수순에 불과했다. 제2차 미소공동위원회는 위원회가 더이상 효율적이지 않다는 것을 선언하기 위한 겉치레에 불과한 것이었다.

그뒤 미국은 38선 이남에서 분단정부 수립을 적극적으로 추진했으며, 이 과정에서 한민당이 정치적 주도권을 장악하기를 원했다. 그러나 미국은 또다른 암초에 부딪혔다. 즉 한민당의 브레인이었던 장덕수(張德秀)가 암살된 것이다. 그는 한민당의 수석총무 송진우가 암살된 이후 실질적으로 한민당을 이끌고 있었다. 장덕수의 암살은 한민당이 38선 이남의 선거과정에서 주도적인 역할을 할 수 없을 정도로 큰 타격을 주었다. 미군정 역시 장덕수의 암살은 큰 타격이었기 때문에 송진우나 여운형의 암살사건 때보다 더 적극적으로 조사에 나섰다. 장덕수의 죽음에는 무언가 정치적인 음모가 숨어 있었다.

그러나 장덕수 암살사건에 대한 미군정의 조사는 또 하나의 정치공작이었다. 장덕수가 암살된 직후 미군정은 본국으로 "장덕수가 이승만과 싸운 직후 암살되었다"는 내용의 전문을 보냈다. 이것은 곧 장덕수의 죽음이 이승만의 정치적 이해관계와 관련돼 있음을 암시하는 것이었다. 장덕수의 죽음과 한민당의 세력 약화는 미군정이 울며 겨자먹기 식으로 이승만을 다시 선택할 수밖에 없는 상황을 만들어주는 것이었다.

그러나 암살사건을 조사하는 과정에서 화살은 김구 쪽으로 방향을 틀었다. 특히 미군정은 체포된 암살자의 공판에 김구가 출석하도록 종용했다. 일개 점령지역에서 일어난 살인사건인데도, 김구를 공판정에 세우기 위해 미군정은 트루먼(H. S. Truman) 대통령의 친서를 전달하기까지 했다. 결국 남북협상 참여를 눈앞에 둔 김구는 공판정에 설 수밖에 없었다. 이 때문에 그는 적잖은 정치적 타격을 입어야 했다. 장덕수 사건은 지금까지도 그 배후가 오리무중이지만, 미군정이 추진한 또다른 형태의 정치공

작이었던 것으로 보인다.[28]

1945년부터 1948년까지 미국의 대한정책의 핵심은 한반도 전역에서 당분간 신탁통치를 실시한다는 것이었다. 비록 미군정이 신탁통치 정책이 현실적이지 못하다는 입장을 취하고 있었다 하더라도, 미국무부는 신탁통치 실시를 위해 1947년의 어느 싯점에 이르기까지 모스끄바 3상협정안의 내용을 현실화하기 위하여 노력했다. 비록 세계적인 차원에서 미국과 소련 사이의 냉전이 점점 심화되어가고 있었다 하더라도, 당시의 미국문서들은 1947년 중반까지는 미국이 한반도의 분단을 상정하고 있지 않았다는 점을 잘 보여준다.

이러한 미국의 정책에서 중요한 전환점이 된 사건은 1946년말과 1947년초 미군정의 주요인사들을 본국으로 소환해 조사한 것, 그리고 이승만의 미국 방문이었다. 미군정의 주요인사들을 인터뷰하면서 미국무부는 신탁통치안이 실효성을 갖기 어렵다는 점을 인식할 수 있었다. 이승만은 국무부와 국방부의 주요인사들을 만나 38선 이남에서만이라도 미국에 우호적인 정부를 세워야 한다는 점을 강조했다. 미국은 미소공동위원회가 완전히 결렬되자마자 한반도문제를 유엔에 이관했으며, 38선 이남에서 선거를 실시하여 대한민국을 수립했다. 그렇다면 결과적으로 미국의 정책은 성공한 것일까?

해방 직후의 한반도 상황을 볼 때, 미국의 정책은 일정정도 성공을 거두었다. 좌익세력이 정치적 주도권을 장악한 상황에서 한반도의 일부에서나마 우익세력이 주도하는 정권을 수립할 수 있었다는 것은 다양한 정치공작을 통해서 가능했다. 그러나 다른 한편으로는 한반도 전체에서 미국에 우호적인 정부를 수립하려고 한 미국의 정책은 실패로 돌아갔다. 뿐만 아니라 신탁통치안 역시 폐기될 수밖에 없었다. 이승만과 김구를 중심으로 한반도의 보수세력을 강화하려는 정책 역시 반탁운동으로 인해 실패했다. 이승만이 대통령중심제 헌법하에 대통령으로 취임했을 때 미군정의 경제고문 번스(A. C. Bunce)는 '어디 잘되나 보자'라는 푸념 섞인 넋두리를 내뱉을 수밖에 없었다.

미군정의 실패에는 무엇보다도 한반도 내부의 역동적인 정치적 힘이 결정적인 요인이 되었다. 한반도에는 좌익에서 우익에 이르기까지 다양한 정치세력이 존재했고 비록 많은 견해 차이가 있었지만, 대다수는 분단정부의 수립을 결코 받아들일 수 없다는 공감대를 형성하고 있었다. 미국의 힘에 의해서 대한민국 정부가 수립되었지만, 여기에 참여한 정치세력은 이승만과 한민당을 지지하는 세력이 거의 전부였다. 일부 동참한 김구 지지세력들은 1949년 국회프락치사건으로 대부분 구속되었다. 결국 미국의 정책은 절반의 성공으로 그칠 수밖에 없었으며, 나머지 절반의 실패를 이끌어낸 것은 한국 내의 정치적 힘이었다.

한국인들에 대한 미국의 인식, 즉 한국인들은 스스로를 통치할 수 없다는 판단이 대한정책의 출발점이 되었음을 우리는 앞에서 살펴보았다. 미국의 이러한 인식이 정확하고 객관적인 판단이었는가를 규명하기란 쉽지 않은 일이다. 그러나 한국인들은 미국의 그러한 인식을 결코 받아들일 수 없었으며, 그러한 거부가 결국은 미국의 정책이 전면적으로 성공할 수 없는 내부적인 힘을 만들어냈다. 이것은 곧 미국의 대한정책이 일방적인 방향으로만 진행될 수 없다는 것을 잘 보여준 예라고 할 수 있다.

제2부 한반도를 포기하지 않는다

1. 미군은 왜 철수했는가?
2. 거대한 원조
3. 경제·심리적 봉쇄—대한정책의 출발점
4. ECA 원조가 제대로 실시되지 않은 이유

1950년대에 나온 미국방부의 연구서 중 일부는 한국전쟁에서 미국이 실패한 요인을 분석하면서 미국이 군사적인 지원 대신 경제적인 지원에 집중한 점을 비판했다. 또 일부 연구자들은 1949년 6월 미군이 한반도에서 철수하고, 1950년 1월 애치슨 국무장관이 한반도를 미국의 방위선에서 제외한다고 발표한 것이 한국전쟁이 일어나게 된 가장 중요한 요인이라고 설명한다.

미국은 왜 1949년 6월 남한에서 미군을 철수시켰을까? 이것은 미국이 한반도를 포기했다는 것을 뜻하는 것일까? 아니면 일본 중심의 지역통합 전략을 위하여 주한미군보다는 주일미군에 힘을 실어주려고 했던 것일까? 그렇다면 미국은 왜 1949년과 1950년에 남한에 대한 엄청난 규모의 경제원조를 계획하고 있었을까?

1. 미군은 왜 철수했는가?

냉전이 격화되기 시작한 싯점이었던 1946년, 미국에는 걸출한 냉전정책의 고안자인 케넌(G. F. Kennan)이 등장한다. 국무부에서 정책기획실

(Policy Planning Staff) 책임자로 활동한 그는 냉전하에서 미국의 대외정책을 봉쇄(containment)로 규정하면서, 소련을 비롯한 공산주의권의 확장을 막기 위한 외교적인 이론과 방안을 마련했다.

케넌의 봉쇄이론은 경제·심리적인 측면을 강조했다는 점에서 그 특징을 찾을 수 있다. 다시 말해 1950년대 이후 공산주의에 대한 봉쇄가 주로 군사·정치적인 면을 강조한 데 반하여 케넌은 경제적인 수단을 통한 심리적인 승리를 바탕으로 공산주의의 확산을 막아야 한다는 점을 강조했다. 즉 자본주의가 더 나은 삶을 가져다준다는 확신을 심어준다면 공산주의가 확산될 우려가 없다는 것이었다.

이러한 케넌의 이론에 바탕을 두고 1947년 유럽에서 전격적으로 실시된 정책이 마셜 플랜(Marshall Plan)이다. 마셜 플랜은 서유럽의 경제성장을 방패로 삼아 소련의 서진(西進)정책을 막겠다는 것으로, 제2차 세계대전으로 피폐해진 서유럽 사람들이 더이상 공산주의의 유혹에 빠져들지 않게 하려면 경제성장을 통해 심리적인 자신감을 주는 것이 유일하면서도 가장 효과적이라는 주장에 근거한 정책이었다. 자본주의가 번영을 위해 더 훌륭한 기재라고 생각한다면, 굳이 공산주의에 경도될 이유가 없다는 논리다.[1]

물론 케넌이 이러한 경제·심리적 봉쇄정책을 강조한 배경에는 몇가지 전제가 깔려 있었다. 하나는 미국이 핵을 독점하고 있다는 점이었다. 1945년 처음 사용된 원자탄은 그 가공할 만한 위력을 전세계에 보여주었다. 1949년 소련이 원자탄 실험에 성공할 때까지 핵을 독점한 미국은 군사적인 측면에서 소련보다 우위에 있었다. 그러므로 군사력의 증강을 통한 봉쇄가 시급하게 필요하지 않았다.

둘째, 소련 자체가 안고 있는 한계에 주목했다는 점이다. 케넌은 1944년부터 1946년까지 소련 주재 미국대사관에서 근무하면서 소련의 정치·사회체제에 대해 전문가적인 식견을 갖게 되었다. 케넌은 자신의 경험을 바탕으로 「긴 전문」(long telegram)이라고 알려진 유명한 서신을 본국에

봉쇄청책의 대부로 잘 알려진 케넌. 그는 자본주의가 더 나은 삶을 가져다준다는 확신을 심어준다면 공산주의는 확산되지 않을 것이라고 주장했다.

보냈다. 이 전문에서 케넌은 소련 공산주의 체제를 분석하면서 소련이 생각만큼 강한 체제가 아니라는 점을 강조했다. 즉 소련은 이데올로기적인 힘으로 유지되지만, 그러한 체제가 국민들 전체를 강력하게 묶어줄 정도의 안정성을 제공하지는 못하다고 본 것이다. 따라서 정치·군사적으로 소련을 압박할 필요가 없으며, 그것은 단지 낭비일 뿐이라고 판단했다.

케넌의 이러한 기본적인 전제를 따르자면 과도한 군사적 봉쇄는 오히려 소련 내부의 통합력을 강화시킬 뿐 실질적인 봉쇄에는 그다지 효과가 없는 것이었다. 이는 현재 미국의 대북한 정책이 그다지 효과적이지 못한 것과 동일한 맥락이라고 할 수 있다. 또한 그는 공산주의권 내부에서 분열이 일어날 것으로 보았고, 유고슬라비아에서처럼 머지않은 미래에 중국 역시 소련에서 떨어져나갈 것으로 예상했다.

그러나 문제는 케넌이 주창한 경제적 봉쇄에는 적지 않은 '돈'이 든다는 것이었다. 제2차 세계대전 기간에 벌써 막대한 전쟁비용을 지불한 미국은 점령지역에서의 전후복구를 위하여 거대한 규모의 원조도 실행해야 했다. 여기에다 케넌이 주장한 경제적 재건을 위해서는 단순한 복구를 넘어서 경제적 부흥을 이끌어낼 수 있는 원조가 필요했다. 이를 위해서는 기초적인 생활필수품의 공급뿐 아니라 생산재를 생산할 수 있는 공장을 지어주어야 했다.

미국이 자본주의세계의 경제부흥을 위한 그러한 부담을 혼자서 질 수는 없었다. 그러나 미국은 제2차 세계대전에서 유일하게 직접적인 피해를 입지 않은 강대국이었고 돈을 동원할 수 있는 유일한 강대국이었다. 이러한 미국의 고민 때문에 케넌은 생각을 바꿔 몇개의 거점 중심을 세우고 여기에 원조의 대부분을 집중시키는 전략으로 선회했다.

케넌이 생각한 세계의 중심지역은 5개 권역이었다. 이 5개 권역에는 미국, 영국을 중심으로 한 서유럽, 독일을 중심으로 한 중부유럽, 일본 그리고 소련이 포함되었다. 이 권역들은 모두 자체적으로 군사적인 산업시설을 만든 경험이 있으며, 또 만들 수 있는 능력을 갖춘 지역들이었다. 따라서 만약 소련을 제외한 4개 권역 가운데 1개 권역이 소련에 우호적인 국가가 될 경우 미국은 군사·정치적으로 상당한 안보적 위협을 받을 수 있다고 판단했다. 케넌은 소련을 제외한 나머지 4개 권역이 발전한다면, 소련이 더이상 팽창할 수 있는 여지를 주지 않을 것으로 보았던 것이다. 따라서 케넌의 그림대로 한다면, 서유럽과 중부유럽 그리고 일본에 원조를 집중할 경우 소련을 월등히 앞서는 자본주의 세계질서를 구축할 수 있는 핵심적인 축을 형성할 수 있다. 이렇게 된다면, 한정된 자원으로 거대한 지역들을 모두 원조할 수 없다는 미국의 고민 역시 자연스럽게 해결될 수 있는 것이다.

케넌의 봉쇄이론은 1947년 미국의 외교정책에 반영되었다. 그리고 이러한 정책을 실행하기 위하여 가장 먼저 한 일은 이 권역들을 비롯해서 미국이 시급하게 원조해야 할 지역을 선별하는 것이었다. 제한된 자원을 효과적으로 사용하려면 수혜국 자체의 수요와 미국의 안보라는 관점에서 중요한 곳의 순위를 매겨 원조를 집중시킬 필요가 있었다.

1947년 4월말, 미국의 합동참모본부는 대외원조를 전반적으로 검토한 끝에 아래와 같은 결론을 내렸다.

21. 우리의 국가안보 중요성에 따른 원조 순서

① 영국 ② 프랑스 ③ 독일 ④ 벨기에 ⑤ 네덜란드 ⑥ 오스트리아 ⑦ 이딸리아 ⑧ 캐나다 ⑨ 터키 ⑩ 그리스 ⑪ 라틴아메리카 ⑫ 스페인 ⑬ 일본 ⑭ 중국 ⑮ 한국 ⑯ 필리핀

(…)

31. 이 연구는 원조의 긴급성 순서를 정하기 위한 것이다. 이 목적을 위해 국무부는 삼성조정위원회에 제출할 기초연구를 했다. 이에 따르면 원조의 긴급성에 따른 순서는 다음과 같다.

① 그리스 ② 터키 ③ 이딸리아 ④ 이란 ⑤ 한국 ⑥ 프랑스 ⑦ 오스트리아 ⑧ 헝가리 ⑨ 영국 ⑩ 벨기에 ⑪ 룩셈부르크 ⑫ 네덜란드 ⑬ 필리핀 ⑭ 뽀르뚜갈 ⑮ 체코슬로바키아 ⑯ 폴란드 ⑰ 라틴아메리카 공화국들 ⑱ 캐나다

32. 위 순위에 있긴 하지만 헝가리·체코·폴란드에는 어떠한 종류의 원조도 주어서는 안된다. 왜냐하면 모든 나라에 원조를 할 수 없기 때문이다. 이념전쟁이 발생할 경우 원조는 군사적인 관점에서 미국에 전략적인 중요성이 있는 나라들에 집중될 것이다. 따라서 미국의 안보에 미치는 중요성과 원조의 긴급성을 종합하여 순서를 매기면 다음과 같다.

① 영국 ② 프랑스 ③ 독일 ④ 이딸리아 ⑤ 그리스 ⑥ 터키 ⑦ 오스트리아 ⑧ 일본 ⑨ 벨기에 ⑩ 네덜란드 ⑪ 라틴아메리카 ⑫ 스페인 ⑬ 한국 ⑭ 중국 ⑮ 필리핀 ⑯ 캐나다[2]

위에서 나타나는 바와 같이 합동참모본부는 원조의 조정을 위하여 대외정책에 관한 한 최고 정책기구였던 삼성조정위원회(State War Navy Coordinating Committee, SWNCC)에 위의 보고서를 제출했다.[3] 위의 보고서에 보면 케넌이 언급한 서유럽과 중부유럽 국가들이 순위의 앞부분을 차지하고 있으며, 일본은 전체 순위에서 서유럽국가들의 뒤를 이어 8위에 올라 있다. 남부유럽 중 순위의 앞을 차지한 그리스와 터키는 공산주의세력이 확장되는 것을 막기 위하여 이미 1947년 3월 트루먼 독트린이 선언된 지역으로, 소련의 영향력이 유럽의 남부, 더 넓게는 중동지역으로 확대되는 것을 차단하는 중요한 지역이었다.

미국의 봉쇄정책과 대외원조가 케넌의 관점에서 결정되다보니 그밖의 다른 지역에 대한 원조는 이전보다 그 중요성이 떨어질 수밖에 없었다. 특히 미군이 직접 진주하고 있는 지역이면서도 그 중요성이 상대적으로 떨

어지는 지역이 '한국'이었다. 당시 미국이 직접 군정을 수립한 대표적인 국가는 일본·독일·오스트리아·이딸리아·한국이었다. 나머지 네 나라는 패전국인 데 비해 한국은 패전국이 아니었으며, 과거 일본의 식민지였을 뿐이었다. 또한 이들 나라 중 케넌이 상정한 5개 권역에 포함되지 않은 유일한 나라도 한국이었다. 이런 점으로 미루어볼 때 케넌은 일본만 제대로 방어한다면 한반도는 포기할 수도 있다고 본 것으로 추측된다. 케넌은 1945년 이전처럼 일본이 동북아시아에서 소련에 대항하여 균형을 이루기 위한 세력으로 존재해야 한다고 생각했고, 한국에서는 가능한 한 빨리 빠져나와야 한다고 판단했다.[4]

따라서 대한원조의 중요성은 다른 지역에 비해 상대적으로 떨어질 수밖에 없었다. 해당 지역의 경제·사회적 상황을 고려한 원조의 긴급성에서는 한국이 5위를 차지했지만, 전체적인 평가에서 한국의 중요성이 13위에 머문 것은 이러한 사정을 반영한 것이었다.

바로 이러한 점 때문에 미국은 한국에서 군정을 실시하고 있었음에도 불구하고 적극적인 원조를 하기 어려웠다. 38선 이남을 통치하려면 많은 돈이 필요했지만, 미국은 미군정을 재정적으로 충분히 뒷받침할 수 없었다. 미군정은 38선 이남의 혼란스러운 상황에서 충분한 조세수입을 올릴 수 없었고, 본국도 재정지원에 인색했다. 결국 미군정은 돈을 찍어서 조달해야 했으며, 통화팽창은 곧 악성인플레이션으로 연결되었다.

표 1에서 나타나는 바와 같이 물가는 해방 이후부터 대한민국 정부가 수립될 때까지 벌써 10배나 올랐고, 여기에는 5배나 되는 통화량 증가가 가장 큰 역할을 했다. 점령 초기 미군정이 모든 품목에 대하여 자유시장정책을 실시했다가 실패하고 다시 필수품의 통제에 나선 이유 역시 재정의 불안정으로 인해 필수품을 확보하기 어려웠기 때문이었다. 또한 미국의 원조가 부족했기 때문에 필수품을 외부에서 확보하는 것 역시 불가능했다. 더욱이 악성인플레이션이 나타나자 미군정에 대한 여론은 나빠졌다. 1946년 9월의 총파업과 10월의 대구항쟁은 모두 조선공산당의 활동과 관

〈표 1〉 1940년대 후반기 주요 경제지표[5]

	물가지수	통화발행고 지수
1945년 6월	2.5	52.6
1945년 8월	100	100
1946년 1월	116.5	111.5
1947년 3월	527.1	215.3
1948년 6월	957.1	376.0
1948년 9월	1059.4	387.4
1949년 6월	1185.9	494.7
1949년 9월	1527.1	597.0
1949년 12월	1705.3	893.6

련되어 있었지만, 다른 한편으로는 미군정하에 악화된 사회·경제적 상황에서 일어난 생존권투쟁이기도 했던 것이다. 특히 도시에서의 쌀 부족, 쌀 자유시장의 철폐와 쌀 수집의 재개가 직접적인 원인이 되었다.

그럼에도 불구하고 대한원조를 감축해야 할 필요성이 제기되었고 가장 먼저 논의되기 시작한 것이 바로 주한미군의 철수였다. 미국의 대외원조에서 가장 많은 비용을 차지하는 것이 해외에 주둔한 군대의 유지비였다. 특히 해외주둔 미군의 인건비는 미국정부의 재정사정을 악화시키는 가장 주요한 요인이었다. 따라서 미군이 주둔한 지역 가운데 상대적으로 그 중요도가 떨어지는 한국에서 더이상 미군을 유지하기 어려웠던 것이다.

여기에 더하여 미군의 한반도 주둔이 군사적으로도 문제가 있다는 주장이 제기되었다. 즉 한반도는 산이 많고 겨울이 춥기 때문에 소련군과 싸우기에 불리하다는 것이 미합동참모본부의 판단이었다. 춥고 험난한 지역에서 훈련받은 소련군과 한반도에서 전쟁을 벌이는 것은 미군에게 불리한 것이었다.

물론 더욱 근본적인 이유는 미군 점령의 명분이 종료되었기 때문이었다. 미국과 소련이 한반도를 분할점령한 가장 기본적인 목적은 한반도에서 일본군의 항복을 받아내기 위한 것이었다. 그런데 1948년 한반도에서 통일정부는 아니라고 할지라도 남과 북에서 정부가 수립되어 더이상 미군의 주둔이 필요하지 않은 상황이 되었다. 뿐만 아니라 1948년말 소련군이 북한에서 철수하면서 주한미군은 더이상 주둔할 명분이 없었다.

당시 주한미군 철수가 이승만 대통령의 북진통일 주장 때문이었다는 견해에도 주목할 필요가 있다. 만약 남한 군대가 북진에 나설 때 주한미군이 남쪽에 주둔하고 있다면, 미군은 자연히 전쟁에 휩쓸릴 수밖에 없다. 이 경우 미국은 침략자를 도와준다는 오명에서 벗어날 수 없을 뿐만 아니라 유엔군의 지원 역시 불가능해지고 만다.

이 주장은 미국이 남한 군대의 규모를 제한했던 정책과도 연결하여 생각해볼 수 있다. 즉 국가안보회의문서(이하 'NSC'로 약칭) 8 씨리즈에서 드러나듯 미국은 한국정부가 8만명 정도의 육군과 해군은 둘 수 있지만, 그 이상의 군대를 둘 수 없도록 규정했다. 또한 이승만이 염원한 공군 창설 역시 제한되었다. 당시 한국군은 미국의 원조로 유지되고 있었기 때문에 미국의 허가 없이 부대를 신설하거나 군의 규모를 증가시키는 것은 불가능했다. 1950년에 공군이 창설되긴 했지만, 이것은 미국의 공식적인 승인을 통해 이루어진 것이 아니었다. 이런 사실들을 바탕으로 미국이 한국군의 규모를 제한함으로써 북진 시도를 막고자 했던 것으로 추측할 수 있다.

이제 남한에서 주한미군의 철수는 기정사실화되었다. 그런데 문제는 대한민국의 상황이었다. 아무런 조치도 취하지 않고 미군이 철수할 경우 대한민국 정부가 스스로 생존할 수 있을까? 이것이 바로 당시 미국의 고민이었다. 1948년 대한민국 정부가 수립되었지만 제주도에서는 4·3항쟁으로 선거를 치르지 못했으며, 같은해 9월에 일어난 여순사건으로 인해 군대마저도 믿을 수 없는 상황이 되었다. 또한 강력한 반공이념을 내세우는 이승만이 대통령이 되었지만, 국회에는 많은 무소속 소장파 의원들이 포진해 있었다. 이들은 반민특위를 만들어 친일 경력이 있는 경찰들을 위협했으며, 주한미군 철수 결의안을 제출하기도 했다.

당시 미국무부는 대한민국 정부가 내부로부터의 위기로 인해 스스로 붕괴할 가능성이 있다고 판단했다. 또한 군사적으로 우위에 있다고 평가되는 북한과 국경을 맞댄 상황에서 주한미군을 철수하는 것은 곧 한반도 전체를 공산주의의 영향권에 들어가게 하는 것과 크게 다르지 않다는 것이 미국의 판단이었다. 여기에서 또 하나 문제가 되는 것은 한국인들의 자질이었다.

> 민주적이고 스스로의 주권을 가진 정부를 한국에 세우기 위한 미국의 노력은 한국인들의 정치적 미성숙으로 인해 방해받고 있다. 한국인들은 극단적으로 우와 좌로 양극화된 정치적 성향을 갖고 있으며, 민주적인 기초 위에 정치적 안정을 이룩하려는 시도를 방해하기 위한 폭력적인 행동을 사용함으로써 그들의 목적을 이루려 하고 있다.
>
> 북한지역에서의 자원공급 단절로 인해 당장 미국의 원조마저 끊길 경우 남한 경제는 몇주 안에 붕괴할 것으로 예측되고 있다. (…) 현재 한국에 필요한 원조액수는 1949년 6월 30일까지 약 1억 8,500만달러에 이른다.[6]

이러한 상황에서 주한미군 철수를 둘러싸고 미행정부의 주요기관에서 서로 다른 견해가 제기되었다. 즉 주한미군이 철수해야 한다는 것은 대한민국 정부 수립과 소련군의 철수로 인해 기정사실화되었지만, 국무부는 최대한 그 시기를 늦추어야 한다는 입장이었고, 합동참모본부는 빠른 시간 내에 철수해야 한다고 주장했다. 그리고 이 과정에서 국가안보회의 정책문서 「NSC 8」이 제출되었다. 1948년 4월 2일자로 제출된 이 문서에는 한국에서의 전반적인 목표가 세가지로 규정되어 있다.

> ① 외국의 통제에서 독립되어 있으면서 동시에 유엔의 구성원으로서 적합한, 통일되고 스스로 통치할 수 있는 독립된 한국을 가능한 한 빨리 수립하는 것.
>
> ② 자유롭게 표현된 한국인들의 의지를 충분히 대표하는 국민적 정부의 수

립을 보장하는 것.

③ 독립적이고 민주적인 국가에 필요한 기초들로서 적절한 경제와 교육체제를 수립함으로써 한국인들을 돕는 것.

전술한 목표들에 부합하는 선에서 가능한 한 빨리 한국에 대한 미국의 군사적 공약을 제거하는 이차적인 목표를 추가하는 것.[7]

「NSC 8」에서 제시된 미국의 전반적인 목표(broad objectives)는 당시 미국의 대한정책의 틀을 잘 보여준다. 우선, 미국은 단독정부가 수립되는 시점에도 38선 이남만이 아닌 한반도 전체에서 미국에 우호적인 정부를 세우는 것을 목적으로 했다는 점이다. "통일되고 독립된"이라고 표현된 구절은 이 점을 잘 보여준다. 이러한 목표가 있었기 때문에 미국은 인천상륙작전이 성공한 직후인 1950년 10월, 유엔군이 38선 이북으로 북진하는 것을 승인할 수 있었다.

둘째, 한반도에서 강대국으로부터 독립된 국가를 수립하는 것을 목표로 했다는 점이다. 물론 여기에서 말하는 강대국에는 소련뿐 아니라 일본도 포함되어 있었다. 1945년부터 미국은 한반도에서 일본의 영향력에서 벗어난 독립국가를 세우겠다는 목표를 삼성조정위원회 문서를 통해 밝힌 바 있다. 이러한 목표는 일본 중심의 아시아 질서 재건을 모색하던 국방부나 합동참모본부의 정책과 충돌하는 것이었지만, 1950년에 이를 때까지 미국의 대한정책 문서에 나타나는 일관된 방향이었다.

셋째, 한반도에서 주한미군을 철수한다는 것이다. 이것은 전반적인 세 가지 목표 뒤에 이차적인 목표로 부가되어 있지만, 주한미군 철수가 하나의 수단이 아니라 목표로 제시됨으로써 매우 중요한 정책목표였음을 보여주고 있다. 즉 더이상 주한미군 철수를 늦출 수 없다는 것이 당시 미국의 세계정책과 한반도의 상황에 의해서 강제되고 있음을 보여주는 것이다.

아울러 「NSC 8」에서는 한반도문제를 유엔에서 풀어야 한다는 점도 강조된다. 이것은 한미관계에서 나타나는 특수성 가운데 하나라고 할 수 있다. 한미관계는 한국과 미국의 관계이면서도 항상 유엔을 통해 합법적인 틀을 유지했다. 1953년 한미상호방위조약에서 한국과 미국 사이에 직접적인 군사적 관계가 성립되었지만, 한반도에 대한 미국의 정치·사회적 이해관계는 종종 유엔의 외피를 걸치고 관철되었다.

1947년 선거를 위해 조직된 유엔한국임시위원단(United Nations Temporary Commission of Korea, UNTCOK), 대한민국 정부가 수립된 이후 민주주의적 질서를 수립하기 위해 조직된 유엔한국위원단(United Nations Commission of Korea, UNCOK), 한국전쟁 때 유엔군이 38선 이북으로 북진하자 한반도 전체를 감시하기 위해 파견된 유엔한국통일부흥위원단(United Nations Committee for Unification and Rehabilitation in Korea, UNCURK), 전쟁으로 인한 피해를 복구하기 위해 파견된 유엔한국재건단(United Nations Korean Reconstruction Agency, UNKRA) 등이 모두 그러한 기관들이었다. 한국전쟁 때 미국이 유엔의 깃발 아래 파견되었고, 1970년대 유엔군 사령부의 임무가 정전업무의 담당으로 축소되었음에도 불구하고 계속 유지되고 있다는 사실 또한 한미관계에서 유엔의 중요성을 잘 보여준다. 미국은 유엔을 통해 한국정부의 합법성을 인정받으려 했을 뿐만 아니라, 유엔을 이용해 미국의 대한정책을 합리화하고자 했다.

이처럼 유엔을 거쳐 한반도문제를 해결하려고 한 미국의 정책이 한국현대사에서 계속되었다는 점을 고려한다면, 지금의 북한 핵문제도 미국의 의도대로 해결되지 않을 경우 유엔의 틀을 이용할 가능성이 크다. 이 점이 북한 핵문제와 이라크문제 해결방식에서 나타나는 가장 큰 차이다. 미국이 한반도문제에서 유엔을 이용하고자 하기 때문에 다른 한편으로 북한 핵문제가 극한상황까지는 가지 않을 것이라는 예측을 가능하게 한다. 북핵문제에 관한 한 미국의 일방통행을 중국이 좌시하지는 않을 것이기 때문이다.

결국 미국은 이러한 전반적인 목표 아래 1949년 6월 주한미군을 철수했다. 한국군 훈련을 위하여 500여명의 군사고문단을 남겨놓기는 했지만,

정규군은 철수할 수밖에 없었다. 1949년 6월부터 1950년 6월까지의 1년은 1945년 이후 지금까지 한반도에서 미국의 정규군이 주둔하지 않은 유일한 기간이었다. 그러나 위의 전반적인 목표에서 보이는 바와 같이 미군의 철수가 결코 한반도에서의 이해관계를 포기했다는 것을 뜻하지는 않았다. 미국은 다른 수단을 통하여 이해관계의 끈을 놓지 않고 있었다.

2. 거대한 원조

대한민국 정부가 수립되면서 미국의 대한정책에 몇가지 커다란 변화가 생긴다. 즉 주한미군의 철수와 함께 주한미파견단(American Mission in Korea, 이하 'AMIK'로 약칭)이 설치되었고,[8] 대한원조의 책임이 경제협조처(Economic Cooperation Administration, 이하 'ECA'로 약칭)로 이관되었다. AMIK 설치는 미국 재외공관의 일반형태인 'country team' 형태로 이루어진 것이었다. AMIK는 크게 주한미국대사관, ECA 한국지부, 주한미군사고문단 등 세 부분으로 구성되었다. 각각은 미국의 국무부, ECA 본부, 국방부 등에 보고할 의무가 있었고, 주한미국대사인 무초(J. J. Muccio)가 한국에서 AMIK를 관할하는 책임을 맡았다.

이 시기 미국의 대한정책에서 주목되는 것은 한국에 대한 원조였다. 원조에 관한 내용은 「NSC 8」 문서에 포함되어 있다. 이 문서에는 대한경제원조 내용이 구체적으로 명시되었는데, 총액은 1억 8,500만달러가 되어야 하며, 그 성격도 '구호'(relief)에 그치는 것이 아니라 '재건'(rehabilitation)이 되어야 한다고 돼 있다. 구호는 전쟁이나 재난으로 인한 피해를 복구하는 수준의 소비재 원조를 의미하지만, 재건은 복구 이후 스스로 생존할 수 있는(viable) 경제를 만들기 위한 원조를 의미하며 여기에는 자본재 원조가 포함된다.

트루먼은 한국정부가 수립된 직후인 1948년 8월 16일 어느 기관이 한국부흥계획을 가장 잘 수행해낼 수 있는지를 결정하라고 각 부에 지시했으며, 번스의 조사를 거쳐[9] 1948년 8월 25일 대한경제원조의 책임을 육군성에서 ECA로 이관할 것을 명령했다. 이는 한국에 대한 지원을 마셜 플랜 적용국과 같은 수준으로 해야 한다는 점을 뜻하는 것이었다.[10] 이에 따라 먼저 국무부가 3개년 부흥원조계획을 작성하여 ECA에 제출했으며,[11] 1949년 1월 1일자로 대한경제원조의 책임이 ECA로 이관되자 1949년 2월부터 한국의 경제상황에 대한 조사와 대한원조를 구체화하는 작업이 시작되었다.

1949년 3월 16일에 제출된 「NSC 8/1」에는 대한원조액이 1억 9,200만 달러로 증액되었다. 또한 「NSC 8/1」은 1950 회계연도의 대한경제원조계획을 입법화해야 하며 1949 회계연도에 한정했던 대한원조를 '3개년 경제원조계획'으로 장기화·구체화할 것을 규정했다. 한편 「NSC 8/2」에서는 경제원조계획의 실행에서 '기술원조'와 그밖에 '정보·문화·교육·인적 교류 프로그램의 효율성 증가를 위한 노력'이 이루어져야 한다는 조항이 추가되었다.

ECA는 원래 유럽에서 마셜 플랜을 책임지기 위하여 창설된 대통령 직속 기관이었다. 따라서 ECA 원조는 유엔구호재건처(United Nations Relief and Rehabilitation Administration, UNRRA)나 점령지역구호기금(Government and Relief in Occupied Areas, GARIOA) 원조처럼 전쟁피해 복구—이것은 경제원조가 아닌 방위원조의 범주에 속한다—가 아닌 재건 또는 부흥의 차원에서 이루어지는 자본재·설비 중심의 원조였다.[12]

한국에 대한 ECA 원조의 성격은 당시 미행정부 고위관료들의 대의회 연설에서 잘 드러난다. 트루먼 대통령은 대의회 메씨지에서 구호(relief)가 아닌 부흥(recovery)이라는 점을 명확히 했으며 "구호만으로 자급할 수 있는(self-supporting) 경제를 만들 수 없다" "부흥은 유럽에 했던 것과 동일한 수준이 될 것"이라고 주장했다.[13] 또한 국무장관 대리 웹(J. E. Webb)은 대한경제원조의 국회 통과를 위한 연설에서 대한투자는 '자본

투자'(capital investment)가 될 것이라고 주장했다.[14] 1949년 6월 미상원 외교위원회 청문회에서 ECA 처장 호프먼(P. G. Hoffman)도 ECA가 명백한 부흥기관이며, 단순한 구호만을 위한 기관이 아니라는 점을 분명하게 밝혔다.

1948년까지 ECA는 아시아에서 중국에 대해서만 원조의 책임을 지고 있었으며, 미군이 점령한 일본에서는 국방부가 관할하는 '점령지역 구호원조'가 실시되고 있었다. 1949년 9월 국공내전에서 공산당이 승리한 뒤 아시아에서 ECA가 원조를 담당하는 유일한 나라는 한국뿐이었으며, 점차 동남아시아로 원조를 확대하려고 했다.

ECA는 먼저 대한경제원조 자금을 확보하기 위하여 '점령지역 구호원조' 자금 가운데 1949년 1월 1일까지 사용하지 않은 부분을 '공법(Public Law, PL) 793호'에 따라 ECA로 이관했다. 그러고 나서 한국의 경제상황 조사에 착수했다. 한국경제에 대한 조사와 평가는 이승만과 가까운 굿펠로우로부터 조사를 의뢰받은 데이앤짐머만(Day & Zimmerman) 회사의 자문과 육군 기술자들의 전력 조사, 알리스-차머스(Alice-Charlmers) 회사의 텅스텐 광산 조사, 피츠버그 광산국 소속 연구소에 의한 석탄 조사 등으로 이루어졌다. 자체조사를 위해서 ECA의 국장 존슨(E. A. Johnson)이 1949년 3월 11일부터 28일까지 한국을 방문, 현지 조사사업을 직접 수행하기도 했다.

1949년 2월부터 조사사업과 함께 한국에 대한 구체적인 원조계획을 작성하기 시작하여, 같은해 4월 세부적인 계획을 완성하고 예산국에 원조액수를 이관했다. 그리고 같은해 5월 26일 예산국으로부터 대한부흥원조액수를 승인받았다. 예산국의 예산심의를 통과한 대한부흥원조계획은 같은해 5월 26일부터 31일 사이 국무부와 의회에 제출할 자료에 대한 최종심의를 거쳐 확정되었다.

이러한 과정을 거쳐 결정된 액수는 총 1억 5천만달러였다. 이 액수는 「NSC 8/1」에 명기된 1억 9,500만달러보다 삭감된 액수이며, 1949년 미의회의 부결로 인해 1950년 다시 1억 2천만달러로 수정 통과되었다.[15] ECA 원조의 자세한 계획 내용을 보면 표 2와 같다.

이러한 ECA 원조계획의 내용을 보면 몇가지 특징이 잘 나타난다.

첫째, 구호가 아닌 부흥원조의 내역이 눈에 띄게 큰 비중을 차지한다는 점이다. 원조 내역 가운데 식량, 비료 및 농약, 석유산품 그리고 의료용품만이 일반적인 구호의 성격을 띠는 원조였다. 구호품목 중 석유산품은 고무산업의 가동률을 높이기 위한 것이기도 했다.[16] 그나마 이러한 구호원조가 차지하는 비율은 전체 원조의 35%를 넘지 않았다. 반면 부흥원조와 관련된 것은 원료 및 반(半)제품, 공업시설 및 공급품, 부흥계획, 조사조업(操業)계획, 기술원조, 행정비(ECA 운영비) 등 전체 원조액의 50%를 넘어선다.

둘째, 1951 회계연도의 예산액 가운데 구호원조부문에서 식량과 의료용품이 전혀 배정되어 있지 않다는 점이다. 이는 비료와 농약 공급을 통한 식량증산, 그리고 일제 강점기 38선 이남 지역에 집중적으로 건설된 섬유류 공장시설의 가동률을 높임으로써 의료생산을 증가시키겠다는 의미를 담고 있는 것이었다.

셋째, 부흥계획으로 설정된 항목이 전체 자본재 원조 중 1/4을 넘는 비율을 차지했다. 당시 미의회에 보고된 내용을 기초로 살펴보면 부흥계획 중 가장 큰 비중은 어선 제조가 차지했으며, 전력, 시멘트 공장, 철도 건설, 석탄 운반 선박, 도로와 다리 건설, 개간과 간척 그리고 통신 순으로 예산이 배정되었다.[17]

부흥계획에서 나타나는 특징은 우선 어선 구입에 꽤 많은 투자를 하고자 한 점이었다. 이는 어획고를 늘려 대일(對日) 수출을 증가시키고, 수출 증가를 통해 무역적자의 폭을 줄이려는 정책이었다. 표 2에서 볼 수 있는 바와 같이 비료와 농약 원조액이 전체 원조액에서 차지하는 비율이 매우 높은 것도 식량의 자급을 넘어서 일본으로의 쌀수출을 목표로 한 것이었다.

둘째로 사회간접자본과 관련된 투자가 상당부분을 차지한다는 점이

〈표 2〉 ECA 예산표(Overall ECA Aid Program)

(단위: 1달러)

	1950년도 예산액	1951년도 예산액	차감액
식량	119,000(0.09%)	–	△119,000
비료 및 농약	32,851,000(27.3%)	42,223,000	9,372,600
석유산품	7,862,000(6.5%)	4,670,000	△3,182,000
의료용품	226,000(0.18%)	–	△326,000
원료 및 반(半)제품	27,702,000(23.1%)	19,292,400	△8,409,600
공업시설 및 공급품	3,973,000(0.3%)	2,765,000	△1,208,000
부흥계획	33,958,000(28.2%)	25,085,000	△8,873,000
조사조업(操業)계획	1,980,000(1.6%)	1,625,000	△355,000
기술원조	3,512,000(2.9%)	2,779,000	△633,000
해상운임	55,244,000(4.4%)	60,000	△5,184,000
행정비	1,650,000	1,500,000	△150,000
예비비	923,000	–	△923,000
합계	120,000,000	100,000,000	△20,000,000

* 출처: 홍성유 『한국경제의 자본축적과정』, 서울: 고대 아연 1965, 282면에서 재인용.

다. 철도 건설, 전력, 통신 등이 여기에 해당하며, 이는 부흥계획을 원활하게 수행하기 위한 기초작업의 성격을 띠는 것이었다.

셋째로 시멘트공장과 비료공장 건설계획을 야심차게 추진했다는 점이다. 당시 ECA 부흥원조에서 가장 우선적으로 추진된 것이 비료공장 건설계획이었다. 석탄의 개발을 통한 전력의 증산에 많은 비용이 투입되도록 계획되었는데 이는 '석탄 증산 → 전력 증산 → 비료공장의 건설 및 가동'을 위한 것이었고, 철도 건설도 석탄과 생산될 비료 운반과의 관련 속에서 논의되었다. ECA는 1952 회계연도에 비료공장을 완공할 계획을 세우고 있었다.[18]

이러한 ECA 계획이 실현 가능한 것이었는지는 판단하기 어렵지만, 당시에 제시된 목표치는 다음과 같다.

* 쌀 생산: 1948년 약 230만톤에서 1950년 270만톤, 1952년 280만톤.

* 전력 생산: 1948년 5,000만kW에서 1950년 8,200만kW, 1952년 1억 2,000만kW로 상정. 이 중 수력발전에 의한 전력 생산은 거의 변동이 없는 가운데, 바지선에 의한 전력 생산을 약 2~3배 증가시키고 화력발전을 3배 이상으로 증가시킬 것으로 예상.

* 무연탄 생산: 1948년 7만 5,000톤에서 1949 회계연도에 14만톤, 1951 회계연도에 23만톤으로 증산할 계획(이에 반해 역청탄 생산량은 줄일 계획).

* 어업 생산: 1940년 수준으로 회복. 1952년에 1948년의 2배인 55만톤.

결국 ECA 계획은 한국이 경제부흥을 이룩해 외부의 거대한 원조를 받지 않고도 스스로 생존할 수 있는 경제구조를 만들기 위한 것이었으며, 1949년 하반기부터 1952년 상반기까지 3개년에 걸쳐 실행이 예정되어 있었다.

3. 경제·심리적 봉쇄—대한정책의 출발점

미국은 왜 이렇게 거대한 규모의 원조를 계획했을까? 그만큼 대한민국이 중요한 지역이기 때문이었을까? 아니면 대한민국에 일정한 경제적 이해관계를 갖고 있기 때문이었을까? 이 문제에 대한 해답을 찾기 위해서는 당시 미국이 구상하던 대한정책의 특징에서부터 접근을 시작해야 한다.

미국은 1946년말부터 1947년초에 이르기까지 대한경제부흥정책을 구상했으며, 이는 '탈(脫)식민지화' 정책 아래 이루어졌다.

한국과 관련된 미국의 궁극적인 목표는 책임있고도 평화애호적인 국가군의 일원이 될 수 있는 자주독립국 건설에 필요한 조건들을 촉진시키는 데 있다. 이러한 목표를 달성하기 위해서는 한국의 정치·경제생활에 대한 일본 통치 잔재들을 점진적으로 없애면서 그것들을 독립한국의 행정적·경제적·사회적 제도로 궁극적으로 대체하는 것이 요구될 것이다. (…)

귀하는 한국민중에게 한국에서의 민간 행정업무가 다음과 같은 몇가지 주요목표를 상정하고 있음을 밝혀두어야 한다.

1. 한국 내 일본군대의 항복에 대한 복종 확보.

2. 일본으로부터 한국의 완전한 정치적·행정적 분리를 실현하고, 한국을 일본의 사회적·경제적·재정적 통제로부터 자유케 함.

3. 평화지향적이고 건전한 한국경제의 발전을 도모함.[19]

미군정은 이러한 정책을 바탕으로 한국 자체의 공업시설 발전을 위한 계획을 구상했다. 이 구상은 일본에서 독립된 한국을 건설하기 위한 것이었다. 1946년 2월 미군정 경제고문 번스에 의해 입안된 일련의 공업화계획이나 1947년 2월 '부간 특별위원회'에 의해 구상된 계획이 모두 이러한 정책에서 나온 것이었다.[20] 물론 미군정의 경제정책이 전체적으로 실패했기 때문에 경제부흥을 위한 정책 역시 실행조차 될 수 없었다. 아울러 신탁통치 실시나 새로운 정부의 수립과 함께 해체될 미군정이 38선 이남에서 경제부흥을 위한 조치를 적극적으로 취할 수는 없는 상황이었다. 그럼에도 미국은 한국과 일본의 경제적인 연결을 끊음으로써 '독립적'이고 '생존력을 갖춘' '탈식민지적' 경제구조를 마련한다는 것을 기본적인 대한정책으로 삼았다.

이러한 미국의 대한정책을 고려할 때, 제2차 세계대전 직후 동아시아에서 식민지적인 관계가 미국의 정책으로 부활하기 시작했다는 커밍스의 주장은 수정되어야 한다.[21] 1950년대 이후 상황에서 미국의 지역통합전략을 고려한다면 커밍스의 주장이 설득력을 얻을 수 있지만, 한국전쟁까지의 동아시아 상황은 커밍스의 주장과는 어느정도 '시차'를 두고 있다. 물론 미국이 일본의 재무장과 경제부흥을 목표로 한 역코스정책으로 전환한 것이 1948년 이후였지만, 역코스정책이 곧바로 일본을 중심으로 한 동아시아 지역 통합전략의 성립을 의미하는 것은 아니었다.

오히려 트루먼 대통령은 한국경제를 일본의 부속물로 강조하지 않았고 대한부흥원조계획에 적극적인 입장을 취하고 있었다. 트루먼 대통령은 하원 외교위원회의 대한경제원조 심사에 앞서 의회에 보낸 1949년 6월 7일자 메씨지에서 한국이라는 존재의 중요성과 관련해 다음의 네가지를 지적했다.

① 한반도가 한국이 실행하는 민주주의의 이상 및 원칙과 북한의 공산주의가 대결하는 '실험장'이 되어 있는 점.

② 한국의 생존과 자립적이고 안정된 경제를 향한 진보가 아시아의 민중에게 광범한 영향을 끼친다는 점.

③ 공산주의의 격심한 선전에 시달리고 있는 남아시아와 동남아시아 그리고 태평양제도의 민중을 고무한다는 점.

④ 공산주의에 대한 저항 과정에서 민주주의의 성공과 완강함을 보여줌으로써 한국이 북아시아의 민중에게 '등불'이 되는 점.[22]

트루먼 대통령의 대규모 대한경제부흥원조계획은 1949년 1월 연두교서에서 밝힌 '포인트 포'(Point IV) 계획과도 관계가 있었다.[23] 이 계획의 핵심내용은 저개발지역에 기술적 지원을 공여한다는 것이었다. '포인트 포' 계획의 논리는 유럽에서 실시된 부흥정책이 저개발국가에도 그대로 적용될 수 있다는 믿음에서 비롯되었다. 그래서 이 계획은 '아시아판 마셜 플랜'으로 불리기도 했다.

트루먼 대통령과 함께 대한 ECA 원조계획을 입안한 관료들 역시 거대한 대한경제원조에 긍정적인 입장을 취하고 있었다. 이 점은 미의회 하원 외교위원회 청문회에서 이루어진 대한경제원조계획 논의에서도 잘 나타난다. ECA 국장이며 한국 프로그램의 책임자인 존슨은 일본이 패망하면서 남기고 간 공장과 장비가 많으며 그러한 장비가 제대로 이용되지 못하고 있다고 증언했다. 그는 당시 한국에서 가동중인 공장은 전체의 50%에도 미치지 못하며, 새로운 장비가 제공된다면 80%까지 이용 가능하다고 주장했다.[24] 물론 이것이 당시 한국의 경제상황을 객관적으로 평가한 것인지, 또한 모든 미국 관리들의 공통된 의견이었는지에 대해서는 의문의 여지가 있다.

트루먼 대통령과 국무부의 관리들이 이처럼 대한 ECA 원조를 강조한 것은 다음과 같은 몇가지 이유 때문이었다.

첫째, 그러한 원조가 없을 경우 한국정부가 외부로부터의 위협보다는 정권 자체의 불안정으로 인해 자체붕괴할 가능성이 있다는 점을 트루먼과 국무부 관리들이 공히 인식하고 있었다는 사실이다. 이 점이 당시 ECA 원조계획을 이해할 때 가장 중요한 사실이다. 「NSC 8」 씨리즈에 제시된 군사·경제원조 역시 한국정부의 자체붕괴 가능성을 막기 위한 것이었다.[25] 미중앙정보부 역시 "정치안정은 경제안정에 달려 있고 정치적 생존은 대부분 미국의 지속적인 보조"에 의존해 있으며, "미국의 원조가 체제를 압박하는 경제·군사적 문제 해결에 도움이 될 만큼 충분하게 이루어진다면 공화국의 생존 가능성은 매우 높다"고 평가했다.[26]

둘째, 북한의 경제적 발전에 대응하는 성격을 띠는 것이기도 했다. 미국은 1948년 남북한에서 단독정권이 수립된 이후 북한의 경제적 성장에 큰 부담을 느끼고 있었으며, 이에 상응하는 남한의 경제적 성장의 필요성을 절감하고 있었을 것으로 보인다. 미국은 북한의 경제성장에 많은 제약이 있을 것이라고 분석하면서도 북한경제가 실질적으로 성장하고 있다고 판단했다.[27] 이것 역시 중요한 이데올로기적·심리적 요인이었다. 1950년대 유엔한국통일부흥위원단의 일원으로 활동한 한 인사는 "미국은 한국정부 수립 이후 긍정적인 원조계획을 통해 한국을 아시아에서 안정적인 요소로 만들고 '민주주의의 전시장'(a display window of democracy)으로 만들려고 했다"고 당시 미국의 대한정책을 설명했다.[28]

셋째, 당시 미국의 재정적인 어려움을 해소한다는 것이 중요한 이유 가운데 하나였다. 트루먼 독트린과 마셜 플랜 그리고 일본 복구계획은 미국의 재정에 상당한 부담을 주었다. 전술한 바와 같이 합동참모본부와 국무부 전략기획참모본부에서 대외원조의 순위를 정하고 조정을 추진한 것도 미국의 이러한 사정과 관련된 것이었다. 게다가 1948년말부터 미국 경제가 불황국면을 맞자, 미국은 대외원조의 부담을 줄이는 정책을 더욱 가속화했다.

국무부와 ECA를 중심으로 한 미국의 대한부흥정책 입안자들은 미국의 원조가 처음에는 재정적으로 부담이 될 수 있지만, 한국이 스스로 생존할 수 있는 경제를 갖추게 함으로써 머지않은 미래에 한국에 대한 미국의 부담을 줄이는 유일한 방법이 될 것이라고 주장했다. ECA의 호프먼 처장은 스스로를 '행정가'가 아닌 '사업가'라고 하면서 "사업가의 관점에서 중요한 것은 어떻게 원조를 줄일 수 있는가의 문제"이며 결국 ECA 부흥원조가 "1953년에 가면 3,500만달러로 감소"될 것이라고 분석했다.[29]

뿐만 아니라 트루먼은 "만약 미국이 다른 국가의 생활수준을 2% 정도 상승시킬 수 있다면, 우리의 공장과 사업들은 그러한 성장에서 야기될 수요를 따라잡을 수 없을 것이다. 그런 상황을 상상해보라! 그것이 바로 우리가 해야 할 일이다. 그것은 가능성이 전혀 없는 사업이 아니다"라며 한국과 같은 지역을 원조하는 것이 결국 수원국의 생활수준 향상을 불러올 것이며, 미국의 경제적인 이익과 일치할 것이라고 역설했다.[30] 원조와 관련한 트루먼의 이러한 발상은 1960년대 이후 로스토우(W. W. Rostow)를 통해 다시 한번 부활한다.

시기적으로 조금 늦기는 했지만, 미행정부는 1950년초부터 예정된 ECA 부흥원조를 실행하기 시작했다. 1949년 후반기(=1950 회계연도 전반기)에 사용된 원조액을 부문별로 살펴보면 표 3과 같다.

표 3을 보면 부흥계획으로 지출된 액수가 애초보다 많이 줄어들었음을 알 수 있다. 처음 1950 회계연도 ECA 계획에서 부흥계획에 할당된 액수는 3,395만 8천달러였다. 그런데 1950 회계연도 전반기에 부흥계획으로 지출

〈표 3〉 1949년 후반기(1950FY 전반기) ECA 원조 사용내역

(단위: 100만 달러)

분류	2 4 6 8 10 12
어류	0.2
비료 및 농약	23
석유류	5.8
의약품	0.226
원료 및 반제품	13
시설 및 자재	1.4
부흥계획	5.5
조사 및 계약	0.978
기술원조	2.4
대양수송비	5.7
ECA 행정비	1.5
기타	0.173
총액	60

* 출처: 대한민국공모처 「경제원조와 산업건설책」, 『주보』 제58호, 1950년 5월 11일자 참조.

된 액수는 550만달러에 지나지 않았다. 부흥계획의 초반에는 주로 조사와 계획에 예산이 집중된다는 점을 감안한다 하더라도 애초의 계획보다 한참 모자란 셈이다. 여기에는 1949년 미국의회에서 대한원조안이 부결된 것, 그리고 인플레이션문제가 주요한 요인으로 작용했다.

그러나 전체 액수는 삭감되었지만, 표 4에 나타난 자세한 사용내역을 보면 부흥계획만큼은 처음 계획대로 실행되었음을 알 수 있다. 그 내역을 좀더 상세하게 살펴보면 ECA가 처음 계획한 바대로 교량 건설, 철도 건설, 농지개량 및 치수, 발전소 건설, 석탄운반선 도입 등 사회간접자본의 개발과 광산 개발, 어선 공급 등 무역수지적자를 해결하기 위한 수출산업 지원, 그리고 시멘트공장과 비료공장 건설 등 수입을 감소시키기 위한 공장 건설에 대부분의 자금이 집중적으로 배치되었다.

또 하나 주목되는 점은 비료공장 건설 일정이 앞당겨져 1950 회계연도

〈표 4〉 부흥계획 상세 사용내역

(단위: 10만 달러)

분류	2 4 6 8 10 12
단양-풍기선전화	1.23
상동 중석광	3.34
당인리발전소 보일러	0.78
교량 건설	10.99
수리사업	5.89
염전공사	0.66
탄광	5.94
15,000KW 발전소	2.8
30,000KW 발전소	2.24
섬진강 수력발전소	5.32
철도 건설	7.63
어선	7.05
시멘트공장 용역비	0.5
비료공장 용역비	1
총액	50

* 출처: 〈표 3〉과 같음.

부터 추진되었다는 점이다. 비료공장 건설지역으로는 북평(北坪)이 고려되었으며, 연간 30만톤을 생산할 수 있는 규모(남한 연간 수요의 1/3 수준)로 계획되었다. 해당 경비는 1950년에 38만 2천달러, 1951년도에 700만달러, 1952년도에 1,391만 8천달러로 계획되었으며, 1950년 5월 당시 1950년에 계획된 액수보다 6,7백만달러를 증액하는 것을 논의하고 있었다.[31]

4. ECA 원조가 제대로 실시되지 않은 이유

그러나 ECA 계획은 결국 정상적으로 실행되지 못했다. 여기에는 몇가지 이유가 있었다. 첫째로 ECA 원조계획은 1949년 미의회에서 인준되지 못해 실행에 많은 어려움을 겪었다. 하원 외교위원회와 상원 외교위원회에서는 ECA 원조안을 승인했지만, 상원과 하원의 전체 표결에서는 원조안이 부결되었다.[32] 따라서 대한원조는 다른 예산안으로 이루어졌다. ECA가 요청한 1950 회계연도의 1억 5천만달러 안과 관련해 상원과 하원은 10월 6일 'H.R.5360'이라고 명명된 제3세출예산안을 통과시킨 바 있는데, 여기에 3천만달러만이 한국 관련 예산으로 책정되었다. ECA는 1949년 7월부터 1950년 2월 15일까지 총 6천만달러의 대한경제원조액을 지출할 계획을 세웠다.[33] 따라서 ECA 계획안은 1950년 6월 5일 1억달러 상당의 액수가 의회에서 승인될 때까지 정상적으로 진행되지 못했다.[34]

이렇게 대한 ECA 원조를 미의회가 부정적으로 받아들인 이유는 동북아시아에서 대일투자와 대한투자가 중복될 가능성이 있다는 점 때문이었다. 아울러 중국국민당을 지지한 의원들의 경우 대한투자가 중국공산당에 대륙을 내준 중국국민당 지원과 형평성 측면에서 문제가 많다는 점을 제기하기도 했다.

동북아시아 지역에서의 중복투자문제는 특히 일본 점령을 책임진 국방부가 강력하게 제기했다. 그 무렵 일본에는 매카서 사령관을 정점으로 미점령군 사령부가 설치되어 있었으며, 이들은 일본을 중심으로 한 동북아시아 지역질서 재편을 강력하게 주장했다. 여기에는 드레이퍼(W. H. Draper) 육군성 차관과 매카서 사령부가 가장 적극적인 역할을 했다.[35]

이러한 논의가 미국의 대외정책 문서에 공식화되어 나타나기 시작한 것은 1949년말이었다. 이 시기는 중국이 공산화한 때로, 미국의 대아시아 정책이 결정적으로 변화하는 시기였다. 이러한 변화는 미국의 아시아 정책을 총체적으로 규정한 「NSC 48」 씨리즈에서 잘 나타나는데, 이 문서의 48/1과 48/2의 경제조항에는 일본과 인도를 중심으로 아시아의 경제질서를 재편한다는 내용이 포함되었다.[36]

이러한 논의를 더욱 심화시킨 문서는 육군성 차관 부어히스(T. S.

Voorhees)가 제출한 「NSC 61」 씨리즈였다. 1950년 1월 10일 「국가안보회의 아시아 정책보고서」라는 이름으로 국가안보회의에 제출된 이 문서는 일본 중심의 아시아지역 경제재편의 필요성을 강조했다.[37] 이 제안의 핵심은 미국의 대아시아 원조의 물품 구매지를 일본으로 설정하여, 경제원조에 소요되는 '달러'를 일본에 집중적으로 제공하자는 것이었다. 이는 일본을 중심으로 아시아의 경제구조를 재편하겠다는 지역통합전략적인 의도를 보여주는 것이었다.

또한 부어히스는 1950년 1월 부관 웨스트(R. R. West)와 농무부 대외농업관계국장 앤드류스(S. Andrews)가 인솔하는 조사단을 아시아에 파견했다. 일본·한국을 포함한 아시아 11개국을 약 2개월 동안 방문하면서 이들은 「NSC 61」을 더욱 구체화했다. 이들은 ① 수직적 국제분업에 따라 각국의 생산구조 재편·조정 ② 이러한 지역통합을 촉진하는 모체로서의 원조 운용 ③ 아시아 원조를 통합운용하는 중앙집권적 기구의 설립 등을 권고했다.

여기서 한국과 관련된 부분은 당시 ECA가 정력적으로 추진한 비료공장 건설문제였다. 앤드류스는 일본의 비료 수출을 줄이는 비능률적인 중복을 피해야 한다고 주장하면서 "분리된 실체"가 아닌 "전체의 사업"으로서의 관점이 필요하다고 역설했다. 이렇게 조정될 때 ECA, 포인트 포, 수출입은행 및 세계은행 차관을 합쳐 대한원조는 1950~51 회계연도 중 총 1억달러면 충분하다고 보고했다.[38] 이것은 ECA의 대한부흥원조계획에 반대하는 입장을 표명한 것이었다.

이렇듯 「NSC 48」과 「NSC 61」 씨리즈 그리고 앤드류스의 제안은 일본을 중심으로 하는 지역통합전략을 구상했다. 이 내용의 핵심은 중국과 만주라는 배후지를 잃어버린 일본을 아시아의 중심으로 재건하기 위해 아시아의 다른 지역을 일본경제의 배후지로 만들자는 것이었다. 이와 마찬가지로 부어히스는 대한원조물자의 70% 이상이 일본에서 공급되기를 강력하게 희망했으며, 한국에서의 비료공장 건설계획에 대해서도 "일본 비료생산의 잠재적 과잉공급능력"을 고려할 때 이것은 "정당화될 수 없다"고 주장했다.

이 문제는 의회에서도 꽤 논란이 되었다. 1949년 미상원 외교위원회 청문회에서 상원의원 토머스(E. D. Thomas)는 일본을 아시아의 핵심으로 키워야 하며 한국과 타이완의 경제는 일본경제의 강화 측면에서 고려되어야 한다는 견해를 피력했다.[39] 1950년 3월, 1951 회계연도 예산안에 대한 하원 외교위원회에서도 이 문제는 논의의 촛점이 되었다. 부어히스는 의회에서 "한일양국 경제 사이의 전체상" 위에서 계획을 재구상할 것을 주장했고 이에 대해 번스는 1951 회계연도의 한국 수입에서 36% 정도(5천만달러)가 일본으로부터 충당될 것이며, 가능한 한 ECA 원조의 많은 부분을 일본에서 조달하겠다고 증언했다.[40]

한편 한국에서 활동한 미국인 관리들은 지역통합전략과 관련하여 견해차를 보였다. 한일무역교섭을 담당했던 베인(D. M. Bane)은 이 문제를 본격적으로 제기했다. 그는 ECA 원조가 끝나는 1952년 이후까지 미국의 원조가 실시된다 하더라도 한국의 경제적 자립화 가능성이 낮고, 통일이 실현될 가능성이 없으며, '현재와 같은 불안정한 상황'에서 외국의 사적 투자 역시 기대하기 어렵다고 보고했다. 따라서 농업경제에서 공업경제로 전환하려는 ECA의 시도는 잘못된 것이며, 이러한 상황에서는 일본과의 경제적 통합을 추진하는 것이 가장 효율적이라고 주장했다.

그러나 번스와 그의 특별보좌관 키니(R. A. Kinney)는 이에 반대하는 각서를 작성했다. 이들은 ECA 원조가 순조롭게 투입된다면 한국경제는 원조가 종료되는 1952년까지 어느정도 자립화 기반을 형성할 가능성이 충분히 있으며, 38선 이남에 존재하는 섬유·기계·굴착 등의 설비는 남한 공업발전의 상당한 잠재력으로 작용하고 있다고 분석했다. 또한 ECA 계획은 "농업경제에서 공업경제로의 급격한 전환"을 도모하는 것이 아니라, 기존의 공업잠재력과 기존 설비, 국내자원을 전면적으로 이용하고자 하는 것이라고 반박했다. 일본과의 경제적 통합에 대해서는 일본의 영향력

확대가 한국인들의 광범위한 반발을 불러일으켜 "한국인들은 차라리 소련의 보호를 받는 방향으로 나아가려 할 것"이라고 주장했다.[41]

결과적으로 대한 ECA 원조를 둘러싼 논쟁은 트루먼과 국무부 그리고 번스와 키니의 승리로 귀결되었다. 이 시기까지 일본을 중심으로 하는 지역통합전략은 아직 확정 단계에 있지는 않았다. 이것은 일본을 집중적으로 원조하자는 「NSC 61」의 제안이 취소되고 원조통합기구의 구성을 위한 부분에만 한정된 「NSC 61/1」이 나왔다는 사실 그리고 아시아 전역에 미치는 정치·심리적 효과 때문에 일본의 부상을 꺼려한 국무부의 전반적인 입장에서 잘 드러났다. 국무부는 제2차 세계대전이 끝난 지 얼마 안되는 상황에서 일본을 중심으로 한 원조를 실시하는 것에 심리적인 부담을 느꼈다. 따라서 일본이 조심스럽게 대아시아 무역과 원조를 확대해나가는 것은 한국전쟁을 통해 어느 정도의 부흥을 이룩한 1950년대 중반에 가서야 가능해졌다.

한편 대한 ECA 원조가 제대로 실행되기 어려웠던 두번째 이유는 한국 내부의 인플레이션문제 때문이었다. 한국정부는 미군정시기에 계속된 인플레이션문제를 고스란히 안은 채 출범했다. 〈표 1〉에서 나타나는 바와 같이 미군정시기 인플레이션은 가장 심각한 사회문제였다. 본국에서 점령 유지를 위한 비용이 제대로 수급되지 않는 상황에서 미군정은 화폐를 대량 발행할 수밖에 없었다.

그리고 이러한 악성인플레이션은 한국정부에 그대로 이양되었다. 한국정부 역시 미군정시기의 인플레이션을 잡을 만한 해결책을 갖지 못했다. 인플레이션을 잡기 위해서는 화폐의 발행을 막는 동시에 생활필수품의 공급을 늘려야 했다. 즉 정부의 조세수입을 늘리면서 동시에 생산시설을 확충해야만 했다. 그러나 해방 직후의 불안정한 상황이 계속되는 와중에 안정적인 조세수입을 확보하는 것은 사실 불가능했다.

실업자가 넘쳐났으며, 기술자와 원료의 부족으로 공장들은 정상적으로 가동될 수 없었다. 해방이 되면서 일본과의 끈이 끊어짐으로써 일본인 기술자들이 떠나고, 일본에서 유입되던 원료를 더이상 확보할 수 없게 된 것이다. 궁여지책으로 정부가 관할하던 일본인들의 적산재산을 민간인에게 팔아서 그 수입으로 정부의 재정수입을 늘리고자 했지만, 적산불하 역시 제대로 될 수 없었다.

적산재산은 대한민국 정부의 가장 중요한 재산이었다. 1945년 12월 미군정 법령 33호에 따라 일본의 모든 공·사 재산이 미군정에 귀속되었고, 이 재산은 1948년 대한민국 정부로 이양되었다. 이것을 '적산'이라고 한다. 1950년대 한일간의 협상과정에서 일본은 사유재산 몰수가 1907년에 조인된 헤이그 법령에 위배된다고 주장하면서, 일본인의 사유재산에 대한 청구권을 행사하고자 했다. 이로 인해서 한일간에 청구권 자금을 둘러싼 공방이 10여년 동안 계속되었다.

대한민국 정부는 적산을 민간에 판매함으로써 부족한 재산을 메우려 했지만 적산을 매입할 만한 뭉칫돈을 가진 사람이 많지 않았다. 또한 원료의 수급이 제대로 이루어지지 않고 엄청난 수의 실업자로 인해 소비시장이 살아나지 않는 상황에서 정부가 소유한 공장을 인수할 사람을 찾기란 결코 쉬운 일이 아니었다.

더욱이 사회적 불안정으로 국민들의 수입을 제대로 파악하기가 어려웠기 때문에 세수를 늘리는 것 역시 불가능했다. 1948년 8월 15일 대한민국 정부가 수립되었지만, 정부는 사회를 안정적으로 통제할 수 없었다. 이러한 상황에서 국민들의 주소와 수입을 정상적으로 파악하여 세금을 부과하는 것이 가능했겠는가.

결국 1950년초까지 악성인플레이션이 계속되었으며, ECA 원조는 제대로 실행될 수 없었다. ECA 계획을 실행하려면 미국이 투자자금을 방출해야 하고, 이것은 또다른 통화량 증가의 원인이 되기 때문이었다. 이승만 정부가 1949년 기획처의 주관으로 '물동 5개년계획'이라는 이름의 경제개발계획을 내놓았지만, 이 역시 인플레이션문제 때문에 실행되지 못했다. 미국은 이 계획이 여러가지 계획을 합쳐서 짜맞추어놓은 '비현실적인 계획'에 불과하다고 비판했다.

당시 한국사회의 인플레이션은 미군정시기부터 지속된 사회적인 문제였다. 그럼에도 불구하고 미국무부는 이 문제를 한국정부 내부의 문제로 보았으며, 이로 인해 한국정부가 붕괴될 가능성이 있다고 파악했다. 미행정부는 1949년말 중국국민당 정권이 공산당에 패배하자 이 패배가 외부가 아닌 내부의 문제에서 비롯되었다고 인식하면서, 이승만 정권도 그럴 가능성이 크다고 보았다.[42] 미국은 1949년 하반기 인플레이션 억제에 실패한 것이 남한의 붕괴가능성을 불러온다고 판단했기 때문에 이승만 정부에 재정안정계획을 강력하게 권고했다.

1950년 1월 미국의 건의에 따라 한미공동경제위원회가 발족됐다. 한미공동경제위원회는 인플레이션 억제계획을 수립하기 위한 기관으로 설치되었으며, 1950년 3월 '경제안정 15원칙'을 발표했다. 정부의 재정지출과 통화량 증가를 억제함으로써 인플레이션을 잡겠다는 것이었다. 이미 일본에서 동일한 성격의 계획을 실행해 성공을 거둔 미국은 그 정책을 한국에도 그대로 적용했다. 이에 따라 한국정부는 예산안을 수정 작성했으며 한국의 재무부장관은 부흥계획의 실행을 조정한다는 성명서를 발표했다.[43]

한국은행법도 경제안정정책의 성격을 띠고 있었다. 1950년 2월초에 완성된 한국은행법은 미연방은행의 전문가가 방한하여 작성한 것으로, 그 기본취지는 '통화가치의 안정을 도모하는 데 주목적을 두고 소정의 지불준비율의 지속성을 견지함으로써 여신업무를 통제·규범화하는 단기신용업무에 치중한다'는 것이었다.[44]

이러한 적극적인 인플레이션 억제 정책에 따라 인플레이션은 어느정도 진정되기 시작했다. 비록 쌀값의 앙등을 억제하지는 못했지만, 한국정부의 예산적자문제와 그로 인한 통화팽창은 억제되기 시작했다. 국방예산 지출은 크게 삭감되었고 국가세입은 3배로 인상된 세율, 조세징수실적의 향상, 효율적 사용에 따라 증가했다. 이 때문에 통화량은 1950년 1월초

740억원에서 6월에는 550억원으로 감소했다.[45]

여기에 더해 1950년 1/4분기 한국산업의 성장현황을 ECA는 아주 긍정적으로 평가했다. 1947년을 기준으로 할 때 산업수준은 80% 성장한 것으로 평가했으며, 쌀값 폭등에도 불구하고 식량은 "기본적으로 자급"할 수 있는 수준에 올랐다고 분석했다. 또한 ECA 원조기간 동안 어업, 석탄광업, 전력 생산, 의류 생산, 철도 건설, 농업 생산, 수출 등이 증진된 것으로 파악했다.[46]

이처럼 인플레이션문제가 안정되기 시작하자, 1950년 5월에 이르러 원조로 형성된 대충자금(對充資金)을 부흥계획과 산업재건을 위한 융자 또는 보조금으로 사용하게 되었다. 대충자금은 1948년에 체결된 '한미경제원조협정'에 따라서 미국 측의 동의 없이는 이용할 수 없었으며, 1950년 초반까지는 인플레이션을 잡기 위한 통화팽창의 억제라는 측면에서 주로 정부의 재정적자를 메우는 데 사용되었다. 그러나 1950년초 강력한 재정안정계획에 따라 인플레이션문제가 어느정도 해결되면서 이제 본격적으로 산업재건·부흥계획에 대충자금을 이용할 수 있는 길이 열렸다.

미군정의 경제고문이었다가 대한민국 정부 수립 후 ECA 주한사절단장으로 임명된 번스는 1950년 5월부터 대충자금을 18개 사업에 융자 또는 보조금으로 사용하도록 허가했다. 여기에는 철도 건설, 수리사업, 탄광 개발, 수력 및 화력 발전사업, 치수, 어업용 물자 구입 그리고 토탄 생산 등이 포함되었다. 규모는 100억원 정도였으며, 이 중 35억원이 ECA 주한사절단장이 정하는 바에 따라 정부직할사업에 대한 직접보조금형식으로 할당될 예정이었고, 나머지는 한국정부기관과 은행을 통해 회사 또는 개인에게 융자형식으로 대여될 계획이었다. 물론 인플레이션이 심각해질 때는 즉각 중지할 것을 전제로 했다. 이러한 대충자금의 사용에는 광산, 시멘트·비료공장 건설과 관련된 기초공사도 포함되었다.[47]

그러나 ECA 계획의 실시를 발표한 지 한달이 되는 싯점에서 일어난 한국전쟁은 ECA 계획의 실시 자체를 불가능하게 만들었다. ECA 원조가 끝난 뒤 대충자금의 사용내역을 조사한 자료를 검토해보면, ECA 원조가 정상적으로 실행되지 않았다는 사실을 잘 알 수 있다. 전쟁이 끝난 직후인 1954년 한국은행이 조사한 자료를 보면, 1954년 1월 현재 ECA 대충자금 가운데 직접군사비를 충당하기 위해 지출된 것은 없었지만, 대부분의 경비가 한국정부의 재정적자 보전을 위해 사용되었다. 즉 일반회계대상금으로 총액의 47.8%인 995만환이 사용된 것이다. 경제부흥자금으로 사용된 것은 전체의 5%인 103만환에 불과했고, 그나마 대부분이 비행장·항만시설의 복구, 토탄 생산 및 개발, 수산 운영, 조선업 복구 등에 사용되었다. 이러한 수치는 1950년 6월에 발발한 한국전쟁 때문에 애초의 계획이 제대로 실행되지 못했음을 보여주는 것이다.[48]

한국전쟁이 일어나자 미국은 대한원조의 모든 중심을 유엔군 휘하로 돌렸다. 이제 전쟁상황에서 미국의 원조는 군사 중심의 원조로 바뀌게 되었다. 모든 대한원조는 국제연합 한국민간원조사령부(United Nations Civil Assistance Command in Korea, UNCACK)가 관장했으며, 이들의 활동에 '민간원조'(civil assistance)라는 이름이 붙었음에도 불구하고 군사적인 측면에 집중되었다.

이상과 같은 당시 미국의 대한정책을 고려할 때, 1949년 6월에 이루어진 주한미군 철수가 미국이 한반도를 포기하려고 했다는 주장이나, 이를 통해 공산주의자들의 침략을 유도하려고 했다는 주장은 잘못되었음을 알 수 있다. 1949년 6월 미국이 주한미군을 철수한 것은 한반도에서 전력을 기울일 수 없었던 세계전략상의 고민을 반영하는 것이었지만, 더욱 근본적인 이유는 대한민국이 수립되고 소련군이 한반도에서 철수한 상황에서 더이상 미군을 주둔시킬 수 없었기 때문이었다. 또한 미국은 ECA 계획을 통해서 한반도의 38선 이남지역에 대한 확고한 공약을 보여주고 있었다.

ECA 계획은 여러가지 상황 때문에 1년 동안 실행이 연기되고 한국전쟁으로 인해 실패했지만, 몇가지 측면에서 중요한 의미가 있다.

첫째, 1950년 이전에는 미국이 일본을 중심으로 한 아시아 지역질서의 재편전략을 본격적으로 실행하지 않았다는 사실을 잘 보여준다는 점이다. ECA 계획은 일본의 산업정책과 중복되는 내용을 포함하고 있었다. 일본 점령정책에 직접적으로 관여한 국방부의 많은 관리들이 ECA 계획에 반대한 중요한 이유가 여기에 있었다. 만약 한반도에도 비료공장을 비롯한 공업시설들이 들어선다면, 그것은 일본이 성장하기 위한 제품 판매지를 잃게 되는 것을 뜻했다. 그러나 미행정부는 ECA 계획을 강행했다. 비록 한국전쟁 때문에 이 계획이 실행되지는 못했지만.

둘째, ECA 계획은 실행되지는 못했지만, 미국이 한반도에서 설정한 두 가지 정책적 목표를 잘 보여준다는 점이다. 하나는 한반도가 분단된 상황에서 남과 북의 체제경쟁을 통한 이데올로기적인 전쟁터로서 역할을 수행해야 한다는 것이었고, 다른 하나는 그럼에도 불구하고 한국에서 미국의 부담을 점차 덜어내야 한다는 것이었다. 북한과의 경쟁을 고려한 전자의 목표는 1960년대 이후 좀더 구체화되며, 후자는 한국전쟁 직후부터 뉴룩(New Look) 계획에서 나타나기 시작했다. 특히 후자는 1950년대 이후 미국의 짐을 점차 일본에게 떠맡기는 형태로 진행된다는 점에서 궁극적으로는 미일동맹의 강화를 통한 지역통합전략으로 구체화된다.

셋째, 미국의 정책이 한국 내부의 상황 때문에 연기되거나 또는 실패한 또 하나의 전례를 보여준다는 점이다. 1948년까지 미군정의 정책이 한반도 내부의 정치세력들 사이의 역동적인 관계 때문에 실패했다면, ECA 계획은 한국사회 내의 불안정한 경제사정으로 인해 연기되었고, 결국 한국전쟁으로 인해 실행되지 못했다. 한국사회의 극심한 인플레이션 원인을 제공한 것은 미군정이었지만.

오늘날 한반도의 상황을 고려해보면 경제적 성장을 수단으로 하는 봉쇄정책이 얼마나 성공적인가를 잘 알 수 있다. 케넌이 주창한 봉쇄의 방식은 세계적 차원에서뿐 아니라 한반도의 차원에서도 궁극적으로 자유세계에 승리를 가져다주었다. 이런 관점에서 볼 때 과연 현재 미국의 대북한정책이 장기적으로 얼마나 효율적일 것인가에 의문의 여지가 있다. 다시 말해 강한 군사·정치적 압박은 북한 내부의 통합력을 더 견고하게 하지 않을까? 구소련과 공산권의 변화는 결코 군사·정치적 봉쇄로부터 시작되지 않았다는 교훈을 왜 오늘의 미행정부는 참고하지 않는 것일까? 케넌은 죽었고 냉전도 해체되었지만 그의 봉쇄이론은 지금도 계속 살아있다.

제3부 한국전쟁과 1950년대

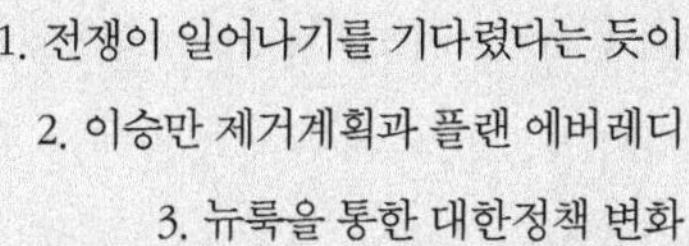

1. 전쟁이 일어나기를 기다렸다는 듯이
2. 이승만 제거계획과 플랜 에버레디
3. 뉴룩을 통한 대한정책 변화

1950년대 한미관계는 한국전쟁과 함께 시작되었다. 미국은 유엔의 깃발 아래 한국전쟁에 즉각 개입했고, 전쟁이 끝난 이후 한미상호방위조약을 체결함과 동시에 한국과 군사적 동맹관계를 맺었다. 이러한 한미간의 군사적 동맹관계는 이후 한미관계를 규정하는 가장 기본적인 조건이 되었다. 한국정부는 미국의 안보 보장을 댓가로 미국에 군사기지를 공여했고, 군사작전권을 유엔군 사령관에게 이양했다.

그러나 한미관계는 결코 원만하게 진행되지 못했다. 미행정부는 한국전쟁 기간중에 이승만 대통령을 제거하기 위한 계획을 수립했다. 이 계획은 1953년과 1954년에 재차 입안되었지만, 역시 실행되지 못했다. 왜 미국은 이 계획들을 수립했을까? 또 왜 이 계획들은 실행되지 못했을까? 그런데 1950년대 내내 이승만 대통령을 권좌에서 쫓아내지 못했던 미국은 왜 1960년 4·19혁명이 일어나자 태도를 바꾸게 되었을까?

1. 전쟁이 일어나기를 기다렸다는 듯이

전쟁이 일어났다는 소식이 워싱턴에 알려졌을 때, 트루먼 대통령은 미주리주의 사저에 머물고 있었다. 애치슨 국무장관도 메릴랜드 교외의 농장에서 휴가를 보내고 있었다. 1961년 5·16쿠데타가 일어났을 때도 케네디(J. F. Kennedy) 대통령과 러스크 국무장관은 외유중이었다.

그러나 워싱턴은 발빠르게 대응했다. 마치 어디선가 전쟁이 일어나기를 기다리고 있었다는 듯 신속한 대응이었다. 미국시간으로 6월 25일, 애치슨 국무장관은 대통령의 승인을 받아 유엔에서 한국전쟁문제를 논의할 것을 결정했다. 그러고는 곧바로 유엔안전보장이사회에 제출할 결의안을 작성했다. 이 결의안은 트루먼이 워싱턴에 도착하기 전 안전보장이사회에 제출되었다. 그 내용은 평화를 파괴하고 있는 북한은 적대행위를 즉각 중지하고 38도선 이북으로 철수하라는 것이었다. 이때 이미 북한은 국제적으로 침략국으로 규정되었으며, 유엔군이 조직될 수 있는 명분이 마련되었다.

그런데 문제는 북한이 침략했다는 증거가 없다는 점이었다. 북한은 미국과 남한의 북침이라고 주장했고, 남한과 미국은 북한의 전면적인 남침이라고 주장했다. 결국 유엔은 한국에 파견되어 있던 유엔한국위원단(UNCOK)의 군사감시반 보고서 — 전쟁이 일어나기 이틀 전에 작성된 것 — 를 증거로 채택했다. 보고서에는 남한의 진지가 방어적이라고 되어 있을 뿐 더 자세한 상황은 제시되지 않았다. 여기에 더하여 북한군의 급격한 남하가 북한의 기습남침 사실을 뒷받침해줄 뿐이었다. 매카서 또한 유엔의 결정에 중요한 역할을 했다. 매카서는 6월 29일 수원으로 가서 전황을 직접 살피고, 그 상황을 백악관에 알렸다. 6월 30일 미국이 개입을 결정할 때 매카서의 보고는 주요한 근거가 되었다.

어떻게 미국은 이렇듯 재빨리 상황을 처리할 수 있었을까? ECA 원조를 제외하고는 소극적인 대한정책으로 일관한 미국이 이렇게 신속하게 개입할 수 있었던 이유는 무엇일까? 거점 중심의 전략을 주장하면서 경우에 따라서는 한반도를 포기할 수 있다고 보았던 케넌의 전략 아래 어떻게 신속한 개입이 가능했을까?

한국전쟁 이전까지 미국은 한국에 소극적인 정책을 실시했다. 비록 ECA 원조는 소극적인 것이 아니었지만, 군사적으로 볼 때 미국의 정책은 소극적이었다. 1950년 1월 한미군사원조협정을 맺었지만, 이것은 군사원조를 할 수 있다는 것이지 본격적인 군사동맹을 뜻하는 것은 아니었다. 또한 이미 1949년의 「NSC 8」 씨리즈에서 미국은 한국군의 규모를 일정정도 이상으로 증강할 수 없도록 제한했다. ECA 원조라는 거대한 계획을 실행하고는 있었지만, 군사적으로 볼 때 마치 한국을 포기하는 듯한 형국이 진행된 것이다. 군사전략가들은 한반도의 지형적인 상황이 미군에 불리하기 때문에 한반도에서 소련과 전쟁을 벌이는 것은 적절하지 못하다는 견해도 갖고 있었다.

그럼에도 미국은 신속하게 개입했다. 군사전략적인 계산이나 대외정책에서의 이해관계를 따질 만한 겨를이 없었다. 1950년 6월 당시 미국의 전략을 이해하려면 1949년에 일어난 미국 대외정책의 전환을 이해해야 한다. 케넌의 거점 중심의 봉쇄전략에 중대한 변화가 생긴 것이다. 이러한 전환은 1949년의 두가지 거대한 사건에 의해 촉발되었다.

그중 하나는 중국에서의 공산주의혁명이었다. 중국에서 국민당과 공산당은 제2차 세계대전 기간중에 오랜 내전을 중단하고 일본제국주의에 대항하는 연합전선을 구성했다. 그러나 세계대전이 끝나자마자 곧 다시 내전에 돌입했다. 초기에는 미국의 지원을 받은 국민당이 우세했지만, 1947년을 기점으로 공산당이 주도권을 장악하기 시작했다. 공산당의 우세에는 부패한 국민당에 대한 중국 국민들의 외면과 공산당의 농민친화적인 정책이 중요한 역할을 했다.

미국은 중국의 정세를 파악하기 위하여 1946년과 1947년 특사를 파견했다(웨더마이어 파견단). 미국은 벌써 이 싯점에서 중국의 상황이 국민당에 불리하게 돌아가고 있다고 판단하고, 전반적인 아시아정책의 전환을 추진했다. 제2차 세계대전 직후 아시아의 정세 속에서 미국정부는 중국을 중요한 동맹으로 간주했기 때문에 대일정책에도 큰 비중을 두지 않았다. 따라서 일본에 대한 초기 정책은 일본을 무장해제하고, 더이상 전쟁을 일으키지 못하도록 민주화를 진행시키는 것에 집중됐다. 그러나 중국의 공산화가 진행되면서 일본만이 아시아에서 공산주의에 대항할 수 있는 유일한 대안으로 떠올랐다. 케넌의 거점 중심 전략에서 나타나는 바와 같이 일본만이 아시아에서 유일하게 군사력과 선진산업을 보유한 국가였기 때문이다.

이제 대일정책 전환이 본격적으로 시작되었다. 이른바 '역코스'정책으로 불리는 이 정책은 일본의 재무장을 포함한 정치·경제적 부흥을 추진하고, 이를 통해 일본을 아시아에서 미국의 유일한 파트너로 성장시키는 것이었다. 불과 몇년 전까지만 해도 목숨을 걸고 전투를 벌인 어제의 적이 오늘의 우방으로 변화하는 순간이었다.

> 매카서는 국가방위의 패턴에서 태평양지역이 차지하는 위상을 언급했다. 그는 이제 미국의 전략적 경계가 남북미대륙의 서해안선이 아니라 아시아대륙의 동해안선이라고 말했다. (…) 과거 방위문제의 중심은 필리핀 근방이었지만, 이제는 더 북쪽으로 옮겨졌다.
>
> 매카서는 태평양지역에서 미국이 뚜렷한 힘을 갖는 것이 필수적이라고 언급했다. 이 지역은 예전에 일본이 통치했던 미드웨이, 필리핀의 클라크 필드 그리고 무엇보다도 오끼나와를 포함하는 U 모양의 지역이었다. 오끼나와는 이 구조에서 가장 북쪽에 있으며 가장 중요한 지역이 된다. 그는 오끼나와로부터 아시아 북쪽의 모든 항구를 쉽게 통제할 수 있다고 주장했다. (…)
>
> 이러한 이유 때문에 그는 오끼나와의 중요성을 언급했고, 북위 29도 남쪽 류우뀨우열도의 완벽한 장악이 절대적으로 필요하다고 생각했다.[1]

매카서는 미국의 서부 해안선이 이제 아시아의 동쪽 해안선까지 확대되어야 한다고 판단했다. 아시아의 동쪽 해안선은 곧 일본을 의미했다. 일본은 군사·경제적으로 중요했다. 특히 일본의 군사·경제적인 힘을 고려할 때, 만약 소련이 일본을 통제하게 된다면 그것은 곧 아시아에서 미국의 이익에 심각한 손해를 가져오는 것을 의미했다.[2]

일본에 대한 역코스정책은 아시아에서 소련을 봉쇄하기 위한 조치였다. 역코스정책은 단순히 경제적인 부분만 포함하는 것이 아니었다. 자체의 방위를 위한 목적이기는 하지만, 여기에는 재무장을 추진한다는 것 또한 포함되어 있었다. 그렇기 때문에 일본은 쌘프런씨스코 조약 이후 한국전쟁기간 동안 자연스럽게 자위대를 창설하고, 자체방위를 목적으로 재무장에 들어간다. 물론 2부에서 전술한 바와 같이 일본 중심의 전략은 한국전쟁이 발발한 후에야 본격적으로 실시될 수 있었다.

일본을 소련 봉쇄를 위한 아시아 최후의 보루라고 본다면, 당연히 한반도는 일본의 안보 차원에서 매우 중요한 지역이 된다. 일본과 인접해 있는 한반도가 소련의 영향권에 들어간다면, 그것은 곧 일본의 안보에 직접적인 위협이 되기 때문이다. 1960년대에 한일관계 정상화를 추진할 때, 일본이 한반도의 경제적 이해관계를 부정적으로 인식하자, 미국은 일본의 안보 측면에서 한반도의 중요성을 강조하여 한일관계의 정상화를 이끌어냈다. 그러므로 한반도에서 전쟁이 일어날 경우 미국이 일본에 대한 안전판으로서 개입하는 것이 당연한 수순이 될 수밖에 없었던 것이다.

이미 1947년의 싯점에서 국무부장관 애치슨은 일본을 일차적으로 고려할 때 한반도가 안보적으로 중요한 지역이라는 점을 강조했다. 즉 그는 "한국은 군사적으로 불리한 지역이 될 것"이며, 따라서 미국이 "한국에 군대나 기지를 유지하는 것은 전략적으로 거의 손해가 될 것"이라고 판단하면서도, "만약 소련이나 소련이 조정하는 군대에 의해 한반도 전체가 통제된다면, (…) 극동에서 미국의 이해관계에 전략적인 위협을 가하게 될 것"이라고 예상했다. 특히 이러한 상황은 일본에 "극도로 심각한 정치·군사적 위협"을 줄 것으로 판단했다.[3]

한편 중국의 공산화보다 미국에 더 큰 충격을 준 1949년의 또 하나의 사건은 소련의 핵실험 성공이었다. 미국은 소련이 언젠가는 핵무기를 개발할 것으로 보고 있었지만, 그 시기를 1950년대초로 예측하고 있었다. 그러나 어느날 갑자기 발표된 소련의 핵실험 성공은 미국으로 하여금 세계 전략을 전반적으로 재고하게 했다.

소련이 핵실험에 성공하기 전까지 미국은 소련의 군사력에 그다지 많은 관심을 기울이지 않았다. 제2차 세계대전 이후 소련과의 대립이 심화되면서 분할점령 지역인 베를린과 한반도 그리고 소련의 인근 지역인 그리스와 터키 등에서 첨예한 갈등이 계속되었지만, 미국은 군사적인 전략면에서 자신감이 있었다. 미국의 이러한 자신감은 무엇보다도 1945년 이후 유지된 핵무기의 독점 때문이었다. 미국이 핵무기를 독점하는 한 소련이 아무리 재래무기로 군비를 확충한다 하더라도 군사력 면에서 미국을 따라잡을 수 없었다.

그런데 소련이 핵실험에 성공함으로써 미국의 핵 독점이 깨지고 만 것이다. 이전까지는 핵무기를 이용한 보복을 소련이 두려워할 것이라는 전제가 성립했지만, 소련이 핵무기를 보유하게 된 상황에서는 오히려 미국이 재래식 무기면에서 소련에 뒤지는 결과가 초래되었다. 미국의 핵무기 독점을 두려워한 소련은 1949년까지 재래식 무기의 군비증강을 지속적으로 추진한 것이다.

이렇듯 중국의 혁명 성공과 소련의 핵실험 성공으로 미국은 대외전략을 전면적으로 다시 고려해야만 하는 상황을 맞았다. 미국은 시급하게 북대서양조약기구(NATO)를 조직했으며, 소련과 동구권에 무역을 제한함으로써 더이상의 기술이전을 막고자 했다. 때마침 미국 내에서는 지금까지도 수수께끼로 남아 있는 로젠버그(J. Rosenberg) 박사 사건이 발생했다. 미국의 핵무기 개발에 참여한 로젠버그 박사 부부가 핵 관련 기술을 소련에 넘겼다는 혐의로 사형에 처해진 것이다. 또한 공산주의의 확산으로 불안해진 미국 내에서 이른바 '매카시 선풍'으로 불리는 빨갱이사냥이 시작되었다.

이 싯점에서 미행정부의 대외정책 변화가 나타났다. 경제·심리적인 봉쇄를 주장한 케넌은 국무부의 핵심 요직인 정책기획국장 자리에서 물러나야 했고, 이 자리에는 니츠(P. H. Nitze)가 임명되었다. 니츠의 등장은 당시 매카시 선풍으로 대표되는 미국정치 내의 강한 고립주의와 국가주의의 대두와 연결되는 사건이었다.[4] 니츠는 대소강경론자였다. 그는 곧 새로운 대외정책 수립을 위한 문건을 작성했다. 「NSC 68」로 명명된 그 유명한 문서는 이러한 과정에서 제출되었다.

「NSC 68」은 미국의 봉쇄정책을 상징하는 문서 중 하나라고 할 수 있다.[5] 「NSC 68」에서는 소련의 영향력을 적극적으로 봉쇄하면서 동시에 축소해야 한다는 점이 강조되었다. 또한 이를 위하여 케넌이 사용한 경제적이고 심리적인 방법 외에 군사적으로 월등한 힘을 가져야 한다는 점이 강조되었다. 군사적인 힘이 뒷받침될 때에만 봉쇄정책이 효과적일 수 있다는 것이다.

> 봉쇄정책은 ① 더이상의 소련 팽창을 저지하고 ② 소련 주장의 허구성을 폭로하며 ③ 끄레믈린의 통제력과 영향력의 감소를 꾀하고 ④ 결론적으로 소련 질서 내에 붕괴의 씨앗을 기르는 것이라고 할 수 있다. 봉쇄정책은 우방국들과의 공조체제를 바탕으로 월등한 힘을 갖는 상황에서 유효한 것이다. 힘의 가장 주요한 요소는 군사적인 힘이다. 봉쇄라는 개념에서 군사적인 힘은 두가지 이유에서 필수적이다. 즉 ① 우리 안보의 궁극적인 보장책으로서 ② 봉쇄정책을 추진하는 필수불가결한 배경으로서. 군사적으로 우월한 힘이 없다면 봉쇄정책은 그저 허세에 불과할 뿐이다. 동시에 군사적인 힘은 우리가 언제나 소련과의 협상 가능성을 남겨놓고 있는 상태에서 봉쇄정책의 성공적인 수행에 필수적이다. 우리가 현재 처한 외교적 결빙상태는 봉쇄의 목적 자체를 무력화하고 있다. 또 이러한 상황에서는 우리의 주도권을 발휘하기가 힘들며, 소련적 질서와의 경쟁에서 도덕적 우월성을 유지하기도 어려워진다.

위의 인용문은 「NSC 68」이 견지하는 봉쇄정책의 개념을 잘 보여준다.

즉 군사적인 우월성이 보장되지 않는다면, 소련에 대한 어떠한 정책도 유효하지 못할 것이라는 생각이다. 이러한 「NSC 68」의 견해는 경제·심리적인 봉쇄가 가장 효율적이며, 그것만으로도 충분히 소련을 봉쇄할 수 있다고 생각한 케넌의 견해와는 분명 커다란 차이가 있다.

매카시 선풍과 함께 등장한 니츠. 대소강경론자였던 그는 경제·심리적 봉쇄정책에 더해 월등한 군사력을 강조했다.

심지어 「NSC 68」은 미국의 군사적인 시설들이 지나치게 방어적인 측면만을 강조하고 있으며, 이렇게 해서는 결코 봉쇄정책에서 승리할 수 없다고 주장한다.

> 미국의 군사적인 설비시설 증강은 전략적으로 공격적인 면보다는 방어적인 면을 지니고 있으며 실제적이기보다는 잠재적인 면을 지니고 있다. 그러나 앞으로는 절대적인 방어만을 고집할 수 없다는 것이 명백한 사실이다. 미국과 미국의 연합국들에 의한 군사력의 강화가 필요하다. 이것은 급변하는 난관에 대비한 방어에 필수적일 뿐만 아니라 외교정책을 수립하는 데에도 필요하다. 사실 전쟁에서 승리하기 위해서는 전시에만 힘을 집중시키거나 전시체제를 위한 기지 준비에만 주목하기보다는 잠재적 침략 국가를 저지하기 위한 더 큰 규모의 군사력이 필요하다.

이렇게 니츠가 초안을 작성한 「NSC 68」은 좀더 적극적인 봉쇄정책을 주장하고 있다. 그런데 적극적인 봉쇄정책을 위해서는 무엇보다도 '돈'이 많이 들 수밖에 없다. 「NSC 68」에서 규정하는 바와 같이 소련보다 군사적으로 더 우위에 서기 위해서는 기본적으로 군비를 증강할 수밖에 없는 것이다.

여기에 더하여 「NSC 68」은 케넌보다 더 적극적인 경제원조를 요청했다. 특히 케넌이 지적한 거점지역 이외의 지역에 대한 경제원조가 중요하다는 점을 지적한다.

대통령의 경제보고서(1950년 1월)에서 지적하는 바와 같이, 높은 수준의 경제적 활동이 이루어진다면 미국은 GNP 3천억달러에 곧 도달할 것이다. 이러한 방향으로의 진전은 미국과 자유세계의 경제·군사적 힘을 강화하는 것에 따라 가능해질 것이다. 게다가 경제의 활기찬 팽창이 이루어진다면, 국민 생활수준의 저하 없이도 (군사력의) 강화가 이루어질 것이다. 왜냐하면 국민총생산에서 매년 증가분의 일부를 흡수함으로써 필요한 자원들을 배정할 수 있기 때문이다.

2. 의도: 대외 경제정책은 미국의 대외관계 수행에 가장 주요한 수단이다. 이 나라의 안보와 사회안전에 호의적인 방향으로 세계적인 환경을 만들 수 있는 강력한 도구가 된다. 만약 현명하게 이용되지 않는다면, 대외 경제정책은 우리의 국가적 이익에 실질적으로 해를 끼치는 정책이 될 수도 있다. (…)

① 서부유럽이 자체 발전할 수 있는 경제를 창출할 수 있도록 하는 원조(유럽부흥계획).

② 전쟁이나 냉전 때문에 특별한 필요가 있으면서 그러한 필요를 충족해주는 것이 우리의 이해관계 또는 의무에 부합하는 원조(일본·필리핀·한국에 대한 무상원조, 그리고 인도네시아·유고슬라비아·이란 등에 대한 수출입은행·국제통화기금·국제은행에 의한 차관과 신용대부).

③ 저개발지역의 발전을 위한 원조(어느정도 위의 ②에서 언급한 국가들과 겹치는 다양한 국가들에 대한 포인트 포 계획과 차관 및 신용대부).

④ 북대서양조약기구 국가들과 그리스·터키 등에 대한 군사원조.

⑤ 동유럽을 대상으로 매우 중요한 물품에 대한 동서무역 제한.

⑥ 전략적인 물자에 대한 구매 및 비축.

⑦ 다각화한 무역, 무역장벽의 해소 그리고 유통가능한 통화에 기초를 둔 국제적 경제질서를 재창출하기 위한 노력들(GATT-ITO 계획, 상호무역조약

계획, IMF-IBRD 계획 그리고 미국의 재정균형문제를 해결하기 위하여 고안되고 있는 계획).

「NSC 68」의 대외정책은 엄청난 규모의 미행정부 재정지출 증가를 가져오는 내용을 담고 있었다. 위 인용문의 7가지 항목에 나와 있는 바와 같이 니츠의 계획에는 거점지역 이외의 저개발지역이 포함된다. 군비증강과 적극적인 대외원조는 곧 군사비의 증가와 정부 재정지출의 증가를 뜻하는 것이었으며, 또한 정부 재정지출의 증가는 곧 국민들의 세금 증가를 의미하는 것이었다.

「NSC 68」의 입안자는 봉쇄를 더욱 효과적으로 하기 위한 방안으로 네 가지 옵션—① 케넌의 정책을 그대로 지속 ② 고립정책 ③ 전쟁 ④ 자유세계의 정치·경제 그리고 군사적인 힘을 급속하게 증강시키기 위한 새로운 정책—을 제안하는데, 이 중에서도 가장 많은 돈이 드는 네번째 정책을 지지했다. 니츠는 유럽에서의 부흥계획이 충분한 효과를 내지 못한다는 사실을 감안할 때 기존의 정책만으로 소련을 효과적으로 봉쇄하는 것은 불가능하다는 입장을 취했다. 전쟁을 하자는 주장도 있었지만, 니츠는 당시 자유세계의 상황을 고려할 때 전쟁이 결코 미국에 유리한 상황을 가져온다고 장담할 수만은 없다고 판단했다.

결국 니츠가 제안한 ④안은 대외원조와 봉쇄를 위한 미국의 엄청난 재정지출 증가를 동반하는 계획이었다. 그렇다면 「NSC 68」의 입안자는 미국 내 재정정책을 고려하지 않고 이 문서를 입안했을까? 전혀 그렇지 않다. 오히려 니츠는 이 문서에서 제시된 정책을 토대로 미국이 당면한 경제적인 문제를 해결하려고 했다. 특히 1949년에 이르러 미국 내에서 전후 경제정체현상이 나타나고 있다는 점에 주목했다.

B. 경제적인 측면

1. 능력: (…) 미국은 실질적인 생활수준의 쇄락 없이 미국과 그 연합국들의

경제·군사적인 힘을 강화하는 자원을 더 많이 동원할 수 있다. 산업생산은 1948년 1/4분기에 비해 1949년 4/4분기에 10% 감소했으며, 1944년과 1949년을 비교하면 거의 1/4 수준으로 감소했다. 실업자 수는 1943년에 107만명, 1944년에 67만명이었으나, 1950년 3월에는 475만명으로 급증했다. GNP는 1948년을 정점(1948년 2,620억 달러로부터 1949년의 하반기 6개월 동안을 감안할 때 2,560억 달러로 감소)으로 하여 1949년에 점차 감소를 보였으며, 불변가치 역시 1944년과 1948년 사이에 20% 감소했다.(…)

미국의 재정균형과 관련해 연구되고 있는 약간의 불합리성과 불일치성에도 불구하고, 미국의 전반적인 목표를 강력하게 뒷받침하는 대외경제정책은 적극적으로 추진되어야 한다. 그렇지만 수요와 긴급성의 측면에서 볼 때 이러한 계획들이 미래의 대외정책을 적절하게 지탱할 수 있도록 입안되었는가 하는 의문이 제기될 수 있다.

이렇게 경제적으로 좋지 않은 상황에서 군사비를 증가시키는 것은 어떠한 결과를 가져올 것인가? 불황이 계속되는 상황에서 군사비를 늘리는 것은 혹 위험한 일은 아닐까? 1950년초 트루먼 대통령이 「NSC 68」의 초안을 보고 놀라서 승인하지 않은 것도 이러한 재정적인 부담 때문이었다. 「NSC 68」이 승인된 것은 한국전쟁이 일어난 뒤였다. 「NSC 68」의 입안자는 이 문제를 어떻게 해결하려고 했을까?

이 계획이 성공하기 위한 전제조건으로 반드시 필요한 것은 ① 초당적인 입법 지지를 받을 수 있도록 계획을 고안해 의회 지도자들과 협의하고 ② 현재의 세계적 상황의 현황과 의미를 대중에게 충분히 설명할 수 있도록 해야 한다는 것이다. (…)

현재 미국은 군사비(6%), 대외원조(2%), 투자(14%) 그리고 약간의 군수산업을 합쳐 전체 국민총생산(1949년 2,250억달러)의 22%를 사용하고 있다. (…) 비상상황시에 미국은 (지난 전쟁 동안 했던 것처럼) 직간접 군사 목적 및 대외원조를 위해 현재 지출의 몇배에 달하는 증가를 감수해야 하며, 전체 국민소득의 약 50%를 웃도는 예산을 지출하게 될 것이다.

대체로 경제적인 관점에서 볼 때 이러한 계획은 생활수준의 실질적인 저하를 초래하지 않을 것이다. 왜냐하면 이 계획은 추가적인 군사적 목적과 대외원조 목적을 위해 흡수되는 양만큼 국민총생산의 증가를 가져올 것이기 때문이다. 제2차 세계대전 기간 동안의 경험을 통해 우리가 얻은 가장 중요한 교훈 하나는 미국경제가 충분한 효율성을 갖고 작동될 때, 한편으로 높은 생활수준을 유지하면서도 민간소비와는 다른 목적으로 엄청난 자원을 동원할 수 있다는 점이다. 비록 1939년 가격을 기준으로 할 때 정부 사용분이 600~650억달러 증가했다는 사실을 감안하더라도, 가격변동을 고려하면 개인소비지출은 1944년 현재 1939년에 비해 20%가 증가했다.

바로 이 지점에서 「NSC 68」이 추진한 봉쇄정책의 핵심적인 변화가 무엇이며, 그러한 변화의 동인이 어디에 있는가 하는 실마리를 찾을 수 있다. 「NSC 68」은 케넌이 추진한 봉쇄정책보다 더 적극적인 정책을 추진했는데, 표면적으로 볼 때 그 핵심적인 내용은 군사적인 측면을 강화하는 것이었지만, 실질적인 목적은 제2차 세계대전 이후 미국이 직면한 경제정체를 극복하는 것이었다.

이러한 「NSC 68」 정책은 미국 안보정책의 한 단면을 잘 보여준다. 대체로 군사 관련분야에서 일하는 고위관리들 중에는 전문군사전략가 출신이 아니라 재무 또는 투자 관련 일을 한 사람들이 적지 않다. 「NSC 68」을 입안한 니츠는 미행정부에 들어오기 전에 투자은행에서 일한 경력이 있었다. 케네디 행정부에서 베트남전쟁을 총괄한 맥너마러(R. S. McNamara) 국방부장관은 포드 자동차회사의 회장을 역임했으며, 부시(G. W. Bush) 행정부의 국방부장관 럼즈펠드(D. Rumsfeld)는 제약회사 사장과 제너럴 인스트루먼트 코퍼레이션의 CEO를 역임한 경력을 갖고 있다.

즉 일반적으로 미국의 군사정책 관련 책임자들은 군사전략보다는 대외정책과 군사비 그리고 행정부 재정의 조화를 위한 정책을 마련하는 역할을 수행한다. 니츠의 경우 국무부 내에서 케넌의 뒤를 이어 대외정책을 조율하는 정책기획실에 근무했지만, 그의 실질적인 고민 가운데 하나는 대외정책과 미국 내의 경제활성화를 연결시키는 것이었다.

위의 인용문을 보면, 「NSC 68」은 미국의 군사비와 대외원조를 늘리는 적극적인 정책이 미국의 경제활성화를 이끌 것으로 보았다. 이것은 전형적인 케인즈적(Keyensian) 재정정책을 보여주는 것이다. 즉 경제를 활성화하기 위하여 재정지출을 늘림으로써 수요를 확대한다는 것이었다. 정부 재정지출의 확대는 곧 시중에 통용되는 통화량을 늘게 하고, 이것이 곧 국민들의 개인소비를 확대할 것이며, 개인소비의 확대는 경제의 활성화를 가져올 것이라는 주장이다.[6] 케인즈의 정책은 실업자를 구제하기 위한 국가사업의 확대에 목적이 있었던 것이 아니라, 실제로는 수요를 확대하기 위한 것이다. 즉 실업자들에게 일자리를 준다는 것은 곧 실업자들의 호주머니에 현금을 제공하여 소비를 활성화한다는 것을 의미한다.

「NSC 68」은 바로 이러한 케인즈적인 정책을 대외정책으로 확대한 것이었다. 물론 앞에서 지적한 바와 같이 「NSC 68」이 나오게 된 배경에는 중국 공산주의혁명과 소련의 핵실험 성공이라는 두가지 거대한 사건이 자리잡고 있었지만, 경제적인 측면에서 케인즈적인 재정정책이 본격화되었음을 뜻하는 것이기도 했다. 군사비 지출의 증가는 곧 군수산업의 확대이며, 군수산업의 확장은 곧 일자리의 창출을 의미했다. 특히 이 점은 「NSC 68」에서 단순히 소련의 핵개발에 대응하는 전략핵의 비축만을 주장한 것이 아니라 재래무기의 확충을 강조했다는 사실에서도 잘 드러난다. 무기의 효율성만을 따지면 전략핵무기가 더 효율적이고 돈이 덜 들겠지만, 일자리 창출을 통한 소비의 확대라는 측면에서는 재래무기 생산의 확대가 더 효과적이기 때문이다.

니츠는 자신이 입각한 정책의 적합성을 증명하기 위하여 위의 인용문에서 미국이 가장 번성한 시기 중 하나가 제2차 세계대전중이었음을 상기

시켰다. 제2차 세계대전은 비상시기였고, 그 기간중 미국의 군사비는 몇 배나 더 증가했지만, 미국의 경제는 호황을 구가했다는 것이다. 이처럼 그는 군사비 확대가 미국의 경제에 악영향을 끼치기는커녕, 오히려 경제정체를 극복할 수 있는 기회를 만들어줄 수 있다고 판단했다.

결국 「NSC 68」의 채택은 한반도에 대한 미국의 전략을 바꾸어놓았다. 케넌의 봉쇄정책에서 한반도는 포기될 수도 있는 지역이었다. 이로 인해 1948년에서 1950년 사이 미행정부 내에서는 한반도를 둘러싼 논란이 진행되었지만, 이제 「NSC 68」에 근거한 정책이 시작되면서 한반도는 더이상 포기될 수 없는 지역이 되었다. 앞의 「NSC 68」의 대외원조와 관련된 인용문에서 보이듯 한반도는 미국이 포기해서는 안되고 더욱 적극적으로 원조해야 할 지역으로 규정되었던 것이다.

바로 이러한 정책적 변화가 일어나는 싯점에서 한국전쟁이 발발했으며, 미국으로서는 당연히 한반도에 군대를 파견했다. 그리고 이 파병으로 미국의 군사비는 이전의 3배로 증가했지만, 미국정부는 이러한 증가가 미국경제에 그다지 악영향을 주지 않는다고 판단했다. 그리하여 '마치 기다렸다는 듯이' 미국은 한반도 파병을 신속하게 결정했고, 곧 실행했다.

한국 파병은 다른 한편으로 도미노이론이 미국의 대외정책에 반영되기 시작한 첫번째 케이스가 되었다. 도미노이론이란 한 지역에서 문제가 생기면, 그 여파가 다른 지역으로 파급된다는 이론이다. 미국이 유엔에서 지지하던 남한을 잃는다면, 전세계에서 미국의 지원을 받는 국가들에 심리적으로 악영향을 끼칠 것이다. 또한 남한의 상실은 곧 동아시아에서 미국의 강력한 동맹국으로 성장하는 일본에 직접적인 안보적 위협을 의미하는 것이었다.

역설적이게도 한국전쟁의 개전과 함께 승인된 「NSC 68」은 한국전쟁이 끝나는 싯점에서 그 실효성을 잃게 된다. 트루먼 행정부를 뒤이은 아이젠하워 행정부는 지나치게 늘어난 군사비의 감축과 재정균형정책을 제1의 과제로 내세운 뉴룩정책을 채택했다. 그러나 「NSC 68」의 내용들은 1960

년대 케네디 행정부의 정책에서 부활했다. 따라서 일부 학자들은 케네디 행정부의 정책을 '케인즈적인 혁명'(Keyensian Revolution)이라고 일컫기도 한다.[7]

2. 이승만 제거계획과 플랜 에버레디

(1) 이승만 제거계획

정전협상이 진행되면서 38선 부근의 고지전투가 한창이던 1952년 6월, 미합동참모본부로부터 토오꾜오의 극동군 사령부에 다음과 같은 문서가 전달되었다.

〈미합동참모본부가 토오꾜오 극동군 사령관에게 보낸 1952년 6월 25일자 전문(JCS 912098)〉

국방부와 국무부는 이승만에 의해 야기된 정치정세로 인해 두가지 다른 정책 중 하나를 추진해야 할 필요가 있다고 판단한다.

첫째 가능성은 갑작스런 사태발전 없이 지금처럼 정치적 대응으로 문제해결을 추구하는 방향이다. 둘째 가능성은 사태가 악화되어 유엔의 군사작전이 방해받지 않도록 하기 위해 부득이 직접 개입해야 할 경우다. 이런 경우에 대비하여 상세한 정치 및 군사 계획을 수립, 워싱턴에 보고하기를 요망한다.

그 계획의 누설은 미국정부를 심히 곤혹스럽게 만들 것이므로, 이 계획 수립에 대한 유엔한국통일부흥위원단의 참여는 가능한 한 제한되어야 한다. 그 계획을 세우는 데서 가이드라인을 다음과 같이 지시한다.

첫째, 그 계획의 실천은 미국 대통령의 재가를 받아 수행한다. 그러나 갑작스런 폭동 등이 발생, 즉각적인 대응이 필요할 때는 유엔군 사령관이 그 계획의 실행을 명령할 수 있다.

둘째, 그렇게 심하지 않은 비상사태에서는 유엔한국통일부흥위원단, 미국대사관, 유엔군 사령부가 이승만 대통령에게 적절한 조치를 취하도록 요구한다. 만약 이 요구가 묵살되면 유엔군 사령부는 유엔한국통일부흥위원단의 요청에 따라 미국정부에 내정간섭 허락을 요청해야 한다. '유엔을 대신해서 행동하라'는 미국정부의 허락이 떨어지면 유엔군 사령부는 다음과 같은 조치를 취해야 한다.

① 한국 육군참모총장에게 육군과 경찰 및 유사 군사집단의 모든 병력을 장악하도록 명령한 뒤 부산지역에 직접 계엄령을 선포, 그 업무를 담당하도록 지시하라. 정책상 한국군만 동원하도록 해야 한다.

② 계엄통치를 할 경우에도 한국 육군의 포고령은 한국정부의 기능을 주권의 상징으로서 충분히 발휘할 수 있도록 하고, 조속한 민간정부로 복귀토록 하는 선에서 발효되어야 한다.

이상과 같은 사항과 관련하여 한국 육군참모총장의 신뢰도를 평가하여 보고하라. 특히 이승만 대통령이 예방조치로 1950년 7월 14일 유엔군에 이양한 작전권을 되찾아갈 경우를 가정하라.[8]

이 문서는 한국군으로 하여금 쿠데타를 실행하도록 하라는 내용을 담고 있다. 문서에서 가장 중요한 점은 이승만이 뭔가 사건을 일으켰으며, 이 때문에 어떤 형태의 비상조치가 필요하다는 것이었다. 여기에서 의미하는 비상조치는 군대를 동원한 쿠데타를 의미했다. 이승만 대통령이 상황을 정상화시키도록 유엔한국통일부흥위원단, 주한미국대사관 그리고 유엔군 사령부가 압력을 넣지만, 그것이 이루어지지 않을 경우 내정간섭에 들어가야 하고, 그 형태도 유엔군 사령부가 배후에서 지휘하는 한국군에 의한 쿠데타가 되어야 한다는 것이 이 문서의 골자이다.

한국군만 동원할 것을 권고한 이 쿠데타 계획은 한국군이 통치의 모든 권한을 장악하고 계엄통치를 실행하도록 고안되어 있다. '조속한 민간정부로의 복귀' 문제까지도 언급하고 있는 것을 감안하면, 이 계획은 완전한 쿠데타 계획이었으며 이승만을 대통령직에서 물러나게 하기 위한 계획이었다.

또다른 문서에서는 이 계획이 더욱 구체화되어, 이승만을 어떻게 대통령직에서 몰아낼 것인가를 그린 구체적인 씨뮬레이션까지 제시된다.

> ① 이승만을 서울이나 다른 지역으로 초대하여 부산에서 벗어나게 한다.
>
> ② 유엔군 사령관이 부산지역으로 들어가, 독재적 행동을 한 5~10명의 지도자를 체포하고 한국기관을 보호한다.
>
> ③ 이승만에게 위와 같은 행동을 통고하고 계엄령 해제, 국회활동의 자유, 언론의 자유를 승인할 것을 요구한다.
>
> ④ 만약 이승만이 이를 거부하면 보호감금하고, 장택상 국무총리에게 이를 요구한다.
>
> ⑤ 장택상도 거부하면 유엔군 과도정부를 수립한다.
>
> ⑥ 만약 이승만·장택상이 동의하는 경우, 불가피하게 유엔군이 개입하여 불법적인 행위를 한 몇몇 개인을 제거했다는 성명을 발표하고, 한국정부는 계속 활동을 지속할 것이라는 성명서를 발표한다.[9]

위의 씨뮬레이션은 마치 한편의 드라마를 보는 듯하다. 이승만과 그의 측근들을 체포·감금하고, 유엔군의 요구를 수용하도록 하며, 만약 이러한 요구가 받아들여지지 않으면 유엔군이 직접 개입하여 사태를 해결한다는 것이다.

이른바 '이승만 제거계획'으로 일컬어지는 이 계획은 왜 입안되었는가? 그리고 위의 인용문에서처럼 아주 구체적인 계획이 있었는데 왜 실행되지 않았는가?

(2) 이승만의 첫번째 도전: 자유민주주의체제에 대한 도전

1950년 6월 한국전쟁이 일어난 후에도 한국의 정치상황은 변하지 않았다. 특히 대통령을 국회에서 뽑게 되어 있는 헌법규정하에서 무소속 후보들이 대거 당선된 1950년 5·30선거는 이승만에게 불리하게 작용했다. 전쟁기간이었음에도 대통령을 비판하는 국회의원들의 목소리는 점점 높아져만 갔다. 유엔군의 참전으로 전세가 호전되었지만, 부정부패사건을 비롯한 수많은 비리가 드러났고, 유격대로 변장한 한국군이 국회의원들을 공격하는 사건도 일어났다. 1950년 겨울에 일어난 국민방위군사건과 1951년 설날 발생한 거창양민학살사건은 그 대표적인 예였다.

국민방위군은 한국군을 보강하기 위해 긴급소집한 예비군부대였다. 국민방위군 조직과 관련된 인사들은 반공청년단 단원들로 구성됐고, 17세 이상 40세 이하의 청년들이 국민방위군으로 편입됐다. 그런데 문제는 국민방위군으로 편입되어 훈련받던 청년들이 전쟁에 투입되기도 전에 추위와 굶주림을 견디지 못하고 죽거나 탈출하는 사태가 속출한 것이었다. 이 과정에서 5만명의 훈련병이 죽었으며, 30만명 이상이 구타 또는 굶주림과 추위로 신체적인 손상을 입었다.

국회에서는 바로 진상규명에 나섰다. 진상을 조사하는 과정에서 국민방위군에 할당된 예산의 많은 부분을 반공청년단 관계자들이 빼돌린 사실이 밝혀졌다. 또한 빼돌린 예산의 일부가 이승만 계열 정치인들에게 흘러들어갔다는 단서도 포착되어 국회가 조사에 착수했다. 그러나 이승만 정부의 방해로 조사가 더이상 진행되지 못했고, 단지 반공청년단의 책임자를 사형시키는 선에서 사건 조사가 마무리되었다.

거창양민학살사건은 뒤에서 서술할 한국전쟁 시기 양민학살사건 중 가장 규모가 큰 사건이었다. 이 사건은 유격대를 토벌하기 위하여 거창지역에 주둔한 한국군이 공산주의에 협력했다는 혐의로 지역주민들을 집단학살한 사건이다. 유격대가 활동지역 주변 주민들에게 식량을 의존하고 있었기 때문에 한국군은 산간지역 주민들을 분산시켰고, 이 과정에서 어린이와 노인 그리고 여자를 포함한 많은 양민들이 학살당했다.

이 사건이 알려지면서 국회에서 진상규명을 위한 조사단이 조직되었다. 그런데 이 조사단이 거창지역으로 조사하러 가는 과정에서 유격대의 습격을 받는 사건이 발생했다. 추후 조사과정에서 당시 국회의원들을 습격한 것이 유격대로 가장한 한국군이었다는 사실이 밝혀지면서 국회는 책임자 처벌을 강력하게 제기했다. 거창양민학살을 주도한 부대장은 사형에 처해졌지만, 국회의원들의 습격을 주도한 김종원(金宗元)은 후에 내무부장관 자리에까지 올라갔다.

반면 거창양민학살사건 조사단장 서민호(徐珉濠)는 군인을 살해한 혐의로 구속 수감되었다. 어느날 서민호를 찾아간 한 장교가 서민호에게 총을 겨누고 위협하다가 오히려 서민호에게 살해당하는 사건이 발생한 것이다. 이는 정당방위가 성립되는 사건이었지만, 서민호는 그후 4·19혁명이 일어날 때까지 8년 동안 감옥생활을 해야만 했다.

국회에서는 더이상 이승만에게 권력이 독점되어서는 안된다는 분위기가 팽배했다. 국회의원들 사이에서 이승만 대통령의 권력을 무력화시킬 수 있는 새로운 정치체제로의 전환을 추진하고자 하는 움직임이 구체화되기 시작했다. 이들이 진보적인 인사들은 아니었지만 기본적인 민주주의적 질서마저도 외면하면서 국회의원들의 신분을 보장하지 않는 이승만이 더이상 무소불위의 대통령이 되어서는 안된다는 점에서 합의를 이루었다.

다급해진 이승만은 1951년 국회에서 소수파인 자신의 지지세력을 규합하여 '자유당'을 창당했다. 1945년 귀국한 뒤 '국부(國父)'를 자처하던 이승만은 특정한 정당이나 정치조직의 책임자가 되기를 거부했다. 그러나 대통령 선출과 헌법 수정 권한을 가진 국회에서 다수를 장악하지 못하자 이승만은 새로이 정당을 창당했고, 이를 통해서 다시 한번 대통령에 당선되고자 했다.

그러나 '자유당'은 이승만의 마음과는 달리 '원외 자유당'이 되고 말았다. 국회 내에서는 이승만을 지지하는 국회의원이 거의 없었고, 자유당에 참여하는 것을 거부했기 때문이다. 오히려 많은 국회의원들이 '원내 자유당'을 따로 만들어서 의원내각제로 개헌을 추진했다. 의원내각제를 통해 대통령을 무력화하고, 국회 내 다수의 지지를 받는 국무총리가 국정을 담당하게 한다는 의도였다.

당시 헌법에 따르면 국회의원들은 내각제로 개헌을 추진할 필요가 없었다. 국회 내에서 대통령을 뽑게 되어 있었기 때문에 이승만을 반대하는 다른 인물을 대통령으로 선출하면 되었다. 그런데 이승만을 대체할 수 있을 만한 지도력을 갖춘 지도자가 없다는 딜레마에 빠졌다. 따라서 내각제 개헌으로 대통령 이승만을 무력화하는 것만이 유일한 대안이 될 수밖에 없었다. 내각제 개헌안에는 '원내 자유당'뿐만 아니라 한민당의 후신인 민주국민당도 동조했다. 결국 의원내각제를 지지하는 국회의원 수가 정족수의 2/3를 넘게 되었고, 이들은 국회에 개헌안을 내놓았다.

상황이 이렇게 전개되자 이승만은 자신을 지지하는 소수의 국회의원들에게 '대통령 직선제'를 골간으로 하는 헌법개정안을 내놓게 했다. 그리고 국민들을 동원해 관제시위를 벌여 내각제 개헌을 추진하는 국회의원들에 대한 소환운동을 벌였다. 1952년초의 지방자치단체 선거에서 이미 국회 밖 세력을 획득한 이승만은 이들을 동원하여 국회의원들을 '매국노'로 몰아붙이면서 압박한 것이다.

이 싯점에서 당시 주한미국대사 무초는 본국으로 다음과 같은 전문을 보낸다.

> 다가올 선거에서 우리가 그리 유리한 입장이 못된다는 것이 분명해 보인다. 지난 전보에서 밝힌 바와 같이, 이승만은 점점 더 고집스러우며 노쇠해지고 있다. 그가 대통령인 동안은 아무도 그에게 대항할 수 있을 것으로 보이지 않는다. 두명의 다른 가능성있는 후보들—이범석(李範奭)과 신익희(申翼熙)—은 우리의 관점에서 초라해 보인다. 또다른 두명인 장면과 허정은 허약하고 지지자들도 많지 않다.
>
> 이승만의 재선과 국회의 내각책임제 실시를 맞바꾸는 거래가 다른 막강한 후보가 부재한 상황에서 이승만의 힘을 줄이는 한 방법이 될 수 있을 것으로

보인다. 그러나 이승만은 그러한 방법을 택하지 않을 것으로 보이며, 특히 나는 한국인들이 의회제도를 잘 수행할 능력이 없다고 확신하는바, 위의 방법은 더 큰 위기를 불러올 것으로 생각한다.

국회에 의한 선거에서 장면이 갖게 될 기회가 아마도 우리가 가진 최선의 희망일 것이다. 전보(前報)에서 밝힌 바와 같이 미국이 그를 좋아하는 이유는 아마 그가 국회에서 가장 큰 힘을 갖고 있기 때문일 것이다. (…)

우리는 헌정의 이념을 준수하고 자유선거를 고수할 것이라는 점에 대해 이승만과 그의 정부의 다른 인사들에게 매우 확고한 입장을 보여줄 필요가 있다. 우리는 그들이 정치적 위협을 이용하는 것이 얼마나 심각한 결과를 초래하게 될지를 이해하도록, 그리고 전체주의적 전술을 이용하는 것은 앞으로 유엔에서 남한에 대한 지지를 얻어내는 데 편견으로 작용할 수 있다는 사실을 인식하도록 해야 한다.[10]

무초는 한국의 정치상황이 막다른 골목에 다다를 것이라고 생각했다. 국무부에서는 이승만을 대체할 수 있는 정치세력들이 있는가를 주한미국대사에게 문의했으며, 위의 전문은 그에 대한 답신이었다. 그러나 문제는 적절한 대안을 만드는 것이 어렵다는 점이었다. 한국 내의 정치상황에 쉽게 개입할 수도 없었던 미국으로서는 개입이 불러올지 모를 또다른 문제를 처음부터 고려하고 있었던 것이다.

국회는 1952년에 들어서도 계속 내각제 개헌안을 추진했다. 그러자 이승만은 전방에 있던 부대의 일부를 빼돌려 부산을 중심으로 한 경상남도 지역에 계엄을 선포했다. 계엄을 선포한 이유는 부산지역에 유격대가 나타났다는 것이었지만, 유격대가 실제로 존재했는지는 밝혀지지 않았다. 계엄이 선포된 이후에는 국회로 출근하는 국회의원들의 통근버스가 통째로 견인되어 그들 가운데 일부가 '국제공산당'에 연루되어 구속되는 사태가 발생했다. 이제 입법부의 기능은 완전히 정지되었다.

사태가 여기에 이르자 발등에 불이 떨어진 것은 미국이었다. 미국과 함

©NARA

한국전쟁 초기의 한미 고위층들. 가운데가 주한미국대사 무초이고 왼쪽이 신성모 국방장관, 오른쪽이 임병직 외무장관, 태극기를 쥔 사람이 워커 주한미군 사령관이다.

께 유엔군으로 참여한 나라의 대사관 그리고 유엔한국통일부흥위원단에 참여한 각국 대표단으로부터 주한미국대사관, 유엔군 사령부, 심지어는 워싱턴에까지 항의가 쏟아져들어왔다. 자신들은 자유민주주의를 수호하고 북한의 침략을 막기 위하여 귀중한 젊은이들의 생명을 희생하면서까지 한국을 돕고 있는데, 정작 한국정부가 자유민주주의체제를 수호하는 정부가 아닌 것으로 드러났으니, 더이상 전쟁에 참전할 명분이 없다는 것이었다.

미국은 이 사태를 해결하기 위하여 이승만을 만나 여러 형태의 '협박'을 가했다. 국회의원들의 조속한 석방과 헌법절차에 따른 국정운영의 필요성을 강조했다. 만약 그러한 조치가 이루어지지 않을 경우 유엔군이 철수할 수도 있다는 사실 또한 강조되었다. 그러나 이승만은 이러한 미국의 요구를 받아들이지 않았다. 무엇보다도 그는 전쟁중인 상황에서 자신이 어떤 행동을 하더라도 미군이 철수할 수는 없을 것이라는 사실을 잘 알고 있었다.

미국이 '벼랑끝 전술'(brinkmanship)이라고 표현한 이승만의 이러한 태도는 그뒤에도 미국과의 갈등이 있을 때 몇차례에 걸쳐 더 나타났다. 대통령선거를 1년 앞둔 1955년 이승만 대통령은 필리핀에서 선거 조종을 무사히 마치고 한국대사로 온 레이씨(W. S. B. Lacy) 대사를 부임 후 5개월도 되지 않아 한국에서 내몰았다. 1959년 재일동포들의 북송이 시작되자 일본과의 무역단절을 선언하기도 했다. 무역단절로 손해를 보는 쪽은 한국이어서 결국은 해제할 수밖에 없었지만, 이승만은 분단 상황에서 미국이 한국정부의 정책에 섣불리 개입함으로써 국내 정황을 불안정하게 만들 수 없다는 사실을 잘 알고 있었다. 미국에게 중요한 것은 한국의 민주주의보다 반공과 안정이라는 점도 간파하고 있었다. 또한 식민지시기 미국에서 오랫동안 생활한 이승만은 미국정부가 세계여론의 동향에 얼마나 민감한지를 잘 알고 있었다.

미국은 드디어 '이승만 제거계획'을 수립했다. 이승만이 계속해서 민주주의체제를 위협한다면, 미국으로서는 더이상 유엔의 외피를 쓰고 전쟁을 수행하기 힘들었다. 이승만이 계엄선포와 함께 전선에서 싸워야 할 부대를 후방의 계엄군으로 돌린 것에 대한 불만도 터져나왔다. 이제 유일한 대안은 이승만을 제거하는 것밖에 없다는 것이 미국의 판단이었다.

그러나 이 계획은 실행되지 않았다. 이 계획에는 당시 육군참모총장 이종찬, 정보국장 이용문 그리고 박정희를 비롯한 영관급 장교들이 개입했다고 알려지고 있다. 아래의 문서를 보면 이승만이 이 계획에 이종찬이 개입된 사실을 알고 있었음이 드러난다.

대통령은 밴 플리트(J. A. Van Fleet) 장군에게 별로 달갑지 않은 소식이 있다고 말했다. 그는 유감스럽게도 사령관인 이종찬 장군이 대통령에게 반대하는 편에 가담한 것 같으며 그가 제거되어야 할 필요가 있다고 했다. 장군은 이를 믿지 못하겠다고 했는데, 그 이유는 이종찬 장군과 오랫동안 알아오면서 그의 가장 우선시되는 삶의 목적은 한국을 다시 일으켜세우는 것임을 알고 있으며, 장군이 한국정부와 대통령에 대해 충성을 다하는 사람임을 알고 있기 때문이라고 했다. 뿐만 아니라 이 장군은 거의 집착에 가까울 정도로 국내정치에 간섭하지 않고자 하는 사람이며, 그것이 그가 군에 심어주고자 하는 원칙이라고 말했다. 이승만은 몇몇 보고서를 갖고 있으며, 그것은 이종찬 장군이 원용덕 장군과 다른 장군들에게 전달한 것인데, 지난주 대통령의 구두명령에 반하는 내용이며, 자신(이종찬) 이외의 사람이 명령하는 계엄령에 대해서는 아무런 행동도 취해서는 안된다는 내용을 포함하고 있다는 것이었다. 밴 플리트 장군은 이 장군에게 이 일에 대해 해명할 기회가 주어져야 한다고 요청했다. 그러나 대통령은 어쨌든 변화가 있어야 한다고 주장했고, 밴 플리트 장군은 그 자리를 대신할 만한 최적임자가 필요하다고 강조했다. 후보자들에 대한 얼마간의 논의 후 밴 플리트 장군은 비록 전투에 능한 장군을 제3사단에서 빼낸다는 것이 손실이기는 하지만 백선엽 장군이 적임자로 보인다고 말했다.[11]

결국 미국은 대타협을 선택하게 된다. 말이 대타협이지, 기본적으로는 이승만의 손을 들어준 것이다. 한편 국무총리 장택상이 중심이 되어 제출된 내각책임제 개헌안과 대통령의 직선제안 사이에 타협이 이루어져 '발췌개헌안'이라는 초유의 개헌안이 마련되었다. 경찰과 군인들이 국회를 포위한 가운데 의원 기립 방식으로 진행된 표결에서 개헌안은 단 한표의 반대도 없이 통과되었다. 이것이 바로 '부산정치파동'으로 불리는 사건이다. 이 '발췌개헌안'은 내각책임제 개헌안과 이승만이 내놓은 대통령직선제 개헌안에서 중요한 부분을 발췌하여 만든 개헌안이라는 뜻이었지만 실제 내용에서는 대통령직선제만을 골자로 했다. 내각책임제 개헌안에서 수용된 부분은 일원화된 국회를 양원제 국회로 만든다는 것이었다. 그나마 양원제 국회를 규정한 헌법조항은 4·19혁명이 일어날 때까지 단 한번도 현실화되지 못했다.

이승만은 이제 승승장구할 수 있는 날개를 달았다. 미국과의 기 싸움에서 승리한 것이다. 더이상 미국이 민주주의를 가지고 이승만을 압박하기는 힘들었다. 또한 이승만은 대타협을 하는 대신 이승만 주위에서 그의 독재정치를 뒷받침하고 있는 인사들을 제거해달라는 미국의 요구를 수용하면서, 이 요구를 자신의 입맛에 맞도록 처리했다. 부산정치파동 직후에 열린 자유당 전당대회에서 그의 가장 큰 정적 이범석을 자유당에서 몰아낸 것이다.

이범석은 자유당에서 이승만을 지지하고 있었지만, 언제든지 이승만의 정적으로 떠오를 수 있는 인물이었다. 광복군으로 활동한 이범석은 친일경력이 없었고 임시정부의 후광도 받고 있었다. 또한 그는 해방 직후 민족청년단을 조직하여 수많은 청년들의 지지를 받았다. 『사상계』의 장준하(張俊河)와 국무총리를 역임한 백두진(白斗鎭) 등이 모두 민족청년단 출신이었다. 또한 민족청년단은 미군정의 지원을 받은 유일한 청년단체였다. 이처럼 이범석은 언제라도 미국의 지원을 받으면서 이승만을 위협할 수 있는 인물이었다.

이승만은 이범석 대신 자신에게 충성을 다할 수 있는 인물들을 자유당에 채워넣었다. 이기붕(李起鵬)을 중심으로 한 자유당 세력들은 1954년 총선거를 치르면서 자유당 내에서 입지를 확보했고, 국회에서도 과반수 이상을 장악했다. 그리고 또 한번의 쇼를 연출했으니, 바로 '사사오입(四捨五入) 개헌'이다. '발췌개헌'에 이은 '사사오입 개헌'은 2년 사이 두번에 걸쳐 벌어진 해프닝으로, 이승만의 장기집권에 중요한 계기가 되었다.

발췌개헌안이 국회를 통과한 뒤 1952년 8월 15일 제2대 대통령선거가 치러졌다. 우리 역사상 처음으로 국민들이 자신들의 손으로 지도자를 뽑는 선거였다. 그러나 전쟁상황에서 치러진 이 선거의 결과는 처음부터 뻔한 것이었다. 누구도 이승만이 대통령에 당선될 것이라는 사실을 부인하지 않았고, 결과 역시 그렇게 나왔다. 그리고 이승만은 다시 한번 무소불위의 권력을 휘두르는 권력자로 군림했다.

이 사건은 전쟁이라는 특수한 시기에 일어났지만, 한국현대사에서 나타난 한미관계의 한 전형을 보여준 사건이었다. 미국은 제3세계에서 정책을 펼 때 민주주의와 반공독재 사이에서 고민했다. 민주주의는 미국식 자유주의의 상징으로서 동맹관계 유지를 위한 충분조건이었지만, 냉전체제에서 반공은 미국 중심의 세계체제를 유지하기 위한 필요조건이었다. 문제는 제3세계에서 반공체제를 유지하는 과정에서 미국식 민주주의가 유지되기 힘들다는 점이었다. 이 모순된 현상은 개발독재라는 또다른 이데올로기가 나오는 1960년대에 가서야 해결되지만, 두마리 토끼를 다 잡아야만 하는 미국은 제3세계정책에서 혼선을 가져오곤 했다.

이런 고민은 한국에서도 예외가 아니었다. 이승만 정부와 박정희 정부를 거치면서 미국은 두가지 목표 사이에서 고민할 수밖에 없었다. 국민들의 반대로 더이상 독재정부가 버틸 수 없게 되는 마지막 단계에서 미국은 민주주의의 손을 들어줄 수밖에 없었지만, 그 과정에서 한국의 독재체제는 미국의 지원을 받으며 유지되었다. 물론 오늘날 대한정책에서 미국의 고민은 독재체제시대와는 정반대의 성격을 가질 것이다.

(3) 이승만의 두번째 도전과 또 한번의 제거계획: 플랜 에버레디

미국은 1953년 5월 4일 이승만을 제거하고 새로운 정부를 세우기 위한 계획을 또다시 세웠다. 미8군 사령관 테일러(M. D. Taylor)가 작성한 계획의 내용은 다음과 같다.

① 한국 육군참모총장을 불러 이승만에게 명령의 실천을 보장하라고 지시.

② 이승만에게 불만이 많은 지도자들과 협의.

③ (유엔군에) 충성하지 않거나 반항하는 지도자를 해임하고, 미8군 사령관에게 충성하는 사령관으로 교체.

④ (유엔군에) 충성하는 한국군 장교들로 구성된 그룹을 유엔을 통해 한국군 부대에 배치할 수 있도록 구두로 전달.

⑤ 저항하는 부대에는 병참 지원이 유엔의 정책에 부합되는 경우에만 계속

될 것이라는 점을 알림.

⑥ 명령을 불이행하는 부대에 연료·탄약 지원을 중단하고 무기·탄약을 한국군의 보급 채널로부터 미군시설로 이관.

⑦ 유엔군 사령관이 한국 대통령에게 지시를 준수해줄 것을 요구.

⑧ 한국민들과 군인들에게 유엔군 사령관에 의한 유엔 정책의 선언과 그 이유를 다음과 같은 경로를 통해서 권고.

(a) 미국의 라디오 시설

(b) 자동차와 비행기의 스피커 시설

(c) (유엔군에 의해) 점거된 한국의 라디오 시설

(d) 현수막·전단·인쇄물 등

⑨ 미공군 제5사령관을 통해서 한국 공군의 착륙을 포함하여 포격과 공중지원을 철회.

⑩ 한국군이 보유한 미국의 공급품 및 장비의 반환 요구.

⑪ 반항하는 한국 육군 소속 부대, 그들의 사령부 그리고 한국정부 사이의 모든 통신수단을 단절시킴.

⑫ 군사지역에서 전화, 전보, 라디오, 버스, 철도 그리고 해상운송수단을 포함하는 민간 및 군사 통신에 대한 통제를 인수.

⑬ 반대하는 부대에 의해 통제되는 모든 공급품을 미국의 시설 안으로 전용.

⑭ 유엔의 이름으로 계엄령을 선포하고 수립.

⑮ 반대하는 군대 및 민간 지도자들을 체포.

⑯ 유엔의 이름 아래 군사정부를 선포.[12]

이 계획에는 1952년과는 달리 '상비계획'(Plan EVERREADY)이라는 이름이 붙었다. 언제든지 준비해야만 하는 계획이라는 의미가 담긴 것이다. 또한 이 계획은 1952년과는 달리 유엔군의 이름 아래 군사정부를 선포하는 내용까지를 포함하고 있었다. 유엔군이 직접 군정을 선포할 경우 세계여론이 악화될 수도 있는데, 미국은 왜 이러한 계획을 세우게 되었을까?

문제는 정전회담이 한창 마무리작업에 들어가던 1953년 4월 24일 국무부 극동담당 차관보 로버트슨(W. S. Robertson)이 주미한국대사 양유찬(梁裕燦)에게서 비망록을 전달받으면서 시작되었다. 주미대사 양유찬은 오후 2시 45분 국무부로 로버트슨 차관보를 직접 방문했다. 이 비망록에는 미국이 전후 중국군의 한반도 내 주둔을 허용할 수 있다는 신문기사와 관련한 이승만의 견해를 담고 있었다.

즉 "이승만은 만약 정전이 이루어진 뒤에도 중국 공산주의자들이 압록강 남쪽, 즉 한반도의 북쪽 국경선 아래 계속 진주하는 것을 허락하는 협정을 유엔이 공산주의 침략자들과 맺는다면, 한국군을 유엔군 사령관의 지휘로부터 철수시킬 준비를 하고 있다"는 것이다.[13] 이승만 대통령은 이러한 내용을 한국 내에서 공개적으로 발표했다.[14]

이승만의 이러한 선언이 수사(rhetoric)에 지나지 않는 것인지 아니면 진심을 담은 것인지 정확히 판단할 수 없는 상황에서 미국은 당황할 수밖에 없었다. 만약 한국군이 유엔군 사령관의 지휘에서 이탈하여 단독행동을 감행한다면, 미국으로서는 더이상 한국을 도와줄 명분을 확보하기 힘들었다. 특히 한국군이 전선에서 단독행동을 감행한다면, 빠른 시일 안에 정전협정을 맺고 전쟁을 끝내겠다는 아이젠하워(D. D. Eisenhower) 행정부의 정책은 모두 무위로 돌아갈 수 있었다. 1952년 대통령에 당선된 아이젠하워의 핵심공약 중 하나는 한국전쟁을 빨리 끝내겠다는 것이었다.

그러나 정전회담 기간중에 이승만은 정전협정에 절대적으로 반대하며, 상황에 따라서는 한국군 단독으로 북진할 수 있다는 의사를 표명한 바 있었다. 1953년 4월 11일 부상 포로들의 교환이 이루어진 직후부터 한국 내에서는 이미 정전협정에 반대하는 관제시위가 일어나고 있었다.

이에 유엔군 사령관은 한국군이 유엔군의 지휘에서 벗어나 단독행동을 할 경우에 대비한 비상계획의 수립이 필요하다고 판단하고, 미8군 사령관으로 하여금 이 계획의 수립을 지시했다. 위에서 인용한 1953년 5월 4일자 상비계획은 이러한 배경에서 입안되었다. 이승만과 그의 지시를 받는 한국군 부대가 유엔군의 지휘에서 벗어나 단독으로 미국의 정전협정 추진을 방해하는 행동을 할 경우, 해당 부대에 대한 지원을 중지하고 유엔군이 모든 권력을 장악한다는 것이 그 내용이었다. 그러나 구체적인 실행과 관련된 지침은 제시되지 않았다.

그런데 정전협상이 진행되면서 사태는 더욱 악화됐다. 1953년 5월 22일 이승만은 정전회담에 한국 측 대표로 참여한 최덕신 장군을 소환했다. 이것은 유엔군이 한국정부와 협의하지 않은 채 중립국에 의한 포로심사와 관련된 공산군 측의 제안을 수용했기 때문이었다. 이에 주한미국대사와 유엔군 사령관은 같은해 5월 25일 이승만을 만나 한국정부의 입장을 타진했다. 여기서 두 사람은 이승만의 태도가 바뀌지 않을 것이라고 결론 내렸다.

> 이승만이 미국의 견해를 명백하게 이해하도록 해야 하지만, 자신의 태도를 크게 바꾸지는 않을 것으로 본다.
>
> 실제로 이승만은 현재의 정전 제안을 비난하고 한국의 단독북진을 주장하는 성명을 곧 발표할 것으로 보인다.[15]

이제 이승만과의 갈등을 더이상 방치할 수 없다고 판단한 워싱턴은 상비계획을 구체화하기 위한 작업에 들어갔다. 국무부와 합동참모본부 그리고 국방부 사이의 논의를 거쳐 상비계획을 수정했는데, 이 과정에서 '유엔군에 의한 군정 수립' 부분이 삭제되었다.[16]

그러나 미국의 최종적인 결론은 전시상황에서 이승만 정부와 정면충돌하기보다는 협상을 통해 이승만의 요구를 부분적으로 수용하는 것으로 귀결되었다. 남한에 대한 미국의 방위공약이 확고할 경우 정전협정에 동의하겠다는 이승만의 요구를[17] 부분적으로 받아들이자는 것이었다. 초기 미국의 입장은 이승만의 요구에 부정적이었다. 만약 이승만이 요구하는 대로 정전협정이 체결되기 전에 한미간의 상호방위조약이 맺어진다면,

1952년 12월 대통령 취임에 앞서 한국전선을 시찰하는 아이젠하워 대통령. 그는 한국전쟁의 빠른 종결을 공약으로 내세웠다.

공산군 측에서 이를 비난하면서 정전협정 체결을 미룰 수 있기 때문이었다.[18] 그러나 미국은 이승만의 요구를 부분적으로 수용함으로써 상비계획의 실행과 같은 극단적인 상황은 피하려고 했다.

미국은 1953년 5월말 한국과 상호방위조약 협상에 들어갈 준비가 되어 있음을 한국 측에 알릴 것을 결정했다.[19] 그리고 6월초 이승만에게 이 사실을 통보했다.[20] 그러나 이승만은 20개 사단의 유지, 공군과 해군의 증강 그리고 즉각적인 조약의 체결을 내걸면서 미국의 제안을 받아들이지 않았다. 그리고 전격적으로 반공포로들을 석방하는 조치를 취했다.

아이젠하워 대통령이 한국전쟁의 빠른 종결을 공약으로 내세웠기 때문에, 정전협정을 방해하는 이승만의 행동에 미국정부는 놀랄 수밖에 없었다. 게다가 반공포로 석방은 유엔군의 지휘에서 벗어나 한국군이 단독으로 결정한 것이었기 때문에 미국으로서는 더더욱 사태가 위급하게 느껴질 수밖에 없었다.

뒤에 다시 서술하겠지만, 5·16쿠데타 시기에 미국이 군사정부와 갈등을 빚은 것에도 유엔군 사령관의 작전지휘권 아래 있는 한국군이 유엔군 사령관의 승인을 받지 않은 채 이동했다는 사실이 중요하게 작용했다. 미국의 국무장관이 한국군의 통제권이 유엔군 사령관에게 있다는 조건에서만 상호방위조약의 체결이 가능하다는 입장을 이승만에게 전달한 것도 이 때문이었다.[21]

그러나 반공포로 석방의 위기상황에서도 미국은 상비계획을 실행하지 않았다. 오히려 특사를 파견해 한편으로는 한국정부에 압력을 가하면서 다른 한편으로는 정전협정에 동의하도록 설득하는 작업을 진행했다. 즉 미군철수를 카드로 이승만 정부를 압박하면서, 미국의 정전협정에 동의할 경우 이승만이 요구한 방위공약을 수용하겠다고 설득한 것이다.

미국은 국무부 차관보 로버트슨을 특사로 파견했다. 로버트슨은 휴전에 동의할 경우 다양한 형태의 원조와 상호협력이 이루어질 수 있다는 점을 강조했다. 또한 만약 동의가 이루어지지 않을 경우, 한국에 대한 지원을 완전히 끊을 수 있다는 협박도 병행했다.

마침내 이승만은 정전협정에 조인하지는 않겠지만 정전을 방해하지는 않겠다는 입장을 밝히면서 미국의 요구를 받아들였다. 그러나 이승만이 계속해서 주장한바, 유사시 미군이 '자동적으로 개입한다'는 조항은 수용되지 않았다. 미국은 개입이 이루어지기 전에 각자 국회에서 동의를 얻어야만 하며, '남한이 먼저 공격적인 행동을 할 경우 미국은 개입하지 않는다'는 입장을 밝혔다.

(4) 학습효과

① 미국의 학습효과: 새로운 지도력을 키우자

1952년과 1953년 두 번에 걸친 이승만 제거계획은 전쟁이 끝난 뒤에도 완전히 소멸되지 않았다. 정전협정이 조인된 뒤에도 이승만은 계속 한국군의 단독북진을 통한 통일을 주장했기 때문에 미국으로서는 경계를 늦출 수 없었다. 또한 1954년에도 한국군의 작전권을 유엔군 휘하에 둔다는 내용을 핵심으로 한 합의의사록 체결을 둘러싸고 한미간의 갈등이 재현되자 이승만을 제거하기 위한 계획이 다시 미행정부 내에서 논의되었다. 이승만 제거계획은 1954년에 이를 때까지 약간의 수정을 거쳐 계속 유지되었던 것이다.[22]

그렇다면 도대체 왜 이 계획은 실행되지 않았을까? 당시 미국 문서에 따르면 이승만을 대체할 수 있는 지도자가 없었다는 것이 가장 큰 이유였다. 전쟁이 진행되는 상황에서 미국은 강력한 카리스마를 지닌 반공지도자가 필요했다. 미국의 눈으로 볼 때 이승만만큼 한국사회에 알려져 있으면서 카리스마를 갖춘 지도자는 없었다. 한국전쟁을 거치면서 반공이데올로기를 무기로 사회를 통제할 수 있는 능력을 갖추었다는 것이 당시 이승만에 대한 미국의 평가였다.[23] 그러나 그것은 진정한 카리스마가 아니었고 단지 정보가 제한된 한국사회에 광범위하게 알려진 유일한 정치인이 이승만이었음을 의미했다.

만약 한국전쟁기간에 김규식이 납북되지 않았다면 사태는 또다른 방향으로 진행되었을 가능성도 있다. 그러나 당시 한국사회에는 이승만을 대체할 수 있는 새로운 지도자가 없었다. 주미대사 출신의 장면(張勉)이나 민주국민당의 신익희 등이 대안으로 제시되었지만 이들은 대중에게 너무나도 알려지지 않은 인사들이었다. 이들은 정치인들 사이에서는 인기가 있었지만, 이승만 정도의 대중 장악력은 갖추지 못했다. 장면은 신사적인 기품이 있었지만 너무 약하다는 것이 일반적인 평가였고, 신익희는 강력한 정치력은 있지만 대중적인 인기 측면에서뿐 아니라 1945년 이전의 정치경력에서도 신뢰를 받기 어려웠다. 신익희는 미군정에 의해 밀려난 임시정부에 관여했고, 1946년 북한지역에 테러단을 파견하는 데 관여하기도 했다.

물론 이러한 한국의 국내상황 외에도 미국이 개입할 경우에 예상되는 세계언론들의 비난, 전쟁상황에서 정치적인 변화가 나타났을 때 예기되는 한국 내의 사회적 혼란, 그리고 이승만 제거계획에 반대하는 미군부 내 강경파의 입장 등이 모두 이 계획을 실시할 수 없게 한 이유가 되었다. 그러나 그 중에서도 이승만을 대체할 수 있는 정치세력의 부재가 가장 중요한 원인이 되었다. 그리고 이러한 상황은 1953년 이후에도 지속되었다.

그러나 이 계획을 통해서 주목해야 할 점이 두가지 있다. 먼저, 미국이 이승만 이후의 새로운 지도력에 대해서 구체적인 대안이 필요하다는 점을 느끼기 시작했다는 것이다. 특히 1952년부터 1954년까지 일련의 과정에서 미국은 유사시 이승만을 대체할 수 있는 정치세력의 필요성을 절실히 느끼게 되었다. 1954년 11월 8일 이승만 제거계획의 일환으로 만들어진 문서에는 미국의 이러한 정책이 잘 반영돼 있다.

> 한국의 정치·군사 지도자들과 접촉하여 미국이 이승만 정권을 재평가하고 있다고 알린다. 이때 만약 한국인들 자신이 선택을 해야만 하는 상황이 벌어지면, 미국은 오직 한국에서 광범위한 정치적 견해를 대표하고 한국군의 지원과 협조를 받으면서 미국에 협조할 수 있는 지도자를 후원할 것임을 알려야 한다.[24]

또한 1954년 12월 7일 합동참모본부가 국방부 장관에게 보내는 편지에도 이 점이 여실히 드러나 있다.

> 휴전협정 이행에 협조적인 남한 지도력을 위한 기반을 강화하여, 만약 이승만이 일방적인 행동을 시작하거나 시작하려고 할 경우, 필요하다면 유엔군 사령부가 계엄령에 호소하여 새로운 지도력이 권력을 잡는 것을 가능케 한다.[25]

이처럼 미국은 1952년부터 1954년까지의 일련의 과정을 통해 철저한 준비가 필요하다는 점을 느끼게 되었다. 즉 언제든지 이승만과 다시 부딪힐 수 있는 가능성이 있으며, 이러한 갈등은 새로운 지도력의 부상을 통해 해결될 수밖에 없다고 인식한 것이다. 또한 이로써 한국의 정치에 깊숙이 개입할 수 있는 여지가 마련되었다.

이러한 정책은 1956년 제3대 정·부통령선거를 치르면서 한차례 가동된 것으로 보인다. 미국의 문서에서 정확하게 드러나지는 않지만, 브릭스(E. O. Briggs) 대사가 퇴임하고 레이씨 대사가 새로 부임했을 때 한국 내에서는 제3대 정·부통령선거에서 이승만을 낙선시키기 위해 레이씨 대사가 부임해왔다는 소문이 광범위하게 퍼졌다.[26] 레이씨 대사는 1954년 필리핀에서 치러진 선거과정에 깊숙이 개입한 인물이었다. 당시 필리핀에 있던 미국의 현지조직들은 미국에 우호적이면서 보수적인 막사이사이가 대통령으로 당선되는 데 결정적인 역할을 했다.[27]

이승만은 한국에 있는 미국인들의 재산을 압류함으로써 레이씨 대사의 부임에 항의했다. 레이씨 대사가 부임한 뒤로 한미관계는 악화될 수밖에 없었다. 결국 레이씨 대사는 1년도 채 근무하지 못한 채 귀국하고, 새로 다울링(W. C. Dowling) 대사가 부임했다.[28]

그러나 이것으로 모든 과정이 끝난 것은 아니었다. 미국의 한국 내 현지기관들은 다양한 경로로 한국의 지도급 인사들과 접촉하기 시작했다. 1956년 선거를 준비하기 위해 먼저 접촉한 것은 이기붕과 자유당 내 전문관료 출신 인사들 그리고 군대에서 미국에 협조적인 인사들이었다.

그 무렵 미국의 현지기관들은 1956년의 정·부통령선거에서 자유당이 당연히 압승을 거둘 것으로 예상했다. 이 경우 특히 부통령의 존재가 중요해질 가능성이 컸다. 왜냐하면 이승만이 벌써 여든을 넘긴 고령이었기 때문에 이승만이 다시 당선된다 하더라도 임기를 다 채우기 어려울 수 있기 때문이었다. 즉 미국은 포스트 이승만을 준비하고자 했으며, 이 과정에서 새로운 지도력으로 자유당 내의 온건하면서도 전문적인 식견을 갖춘 인사들을 선호했던 것이다. 물론 이들을 물리적으로 뒷받침하기 위해 한국군 내부의 고위장교들도 함께 접촉했다.

결과적으로 미국의 현지기관들이 내린 선거결과 예측은 보기 좋게 빗

나갔다. 자유당 부통령 후보였던 이기붕이 낙선하고 장면이 부통령에 당선되었기 때문이다. 미국정부와 현지기관들은 이러한 선거결과에 적잖이 당황했을 가능성이 크다. 선거결과가 예상을 벗어나자 새로 정책을 입안해야 했기 때문이다. 이러한 과정은 마치 2002년 대통령선거에서 예상치 못한 인물이 대통령으로 당선되었을 때 한국 내 미국의 현지기관들이 얼마나 당황해했을까를 추측할 수 있게 해주는 예라고 하겠다.

당시 미국의 현지기관이 이승만에게 반대하는 민주당 인사들보다는 자유당 내의 이기붕과 전문관료 출신들을 새로운 지도그룹으로 선택한 점 역시 주목된다. 민주당 인사들은 자유당 내 세력들보다 더욱 보수적이었으며, 미국에 대해 더욱 우호적이었다. 민주당은 미군정시기 한민당에 뿌리를 두었기 때문에 미국과 가까운 관계를 유지하고 있었고, 민주당이 창당될 때 합류한 민주당 내 신파그룹도 주미한국대사를 지낸 장면을 비롯해 미국의 관료들과 가까운 관계를 유지하는 보수적인 인사들이 주류를 이루었다. 민주당의 일부 인사들은 1956년 선거에서 대통령 후보 신익희가 사망하자 진보당 준비위원회의 조봉암보다는 이승만을 지지하겠다는 성명을 발표해 물의를 빚기도 했다.

그럼에도 미국은 민주당을 정치적으로 신뢰하지 못했다. 다음 인용문은 한국의 정치적 특성에 대한 미국의 평가이지만, 민주당을 보는 미국 현지기관의 부정적인 시각을 바탕에 깔고 있다.

> 민주당에 대한 한국 대중의 태도를 정확하게 평가하기는 어렵다. 대한민국 전체에서 민주당의 모임에 많은 수의 사람들이 열정적으로 참여하고 있다. 이러한 열정은 현재의 여당보다 뭐라도 더 나을 것이라는 전제에 근거한 것일 가능성이 크다. 그러나 젊은 세대들은 민주당의 전임자들이 경찰과 정부의 기업, 국회 그리고 일부 정부 부처에서 권력을 장악했을 때 많은 범죄를 저질렀으며, 만약 민주당이 정권을 잡는다면, 지금 정부와 똑같은 부정과 비효율성이 나타날 것으로 걱정하고 있다. (…)

한국의 정치는 다음과 같은 전형적인 태도들에 기초해 있다. ①파벌주의: 내 파가 아니면 다른 파 ②실용주의: 나와 내 가족을 위한 것인가 ③허무주의: 정부와 관련된 모든 것은 나쁘다 ④개인주의: 너는 나에게 이것을 해줄 수 없다 ⑤정책보다는 지도자들에 대한 사적인 충성심 ⑥'거물'이 되고자 하는 희망 ⑦한국의 통일을 향한 열망 ⑧민족주의, 또는 더 정확하게 인정(忍情)의식 ⑨전통적인 유교사상 잔재의 영향 ⑩서양 정치이론의 영향. 여기에 1950년부터 내려온 공산주의에 대한 혐오와 불신이라는 건강한 사고만이 추가되어 있을 뿐이다.

이러한 태도들로 인해서 ①새로운 그룹에 표를 던지지 않으며 빨리 불신하게 되는 현상 ②단기적인 안전 또는 만족을 위해 이상을 내던져버리는 현상 ③즉각적이며, 눈에 보이는 보상을 제공하지 않는 그룹을 지지하지 않는 경향 등이 나타나고 있다. (…)

이에 대해 프랑스의 어느 외교관은 "한국인들은 너무 멋지게 보이려고 한다"고 요약했다. 아마 이러한 미성숙성은 최근 독립한 국가에서는 불가피한 현상일 것이다. 물론 약간의 진보가 나타나고는 있다. 민주당이 얻고 있는 응집력은 5년 전만 해도 불가능한 것이었다. 그러나 한국의 정치는 아직 미국의 정치에서 멀리 떨어져 있다. 한국의 민주당은 미국의 민주당과는 비교할 수 없는 존재다.[29]

이렇게 미국은 민주당을 중심으로 한 한국의 보수적인 정치세력이 봉건적이며 지도력을 갖추지 못했다는 부정적인 인식을 갖고 있었다. 1952년 부산정치파동 때 미국은 장면을 중심으로 하는 새로운 지도력에 주목했다. 그러나 장면이 유엔군 병원선으로 피신하고, 이승만에게 반대하는 국회의원들이 미국에만 의존할 뿐 스스로 정치적인 힘을 키울 능력이 없다는 점 때문에 이들을 정치적 대안으로 선택하지 못했다. 1950년대 미국은 장면을 온건하고 신사적인 사람이라며 긍정적으로 평가하는 동시에 지도력이 부족하고 우유부단하다고 부정적으로 보기도 했다.

민주당을 중심으로 한 야당에 대한 부정적인 평가는 1960년대 이후에도 계속된다. 미국은 당내 파벌싸움으로 해가 지는 줄 모르는 야당에 정치를 맡기는 것은 위험하다고 판단했다. 이러한 미국의 인식은 1969년의 3선개헌과 1979년 그리고 1980년 서울의 봄 때도 비슷하게 반복된다. 북한 공산주의정권, 더 넓게는 중국공산당과 전선을 이룬 한반도에서 정치·사회적 안정을 보장할 수 없는 허약한 정치세력들이 집권한다면 북한의 위협에 제대로 대처할 수 없는 위급한 상황이 닥칠 수도 있다고 판단한 것이다.

따라서 미국의 현지기관들은 오히려 자유당 내부의 전문관료 출신들의 역할에 주목했다. 이들 중 상당수가 식민지시기 총독부에 협력한 경력이 있었지만, 한국정치가 '근대적' 또는 '미국식'으로 발전하려면 전문적인 식견을 가진 사람들이 중요하다고 생각한 것이다.

결과적으로 미국의 이러한 생각은 잘못된 것이었다. 왜냐하면 미국이 '이승만 이후'로 염두에 둔 이기붕과 자유당의 관료 출신 그룹은 1956년 이후 자유당 내에서 강경파의 핵심그룹으로 부상했으며, 3·15부정선거에서 가장 중요한 역할을 했기 때문이다. 이러한 미국의 판단 오류는 관료 출신 그룹이 부일협력자라는 비판을 받을 수 있다는 사실을 염두에 두지 못해 나타난 결과다. 과거의 전력 때문에 이들은 정치적 정당성을 스스로의 전문가적 식견보다는 이승만의 정치적 지도력에 의지할 수밖에 없었던 것이다.

한편 미국 현지기관은 주로 젊은 전문관료들을 대상으로 또다른 접촉을 시도했다. 이것은 더욱 장기적인 안목에서 미국과 협조해나갈 수 있는 관료들을 양성한다는 목적을 갖고 있었다. 미국대사관에서는 주로 참사관들을 중심으로 정기적인 쎄미나를 개최했다. 이 쎄미나에는 한국의 젊은 전문관료들이 초청되었으며, 이들은 한국의 정치·사회·경제문제 등 광범위한 주제로 토론을 벌였다.

이러한 토론을 주도한 사람은 주한미국대사관의 크롱크(E. J. Cronk)

참사관이었으며, 정기 쎄미나는 그의 관사에서 열렸다. 여기에는 나중에 재무부와 경제기획원 등에서 활약하게 되는 많은 전문관료들이 참여했다. 이 쎄미나에 참석한 젊은 관료들은 스스로를 '생각을 내는 사람들'(thinkers, 지금의 think-tank와 유사한 의미)이라고 일컬었으며, 민주당 정부에서 군사정부, 박정희 정부 그리고 유신체제에 이르기까지 한국행정부에서 핵심적인 역할을 했다. 후술하겠지만, 군사정부와 미국이 경제정책을 둘러싸고 갈등을 벌일 때에도 미국은 군인들 대신 이들 전문관료들을 전면에 배치해야 한다고 군사정부에 압력을 가했다.

② 이승만의 학습효과

1952년부터 1954년까지 있었던 일련의 갈등은 이승만 정부에도 새로운 학습효과를 주었다. 한국전쟁기간의 갈등과정에서 이승만은 미국이 '이승만 제거계획'을 실행하려는 계획을 입안했다는 사실을 어느정도 알고 있었을 것이다. 특히 부산정치파동 때 이승만은 미국이 자신에게 반대하는 정치세력을 지원할 수도 있다는 사실을 파악했다. 미국이 장면을 지지하면서 자신을 대체하려 한다는 소문을 들었던 것이다.

그러나 결과적으로 미국은 이 계획을 실행하지 않았고, 이로써 이승만은 한국사회를 강력하게 통제하면서 투철한 반공이데올로기를 바탕으로 지도력을 발휘하는 자신이 선택될 수밖에 없다는 사실을 경험했다. 이러한 경험은 1953년 반공포로 석방으로 미국에 정면으로 대응하는 데 중요하게 작용했을 것이며, 1950년대 미국의 대한정책과 마찰을 빚어도 계속 집권할 수 있다는 학습효과를 가져왔다. 1950년대 미국의 문서에 자주 등장하는 이승만의 '벼랑끝 전술'은 한국전쟁시기의 학습효과를 바탕으로 한 것임을 어렵지 않게 추측할 수 있다.

이승만은 특히 환율문제·한일관계와 관련해서 미국과 첨예한 갈등을 빚는 것도 마다하지 않았다. 환율은 대한원조액수를 좌우할 수 있는 중요한 문제였다. 만약 한국의 화폐가치를 평가절상한다면 미국에서 더 많은 원조를 받을 수 있었으며, 평가절하한다면 원조액수가 줄어드는 것을 의미했다. 한국군을 유지하는 데 드는 비용이 1억환이었다고 가정한다면, 500환 대 1달러의 환율에서는 20만달러를 받을 수 있는 반면 1,000환 대 1달러의 환율에서는 10만달러밖에 받을 수 없었다.

1950년대 미국의 원조는 미국이 정하는 양만큼을 주는 것이 아니라 한국군 유지에 필요한 비용을 환산하여 원조에 필요한 액수를 정했다. 따라서 한화의 가치가 클수록 한국정부는 상대적으로 많은 달러를 얻을 수 있었다. 일부 연구에서는 1950년대 한화의 평가절상을 수입대체 산업화정책을 위한 것으로 해석하고 있지만, 경제계획에 부정적인 이승만의 성향을 고려할 때 그것은 '더 많은 달러'를 얻음으로써 정부의 재정적자를 메우기 위한 정책이었을 뿐임을 알 수 있다.

후술하겠지만, 1950년대 미행정부는 대외원조 감축을 중요한 목표의 하나로 하는 뉴룩정책을 실시했기 때문에 원조 감축을 매우 중요한 목표로 하였다. 그렇기 때문에 환율문제는 미국의 대외정책 목표 달성 여부를 좌우할 수 있는 중요한 시금석이 되었다.

당시 한국정부는 한국의 화폐가치를 최대한 평가절상함으로써 미국으로부터 더 많은 원조를 받는 데 주력했다. 1953년 설날 아침 한국정부는 국민들에게 갑작스러운 통화개혁을 선물로 안겼다. 한국전쟁기간 동안 발생한 엄청난 인플레이션 때문에 화폐개혁이 필요하기도 했지만,[30] 환율을 고정시키는 것이 기본적인 목적이었다. 이 통화개혁을 통해 한국정부는 100원을 1환으로 조정했으며, 180환 대 1달러로 환율을 고정하고자 했다.

그러나 미국은 한국정부의 정책에 강력하게 반대했다. 일본의 경우 1949년 닷지(Dodge) 라인이 선언된 이후 긴축재정을 실시해 통화량을 조절하면서 엔과 달러 사이에 고정환율을 유지했지만, 한국은 통화량이 계속 증가했기 때문에 고정환율을 유지하는 것이 불가능했다. 전쟁으로 생산이 급감하면서 실업자들이 많은 상황이었고 정상적인 조세수입을 거두기 힘들었다. 따라서 재정지출을 위해서는 통화량을 끊임없이 늘릴 수밖에 없었다. 특히 한국경제의 규모로서는 감당할 수 없는 80만 대군을 유지하면서, 비료공장과 판유리공장 그리고 철강소 등의 대규모사업을 동시에 추진한 한국정부로서는 부족한 재원을 통화증가로 보충할 수밖에 없었다.

한국전쟁을 전후하여 한국정부와 미국정부 사이에 맺어진 협정들은 대체로 환율과 원조에 관한 것이었다. 가령 1952년의 한미경제조정협정(일명 마이어 협정),[31] 1953년의 경제재건과 재정안정계획에 관한 합동경제위원회 협정(백-우드 협정) 등은 모두 환율 조정과 원조를 통해 형성된 대충자금의 효율적인 사용을 위해 맺어진 협정들이었다. 이 협정 과정에서 미국은 경제조정관실(Office of Economic Coordinator, OEC)을 만들어 유엔군 사령관의 경제고문이 대한원조 사용을 감독할 수 있게 했고, 재정안정계획을 추진해 한국정부가 통화량을 늘리는 것을 억제하도록 했다.

또한 미국은 일정정도 이상의 통화량 증가에 따라 통화가치가 30% 이상 평가절하될 경우 환율을 조정할 수 있도록 했다. 따라서 통화개혁에 따라 180환 대 1달러로 정해진 환율은 1955년 500환 대 1달러로 조정되었고, 4·19혁명 직전에는 650환 대 1달러로 다시 조정되었다.

그러나 이것은 공식환율에 불과했다. 실제시장에서 거래되던 환율은 1,280환 대 1달러로, 공식환율의 두배가 넘었다. 미국정부는 환율의 현실화를 위해 한국정부에 여러가지 압력을 가했지만, 이승만은 결코 물러서지 않았고, 달러의 유출을 일일이 승인할 정도로 외환에 집착했다.

당시 부흥부 장관 송인상(宋仁相)의 회고에 따르면, 유학생이나 관료들이 외국으로 유학할 때 달러를 바꾸려고 해도 대통령의 승인을 얻어야 했다고 한다.[32] 한국정부는 또한 정부의 환율을 몇개로 나누었다. 따라서 공식환율 외에 선교사들이 한국돈으로 바꿀 때 적용되는 환율, 유엔군 사령부가 달러를 공매할 때 적용되는 환율, 그리고 기업인들이 물품을 수입할 때 적용되는 환율이 모두 달랐다.

1957년 이후 미국의 대한원조가 급감하면서 강도높게 실시된 재정안

ⓒ국가기록원

1959년 8월 경무대에서 새로 부임한 매코너기 주한 미국대사와 이승만 대통령이 만났다. 매코너기 대사는 이듬해 이승만 대통령에게 하야를 권고했다.

정계획으로 통화팽창이 감소하고 인플레이션이 줄어들기 시작했지만, 공식환율과 실질환율 사이의 격차는 지속되었다. 이 때문에 1959년 7월 다울링 주한미국대사 후임으로 부임한 매코너기(W. P. McConaughy) 대사가 환율문제를 해결하려고 한국에 왔다는 풍문이 돌기도 했다.[33] 미국이 의도했건 의도하지 않았건 간에 매코너기는 4·19혁명 때 미국이 더 이상 이승만을 지지하지 않는다는 의사를 본인에게 전달함으로써 그가 퇴임하는 데 결정적인 역할을 했다. 또한 매코너기가 대사로 있던 1959년 7월부터 1961년 5월까지 3차례에 걸쳐서 환율이 변경되었으며, 민주당 정부 시기에는 공식환율이 실질환율과 같아지는 성과도 올렸다. 그러나 이승만은 4·19혁명으로 물러날 때까지 환율에 관한 한 '벼랑끝 전술'이라는 표현이 무색하지 않을 만큼 절대로 물러서지 않았다.

1950년대 한미간의 또 하나의 문제는 한일관계였다. 아이젠하워 행정부는 한일간의 외교관계 정상화를 적극 추진했다. 미국이 한국에서 안고 있는 부담을 일본에게 떠넘기기 위해서였다. 한일관계를 정상화하기 위한 협상은 1951년 쌘프런씨스코 강화조약으로 미군정이 해체되고 일본정부가 독립한 직후부터 시작되었다.

그러나 한국정부와 일본정부 사이에 식민지시기를 둘러싼 견해차가 너무나 컸기 때문에 협상은 순탄하게 진행될 수 없었다. 특히 큰 문제가 된 것은 1953년 협상과정에서 일어난 '쿠보따(久保田) 망언'과 1959년 협상이 재개된 직후 시작된 일본의 재일동포 '북송(北送)정책'이었다. 쿠보따 망언은 한일협상의 일본 쪽 대표 쿠보따가 일본의 식민지통치가 한국에 많은 이익을 주었다고 발언한 것을 가리킨다. 한국정부는 쿠보따의 발언을 문제삼아 일방적으로 협상 결렬을 선언했으며, 그뒤 5년 동안 한국과 일본 사이의 협상은 더이상 진전되지 않았다.

한일간의 협상에서 표면적으로 문제가 된 것은 '쿠보따 망언'이었지만, 실제로 가장 큰 갈등을 빚은 것은 배상금문제와 '이승만 라인'이었다. 한국정부는 식민지시기의 피해를 돈으로 배상받아야 한다는 입장이었던 반면, 일본은 미군정이 식민지시기 조선에 있었던 일본인의 재산을 모두 몰수했기 때문에 더이상 배상할 필요가 없으며, 오히려 일본이 배상을 받아야 한다는 입장을 내세웠다. '이승만 라인'은 국제법에 따른 영해 규정을 넘어서서 한국의 영해를 규정한 것을 말한다. 역설적이게도 이 두 문제의 근원은 모두 미군정과 미극동군 사령부가 제공했으나, 한일협정을 추진한 미국은 이 문제들을 적극적으로 해명하지 않았다.[34]

북송문제는 더 큰 혼란을 가져왔다. 한국은 '북송사업'에 강력하게 반발했다. 미국의 원조물품 가운데 일본에서 제조된 물품을 거부하기도 한 이승만은 일본과의 모든 경제교류를 중단하라고 지시했다. 당시 한국과 일본 사이의 경제규모를 고려할 때 실제로 더 큰 손해를 보는 것은 한국인데도, 이승만은 일본과의 무역금지를 강행했다. 이승만은 한국정부의 가장 강력한 대민(對民) 통합이데올로기로 작용하는 반일이데올로기를 포기하지 않았던 것이다.

미국은 한일관계 정상화를 위하여 한국정부에 지속적으로 압력을 행사했으나, 이승만은 끝까지 물러서지 않았다. 4·19혁명으로 이승만이 물러나고 민주당 정부가 들어섰을 때 이제 한일간의 관계 정상화를 위한 좋은 시기가 왔다고 미국이 평가했을 만큼 이 문제와 관련된 한미간의 갈등은 심각했다.

결국 1952년부터 1954년까지 미국에 의해 계획되었다가 실행되지 못한 '이승만 제거계획'은 이승만에게 한미관계에 적극적으로 대처하게 하는 학습효과를 가져왔다. 이승만은 '한국이 미국의 적극적인 지원을 받는 또다른 일본이 되어야 한다'고 주장하면서 '벼랑끝 전술'에서 결코 물러서지 않은 것이다.

3. 뉴룩(New Look)을 통한 대한정책 변화

(1) 핵무기가 배치된 한반도

1958년 1월 8일 미국무부 극동담당 차관 로버트슨은 미국방부 국제안보담당 차관 스프레이그(M. D. Sprague)에게 다음과 같은 전문을 보냈다.

> 국방부 문서 「933850」과 「933889」에 따라 한국에 어니스트 존(Honest John) 로켓과 280mm 포를 배치하게 될 시기에 우리는 많은 관심이 있다. 비록 우리가 대대의 이동을 비밀리에 진행하기로 했지만, 한국인들은 이러한 무기들이 한국에 도착했음을 공식적인 성명과 기자회견으로 밝히려 할 것이라고 예상할 수 있다.
>
> 한국에서 예상되는 반응, 그리고 이중성능(dual capable : 핵탄두 탑재가 가능한 것을 뜻한다)의 무기를 한국에 반입한다는 것이 일본과 극동의 다른 나라들에 미칠 영향을 고려할 때 국무부가 배치의 시기와 관련된 계획을 충분히 알아야 할 필요가 있다. 따라서 이러한 배치의 정확한 시기를 우리에게 알려주면 좋겠다.[35]

국방부 문서 「933850」(1957. 12. 11)은 스프레이그가 유엔군 사령관 데커(G. H. Decker)에게 보내는 전문으로, 1958년 6월 30일까지 한국군 67만 6,995명 가운데 약 10%인 6만명을 감축하는 동시에 어니스트 존과 280mm 포를 한국에 배치할 것을 권고한 문건이다.[36] 국방부 문서 「933889」(1957. 11. 11)는 두 종류의 무기 배치가 반드시 한국군 감축과 동시에 이루어질 필요가 없다고 규정한, 아직까지도 공개되지 않고 있는 문서다.

국무부의 요청에 국방부는 같은해 1월 16일 어윈(J. N. Irwin) 차관보 명의로 100 포병대대(어니스트 존)와 663 포병대대(280mm 포)가 1월 31일까지 배치될 것이라고 국무부에 통보했다. 그러나 한국정부와 유엔군 사령관 렘니처(L. L. Lemnitzer)의 반대[37] — 새로운 무기의 배치에 대한 반대가 아니라 한국군 감축에 대한 반대 — 에 부딪힌 국방부는 다시 스프레이그 차관의 명의로 1958 회계연도 4/4분기(1958년 4·5·6월) 중 무기가 배치될 것이며, 그 설치에 18개월이 소요될 것이라고 수정 통보했다.[38]

이러한 일련의 과정이 미행정부 내부 그리고 한미간에 비밀리에 진행되었지만, 미국이 우려한 바대로 한국정부는 곧 이 사실을 언론에 흘렸다. 1958년 1월 29일자 조간에 처음으로 「한국에 원자무기축 도입 — 눈송이 작전시 280미리 포 사용」이라는 기사가 발표되었다.[39] 곧이어 1958년 2월 3일 주한미군 제1군단에서 원자포와 어니스트 존 로켓을 공개했으며, 같은해 5월 1일에는 중부전선에서 어니스트 존 로켓과 원자포를 시범발사했다. 1955년 8월 어니스트 존 로켓이 일본의 극동군 사령부에 배치된 이후 두번째로 극동지역에 핵무장력이 배치된 것이다. 실제 한국군이 미군에서 어니스트 존 로켓을 인수받은 것은 1971년 6월 3일이었음에도, 당시 한국의 신문들은 마치 한국이 원자탄두를 탑재할 수 있는 무기를 당장 보유하게 될 것처럼 호들갑을 떨었다.

이러한 일련의 사태가 급박하게 벌어진 1958년의 첫 두달 동안 한반도는 소용돌이에 휘말리고 있었다. 1958년이 시작되자마자 진보당사건이 터졌고, 1월 13일 조봉암을 비롯한 진보당 간부들이 체포되었다. 진보당 사건은 3대 총선을 앞둔 정지작업이었다. 2월 5일과 7일에는 북한과 중국에서 특별성명을 발표했다. 중국군이 북한에서 곧 철수할 것이며, 한반도에 있는 모든 외국군의 철수를 희망한다는 것이었다. 미국은 유엔 참전국의 입장을 대표하여 한국이 통일될 때까지는 유엔군을 남한에서 철수할 의사가 없음을 천명했다. 2월 16일에는 남한의 항공기가 공중납치되었다.

2월 17일 북한은 납치된 민항기가 북한에 안착했다고 발표했다. 그뒤 1년이 넘도록 군사정전위원회에서는 납치된 민항기의 승무원과 승객 송환을 위한 협의가 이루어졌다.

그런데 주목되는 점은 1958년의 첫 두달 동안 벌어진 사건들이 모두 '정전협정'과 깊은 연관이 있다는 점이다. 우선 진보당사건은 정치적인 사건이었지만, 양명산이라는 '이중'간첩 재판의 핵심적 사안이 되었다. 양명산은 남한의 대북첩보부대인 HID의 요원이자 북한의 대남공작부와 연결된 인물이었다. 이러한 비밀 공작은 모든 남북간의 사안이 정전위원회를 통해 이루어져야 한다고 규정한 정전협정을 명백하게 위반한 것이었다. 외국군의 철수문제와 남한 민항기 납치사건은 모두 정전위원회의 주요의제로 논의되었다.

그러나 정전협정과 관련해 가장 중요한 사건은 한국전쟁 때는 사용되지 않았던, 민간인을 포함한 더 많은 사람에게 피해를 줄 수 있는 신무기를 주한미군에 배치한 것이었다. 이것은 한국에 새로운 무기반입을 금지한 정전협정 13조 (d)항에 대한 명백한 위반이었다. 정전협정 13조 (d)항은 다음과 같이 규정하고 있다.

> 한국 국경 밖에서 증강하는 작전비행기·장갑차량·무기 및 탄약의 반입을 정지한다. 단, 정전기간에 파괴, 파손, 손모(損耗) 또는 소모된 작전비행기·장갑차량·무기 및 탄약은 같은 성능과 같은 유형의 물건을 일대일로 교환하는 한 교체할 수 있다.[40]

13조 (d)항은 새로운 무기의 반입을 막기 위하여 중립국감시위원회의 책임 하에 남한과 북한의 5개 항구를 감시하도록 규정했다. 북한에서는 신의주·청진·흥남·만포·신안주, 남한에서는 인천·대구·부산·강릉·군산 등이 군인과 무기들이 출입할 수 있는 주요한 항구 및 도시였으며, 중립국감시위원단의 중립국감시소조(Neutral Nations' Inspection Teams,

이하 '감시소조'로 약칭)는 이 항구와 도시들을 감시하고 정전위원회에 보고하도록 되어 있었다. 이러한 상황에서 어떻게 미국은 자신있게 새로운 무기 배치를 공개할 수 있었을까?

(2) 미국의 사전 정지작업: 중립국은 떠나고 13조 (d)항은 무효다

미국은 13조 (d)항을 폐기하기 위하여 벌써 오래전부터 사전 정지작업을 벌이고 있었다. 그 하나가 중립국감시위원단의 감시소조를 철폐하는 것이었다. 중립국감시위원단의 감시소조 설치 문제는 1951년 정전협상 때부터 논란을 빚어왔다. 공산군 측에서는 이러한 감시를 북한지역의 재건을 막고 정치적으로 간섭하려는 음모로 파악하여 반대한 반면, 유엔군 측에서는 상대적으로 우세한 공군력을 유지하려는 계산으로 비행장을 포함한 모든 군사시설의 개선 및 군사력 증강에 대한 감시가 필요하다고 주장했다.

여러 논란 끝에 유엔군과 공산군은 중립국감시위원단의 설립에 합의했다. 공산군 측이 '소련의 중립국감시위원단 참여' 주장을 철회하고, 유엔군 측은 '비행장 건설에 대한 감시' 주장을 철회했다. 그뒤에도 여러가지 논란이 있었지만, 중립국감시위원단의 구성은 스웨덴·스위스·폴란드·체코슬로바키아의 대표로 결정되었으며, 이들이 상대방의 주요 항구와 도시에서 활동할 수 있도록 양측 정부가 이들의 자유로운 조사를 보장한다는 안이 정전협정에 포함되었다.

그러나 정전협정이 조인된 직후부터 미국은 중립국감시위원단 및 감시소조의 활동에 회의적인 견해를 나타내기 시작했다. 문제는 중립국의 구성에서부터 시작되었다. 즉 폴란드와 체코는 소련의 위성국이기 때문에 유엔군의 활동에 방해가 될 뿐이라는 것이었다. 1953년 9월 9일 폴란드 중립국감시위원단의 통역관이 미국으로 망명하는 '성과'를 올리기도 했지만, 미국은 두 나라의 감시단이 간첩활동을 하는 등 유엔에 해로운 활동을 한다고 주장했다. 1956년 헝가리 사태가 소련의 무력개입으로 막을 내리면서 미국의 이러한 공세는 더욱 거세졌다. 1954년 6월 유엔군 사령관은 중립국감시위원단이 유엔군의 활동을 심각하게 방해하고 있다고 보고했다. 마침내 그는 중립국감시위원단은 철수되어야 하며, 이를 위해 미국이 스위스와 스웨덴의 자진철수를 유도해야 한다는 견해를 미합동참모본부에 제출했다.[41]

그후 유엔군 사령관의 견해는 미행정부 내에서 받아들여졌고, 스위스와 스웨덴 대표를 설득하여 중립국감시위원단 중 감시소조의 감시활동 중단을 추진했다. 주한미국대사는 이러한 미국의 방침을 한국정부에 통보했으며,[42] 이를 통해 당시 한국에서 전개되던 감시소조에 반대하는 심각한 시위를 제어하고자 했다. 미국의 방침은 스위스와 스웨덴 감시소조가 공산군 측 지역에서 자유로운 활동을 하지 못하고 있다는 점을 강조하고, 이것을 영국과 프랑스로 하여금 발표하게 하여, 상대방 지역에서 중립국감시위원단의 활동을 중지시키는 것이었다.[43]

한편, 한국정부는 이미 1954년 중반 이후부터 중립국감시위원단에 적극적인 반대 입장을 표명했다. 한국정부는 정전협정의 내용에 의거하여 1954년 5월 개최된 제네바회의 이후 지속적으로 중립국감시위원단의 철수를 주장했으며,[44] 1955년 8월 13일을 폴란드와 체코 대표의 철수시한으로 정해놓고 철수를 종용했다.[45] 또한 국민들을 동원하여 중립국감시위원단에 대한 대규모 반대시위를 조직했다. 1955년 8월초에 시작된 중립국감시위원단 반대시위는 같은해 12월까지 계속되었으며, 당시의 신문보도에 따르면 900만명이 시위에 참여했다.[46] 이 시위에는 서울 시내 접객부와 인천의 화교들도 동원되어 눈길을 끌었으며,[47] 시위 도중 미군과 충돌하기도 했고, 시위에 참여하려던 중 교통사고가 나서 많은 사람이 다치기도 했다.[48]

중립국감시위원단의 감시소조가 남북한 양쪽에서 전개한 활동을 한국과 미국이 모두 반대하고 있었지만, 구체적인 철수방법을 놓고는 서로가 견해를 달리했다. 이승만은 정전협정을 반대할 때처럼 격렬한 반대시위를 조직했는데, 이것은 앞서 서술한 미국의 전략과는 다른 것이었다. 군사정전위원회에서 합의 없이 이루어진 대규모 시위는 군사정전위원회뿐만 아니라 세계 여론에서 미국의 입장을 곤란하게 하는 것이었다.

결국 덜리스(J. F. Dulles) 미 국무장관은 이승만에게 이러한 한국정부의 적대적인 시위가 미국의 정책에 도움이 되지 않는다는 점을 전달했으며, 공산군 측에 빌미를 주지 않으면서 이 문제를 해결하고자 했다.[49] 이는 정전협정에 강력하게 반대한 이승만 정부 때문에 난처해졌을 때의 상황과 비슷한 것이었다.

미국은 1955년에 나온 대한정책문서 「NSC 5514」에서 "중립국감시위원단의 공산주의국가 성원들과 공산주의자들이 정전협정을 초기부터 위반하고 있다는 사실을 광범위하게 유포한다"는 정책 목표를 세웠다.[50] 이것은 곧 중립국감시위원단이 남과 북 양쪽에서 수행하는 활동을 그만두게 할 명분을 만든다는 것을 뜻했다.

한국정부와 함께 미국의 중립국감시위원단에 대한 정책을 곤란하게 만든 또다른 원인은 위원단에 참여한 스위스와 스웨덴 대표 들의 비협조였다. 이들은 미국의 요구에 의한 철수가 공산주의국가와 자신들의 국가 사이에 쓸데없는 갈등을 불러일으킬 것이라고 생각했으며, 중립국감시위원단의 활동내용을 축소하고 그 대신 군사정전위원회에 더 많은 역할을 부여할 것을 제안했다. 스위스와 스웨덴은 소련·중국과 외교관계를 맺고 있었으며, 중립국감시위원단과 관련된 논란 때문에 외교관계에 손상을 입고 싶지 않았던 것이다. 미국은 주미 스웨덴 대사를 통해 압력을 행사했으나,[51] 스위스와 스웨덴은 위원단의 철수를 반대하고 남북한 감시소조를 각각 한 개로 축소하기로 결정했다.[52]

마침내 미국은 유엔군에 참여한 16개국 대표와의 회담을 통해 감시소조가 양측에서 철수하는 것 외에는 방법이 없다는 점을 강조했다. 또한 16개국은 중립국감시위원단의 활동을 공동경비구역을 비롯한 중립지역에만 국한할 것을 결의했다.[53] 그리고 1956년 5월 31일 제70차 군사정전위원회에서 가드(R. G. Gard) 장군은 감시소조의 활동이 실패했다고 선언하고, 이러한 실패는 모두 북한지역에서 조선인민군과 중국인민지원병의 비협조적인 태도, 그리고 남한지역에서 폴란드와 체코 대표의 비정상적인 활동 때문이라고 주장했다. 결론적으로 그는 공산군 측이 계속해서 정전협정을 제대로 이행하지 않는 한 남한의 인천·부산·군산에서 활동하고 있는 모든 중립국감시위원단과 감시소조의 활동을 정지시키겠다고 선언했다.[54]

이어 1956년 6월 남한 각지에서 활동하던 감시소조가 철수하기 시작했다. 6월 9일 부산에서 활동하던 폴란드와 체코 대표가 철수한 것을 시작으로 모든 감시소조가 판문점으로 돌아왔다.[55] 이로써 정전협정 조항 가운데 전쟁의 재발을 막기 위한 조치로 마련된 중립국감시위원단 소속 감시소조의 실질적인 감시활동은 종결되었다. 이것은 곧 남북 양측이 어떠한 간섭도 받지 않고 군사력을 증강시킬 수 있게 되었음을 뜻하는 것이었다.

핵탄두를 탑재할 수 있는 무기의 남한 배치를 위한 두번째 사전 정지작업은 정전협정 13조 (d)항의 효력정지를 선언함으로써 이루어졌다. 중립국감시위원단의 활동 중 감시소조의 역할을 둘러싼 논의가 계속되고 있을 때 유엔군 사령부는 공산군 측이 북한지역의 군사력을 증강하고 있다고 주장하며 군사정전위원회에서 강력하게 항의했다. 1954년 2월 11일에는 중립국감시위원단에서 항공기의 북한 반입을 조사·보고했고, 한국정부는 월남자들의 말을 인용해 300대의 미그기가 북한에 불법으로 반입되었고 소련군 3천여명이 훈련을 받고 있다고 주장하면서 이것은 명백한 '정전협정' 조항, 특히 13조 (d)항을 위반한 것이라고 발표했다.[56]

이렇게 정전협정의 13조 (d)항의 위반을 둘러싼 공방이 계속되던 1955년 1월 31일, 유엔군 사령관 헐(J. H. Hull)은 국방부에 중립국감시위원단의 철수와 함께 정전협정의 13조 (c)·(d)항의 폐지를 건의했다. 이 건의에서 헐은 만약 유엔군에 참여한 다른 15개국 정부가 모두 찬성하지 않는다면 미국이 일방적으로라도 밀어붙여야 한다고 주장했다.[57] 이에 대해 같은해 2월 5일 미국무부는 유엔군 사령관의 견해에 전적으로 찬성하지만, 정치·법적인 견지에서 미국의 일방적인 행동은 결코 바람직하지 않다는 입장의 문서를 보냈다. 아울러 이러한 행동을 충분히 뒷받침하기 위하여 공산군 측이 13조 (d)항을 위반했다는 사실을 증명할 수 있는 문서를 만들어야 한다고 권고했다.[58]

이 문제를 논의하기 위하여 1955년 2월 중순 국무부가 소집한 16개국 대표 모임에서는 13조 (d)항 무효화와 관련된 문제를 각국 정부와 긴밀하게 협의했다. 물론 국무부는 국방부에서 논의되고 있는 "일방적인 선언"이 바람직하지 않다고 지적했다.[59] 그러나 16개국 대표가 참석한 2월 24일의 회의에서는 공산군 측이 정전협정을 위반한 것이 분명하기 때문에 한국군과 유엔군의 전력을 증강해야 한다는 입장을 천명했다. 이러한 문제에 대한 논의는 대통령과 국무장관·합동참모본부장 등이 참여한 240차 국가안보회의 모임에서도 계속되었으며, 13조 (d)항의 철폐를 정치·법적으로 합리화할 수 있는 방안이 지속적으로 논의되었다.[60]

드디어 1955년 4월 21일 유엔군 사령관 헐이 국가안보회의에 직접 출석했다. 여기에서 유엔군 사령관은 공산주의자들의 정전협정 위반사항을 강조했다. 즉 소련군이 공공연하게 항구가 아닌 다른 경로로 북한에 새로운 무기들을 반입하고 있으며, 그렇기 때문에 13조 (d)항이 더 오래 유지되면 될수록 미국에는 더 불리해질 것이라고 주장했다. 따라서 미국 역시 새로운 무기를 반입해야 하지만, 정전협정을 위반하는 공산주의자들의 기술을 모방하여 비열해지기에는 미국이 "너무나도 큰" 존재이기 때문에 법적인 절차를 밟아야 할 것이라고 설명했다.[61]

이러한 과정을 거쳤음에도 불구하고 미행정부 내의 각 부처는 정전협정 13조 (d)항을 폐지해야 한다는 것에 바로 합의하지 못했다. 중립국감시위원단 문제는 폴란드와 체코가 이른바 '적성국'이라는 점 때문에 쉽게 합의할 수 있었지만, 공산주의자들이 정전협정을 위반했다는 사실을 천하에 공포하고 이를 통해 13조 (d)항의 철폐를 합리화하는 것은 오늘날과 같이 위성이나 고성능 정찰기가 없는 상황에서는 쉬운 문제가 아니었다. 덜리스 국무부 장관은 13조 (d)항은 시급한 문제가 아니며, 당시 한반도의 상황이 그렇게 급박한 것도 아니라고 인식하고 있었다.[62]

아이젠하워 대통령 역시 중립국감시위원단의 철폐와 달리 13조 (d)항의 폐기는 15개국 정부의 동의 없이는 실행하기 어렵다는 견해를 보였다.[63] 1년 이상 논의가 지속된 뒤에도 국무부 측에서는 중립국들이 합동참모본부가 내놓는 증거들을 신뢰하지 않을 것이라고 판단했다.[64]

결국 공산군들이 정전협정을 위반했다는 증거를 찾아내는 것이 유일한 방법이 될 수밖에 없었으며, 이를 토대로 유엔군에 참여한 다른 15개국 정부를 설득해야만 했다. 15개국을 설득하기 위하여 미국무부 직원들은 1955년 5월 13일과 21일 프랑스와 영국 대사관 참사관들을 만나 이와 관련된 사항을 논의했으며, 이후에도 비정기적으로 워싱턴 주재 대사관 직원들과 만나 사태의 심각성을 논의했다.

그뒤 한국군과 유엔군에 의한 지속적인 비방이 계속되었다. 1955년 6월 워싱턴을 방문한 정일권(丁一權) 참모총장은 당시 주미한국대사관 무관 이후락과 함께 국무부를 방문하여 공산군이 비행기·탱크·화염방사기 등 5가지 부문에서 정전협정을 위반했다고 주장했다.[65] 곧이어 정전협정의 미국 측 대표 팍스(H. C. Parks) 장군은 제60차 정전위원회에서 북한군과 중국군이 정전협정을 심각하게 위반했다고 주장했다. 그는 특히 미그기의 도입과 그것을 감추려는 북한의 시도를 지적했다.[66] 이후 열린 군사정전위원회는 유엔군 측이 공산군의 정전협정 위반을 성토하는 대회장으로 변했다.[67]

마침내 덜리스 국무장관은 1957년 5월 14일 기자회견에서 한국에 "더욱 근대적이고, 더욱 효과적인" 무기를 배치할 것이라고 발표했다. 윌슨(C. E. Wilson) 국방장관은 후에 새로운 무기는 유도 미사일 같은 '이중성능'을 가진 무기라고 재확인했다.[68] 그리고 같은해 6월 21일 군사정전위원회에서 리첸버그(H. L. Litzenberg) 장군은 공산군 측이 지속적으로 정전협정을 위반하는 한 협정의 13조 (d)항은 더이상 유효하지 않으며, 공산군 측이 협정을 지킬 의지를 보일 때까지 조항의 효력을 정지시킨다고 선언했다.[69]

이상과 같이 두가지 사전 정지작업, 즉 중립국감시위원단의 감시소조 활동 정지와 정전협정 13조 (d)항의 효력 정지는 전술한 것처럼 미국이 한반도 내에 새로운 무기를 도입하게 하는 가장 중요한 역할을 했다. 사전 정지작업 과정에서 전개된 미행정부 내의 논의에서 잘 드러나듯이 정전협정의 두가지 조항은 '정치·법적'으로 미국의 새로운 군사전략에 중요한 장애가 되었다.

물론 표면적으로 둘로 나뉘어 진행된 사전 정지작업이 서로 다른 내용의 작업은 아니었다. 감시소조가 남한의 항구에서 감시활동을 계속하는 가운데 정전협정 13조 (d)항의 효력이 정지된다면 감시소조의 활동은 더이상 필요없게 된다. 반대로 감시소조의 활동이 정지된 가운데 13조 (d)항의 조항이 그대로 있다면, 13조 (d)항의 준수 여부를 판단하는 것이 불가능해진다. 따라서 두 조항 가운데 어느 한쪽 조항의 효력이 정지된다면, 다른 조항 역시 자동으로 효력을 잃을 수밖에 없는 것이었다.

그러나 아직도 문제는 남아 있다. 두가지 사전 정지작업은 1954년부터 시작된 미행정부 내부 논의의 종착점이었다. 그럼에도 불구하고 이해할 수 없는 점은 3년이라는 긴 기간 동안 두가지 문제를 놓고 미국무부와 합동참모본부 그리고 유엔사령부가 논쟁을 벌였음에도 특별한 합의를 끌어내지 못한 상황에서 왜 갑자기 이러한 선언이 내려졌는가 하는 것이다. 특히 1956년 3월 제70차 군사정전위원회에서 감시소조의 활동을 중지한다는 유엔군 측의 일방적인 선언이 있은 뒤에는 13조 (d)항에 대한 논란이 더이상 진행되지 않았던 것이다. 이러한 사태의 진전에는 어떠한 전환점이 있었던 것일까? 논란의 핵심이 된 유엔군에 참여한 다른 15개국으로부터 확실한 동의를 얻어낸 것일까? 아니면 공산군 측이 무기를 들여오는 현장을 포착했던 것일까?

(3) 군사비를 줄이는 데는 '핵'이 최고

여기에는 또다른 중요한 계기가 작용했다. 곧 미국의 대한원조 축소 및 주한미군과 한국군의 감축 그리고 병력 감축에 따른 주한미군과 한국군 장비의 현대화사업이 그 배경이 된 것이다. 앞에서 말한 바와 같이 1953년에 시작된 아이젠하워 행정부는 뉴룩정책의 기치 아래 미행정부의 재정축소를 위하여 모든 노력을 기울였다. 뉴룩정책은 '건전한 재정'을 기치로, 한국전쟁기간에 확대된 재정적자문제의 해결을 제1의 목표로 내세웠다.[70] '뉴룩'은 새로운 흐름을 의미하며, 트루먼 행정부의 케인즈적 재정확대 정책과 다른 새로운 정책을 이끌어낸다는 의미가 있었다.

아이젠하워 행정부가 재정균형정책을 시행하는 과정에서 제기될 수밖에 없었던 제1의 과제는 해외 주둔 미군의 규모를 축소함으로써 국방비를 감축하는 것이었고, 이것은 곧 주한미군의 감축으로 드러났다. 한국전쟁이 끝나는 싯점에서 32만 7천명이던 주한미군은 1954년 4개 사단, 1956년 1개 사단이 철수해, 1950년대말에는 약 7만명으로 감축되었다.[71]

이와 더불어 한국군 감축이 추진되었다. 미행정부의 재정균형을 맞추기 위해서는 대외원조의 감축이 불가피했으며, 이것은 곧 1950년대 단일국가로서는 미국의 원조를 가장 많이 받고 있던 한국에 대한 원조 삭감을 불러왔다. 당시 미국의 대한원조 대부분이 한국군 유지비로 사용되었기 때문에, 한국군의 축소는 미국의 원조 감축을 위한 당연한 조치였다. 그러나 당시는 한국전쟁 직후였고 북한에 중국군이 주둔해 있는 상황이었기 때문에, 미합동참모본부는 한국군의 감축을 강력하게 반대했다. 그럼에도 불구하고 미행정부는 새로운 정책을 실행하기 위해 한국군 감축이라는 불가피한 선택을 하게 된 것이다.[72]

1950년대 한국과 미국 사이에 있었던 대부분의 갈등은 이러한 과정에서 발생한 것이었다. 이 시기 가장 대표적인 갈등으로 앞에서 서술한 환율 논쟁을 꼽을 수 있다. 1955년 이후 전개된 '한미우호통상조약'을 둘러싼 한미간의 협상은 공적 자금에 의한 미국의 원조를 줄이고 개인기업가들의 직접투자를 늘리기 위한 과정에서 진행되었다. 아울러 이미 살펴본바, 한국군의 감축과 관련된 논란은 미국의 대한원조 감축과 직접적으로 관련된 것이었다. 한국정부는 미국의 이러한 정책에 강력하게 반발했지만, 미국은 1957년 이후 대한원조를 이전의 2/3 수준으로 삭감했다. 이승만 정부가 1954년과 1958년, 1959년 세 차례에 걸쳐 인도차이나와 인도네시아 그리고 라오스에 한국군 파병을 제안한 것도 주한미군과 한국군의 감축을 막아보고자 하는 의도가 깔려 있었다.[73]

아이젠하워 행정부에서 나온 한국과 관련된 모든 정책문서는 이러한 미국의 정책을 여실히 보여준다. 미국의 대한원조와 한국군의 규모를 규정한 한미합의의사록이 1954년 조인되었지만, 1955년에 나온 「NSC 5514」 문서 이후 미행정부 내에서는 한국군 감축방안과 한국정부에 대한 설득 등이 대한정책 논의에서 가장 중요한 메뉴로 등장했다.

1957년초에 나온 「NSC 5702」 문서는 이러한 의미에서 매우 중요한 의미가 있다.[74] 이 문서는 한국군의 감축방향에 대해 몇가지 안을 제시하고 각각의 방안이 지닌 장단점을 지적했다. 또한 미국의 합동참모본부가 한국군 감축에 강하게 반발한 점, 그럼에도 한국군 감축이 이제 더이상 거스를 수 없는 대세가 된 것 등을 보여주고 있다. 아이젠하워 행정부의 제2기가 시작되는 싯점에서 한국에 대한 원조감축은 더이상 미뤄질 수 없었던 것이다.

그러나 당시 상황에서 미국이 아무런 대책 없이 병력의 감축을 추진할 수는 없었다. 무엇보다도 북한에 중국군이 주둔해 있는 상황을 고려해야만 했다. 미국은 이것을 한국군과 주한미군이 보유한 무기의 현대화사업을 통해 해결하고자 했다. 무기 현대화사업은 감축된 병력으로 인한 군사력 손실을 메울 수 있을 뿐만 아니라 한국군 감축정책에 대한 이승만 정부의 반대를 무마할 수 있는 중요한 방안이 될 수 있었기 때문이었다.[75] 인건비는 지속적으로 지출돼야 하지만, 무기 현대화사업은 일단 뭉칫돈을 들인 이후에는 유지보수비만 드는 사업이었다. 실제로 당시 주한미국대사 레이씨와 유엔군 사령관은 한국군 감축의 댓가로 새로운 무기를 지급하겠다는 조건으로 이승만 대통령을 설득했다. 비록 2개 사단 3만여명의 감축만 이루어졌지만, 이는 미국의 대한원조를 삭감하기 위한 불가피한 조치였다.

무기 현대화사업은 결국 정전협정 일부 조항의 효력을 정지시키지 않고서는 이루어질 수 없었다. 따라서 주한미군 및 한국군 감축과 관련된 정책이 웬만큼 합의를 이룬 싯점에서 감시소조와 13조 (d)항과 관련된 논의는 미행정부 내에서 더이상 의미가 없어진 것이다. 다시 말해 군병력 감축에 따른 새로운 무기의 도입이 결정된 싯점에서 새로운 무기의 도입과 관련된 정전협정의 일부 조항은 바로 폐기되어야 함을 의미했다. 바로 이 점이 1956년까지 계속되던 미행정부 내의 논란이 1957년 이후 별다른 논란 없이 결말을 맺게 된 중요한 배경이었다.

물론 그 무렵 공산군 측에서 정전협정을 위반하고 있다는 미국의 주장 역시 정전협정 일부 조항의 효력정지에 중요한 배경이 되었을 것이다. 그러나 중국군이 1958년 북한에서 철수했다는 사실을 고려한다면, 그때의 군사적 상황이 유엔군 측에 그렇게 급박한 상황은 아니었을 것이다. 유엔군 사령관이 1955년 4월 제245차 국가안보회의에 참여해 대통령에게 보고한 내용은 이러한 사실을 잘 드러내준다. 즉 그는 공산군 측의 병력이 상당히 감축되고 있으며, 방어적인 형태를 취하고 있다고 보고했다.[76] 결국 정전협정 일부 조항의 효력정지는 1950년대 미국의 대한정책에서 그 직접적인 배경을 찾을 수 있다.

1950년대의 한미관계는 미국의 대규모 한국전 참전으로 시작해 4·19 혁명으로 끝을 맺었다. 미국은 한국전쟁이 일어나자마자 한반도에 대규모 군대를 파견했다. 그러나 부산정치파동과 정전협정을 둘러싸고 한국정부와의 갈등이 심화되자, 이승만을 제거하기 위한 계획을 입안했다. 비록 이승만 제거계획은 실행되지 못했지만, 미국과 한국정부는 이 과정에서 많은 학습효과를 거두었다. 미국은 한국정부와 갈등을 빚을 경우 언제든지 이승만을 대체할 수 있는 새로운 지도력이 필요하다는 점을 절감했으며, 한국정부는 전쟁 직후 한반도의 중요성을 고려할 때 미국의 요구를 거절하면서 스스로의 이해관계를 유지할 수 있다는 자신감을 얻었다.

그러나 이승만 정부는 아이젠하워 행정부가 들어서면서 변화된 미국의 대외정책을 제대로 인식하지 못했다. 케인즈적 재정정책으로 대외원조의 급격한 팽창이 이루어진 트루먼 행정부와 달리, 아이젠하워 행정부는 뉴룩정책을 통해 원조를 감축하는 방향으로 전환했던 것이다. 이 과정에서 이승만 정부와 아이젠하워 정부 사이의 갈등은 더 심해질 수밖에 없었고, 결국은 4·19혁명의 와중에서 주한미국대사가 이승만에게 퇴임을 권고하는 결과로 이어졌다.

표면적으로 볼 때 1950년대 한미관계에서 나타난 갈등은 마치 미국의 세계정책에 대항하는 이승만의 민족주의적 입장을 보여주는 것처럼 비칠 수 있다. 이승만은 한국을 위해 미국에서 더 많은 원조를 얻고자 했고, 북한과 대치한 상황을 고려해 더 많은 한국군을 유지하고자 했으며, 또다른 일본이 됨으로써 아시아에서 확고한 위치를 차지하고자 했다. 이 시기 미국의 대한정책에 맞선 이승만의 대응은 마치 1968년 이후 미국의 아시아 정책과 마찰을 빚은 박정희의 모습을 연상시키기도 한다.

그러나 이승만이 이끈 1950년대의 한국정부는 결코 미국에 적절하게 대응했다고 할 수 없다. 오히려 이승만은 미국과의 관계에서 아주 많은 것을 잃었다. 이승만이 조금이라도 더 많은 원조를 받아낸 것은 사실이지만, 미국의 문서 속에서 한국은 더이상 발전가능성이 없는, 너무나도 많은 문제를 안고 있는 나라가 되어버렸기 때문이다. 미국정부는 더이상 한국정부를 신뢰하지 않았으며, 모든 대한정책을 은밀하게 결정해나갔다.

한국의 대통령이 계속해서 벼랑끝 전술로 나오는 한 더이상의 협의는 필요하지 않다는 것이 미국의 입장이었다. 대한정책을 놓고 한국정부와 협상하기보다는 어떻게 하면 이승만을 설득시킬 것인지가 가장 중요한 정책이 된 것이다. 이승만 정부가 존재한 기간 동안 미국이 습득한 학습효과는 1960년대 이후에도 계속되었다. 후술하겠지만, 박정희 정부에서도 미국은 협의보다는 설득과 협박을 더 선호했다. 항상 사전협의를 거치는 미일관계와 비슷한 동반자관계가 되기는커녕 한국은 미국에 뜨거운 감자로 여겨지기만 했다.

결국 한미관계에서 나타난 이승만과 한국정부의 대응은 겉으로만 민족주의적인 색채를 띠었을 뿐, 결코 민족의 이익에 도움이 되지 않았다. 미국의 원조에 의존하여 정부를 유지하고, 미국에 의존하여 안보를 지키는 처지에서 미국으로부터 신뢰를 잃고 미국과의 관계를 정상적으로 이끌어 나가지 못한 것이다. 더 많은 원조를 받기 위하여 군사작전권을 유엔군에 넘겨주기로 합의한 한국정부를 과연 민족주의적이라고 평가할 수 있을까?

제4부 군사정부와 미국

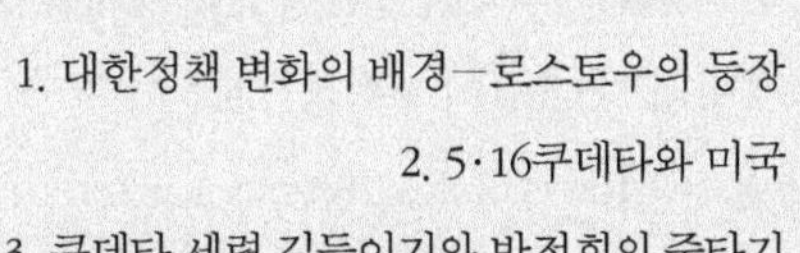

1960년대는 엄청난 변화가 시작된 시기였다. 1960년대는 50년대의 어두운 이미지를 벗어던진, 한국현대사에서 희망의 연대(年代)로 인식되어 왔다. 케네디 대통령이 1960년대를 '경제개발의 연대'로 선언하면서 미국국제개발처(United States Agency for International Development, USAID)를 만들었다면, 한국에서는 경제기획원이 수립되고 경제개발계획이 처음으로 실시되었다. 한국정부는 미국의 요구를 받아들여 14년간 표류하던 한일관계정상화 문제를 해결했으며, 베트남에 한국군을 파견했다. 이 과정에서 한미관계는 표면적으로 커다란 갈등없이 진행된 것으로 보였다.

그러나 이 시기 한미관계는 매우 복잡했다. 한미간에 우호적인 관계만이 지속된 것은 아니었으며, 다양한 갈등과 모색이 시도되고 있었다. 겉으로 드러난 몇몇 현상만으로도 우리는 몇가지 중요한 질문을 던져볼 수 있다. 1950년대 미국에서 공짜 원조를 받을 때는 경제성장을 못하다가, 왜 1960년대 차관을 도입하고 나서야 한국은 경제성장을 이룩할 수 있었을까? 이는 이승만 정부보다 박정희 정부의 능력이 더 뛰어났기 때문일까? 또한 한국에서 민주주의를 그토록 강조하던 미국은 왜 합헌적인 과정을 통해 형성된 장면 정부의 몰락을 바라만 보고 있었을까? 1963년 쌀 부족으로 군사정부가 위기에 몰렸을 때 왜 미국은 한국에 추가로 쌀을 원조하지 않았을까?

1. 대한정책 변화의 배경 — 로스토우의 등장

(1) 왜 로스토우인가?

로스토우는 우리에게 경제학자로 널리 알려져 있다. 무엇보다도 그의 '도약(take-off)이론'은 한국사회의 지식인들뿐만 아니라 일반인들 사이에서도 한시대를 풍미한 담론이었다. 넉시(R. Nurkse)의 '균형성장론'과 '빈곤의 악순환론'(vicious circle of poverty)이 1950년대의 지식인들을 사로잡았다면, 로스토우의 도약이론은 1960년대와 70년대의 중고등학교 교과서에 등장하면서 대입예비고사에 출제될 만큼 한국사람들에게는 경제개발의 지침서 같은 구실을 했다.

1960년 3월 9일자 『서울신문』(최호진 「비공산당선언 — 파문을 일으킨 로스토우 학설」)에서 소개된 이래 로스토우는 『경제성장의 제단계』(*The Stages of Economic Growth*, 이하 『제단계』로 약칭)의 저자로 알려졌다. 이 책은 '비공산당 선언'(A Non-Communist Manifesto)이라는 부제를 달고 있었는데, 식민지시기 이래로 한국의 젊은이들을 사로잡은 맑스의 경제발전단계설을 정면으로 비판하는 듯한 이 부제로 세간의 관심을 끌어모으기도 했다.

로스토우의 이론은 많은 논자들을 통해 소개되었으며, 또한 많은 경제학자들의 신랄한 비판을 받기도 했다. 쿠즈니츠·하겐·바란·홉스봄·슬로우 등 세계적인 학자들이 그의 저서를 비판했고,[1] 우리나라에서는 박희범(朴喜範)과 변형윤(邊衡尹)에 의해 비판이 이루어졌다.[2] 특히 박희범은 그의 이론이 "제국주의론을 대변하거나 옹호"한다고 비판했다. 박정희가 로스토우에게서 많은 영향을 받았다는 점을 생각할 때, 그의 경제고문을 역임한 박희범이 로스토우를 비판한 사실은 아이러니라 하지 않을 수 없다. 박희범은 5·16쿠데타 직후 박정희의 경제고문으로 통화개혁과 산업개발공사 설립을 적극 추진했으며, 박정희에게서 1970년대까지 지속적으로 신임을 받은 몇 안되는 인물 중 하나였다.[3]

그러나 로스토우와 관련해서는 경제학자로서의 명성보다는 미국의 대외정책 그리고 한미관계에서의 역할에 더욱 주목해야 한다. 다시 말해 정책입안자로서의 그의 생각과 활동에 주목해야 하는 것이다. 그는 케네디 행정부와 존슨(L. B. Johnson) 행정부에서 대외정책과 관련된 중요한 부서에 근무했으며, 한국을 비롯한 아시아 국가에 대한 미국의 정책 입안과정에 깊숙이 관여했다.[4] 이른바 그는 1960년대의 케넌과 니츠였다.

로스토우의 활동이 무엇보다 중요한 이유는 그가 한국을 포함한 제3세계에 대한 적극적인 개입을 추구했다는 점 때문이다. 그는 특히 베트남전쟁에서 중요한 역할을 했다. 베트남전쟁은 미국현대사의 방향을 바꾸어 놓은 사건이었으며, 이 사건으로 그는 많은 비난을 받을 수밖에 없었다. 또한 그의 이론이 한국사회에 거의 그대로 대입되었다는 사실은 무엇보다도 주목되는 점이다. 때때로 그의 이론들은 미국이 한국의 경제개발뿐 아니라 사회와 정치구조의 변화에 깊숙이 개입했다는 것을 방증하는 자료처럼 보이기까지 한다.

로스토우는 1916년 러시아-유태인계 이민가정에서 태어났다. 그의 생애에서 보여주는 최초의 아이러니는 그의 부모가 사회민주주의계열에서 활동했으며, 그 자신은 학창시절 진보적 경제학자 뮈르달(G. Myrdal)의 젊은 조교로 있었다는 점이다. 로스토우는 공산주의를 일종의 '전염병'으로 생각했으며, 1950년대 내내 이 전염병의 창궐을 어떻게 좀더 효과적으로 막을 것인가를 연구한 학자였다. 그런 그가 사회민주주의적인 분위기의 가정에서 자랐고, 제3세계 민족주의와 인종문제에 깊은 관심을 쏟은 뮈르달의 조교로 활동했다는 점은 가히 주목할 만한 일이다. 일반적으로 인물을 연구할 때는 가정과 학교에서 받은 영향을 강조할 때가 많다. 그 영향이 순방향일 수도 있고, 역방향인 경우도 있는데 로스토우는 후자의

1965년 한국을 방문한 로스토우 박사와 홍종철 공보부장관이 악수하고 있다. 그의 방문 이후 로스토우의 도약이론은 일약 한국사회를 이끌 좌우명이 되었다.

경우였다.

로스토우는 18세에 예일대를 졸업했다. 이 시점에 그는 맑시스트들의 역사에 대한 단선적인 설명이 총체적으로 부적합하다고 느끼면서 "맑스의 이론은 그 자신의 시기에도 불완전했으며 지금의 세기에는 철저하게 고루한 것"이라는 확신을 갖게 되었다고 회고했다.[5] 예일대를 졸업한 그는 이른바 정치·사회적으로 장래를 약속받고 싶어하는 젊은이들에게 지금까지도 꿈의 대상인 옥스퍼드대학 로드 스칼라(Rhodes Scholar)로서 영국에서 2년간 공부했다. 그리고 28세 되던 1940년에 박사학위를 받았다.

그러나 그의 인생에서 무엇보다도 중요한 역할을 한 것은 졸업 직후 OSS와 국무부의 '유럽을 위한 경제위원단'(The Economic Commission for Europe)에서 활동한 경험이었을 것이다. 제3세계에 대한 로스토우의 정책이 케넌의 봉쇄정책에서 영향받은 것은 국무부에서의 활동과 관련되어 있을 가능성이 크다. 케넌은 당시 경제원조를 제공해 공산주의보다는 자본주의가 우월하다는 인식을 심어줘야 한다는 심리적 봉쇄정책을 주장했고, 로스토우의 제3세계 경제개발원조정책 역시 이와 비슷한 측면이 있다. 물론 로스토우는 제3세계를 대상으로 삼았고, 케넌은 유럽·일본 등 군사적 능력이 있는 거점지역에 주목한 점에서 두 사람 사이에는 세계적 차원의 전략적 사고에서 큰 차이가 있다.

국무부에서의 경험을 통해 로스토우는 학자로서뿐만 아니라 국가를 움직일 수 있는 정책을 입안하는 관료로서의 즐거움을 체험했을 가능성이 크다. 비록 그가 1946년 이후 옥스퍼드대학과 케임브릿지대학의 방문교수로 활동하면서 학계로 방향을 전환했지만, '제2차 세계대전의 폭격목표물을 선정했던' 것과 같은 경험은 그의 연구와 일생에 중요한 방향을 제시해주었던 것을 보인다.[6] 그가 관료사회에서 일하는 동안 그는 동료들 중에서 가장 빛나는 위치에 있었으며, "국무부에서 가장 효율적인 젊은 직원"으로 평가받았다.[7] 또한 로스토우는 그가 어느 곳에 있건 주변 사람들로부터 가장 빛나고 주목받는 사람으로 여겨졌다.

그가 미국에서 다시 활동하기 시작한 것은 1950년 매써추씨츠 공과대학(이하 MIT로 약칭)에서 교수로 활동하면서부터였다. 경제사를 담당한 그는 MIT의 국제학연구소(Center for International Studies)를 중심으로 활동했다. 국제학연구소는 1950년대 미국 대외전략을 연구하던 다른 대학의 몇몇 연구소와 마찬가지로 세계 각 지역을 연구대상으로 삼았으며, 특히 아시아를 중심으로 한 제3세계 지역의 특수성을 연구하는 곳이었다.

1950년대초 로스토우의 관심은 대륙 중국공산당과 타이완 중국국민당에 대한 정책에 한정되어 있었다. 그러나 그의 관심은 점차 아시아 전체로, 더 나아가 제3세계 전체로 확장되었다. 이렇듯 그가 관심영역을 넓히게 된 것은 국제학연구소 연구원들이 아시아의 다양한 국가에서 현지조사를 실행한 사실과 관련이 있다.

당시 MIT의 국제학연구소에는 두가지 중요한 특징이 있었다. 첫째, CIA와 연결되어 활동했다는 점이다. 1950년대 미국의 정책은 가능하면

제3세계에 대한 공개적인 개입을 피하는 '현상유지'를 목표로 했지만, 이것은 다른 한편으로 제3세계에서 CIA의 은밀한 활동을 더욱 강화하는 결과를 낳았다. 이 시기 필리핀과 이란, 니까라과에서 이루어진 CIA의 활동은 이를 잘 보여준다. 당시 CIA는 각 대학에 있는 지역 전문 연구소와 공조하면서 해당 지역의 정보를 수집했다.

국제학연구소도 이러한 전략적인 활동과 관련이 있었다. 1950년대에 로스토우가 집필한 『하나의 제안』(*A Proposal: Key to on Effective Foreign Policy*, New York: Harper & Brothers 1957. 이하 『제안』으로 약칭)과 『아시아에서 미국의 정책』(*An American Policy in Asia*, New York: MIT Press and John Wiley & Sons, Inc. 1955. 이하 『정책』으로 약칭)이 모두 아시아지역을 중심으로 새로운 제3세계 전략의 필요성을 제기한 것은 이러한 국제학연구소의 성격을 반영하는 것이었다.

둘째, 전공이 다양한 교수들이 함께 활동했다는 점이다. 당시 함께 근무한 경제학자 히긴스(B. Higgins)는 1950년대 국제학연구소의 활동을 다음과 같이 회고했다.

> 어느정도 차이는 있었지만 국제학연구소의 연구원들뿐만 아니라 넓은 안목을 갖춘 학자들이 MIT의 인류학자, 경제학자, 정치학자 그리고 사회학자 들과 함께 끊임없이 학문계열간 쎄미나와 토론그룹을 만든 덕분에 당시의 국제학연구소는 날카로우면서도 지적인 흥분의 시기를 만들어내고 있었다. 경제학자로는 에크하우스(R. Eckhaus)·로젠슈타인-로단(P. Rosenstein-Rodan)·히긴스·도마르(E. Domar) (…), 정치학자로는 파우커(G. Pauker)·민츠(J. Mintz), 맥베이(H. McVey)·파이(L. Pye)·풀(I. Poole), 사회학자로는 러너(D. Lerner), 경제지리학자로는 펠처(K. Pelzer), 인류학자로는 펠처(B. Pelzer)와 그리츠(C. Greetz).[8]

여기에 덧붙여 그는 로스토우를 이들 학자들 사이에서도 "진정한 빛"

이었다고 평가했다. 위에 언급된 학자들간의 상호연계적 분위기는 로스토우가 『아메리칸 이코노미스트』(*American Economist*)에 쓴 「나의 인생철학」(My Life Philosophy)에서 스스로를 어떤 특별한 법칙에 근거를 두고 주장을 펼치는 경제학자라기보다는 '생물학자'(biologist)라고 표현한 것과 일맥상통한다. 즉 그는 이 세상의 경제를 살펴보기 위해서는 경제학만으로는 불충분하며 "정치·사회·문화적 그리고 다른 비경제적 요소들"에 대한 고려가 필요하다고 생각한 것이다. 가장 정력적으로 연구할 수 있었던 30대에 국제학연구소에서 당대의 유명한 사회과학자들과 함께한 활동은 그의 학문적인 진로를 결정토록 하기에 충분했다.

로스토우는 국제학연구소에서 활동하던 중 정치에 개입하기 시작했다. 1950년대 하바드와 MIT가 소재하고 있던 케임브릿지의 스타였던 그는 1950년대 중반부터 매써추씨츠주 상원의원 케네디를 자문하기 시작했으며, 1960년에는 케네디의 대통령 선거운동 캠프에서 활동했다. 이 과정에서 그가 포함된 '케임브릿지 그룹'(Cambridge Group) 또는 '찰스강 그룹'(Charles River Group)이라고 일컬어지는 '케네디 갱'(Kennedy Gang)이 탄생했다. 여기에는 MIT와 하바드에서 활동하는 유수의 학자들이 함께 참여했다. 특히 MIT의 국제학연구소는 랜드 코퍼레이션(RAND Corporation), 록펠러재단과 함께 핵심적인 역할을 했다.[9]

로스토우가 케네디를 자문하던 과정에서 가장 주목되는 것은 인도에 대한 원조를 결정한 케네디-쿠퍼 법안(Kennedy-Cooper Resolution)을 통과시킨 것이었다. 당시 미행정부에서는 1955년에 시작된 인도의 비동맹 중립 정치노선을 미국에 호의적이지 않은 것으로 판단하고, 인도에 대한 경제원조에 적극적이지 않았다. 그러나 케네디는 로스토우의 자문을 받아 전 인도대사 쿠퍼와 합의하여 인도에 원조를 실시한다는 법안을 전격적으로 통과시켰다. 이것은 로스토우의 제3세계 정책이론과 관련된 것으로 인도로 하여금 중국을 견제하도록 하기 위한 것이었다.[10]

또한 로스토우는 케네디가 대통령에 당선된 직후 조직된 '대외경제정책을 위한 긴급임무팀'(The Task Force on Foreign Economic Policy)에 참여하여 자신의 이론을 정책화했으며, 행정부 내의 대외안보에 관한 대통령 특별부보좌관으로 임명됐다. 번디가 콩고 등 신생독립국을 담당했다면, 로스토우는 주로 동남아시아를 비롯한 아시아를 담당했다.

그러나 이때까지 승승장구하던 로스토우에게도 시련이 닥쳤다. 1961년 로스토우는 국무부 자문위원 겸 정책기획위원회 의장으로 자리를 옮겼다. 그는 장기적인 전망에서 대외정책을 고안했지만, 백악관의 정책 결정과정의 중심에서 어느정도 거리를 두게 되었다. 아마도 대외정책을 조율하는 과정에서 빚어진 케네디와의 갈등으로 백악관에서 한발 물러날 수밖에 없었던 것으로 보인다. 존슨 대통령 기념도서관에 보관된 구술자료에서 로스토우는 베트남과 라오스에 대한 정책 입안과정에서 그와 군부 그리고 케네디 사이에 이견이 있었고, 이것이 주요원인이 되어 자리를 이동했음을 암시하기도 했다.[11]

국무부에서 전체적인 미국의 대외정책을 조율하던 로스토우는 케네디의 암살을 계기로 또다시 기회를 잡았다.[12] 부통령 존슨이 대통령으로 부상함으로써 로스토우에게 중요한 기회가 주어진 것은 마치 이전에 부통령 트루먼이 등장함으로써 케넌에게 기회가 온 것과 그 상황이 비슷했다. 부통령 시절 대외정책에 문외한이었던 트루먼과 존슨에게는 대외정책에 관한 전문가가 필요했으며, 이러한 요구 덕분에 케넌과 로스토우는 대통령 옆에서 대외정책을 전반적으로 자문하고 조율할 수 있는 위치에 오르게 된 것이다.

1964년 2월 존슨 대통령은 로스토우를 '진보를 위한 동맹'(Inter-American Committee on the Alliance for Progress, ICAP)의 대표로 임명했다. 진보를 위한 동맹은 라틴아메리카의 발전을 위해 1963년 조직된 기관이었으며, 미국의 남미정책을 다루는 가장 핵심적인 부서였다. 또한 1966년 3월 31일 로스토우는 번디(M. Bundy)의 후임으로 국가안보담당 대통령 특별보좌관에 임명되었다. 이 자리에서 로스토우는 존슨의 가장 가까운 측근으로서 대외정책을 입안했으며, 외국의 지도자들을 만나기도 하고 정보를 취사선택하기도 했다. 로스토우는 대통령의 '진실한' 지지자였다. 미국의 베트남정책에 대한 비판이 대두되자 로스토우는 끊임없는 전쟁낙관론을 펼쳐 대통령과 더욱 긴밀한 관계를 맺었다. 이때부터 대외정책에서 로스토우의 전성시대가 시작되었다.[13]

로스토우가 단순한 경제학자가 아니라는 점은 이 시기를 전후하여 등장한 게릴라와 관련된 그의 입장에서 잘 드러난다. 그가 주로 라오스와 베트남 문제를 담당한 이유는 아시아의 공산주의 게릴라에 대한 전문가적인 식견을 갖고 있었기 때문이다. 그는 국방부의 게릴라정책을 비판하면서, 대(對)게릴라전이 그의 '근대화론'과 함께 결합되어야 한다고 주장했다.

베트남과 관련한 로스토우의 이러한 주장은 1955년 발간된 그의 책 『정책』에서 벌써 그 단초를 볼 수 있다. 그는 베트남에서 전쟁을 거부해서는 안되며, 베트남인들이 스스로 게릴라에 저항할 준비가 되어 있을 때가 가장 효과적인 공격 싯점이라는 주장을 펼쳤다. 그는 게릴라전에 적극적으로 대응해야 할 필요성을 역설했으며, 이를 위해서는 군사적인 원조와 함께 거대한 규모의 경제원조가 함께 이루어져야 한다고 주장했다. 케네디 행정부 시기를 회고한 '1000일간의 기록'을 남긴 슐레진저(A. M. Schlesinger)는 로스토우를 "대게릴라 전술의 목회자"로 기억할 정도였다.

이미 1961년 6월 케네디 행정부에서 북폭을 주장한 바 있는 로스토우는 1964년 6월 북베트남에 군사적 압력을 더 강하게 할 것을 주장했으며, 같은해 11월에는 남베트남에서 인민해방전선을 지원하는 북베트남을 해상봉쇄하고 폭격할 것을 주장했다. 그가 베트남전쟁에 적극적으로 개입해야 할 필요성을 역설한 것은 도미노이론에 근거를 둔 것이었다. 만약 베트남이 무너진다면, 동남아시아뿐 아니라 호주 및 서태평양까지도 위기에 빠질 것으로 본 것이다. 일본 방문 때 1천여명의 반미시위대와 맞서기도 한 로스토우는 1965년 5월 이후 100여개가 넘는 대학에서 행정부의 입장을 옹호하는 강연을 했다.

로스토우는 북베트남에 제한적인 폭격보다 전면적인 폭격을 가해야 한다고 주장했다. 이러한 입장은 제2차 세계대전 기간 동안 이루어진 독일 폭격에 대한 그의 생각에 바탕을 둔 것이었다.[14] 전격적인 북베트남 폭격이 시작된 이래 그는 이러한 폭격을 지지하는 가장 중요한 지지자로서 역할했다. 1967년 국방장관 맥너마러가 베트남전쟁에 회의적인 견해를 내놓았을 때도 로스토우는 존슨 대통령과 함께 지속적인 폭격을 강조했다. 1968년의 구정공세(1월말에서 2월초까지) 이후 존슨이 베트남 정책을 철저하게 재고하기 위하여 클리포드(C. Clifford) 국방장관 밑에 새로운 그룹을 조직했을 때에도 로스토우는 이 그룹에 직접 참여했다. 그는 전면적인 북베트남 폭격 이외의 어떠한 새로운 제안에도 계속해서 반대했다. 그러나 3월말 존슨은 협상을 위하여 부분적인 폭격 중지를 결정했다.

마침내 1960년대 전성기를 누린 로스토우의 정책입안자로서의 역할은 존슨 대통령의 불출마선언과 함께 끝났다. 베트남전쟁과 관련해 많은 비판과 비난을 받으면서 밀려난 로스토우는 더이상 워싱턴의 중앙무대에서 활약할 수 없었다. 그렇다면 로스토우의 이론은 어떠한 것이며, 우리에게 잘 알려진 도약이론은 그의 전체 이론에서 어떠한 위치를 차지하는 것일까?

(2) 민족주의를 이용하자

로스토우의 대외정책을 한마디로 말하면 '근대화론'이라고 할 수 있다. 무엇보다도 그의 이론은 근대화를 통해 일국 내부의 공산주의혁명을 막고자 한 것이었으며, 그가 주장한 근대화는 경제 한 분야에만 촛점을 맞추는 것이 아니라 정치·사회 등 전반적인 사회구조의 재편과 함께 추진되는 과정이었다. 따라서 그의 이론은 경제학만을 다루는 것이 아니라 여러 사회과학분야를 종합적으로 담고 있다.

로스토우는 케넌과 니츠의 이론을 모두 수용한다. 한편으로 그는 경제적인 수단을 통한 봉쇄의 필요성을 강조한 케넌의 이론을 흡수하면서 다른 한편으로는 니츠의 도미노이론을 계승했다. 즉 로스토우는 케넌과 달리 전지구적인 차원에서 공산주의체제를 봉쇄해야 할 필요성을 강조했으며, 그렇게 하지 못하면 공산주의가 전세계적으로 확대되는 도미노 현상이 나타날 수밖에 없다고 주장했다.

로스토우가 주장한 근대화론의 특징은 먼저 근대화과정이 만들어내는 '안정'과 '불안'이라는 두가지 측면을 동시에 고려한다는 점이다. 일반적인 '근대화론'이 근대화를 최고의 가치로 설정하면서 긍정적인 의미만을 부각하는 반면, 로스토우는 근대화가 가져올 안정은 좀더 장기적인 관점에서 기대될 수 있는 것이며 단기적으로 볼 때는 불안정성을 가져올 가능성이 크다고 보았다. 그렇기 때문에 그는 근대적 사회로의 전이를 "위대한 전환"이라고 표현하면서도 근대화를 통해 "세계공동체는 역사상 어느 시대보다도 더욱 상호의존적이고 유동적이 될 것"이며 "위대한 위험과 위대한 선택을 모두 맞이하는 조건이 만들어지게 될 것"이라고 말했다(『제안』 4~5면).

로스토우는 경제적 발전을 위한 노력이 기존 제도의 안정화된 체계를 해체함으로써 잠재적인 불안정성을 내포할 수밖에 없다고 보았다(『제안』 18면). 이것은 곧 근대화를 추진하는 사회는 공산주의세력에 노출될 위험을 안고 있으며, 사회가 전이하는 과정에서 공산주의에 전염될 가능성이 더 커질 수밖에 없다는 인식에서 비롯된다.

로스토우는 그러한 위험을 적극적으로 제거해야 할 필요성을 제기했다. 말하자면 인위적인 개입의 필요성을 역설한 것이다. 그가 '도약단계'로 설정한 국가 중 하나인 베트남에서 게릴라활동을 저지하는 적극적인 군사행동의 필요성을 주장한 것은 바로 이러한 이론적 배경에서 나온 것이었다. 그는 1960년대말의 베트남을 1960년대초의 한국과 비슷한 사회로 보았으며, 이러한 시대상황에서 적극적인 군사적 활동이 필요하다고 생각했다.

그러나 로스토우에 따르면 근대화의 과정에서 나타나는 불안정은 결국

한 사회가 겪어야만 하는 불가피한 요소일 뿐이다. 즉 불안정의 단계를 성공적으로 극복하지 못할 경우 공산주의라는 '질병'의 침투를 막을 수 있는 사회·심리적인 힘을 마련할 수가 없는 것이다. 이러한 인식은 민주주의를 뒤로 미루는 한이 있어도 경제성장을 우선적으로 추진해야 한다는 주장으로 연결되며, 로스토우는 이 과정에서 국민통합의 힘으로 작용할 수 있는 민족주의를 잘 이용해야 할 필요가 있다고 주장했다.

로스토우의 근대화론에서 나타나는 두번째 특징은 '심리적인 요소'를 강조한다는 점이다. 이 점은 케넌이 '봉쇄이론'에서 심리적인 효과를 강조한 것과 거의 일치한다. 케넌은 유럽에서 마셜 플랜을 실시하면서 소련의 대내외정책을 막을 수 있는 가장 중요한 요인은 유럽인들이 자신들의 체제에 대해 갖는 자신감이라고 주장했다. 로스토우 역시 근대화과정에서 나타나는 불안정성은 공산주의라는 '질병'이 침투할 수 있는 좋은 조건을 만들어주며, 이것을 차단할 수 있는 것은 오직 심리적인 요법뿐이라고 주장했다. 예컨대, 무기와 군대가 있다 하더라도 그것을 사용할 의지가 없다면 아무런 효과도 볼 수 없다는 것이다. 즉 가치체계에서 변화가 나타나야 한다는 것이 그의 주장이었다.(『제단계』 23, 41면)

> 공산주의 이상은 파괴될 수 없고 단지 대체될 수 있다.(『정책』 4면)

그는 혁명과 저항이 "배고픔과 가난의 결과"라고 생각하는 것은 매우 심각한 오해라고 지적했다. 이러한 오해는 잘 먹이고 잘 입히면 공산주의에 대한 지지가 줄어들 것이라는 잘못된 정책을 가져올 수밖에 없다고 주장했다. 그는 "공산주의자들은 희망이 없는 곳이 아니라 희망이 일어난 곳에 그 힘을 집중한다"고 보았다. 이것은 곧 공산주의자들이 이용하는 심리적인 효과에 자유세계가 제대로 대응하지 못하고 있음을 지적한 것이었다.

아이젠하워 행정부가 실시한 군사원조 중심의 무상원조에 대한 비판도 이러한 이론에 바탕을 둔다. 즉 무상원조는 제3세계의 대중에게 자신감을 심어주기는커녕 오히려 현상유지에만 집착하는 무기력한 심리적 상태를 가져올 뿐이라는 것이다. 소비재를 중심으로 한 무상원조보다는 경제개발이나 부흥을 실시할 수 있는 자본재 중심의 차관이 제3세계인들에게 경제적인 진보에 대한 믿음을 심어줄 수 있다고 판단한 것이다. 아울러 이러한 심리적인 효과는 경제개발계획을 실시할 수 있는 대전제, 즉 국민적인 동의를 만들어낼 수 있는 기반으로 작용할 수 있다는 것이 로스토우의 주장이었다.

이와 같이 심리적인 측면을 똑같이 강조하면서도 로스토우가 케넌보다 한걸음 더 나아갈 수 있었던 것은 제3세계에서 '민족주의'의 성격과 역할에 주목했기 때문이다. 케넌이 거점 전략을 중요시하면서 중심지역과 주변부지역을 구분하여 제한된 자원을 효과적으로 사용할 것을 주장한 반면, 로스토우는 그의 초기 아시아 연구에서 잘 나타나는 바와 같이 제3세계, 특히 아시아의 중요성을 강조했다. 그는 새로운 냉전의 무대는 유럽이 아니라 아시아가 될 것이며, 민족주의의 힘은 또다른 냉전이데올로기로 작용할 가능성이 있다고 경고했다.

이렇듯 로스토우가 민족주의의 힘을 경고한 것은 미래를 내다본 분석이라고 할 수 있다. 실제로 소련과 동구권의 공산주의가 붕괴되고, 사회주의권 나라들이 '시장체제'를 적극적으로 도입하기 시작한 이래 세계적인 차원에서의 갈등은 미국의 패권주의와 제3세계의 민족주의 사이에서 나타나고 있다.

미국의 관점에서 1950년대까지 제3세계의 민족주의는 공산주의의 또다른 표현에 지나지 않았다. 이집트와 인도의 비동맹, 꾸바의 혁명 등은 그 대표적인 경우다. 미국의 자유주의 입장에서 볼 때 미군정과 갈등을 표출한 김구의 민족주의도 그 이데올로기적인 지향과 상관없이 공산주의적인 노선과 별로 다를 것이 없었다. 왜냐하면 제3세계의 민족주의는 미국을 팽창주의적 외세로 배척하는 경향을 갖고 있었기 때문이다. 그러나 로스토우에게 제3세계의 민족주의는 식민지를 경험한 제3세계 자체의 특수성을 의미하는 것이다. 그는 미국이 대외정책을 구사하는 데 따라 민족주의가 미국의 자유주의에 적대적인 개념이 될 수도 있으며, 반대로 미국에 유리한 경제개발을 가져올 동력으로서 역할할 수도 있다고 생각했다. 심지어 그는 민족주의가 공산주의에 대항할 수 있는 이데올로기가 될 수도 있다고 지적했다.

『제안』에서는 인도가 그 예로 제시되었다. 인도에서 민족적인 자각은 5개년계획을 위한 열정으로 작용할 뿐만 아니라 공산주의 나라 중국의 성장을 견제하는 경쟁의식으로서도 중요하게 작용한다는 것이다(34~35면). 또한 그는 『정책』에서 민족주의가 공산주의의 국제적인 성격을 신뢰하지 않는 특징이 있다는 점을 지적하기도 했다(10면). 즉 그는 제3세계의 민족주의와 공산주의 사이의 갈등요소를 간파하고 있었던 것이다. 한국의 경우 민족주의의 한축은 좌파와 결합했지만 다른 한축은 반공주의와 결합하여 자본주의적 경제성장 과정에서 국민통합의 이데올로기가 되었다.

(3) 후진국의 장교들을 주목하라

로스토우의 근대화론의 중요한 특징 하나는 먹여주는 것만으로 모든 것이 해결되지는 않는다는 인식 아래 제3세계 자체의 노력을 강조했다는 점이다. 이 점은 미국의 이전 대외정책과는 다른 특징을 보여주며, 동시에 1960년대 내내 미국이 아시아 여러 나라의 문제에 적극 간섭할 수 있는 이론적 근거를 마련해주었다.

로스토우는 기존의 원조를 비판하면서, 제3세계 자체에서 그것을 '흡수할 수 있는 능력'(absorptive capacity)을 갖추지 못하면 미국의 원조는 그 양이나 질과 상관없이 효과를 볼 수 없다고 지적했다. 일반적으로 저개발국가에서는 도약을 위한 '선행조건 충족의 단계'가 내생적으로 이루어지지 않고 외세의 침략에 의해서 이루어지는데, 일단 식민지에서 벗어난 이후에는 새로운 유형의 지도자들이 자체적으로 배출되어야 한다고 그는 보았다(『제단계』 23~25면). 즉 사회개혁을 적극적으로 추진할 수 있고 전근대사회의 기득권에서 자유로우며 젊고 정력적인 지도력을 갖춘 인물들을 배출해야 한다는 것이다. 새로운 지도세력에 의한 사회개혁은 곧 경제개발계획을 입안·추진할 수 있는 힘이 될 것이고, 이것은 곧 스스로를 돕는 방법이 되는 것이다.

그는 이러한 가능성을 가진 계층으로 서구에서 교육받은 도시 출신 지식인들을 먼저 지목했다. 그러나 인도의 경우와 같이 주로 기득권층의 자제들인 이들은 도시와 외국에서 교육을 받았기 때문에 지역사회의 사정을 제대로 파악하지 못함으로써 대중의 신뢰를 얻을 수 없다. 결국 그는 저개발국가에서 '군대'의 역할에 주목했다.

> 군대는 경제·정치적 성장에서 세가지 이유로 중요한 역할을 수행한다. 첫째, 군사적인 경력은 사회적 지도자의 지위로 가는 배경이 될 수 있으며, 군대에서의 높은 직위는 비특권적인 계급, 특히 시골 출신의 남성들에게도 열려 있다. (…) 둘째, 군대는 기술적이고 행정적인 부문을 연마할 수 있는 기회를 제공한다. 이러한 많은 기술들은 도로와 통신체계 또는 향상된 위생을 위한 지방사회조직의 건설 같은 시민적인 일로 쉽게 전환될 수 있다. 셋째, 군대의 써비스는 산업에 필요한 기술을 농민들에게 전달하는 직업상의 훈련을 제공한다. 징병제를 적용하는 나라들은 그러한 체제의 건설적인 잠재력에 더욱 주의를 기울여야 한다. (『제안』 25~32면)

『제단계』에서 로스토우는 최저소비수준을 능가하는 소득을 올리는 구지주 출신의 지도층을 새로운 지도세력으로 대체해야 하며, "군인은 과도적인 단계에서 절대불가결한 존재"라고 규정했다(55~56면). 그러나 결과적으로 군인만으로는 공고한 새로운 지배세력을 형성하는 것이 불가능하며, 군인과 상인·지식인 사이의 연합체가 필요하다고 지적했다.

로스토우의 이러한 정책은 케네디 행정부가 출범한 이후 「군대의 역할에 관한 우리의 외교원칙」(Our Doctrine of the Role of the Military)이라는 문서의 탄생으로 이어졌다.[15] 여기에서 그는 저개발국의 '장교집단'은 근대화를 이룩할 수 있는 사람들이며, 만약 그들의 힘과 외부로부터의 지원이 충분히 조화를 이룬다면, 서구적인 생각과 가치관을 전달하는 연결통로 구실을 할 것이라고 전망했다. 그는 일본과 터키의 예를 들면서, 이들 장교집단의 역할을 합법화할 수 있을 것이며, 결국 이들이 미국의 외교논리와 정책에 조응하는 조건을 제공할 것이라고 주장했다.

결론적으로 그는 이러한 새로운 지배계층이 곧 외래자본의 흡수능력을 높일 수 있는 사회개혁을 주도할 것이며 자기들의 조건에 맞는 개혁을 추진해야 한다고 주장했다. 이렇듯 발전의 문제를 전적으로 그 지역에 위임하게 됨에 따라 미국은 '스스로 돕는 자를 도와야 한다'는 결론에 이르게 된다(『제안』 6~8면). 로스토우의 이러한 주장은 1961년 새롭게 출범한 미국국제개발처(이하 USAID)의 기본적인 원칙이 되었다. USAID는 1950년대의 국제협조처(International Cooperation Agency, ICA)의 비효율성을 극복하기 위해 설립되었으며, 로스토우의 제3세계 정책을 그대로 반영하는 운영원칙을 갖고 있었다.

물론 스스로 돕는다는 것이 모든 문제를 전적으로 그 지역 자체에 맡긴다는 것을 뜻하지는 않는다. 그러나 미국의 제3세계 개입은 바로 스스로 돕는 조건을 만들 능력을 갖춰주기 위한 개입, 즉 사회개혁을 도와주는 개입이 되어야지, 미국 자체의 이익을 위해 개입한다는 인상을 주어서는 안된다는 점이 로스토우가 제안한 제3세계 정책의 중요한 특징이었다.

이상과 같은 로스토우의 주장은 마치 한국에서 5·16쿠데타를 이끈 젊은 군인들의 등장을 예견하는 듯하다. 가난한 농촌 출신의 박정희는 미국의 원조 하에 근대적 교육의 수혜를 받은 젊은 영관급 장교들과 함께 새로운 지도그룹을 형성했다. 이들은 한국사회의 강한 민족주의적 감정을 이용해 강력한 통제력을 갖춘 국가기구를 만들어냈다.

한편, 박정희식의 강력한 정부에 의한 사회통제와 경제개입은 일반적인 미국의 자유주의적 가치관과 배치되는 것이었다. 그러나 이러한 모순 역시 로스토우에 의해서 해결되었다. 즉 저개발국가의 일차적인 과제는 경제성장인데, 이 과정에서 민주주의적인 원칙을 강조하다보면 경제성장에 배치되는 결과를 가져올 수 있다는 것이다.[16] 따라서 민주화는 경제성장 이후의 문제로 상정돼야 하며, 경제성장을 추구하는 과정에서 민주주의는 자동적으로 다가올 수도 있고 그러지 않을 수도 있다는 게 그의 주장이었다. 즉 "경제적인 발전이 정치·문화·사회적인 진보의 전제는 아니지만, 그러한 진보의 원동력이 될 것"이라고 그는 결론내렸다(『제안』 38~39면).

로스토우의 이러한 입장은 '개발국가'이론의 원초적인 형태이며, 헌팅턴(S. P. Huntington)의 정치발전론과도 연결될 수 있다. 또한 그는 자신의 입장을 제3세계의 특징과 연결시켜 파악한다. 즉 제3세계에서 민주화는 중요한 문제가 아니기 때문에 미국이 자신의 민주주의적 방식을 제3세계에 그대로 강요할 필요가 없으며, 그러한 강요는 자칫 거대한 반발을 불러일으킬 수도 있다는 것이다. 이는 제3세계에서 민주주의는 그 나라 나름대로의 특징을 가질 수 있다는 의미이다. 마치 유신이 '한국적 민주주의'라는 외피를 쓰고 나타났던 것처럼.

> 그러나 (후진국에는) 미국과의 근본적인 차이가 존재한다. 거대한 문맹인구와 농업인구가 존재하며 중간계급이 존재하지 않는다. 이러한 사회구조는 아시아 국가들의 경제적인 전이를 어렵게 만든다. 바로 이런 점에서 일반적으로 미국에서보다 아시아 국가들에서 더욱 강력하고 효과적이고 직접적인 국가의 경제활동 통제가 허용되어야 한다. 자유선거나 다른 민주주의와 관련된 순수한 정치적 기제들이 아시아인들에게는 사회적 구제도와 경제적인 어려움보다는 덜 중요하게 다가간다. (『정책』 7~8면)

(4) 미국은 무엇을 할 것인가?

도대체 이상과 같은 제3세계 근대화론이 미국에 어떠한 선물을 가져다

줄 것인가? 무엇보다도 중요한 문제는 이러한 계획들을 실행하기 위해서는 이전보다 훨씬 많은 액수의 돈이 필요하다는 것이었다. 물론 이것은 「NSC 68」에 대한 뉴룩의 반전[17] 그리고 다시 뉴룩에 대한 케인즈주의자들의 반격이라는 의미가 있지만,[18] 제3세계를 위해 엄청난 액수의 돈을 사용하려면 세금납부자들의 눈치를 보는 의회를 설득해야만 했다.

이 문제를 해결하기 위해 로스토우가 선택한 방향은 1949년 ECA 처장 호프먼이 의회에서 대한원조와 관련해 연설한 내용과 동일한 맥락을 가지고 있었다. 호프먼은 거대한 원조를 한국에 제공하는 것에 반대하는 의회의 친타이완계·친일본계 인사들에게 자신은 관료가 아니라 장사꾼이며, 돈이 되지 않는 정책은 실시하지 않는다고 공언했다. 거대한 투자는 결국에는 원조를 줄이게 될 것이고, 이것은 결코 미국에 손해가 되지 않는다는 것이었다.[19]

로스토우는 호프먼보다 더 솔직했다. 로스토우가 제안한 후진국의 경제개발계획에 대한 장기간의 원조는 "미국사회가 지속적으로 번영할 수 있는 환경을 창조하기 위한 수단의 하나"이며, 미국의 대외정책에서 제시된 두가지 선행목표, 즉 안보와 번영을 위한 수단으로서 수행될 것이라고 주장했다. 따라서 개발의 목적은 저개발국가들이 스스로 충분한 자본을 만들 수 있게 하는 것임과 동시에 "미국뿐 아니라 유럽이나 일본 같은 산업화된 나라들이 계속 발전할 수 있는 국제적인 경제활동의 환경을 창출하는 것"이라는 점을 강조했다(『제안』 55~57면). 가난한 나라에 미국과 선진국의 자동차나 전자제품을 사라고 할 수는 없는 것 아닌가? 최소한 포장도로나 발전소는 필요한 것 아닌가?

> 결국 저개발국가들이 발전하여 산업화하면서 국제무역에 참여하는 것은 전체 무역의 흐름에 더욱 중요해질 것이다. 그들이 발전함에 따라 그들은 현재의 산업화된 국가의 경쟁자가 될 것이다. 이들의 발전으로 수출의 기회가 줄어들 것이라는 두려움은 산업화의 역사 속에서 침묵해야 한다. 한 국가에서 생활

수준이 올라가면 수요는 양적·질적으로 더 높아지게 된다. (『제안』 81~85면)

이것을 위하여 미국은 몇가지 중요한 정책을 마련해야 했다. 첫째, 의회로 하여금 단기간이 아닌 장기간의 계획을 승인하도록 설득해야 한다는 것이다. 로스토우는 먼저 미국만이 거대한 자금을 제공하는 것이 아니라 산업화된 나라들이 공통의 이해관계 위에서 함께 자본을 제공하는 형태가 되어야 한다고 주장했다. 이를 위해 일정한 형태의 조직이 필요하며, 『제안』에서 그는 '경제개발을 위한 연합국 특별 자금'(Special United Nations Fund for Economic Development, SUNFED) 같은 조직이 필요하다고 주장했다. 유럽경제협력기구(Organization for European Economic Cooperation, OEEC)를 경제협력개발기구(Organization for Economic Cooperation and Development, OECD)로 개편하여 그 활동범위를 유럽에서 세계적인 차원으로 확대한 것도 이러한 주장을 뒷받침하기 위한 정책의 일환이었다(84면). 이제 1950년대 부흥에 성공한 나라들을 세계정책의 파트너로서 좀더 적극적으로 견인할 필요가 있다는 것이다.

둘째, 미국의 적극적인 개입이 이루어져야 한다는 점이다. 전술한 바와 같이 경제개발계획 원조의 관건은 원조 수혜국이 원조를 흡수할 수 있는 능력에 달려 있다. 이를 위해서는 새로운 지도층과 사회개혁이 필요한데, 이러한 조건은 수원국이 스스로 갖춰야 하는 것이지만, 미국 입장에서도 마냥 기다릴 수만은 없다. 로스토우는 이것을 "만들어진 동기부여"라고 표현했다. 즉 미국이 적극적으로 동기를 부여해야만 한다는 것이다. 1960년대초 베트남의 쿠데타를 배후조종한 미국이 5·16쿠데타 때도 배후에서 개입한 것이 아닌가 하는 의문은 바로 여기에서 시작된다.

아울러 로스토우는 이러한 개입을 위하여 미국은 기술원조를 중심으로 하는 파견단을 적극 활용해야 한다고 주장했다. 이들은 저개발국가의 계획을 효과적으로 입안하는 데 도움을 주어야 할 뿐만 아니라 그 사회가 외부의 자원들을 효과적으로 흡수할 수 있는 여러가지 규칙과 법령을 제정할 수 있도록 자문을 해줘야 한다는 것이다. 한국의 경우 USAID에서 파견한 자문단이 1963년부터 시작된 경제개발계획의 수정 및 관세, 금리, 수출 진흥을 위한 조치 등의 정책을 마련하는 데 적극적인 자문 활동을 펼쳤다. 지금까지 거의 공개되지 않은 USAID의 1960년대 자료들이 앞으로 이와 관련된 상황을 잘 보여줄 것이다.

셋째, 저개발국가들로 하여금 산업화된 국가의 자본을 이용하게 해야 한다는 것이다. 로스토우는 현실적으로 내적 자본의 부족에 시달리는 저개발국가들에서 선진국의 외부 자본은 산업개발을 위한 투자를 원활하게 하는 동시에 저개발국가와 선진국 사이에서 지속적인 연결고리를 만들 수 있다고 주장한다.[20] 5·16쿠데타 이후 군사정부가 내자를 적극적으로 이용하는 경제개발계획과 자본동원을 위한 통화개혁을 추진하자 미국이 이에 강력하게 반대한 것은 이러한 논리와의 연결선상에서 쉽게 이해될 수 있다.

이것은 저개발국가들이 어느정도 산업개발을 이룩한다 할지라도 궁극적으로 이들 국가들이 자급자족하는 형태가 되는 것은 막아야 한다는 논리에 기반한다. 즉 이들 국가들이 국제분업에서 떨어져나가게 해서는 안된다는 것이다.

> 발전 초기단계에 있는 나라들이 성장과정을 시작하는 데 필요한 추가적인 자본은 외부에서 공급되어야 한다. 한번 성장이 시작되면 더 많은 외부자본을 필요로 하는 경향이 나타난다. (『제안』 96면)

로스토우는 저개발국가에서의 경제개발원조 과정이 모든 국가에서 동일하게 이루어져서는 안된다고 지적했다. 즉 경제개발원조는 그 사회의 발전단계에 맞도록 이루어져야 한다는 것이다. 바로 여기서 그가 내세우는 것이 도약이론이다. 케네디 행정부 초기에 작성된 정책문서들은 대외경제원조를 실행하는 과정에서 각 국가의 경제성장 단계를 '도약이론'에 근거하여 구분하고, 이에 따라 차별적인 원조를 실행해야 할 필요성을 규정하고 있다.

> 우리가 할 수 있는 일은 전환할 수 있는 기초가 나타나기 시작한 곳, 즉 타이완, 한국, 터키, 그리스, 필리핀 그리고 아마도 이란 등에 대한 방위지원(defense support)과 특별원조(special assistance)를 장기간(long-term) 차관으로 전환하는 것이다. (…) 인도네시아와 아프가니스탄 같은 곳은 차관이 주어지기 전에 심각한 국내의 문제들이 해소돼야 한다. (…) 가장 중요한 점은 짧은 기간 내에 자본을 생산적으로 흡수할 수 있는 능력을 지닌 국가들에 우리의 공약을 신속하게 확장시켜야만 한다는 사실이다. 이러한 국가에는 인도·파키스탄·나이지리아·브라질·꼴롬비아·베네수엘라 등이 포함된다.[21]

또다른 문서에서는 이러한 경제성장 단계 구분을 근거로 한국·타이완·터키·그리스·필리핀 등이 군사보다는 경제에 더 강조를 두어야 할 나라로 분류되었으며, 이란의 경우 계획 자체가 축소되어야 할 나라로 분류되었다.[22]

로스토우의 이러한 정책적 방향은 그의 '도약이론'이 전체적인 대외정책과 관련된 이론의 한 부분이라는 점을 잘 보여준다. 그는 결코 단순한 경제사가가 아니었다. 그의 경제사적인 업적은 근대화론을 뒷받침하는 하나의 이론으로도 사용되었다.

(5) 로스토우와 한국 그리고 일본

로스토우는 1965년 이후 몇차례에 걸쳐 한국을 방문했는데, 그의 방한은 우연이라고 하기에는 너무나도 중요한 시기에 이루어졌다. 1965년은 한일협정과 베트남 파병으로 사회 전체가 술렁이고 있을 때였고, 그가 두 번째로 방문한 1960년대 후반은 박정희 정부와 미국의 관계가 악화되고 한국정부가 수출주도형 노동집약적 경공업에서 수출주도형 중공업으로 정책을 전환하고 있던 시기였다. 1982년에 방문했을 때는 새롭게 정권을 잡은 신군부가 외채문제와 중화학공업 중복투자문제로 경제정책에 혼선을 빚고 있을 때였다. 로스토우의 방한에서 특히 중요한 시기는 1965년이었다. 당시는 한일협정이 이루어지기 직전, 한일협정 체결 반대 여론으로 박정희 정부가 위기상황에 빠진 시기였다.

로스토우는 이틀이라는 짧은 방문기간 동안 두번의 중요한 만남을 가졌다. 하나는 박정희와의 만남이었다. 존슨 대통령 기념도서관에는 지금도 박정희와 대면할 당시 로스토우가 직접 적은 메모가 남아 있다. 급하게 써내려간 메모에는 여러가지 수학공식과 경제개발에 대한 그의 견해가 간단하게 적혀 있다. 급하게 쓴 메모이기 때문에 구체적으로 어떠한 대화가 오갔는지는 불분명하지만, 로스토우가 박정희에게 한국의 경제개발계획을 놓고 훈수를 둔 것임에 틀림없다.

박정희와 만난 직후 그는 또 하나의 중요한 만남을 위하여 서울대를 방문했다. 어쩌면 이 두번째 만남이 이후 한국사회를 움직이는 데 더 중요한 역할을 했을지도 모른다. 그는 서울대에서 한국의 경제개발을 주제로 강연과 토론을 진행했다. 그는 이 자리에서 한국사회는 벌써 도약단계에 들어서 있다고 선언했다.[23] 이것이 선언에 불과한 것인지 아니면 실제로 그의 도약단계론에 있는 선도산업, 새로운 지배계층, 투자율, 국민의 의지 등 모든 측면이 계산된 것인지는 불분명하다. 그럼에도 그의 선언은 한국사회에 커다란 파장을 일으켰다. 한편으로는 한국인들에게 한국사회가 도약하는 것이 가능하다는 신념을 심어주었으며, 다른 한편으로는 박정희 정부가 추진하는 계획에 하나의 척도를 마련해주었다.

그렇다면 그의 이론은 미국의 대한정책에 구체적으로 어떠한 영향을 미쳤을까? 로스토우가 직접 저술한 저작이나 그가 입안한 정책문서에서 한국에 관심을 나타내는 부분은 거의 없다. 케네디 행정부가 들어선 직후 워싱턴에 커다란 파문을 일으킨 팔리(H. D. Farley) 보고서를 간단히 논평한 것과 쿠데타 이후 군사정부에 대한 입장을 제시한 것이 거의 전부라고 할 수 있다. 오히려 『제안』에서 한국은 타이완·베트남과 함께 그의 이론이 적극적으로 적용될 수 없는 예외적인 경우로 파악되기도 했다(114면). 여기서 '예외'란 표현에는 타이완·베트남처럼 분단된 국가인 한국에서 군사원조를 경제개발원조로 전환하기 어렵다는 상황 인식이 담겨 있었다.

그러나 한국에서의 사태 진전은 『제안』이나 『제단계』에서 제시한 스케줄대로 진행되었다. 농촌 출신인 박정희가 쿠데타로 권력을 잡았고, 그와 결합한 '장교집단'은 당시 군부 내의 부정부패에 비판적이었다. 이처럼 새로운 정치세력, 그것도 군인 출신이면서 전근대적 생산관계와 무관한 세력이 쿠데타로 집권했고, 이들은 자본가·지식인·관료 들과 결합해나갔다. 이렇듯 우연의 일치라고 하기에는 너무나 로스토우의 제안과 일치하는 상황이 한국에서, 그것도 로스토우가 정책입안자로서 본격적으로 활동하기 시작한 싯점에 전개된 것이다. 그리고 로스토우는 어느 잡지와의 인터뷰에서, 케네디 행정부가 쿠데타 직후 한국의 군사정부를 두고 고민하는 상황에서 자신이 케네디 대통령을 설득했다고 말했다.[24] 심지어 로스토우는 군대의 역할에 관한 미국의 외교원칙을 제시하면서 쿠데타가 일어났을 때 정치에 참여한 군인들을 군대 조직에서 분리해야 하며, 이들이 정부에 참여한 가운데 민정이양이 이루어져야 한다고 지적하기까지 했다. 이는 마치 한국에서 벌어질 상황을 소설로 써놓은 것 같다는 착각을 불러일으킨다.

이처럼 로스토우가 한국에 끼친 영향은 분명하다. 1960년대초 한국사회는 기로에 서 있었다. 1950년대 후반 이후 한국의 국민들 사이에서 경제개발계획을 실행해 경제성장을 이룩해야 한다는 공론은 이미 형성되어 있었다. 물론 그러한 경제성장을 어떠한 방향으로 추진해야 하는가를 두고는 견해가 엇갈렸다. 일부 경제학자들은 자유시장에 근거한 경제성장을 주장했지만, 다른 한편에서는 균형성장론에 근거한 경제성장을 주장했으며, 혁신세력들은 사회민주주의적 경제성장의 필요성을 역설했다.[25] 이러한 다양한 논의에도 불구하고 모든 산업분야를 고르게 발전시켜야 한다는 균형성장론이 대세로 떠올랐다. 1961년과 1962년 박정희와 쿠데타 주체세력이 발표한 경제개발계획이 균형성장론의 성격을 띠게 된 데에는 박정희의 개인적인 성향과 함께 한국사회의 공감대가 중요한 영향력을 행사했다. 또한 균형성장론은 당시 식민지에서 해방된 후진국들이 추구하던 공통된 길이기도 했다.

그러나 외부로부터의 충격은 균형성장론적인 길에 중요한 전환점을 가져오게 했다. 첫번째 충격은 장면 정부의 경제고문 울프 박사에게서 왔지만, 더 큰 충격은 로스토우의 정책에서 왔다. 1961년부터 1963년까지 입안·실행된 군사정부의 정책에 미국은 강한 거부감을 나타냈다. 그 이유는 균형성장론에 근거한 군사정부의 정책이 외자의 이용보다는 내자의 이용을 강조했기 때문이었다. 군사정부의 초기 정책은 많은 외자를 유치하고, 불균형성장을 통해 선진국과의 연결고리를 계속 유지해야 한다는 로스토우의 이론과 배치되는 것이었다. 물론 미국과 사전협의를 하지 않았다는 점 또한 미국의 중요한 불만이었지만, 경제개발계획과 통화개혁 그리고 산업개발공사안으로 대표되는 군사정부의 정책이 지나치게 '사회주의적'이며 '민족주의적'이라는 것 또한 갈등의 촛점이 되었다.[26] 또한 이러한 정책에 대한 미국의 평가와 군사정부에 대한 압력은 로스토우의 이론에 근거한 것이었다.

지금까지 밝혀진 케네디 행정부 시기의 문서들을 보면, 로스토우의 관심은 한국보다는 아시아의 다른 지역, 특히 일본과 동남아시아에 집중되었음을 알 수 있다. 아시아를 대상으로 한 그의 방대한 정보는 『공산중국의 전망』(*The Prospects for Communist China*)[27]의 후속편으로 저술된 『정책』에 잘 나타난다. 그는 이 저술에서 중국과 일본에 대한 그의 관심을 잘 보여주고 있다.

로스토우의 이러한 인식은 이후 존슨 행정부의 대외정책에도 중요한 영향을 끼친다. 우선 그는 아시아에서 공산주의세력에 적극적으로 대응할 필요가 있다고 주장했다. 이러한 주장은 곧 필리핀과 남베트남에서 게릴라 활동과 소요에 대한 미국의 적극적인 개입으로 이어졌다. 아울러 자유 아시아 사회에서 경제·정치적인 힘을 세울 수 있는 장기간의 수단이 필요하다는 점도 지적되었다. 장기적인 수단의 제공자는 이제 미국뿐만 아니라 일본을 포함한 자유세계의 선진국들이어야 했다.[28] 특히 그는 아시아에서 일본의 참여를 적극적으로 종용하는 입장이었다.[29]

이러한 생각은 곧 아시아개발은행의 설립과 일본의 주도적인 참여로 현실화됐다.[30] 이 과정에서 로스토우는 일본 정책결정자들과의 정기적인 모임에 지속적으로 참여했다. 그는 일본 대외무역과 동남아시아의 요구를 밀접하게 연결해야 할 필요성을 강조하면서(『정책』 13면)[31] 특히 일본이 공산중국과 연결될 가능성을 우려했으며, 중국을 대신할 수출시장과 수입시장으로서의 동남아시아의 역할에 주목했다(『정책』 45~46면). 이 과정에서 그가 내린 결론은 "아시아의 자연자원들은 일본이 수입하기에 적합하도록 개발이 이루어져야" 하며 "대 일본 수출에 공헌할 준비가 되어 있는 아시아 국가들은 국가발전을 목적으로 한 추가적인 차관을 받아야" 한다는 것이었다.

(6) 경제개발 없이는 원조도 없다: 케네디 행정부의 대한정책 변화

1961년 케네디 행정부의 출범은 미국의 대한정책이 본격적으로 변화하는 계기가 되었다. 물론 이러한 변화의 근저에는 케네디 행정부 내에서 로스토우의 위치와 그의 주장이 중요한 역할을 했다.

행정부 출범 이전부터 대외정책을 재고하기 시작했던 케네디 행정부가 대한정책을 심각하게 고려하기 시작한 것은 주한미국파견단(U. S. Operations Mission in Korea, USOM/K)의 부책임자 팔리의 보고서가 제출된 직후였다.[32] 팔리는 이 보고서에서 4·19혁명으로 한국의 오랜 문제였던 부패가 어느정도 해결되었지만, 1년이 지난 지금도 근본적인 개혁은 이루어지지 않고 있음을 지적하면서 사회적 불안이 계속되는 한국의 정세를 절망적이라고 보고했다.[33]

팔리는 이러한 문제를 해결하려면 미국의 원조기관인 주한미국파견단의 비효율성을 빨리 해소해야 하며, 한국의 정치과정과 경제정책에 적극적으로 개입해야 한다고 권고했다. 팔리는 특별대사를 통해 한국정부에 압력을 넣는 방법이 가장 효과적일 것이라고 보면서, 특별대사는 장면을 비롯한 학생·지식인·언론인·의회·군부·기업인 등 다양한 정치세력과 접촉하여 사회적 불만세력을 합법공간으로 이끌어내는 동시에 범국민연합 세력을 형성해야 한다고 주장했다.

팔리 보고서가 나오기 이전에 이미 CIA와 국무부·합동참모본부가 공동으로 작성한 한국보고서에서 장면 정권이 너무 약하다는 점, 사회주의 세력이 발흥하고 있다는 점, 한국 내에서 민족주의적 중립화를 향한 관심이 고조되고 있다는 점이 지적되었지만,[34] 팔리 보고서만큼의 파장을 일으키지는 못했다. 당시 국무부와 국방부 그리고 한국에 파견된 미국인 관리들은 대체로 한국이 여러가지 문제를 안고 있는 것에는 동의하지만, 팔리가 지적한 만큼의 위기상황은 아니며, 따라서 권고안은 현실적이지 못하다는 반응을 보였다.[35] 그러나 팔리 보고서가 나온 이후 미국의 대한정책은 우연이라고 볼 수 없을 정도로 이 권고안의 수순을 밟아나갔다.

팔리의 보고서를 받아본 로스토우는 한국에 대한 "새로운 관점"(fresh look)이 필요하다는 점을 대통령에게 권고했으며,[36] 국무부에 한국과 관련된 권고안을 가능한 한 빨리 제출하라고 지시했다.[37] 이 시기에 나온 문서 가운데 1961년 3월 15일자 코머(R. Komer)의 보고서는 한국을 보는 케네디 행정부 관료들의 견해를 잘 보여준다. 이 문서에는 한국군의 감축에 따라 절감된 비용을 경제개발비용으로 사용할 것과 공공부문을 강조하면서 노동집약적 경공업을 위주로 추진될 경제건설방안 그리고 미국이 한국문제에 적극 개입할 필요성 등이 담겨 있다.[38] 또한 이러한 내용은 이후 새롭게 제출된 미국의 대한정책 문서의 골자를 이루게 된다.

대한정책을 새롭게 고려하고자 하는 미행정부의 노력은 대통령의 지시로 1961년 5월 15일 국가안보회의 483차 회의에서 극동문제 담당 국무차관보 매코너기를 의장으로 하는 '한국에 관한 대통령 긴급임무팀'(Presidential Task Force on Korea: Korea Task Force, 이하 '한국문제긴급임무팀'으로 약칭)이 구성되면서 본격화되었다.[39] 한국문제긴급임무팀은 몇차례의 논의를 거쳐 국가안보회의에 제출할 보고서를 만들었다. 보고서는 1961년 5월 15일부터 같은해 6월 1일까지 4차례에 걸쳐 마련된 초안을 바탕으로 작성되었으며, 몇차례의 심의를 거쳐 같은해 6월 5일 「국가안보회의를 위한 한국문제긴급임무팀 보고서」(Presidential Task Force on Korea: Report to the National Security Council)가 국가안보회의에 제출되었다.[40] 이 보고서는 다시 국가안보회의의 심의를 거쳐 6월 12일 내용이 확정되었으며, 6월 13일 확정된 내용이 미국의 공식적인 대한정책으로 제출되었다.[41]

논의과정에서 약간의 수정을 거치기는 했지만, 정책문서의 내용은 '국가개발계획'을 세우고 이를 미국이 적극적으로 지원해야 한다는 것, 그리고 이를 위하여 주한미국파견단을 개편하고 한국군 감축과 관련된 구체적인 연구와 협의를 시작해야 한다는 것이었다. 반면 합동참모본부는 한국군 감축이 실업자군을 확대시켜 한국경제에 부정적인 영향을 준다고 비판하면서 값싼 유지비를 고려할 때 감축하기보다는 유지하는 게 낫다는 입장을 제출했다.[42]

그러나 한국군 감축이 미국의 재정적자를 해소하기 위한 것이 아니었으며, 경제개발을 위한 비용으로 군사비를 전용해야 한다고 명시한 점을 주목해야 한다. 한국문제긴급임무팀의 첫번째 전체회의를 위한 준비 문서에는 '무엇이 필요한가?'(What needs to be done?)라는 조항의 제일 첫번째 항이 "경제개발"이라고 되어 있다.[43] 아울러 경제개발을 심각하게 저해하는 한국의 행정기관을 없애는 등의 사회개혁이 필요하며, 실업문제 해결과 유일한 산업자원인 인적 자원을 활용하는 노동집약적인 산업의 필요성이 강조되었다.[44] 물론 군축문제가 계속 논의되었지만, 군사정부의 내적 안정을 위한 정치적인 고려,[45] 경제적 안정을 이룬 뒤에 논의해야 한다는 경제적인 고려[46] 그리고 동아시아 전체 안보차원의 고려라는 점 때문에 결정되지 못했다. 1963년에 발생한 휴전선 충돌은 군축논의를 연기시키는 또 하나의 중요한 계기가 되기도 했다.[47]

이 정책문서의 내용은 케네디 행정부의 새로운 후진국정책과 같은 맥락에서 이해될 수 있다. 특히 다른 후진국에 비교해서 상대적으로 대한정책은 강력하게 추진되었다. 한국문제긴급임무팀의 첫번째 초안 '단기적인 목적' 조항에서 3~5년 안에 강력하고 안정된 한국정부가 수립되어야 한다는 점이 강조되었다. 아울러 주목되는 점은 새로운 정책이 시행되기 위해서는 미국의 강력한 개입이 필요하다고 강조되었다는 사실이다. 첫번째 결정서 초안에서는 미국이 한국의 "맏형"(elder brother)이라는 점이 명시되어 있다.

한국문제긴급임무팀의 결정서와 거의 같은 시기에 나온 「군사와 재건 중 상대적 우선순위: 한국을 중심으로」(Relative Priority of Military vs Reconstruction: Focus in Korea)[48]는, 아이젠하워 행정부가 생존할 수 있는 경제를 만들기보다는 한국군을 유지하는 데 더 많은 노력을 기울였다고 비판하면서 결국 이러한 정책이 1950년대 미국의 대한정책을 실패로 이끌었다고 지적했다. 문서의 기안자 코머는 북한지역에서 중국공산군의 철수를 전제로, 미국은 외부의 침략 가능성보다는 내부의 문제에 더 많은 관심을 기울여야 한다고 강조했다. 이 시기 북한의 침략 가능성이 낮아졌다는 인식은 미국이 한국 내의 문제, 특히 경제개발문제에 촛점을 맞출 수 있게 하는 기본전제가 되었다.[49]

케네디 행정부의 이상과 같은 대한정책 변화는 로스토우의 주장을 그대로 받아들인 것이며, 1950년대의 대한정책과 비교할 때 다음과 같은 몇 가지 특징이 있다.

첫째, 한국정부가 경제개발계획을 입안하고 이를 적극적으로 실시해야 하며, 미국은 경제개발원조를 통해 이를 적극 지원해야 한다는 점이 우선적인 정책으로 설정되었다는 점이다. 특히 대한원조에서 외국인의 사적 투자를 더이상 강조하지 않은 것은 1950년대의 정책과 비교할 때 아주 큰 차이점이라고 할 수 있다. 물론 이것이 사적 자본의 흐름을 의도적으로 막겠다는 것을 뜻하는 것은 아니다. 그러나 1950년대와 같이 대외원조의 감축을 위해 사적 자본의 참여를 계획적으로 또는 특혜를 통해 지원하겠다는 정책은 더이상 찾아볼 수 없다.[50]

둘째, 새로운 정책은 전반적인 사회개혁을 강조했다는 점이다. 러스크 국무장관은 버거(S. D. Berger) 대사에게 보내는 1961년 8월 1일자 훈령에서 우선 처리해야 할 문제는 한국의 내부적인 문제라는 점을 강조했다.[51] 팔리의 보고서와 한국문제긴급임무팀 초안에서 잘 나타나는 바와 같이 민주당 정권 이후 미국이 강조한 가장 중요한 문제는 '부패'였다.[52] 한국문제긴급임무팀에 입수된 주한미대사관의 공문에는 한국에 대한 첫번째 인상으로 부정부패가 꼽혔다.[53] 따라서 봉급인상을 통한 공무원사회의 개혁과 개발계획을 실행할 수 있는 청렴하고 전문적인 기구가 절실하게 필요하다는 것이 새로운 정책의 핵심내용 가운데 하나였다.

사회개혁과 관련하여 주목되는 부분은 이 개혁이 단지 제도개혁에 그쳐서는 안되고 정신개혁과 함께 진행되어야 한다고 지적한 점이다. 여기에는 "국가지도자들에 의한 국가의 목표와 이상 규정과 대중적 선언" "학생, 지식인 그리고 언론과의 더 나은 관계 유지" 그리고 "한국의 이미지의 제고" 등이 포함되어 있다.[54] 첫번째 항목은 하향식으로 한국 국민들의 사고방식을 변화시키겠다는 것, 다시 말해 '인간진보'(human progress)를 이루자는 것으로,[55] 여기에는 교육과 교화를 통해 국가적 '신화'에 동의하게 해야 하며 이 문제에 미국이 개입해야 한다는 내용까지도 포함되었다.[56] 따라서 한국문제긴급임무팀의 초안에서는 경제개혁을 위한 기관과 사회개혁을 위한 새로운 기관의 필요성도 강조됐다.

이렇듯 사회개혁이 강조된 것은 1950년대 미국관리들의 부정적인 한국 인식에서 비롯된다. 국가안보회의나 한국문제긴급임무팀의 대한정책 관련 문서들을 보면 앞부분에 당시 한국의 상황이나 역사적인 배경을 분석한 글이 실리는데, 대부분의 경우 매우 부정적인 내용들로 채워져 있다.

강한 민족적 편견, 역사적인 종속성과 당파성 그리고 공동작업 능력의 결여, 다른 사람들의 문제점을 비판하기 좋아하는 기질, 지식인들의 소요, 공산주의에 대한 노출 등이 그 주요내용이었다. 또한 이러한 부정적 인식은 그 무렵 미국의 정책문서에 공통으로 나타났다.[57] 이러한 부정적인 인식이 곧 경제개발을 위한 중요한 전제로서 사회와 국민의식의 개혁 등이 필요하다는 판단으로 연결된 것이다.

사회개혁을 위한 계획의 일환으로 1950년대 미국은 교육원조와 교환프로그램 등을 실시해 후진국에 긍정적인 미국관을 심기 위해 노력했다.[58] 이러한 노력은 1960년대에 들어와 더욱 강화되었다. 특히 1961년 '풀브라이트-헤이즈(Fulbright-Hays) 법안'의 성립으로 미국정부의 문화적인 노력이 하나의 법안으로 마련되었다. 이 법안으로 새로운 교환계획, 미국의 단행본과 정기간행물 번역, 미문화원 활동 지원, 국제학술대회 지원, 해외 미국학 지원 등이 강화되었다.[59] 1961년 이후 미국은 대학생들로 구성된 평화봉사단(peace corps)을 후진국에 파견하기 시작했으며, 한국에도 많은 평화봉사단원들이 파견되었다. 평화봉사단원은 개개인에 따라 성향이 다양했지만, 이들을 파견함으로써 미국은 후진국 국민들이 미국을 긍정적으로 인식하게 하는 동시에 이들의 생활의식 개혁을 시도했다.[60]

국민의식개혁을 포함한 사회개혁정책과 관련된 국내의 움직임으로는 군사정부의 '재건국민운동본부'의 활동이 주목된다. 이 운동이 미국의 대한정책과 어떠한 관련을 맺고 있었는가 하는 것은 지금까지 공개된 자료로는 파악하기 어렵다. 그러나 내핍생활에서의 탈출, 근면정신 고취, 생산과 건설의식 증진, 국민도의 앙양, 정서 순화, 국민체위 향상 등을 목적으로 한 활동은 당시 미국의 대한정책과 일맥상통하는 바가 있다. 여기에 참여한 인물들도 교육자·언론인·출판인·종교지도자 등 미국의 새로운 후진국정책에서 강조하는 새로운 사회지도계층에 속한 지식인들이었다.

셋째, 일본과의 관계 정상화가 1950년대보다 더 강조되었다는 점이다.[61]

케네디 대통령은 취임 직후 한일관계를 빨리 정상화해야 한다고 국무장관에게 지시했다.[62] 한국문제긴급임무팀 의장 매코너기는 한국과 일본의 관계개선이 1년 이내에 이루어져야 한다는 점을 세번째 항목으로 명시했다.[63] 또한 1963년 5월 정책기획실에서 나온 대외정책을 간략하게 정리한 보고서의 '일본' 항목에는 '후진국에 대해 더 많은 역할'(Stimulate it to take larger role in development of underdeveloped countries)을 할 수 있도록 해야 한다는 내용이 포함되어 있으며, '한국' 항목에는 '일본과의 관계정상화를 지원'(Promote establishment of normal relations with Japan)해야 한다는 내용이 들어가 있다.[64]

한일관계 정상화를 바라는 미국의 희망은 한국에서의 미국의 부담을 일본 측에 넘기려고 한 1940년대말 이후 지역통합전략의 연장선상에서 해석될 수 있다. 케네디 행정부가 1950년대보다 이 부분에 더욱 적극적인 관심을 기울인 것은 경제부흥에 어느정도 성공한 일본이 후진국에서 경제적·군사적인 역할을 수행할 능력을 갖추게 되었다는 점과,[65] 한국이 경제개발계획을 수행하는 데 일본의 자본과 대일 수출시장이 필요하다는 점이 고려되었다.[66] 특히 일본 자체의 부흥이 완료되었다는 인식은 한일관계 정상화의 기본전제가 되었다.[67]

1962년 5월에 나온, 한일관계와 관련된 국가안보회의 준비 문서에는[68] 한일관계를 빨리 정상화시켜야 하는 이유로 ① 한국의 빠른 경제개발계획을 위해 일본의 원조가 필요하다는 점 ② 수출을 위해서는 일본의 시장이 필요하다는 점 ③ 자유세계의 단합과 아시아의 일치된 힘을 막는 중요한 제거물이 제거되어야 한다는 점 ④ 북한 공산주의정권과의 점증하는 심각한 경쟁에서 한국의 권위가 뒷받침되어야 한다는 점 등이 지적되었다. 이것은 그 무렵 미국이 한일관계 정상화를 서두른 이유를 잘 정리해주고 있다.

이상과 같은 미국의 대한정책 변화는 로스토우의 이론을 수용한 1960년대 미국의 전반적인 후진국정책 변화와 같은 맥락을 가진다. 한가지 더 주목되는 것은 전술한 바와 같이 로스토우가 강조한 후진국에서의 군인의 역할이 한국에서도 동일하게 주목되었다는 점이다. 이것은 마치 로스토우가 써놓은 각본이 5·16쿠데타에 그대로 대입된 것은 아닌가 하는 착각마저 들게 한다. 그렇다면 과연 실제로 미국은 5·16쿠데타의 배후에 있었던 것일까?

2. 5·16쿠데타와 미국

(1) 미국은 쿠데타를 배후조종했는가?

군대의 명령과 이동에 관한 권한(종종 인사권을 포함)을 모두 유엔군 사령관 겸 주한미군 사령관이 장악한 상황에서 쿠데타 성공을 위한 제1의 조건은 미국의 지원 또는 배후조종이다. 다시 말해 본국 정부의 지시 아래 유엔군 사령관이 쿠데타를 위한 군대의 이동을 지원 또는 묵인하고 쿠데타를 진압할 수 있는 부대의 출동을 거부한다면 쿠데타는 아주 쉽게 성공할 수 있는 것이다. 한국군 전체의 5%에 지나지 않은 3,500여명의 군인이 동원되어 쉽게 쿠데타에 성공했다는 사실을 감안한다면, 미국이 배후에서 조종한 것이 아닌가 하는 의문은 충분히 제기될 만하다.

5·16쿠데타와 관련한 미국의 배후조종설은 쿠데타 직후부터 오늘날에 이르기까지 끊임없이 제기되어왔다. 당시 한국군의 대대급까지 미군의 군사고문단이 파견된 점과[69] 이른바 '크레퍼 사건'은 그러한 의혹을 기정사실화하는 대표적인 예라고 할 수 있다. 특히 최근 몇몇 글을 통해 알려진 '크레퍼 사건'은 당시 미국의 대한정책에서의 흥미로운 사실을 제시해준다.

'크레퍼 사건'은 5·16쿠데타 이후 발생한 '반혁명사건' 가운데 하나인 '이주당(二主黨) 사건'과 직접 관련되어 있다. 쿠데타를 주도한 김종필(金鍾泌)은 크레퍼 사건은 장면 정권을 전복시키기 위해 미국이 5·16 이전에 계획한 쿠데타 음모였다고 증언했다.[70] 당시 중앙정보부장이었던 김종필은 미국이 쿠데타를 기도하고 있다는 정보를 입수했다. 이 쿠데타 음모의 중심에는 미군 정보기관의 크레퍼 대령(정확한 소속을 알 수 없지만, CIA 소속은 아니다)과 장면의 정치고문 휘태커 그리고 장도영(張都暎) 육군참모총장 등이 관여되어 있었다. 따라서 군사정부는 정부를 전복하기 위해 이주당을 조직한 혐의로 이들을 국외로 추방했으며, CIA 한국지부장 드씰바(P. de Silva)는 홍콩 책임자로 전보되었다는 것이 지금까지 알려진 사건의 전말이다.

미국의 쿠데타 공작은 미대사관의 전문, 대통령 직속 한국문제긴급임무팀의 전문 등을 종합해볼 때 사실에 가까워 보인다. 1961년초 케네디 행정부가 들어선 이후 한국의 상황을 부정적으로 바라보는 시각이 자주 제기되었다. 한국의 전반적인 상황이 불안정하며, 이러한 상황을 해결하려면 새로운 계획이 수립되어야 한다는 것이었다.

먼저 1961년 1월 24일자 신임 국무장관 러스크(1945년 8월 15일 미국무부에서 38선 분할을 제의했던 인물)의 문서를 보자.

> 한국의 부정적인 여론에 관한 12월 1일자 대사의 전문은 국무부 내에서 지대한 관심 속에 열람되었다. 극적인 계획, 적극적인 지도력 그리고 한국정부에 의한 더 나은 대중홍보계획이 필요하다는 대사관의 결론은 충분히 인정된다. (…) 물론 현재의 문제가 돌아올 수 없는 지점을 지나기 전에 이러한 파도를 막아야 한다. 만약 현재의 한국행정부에 의해서 이것이 불가능하다고 판명된다면, 아마도 의회의 절차 또는 초법적인 채널을 통해서 새로운 정부가 출현할 것이다.
>
> 따라서 미국은 현재의 정부가 그러한 도전에 대응하도록 계속해서 도와주고 격려해야 할 뿐만 아니라 동시에 대체할 수 있는 정치적 지도자들과 지도력 있는 그룹들을 인지하고 만약 정부의 교체가 불가피할 경우에는 미국이 지난해 봄 위기상황(4·19혁명)에서 실행한 것과 같은 정교한 방법을 써야 하고 다

시 한번 그와 같은 성공을 이용하도록 해야 한다. 미국은 또한 헌법적인 과정을 통해 어떠한 변화가 일어날 수 있다는 사실, 새로운 지도자들은 통치할 능력을 갖추고 있어야만 한다는 사실, 그리고 새로운 정부는 미국과 자유세계의 원칙과 정책에 우호적으로 남아 있어야 한다는 점 등을 보장하도록 추구해야 한다.

이러한 목적을 위하여 ① 국회의 불신임 투표 ② 국회의 해산 ③ 군대에 의한 쿠데타 ④ 극우나 극좌세력에 의한 쿠데타 ⑤ 총리의 암살과 같은 상황에서 대사는 현지 미국기관(country team)과 함께 국무부의 승인을 받을 수 있고 미국정부와 그 대표들의 실질적이고 즉각적인 행동을 지휘할 수 있는 계획을 가지고 있어야 한다.

미국관료들의 견해에 따르면 이러한 계획을 고려할 때 대사는 자질이 있고 권위가 있으며 앞으로 5년 안에 지도자로 떠오를 수 있는 사람들의 목록을 준비할 필요가 있다.[71]

인용된 앞부분에서 알 수 있듯이 이 문서는 주한미국대사의 전문에 답한 논평이다. 민주당 정권 시기 한국사회의 불안한 상황과 관련해 러스크는 이런 상황 때문에 곧 여러가지 긴급한 일들이 발생할 수 있으며, 이 경우에 대응할 수 있는 다양한 계획과 연결고리를 만들어야 한다고 훈령한 것이다.

이 문서에서 가장 주목되는 언급은 '지난해 봄 위기상황에서 실행한 것과 같은 정교한 방법과 그 성공'이라는 대목이다. 이것은 미국이 4·19혁명 이후 과도정부 수립과 7·29총선 그리고 민주당 집권에 이르는 과정에 깊숙이 개입했음을 보여준다. 그러나 현재로서는 이와 관련된 구체적인 문서들을 찾을 수 없기 때문에 여기에서 더 자세히 분석하지는 않겠다.

이 문서에서 5·16쿠데타와 관련하여 주목되는 것은 발생가능한 상황 다섯가지 중에서 두가지 상황이 쿠데타와 관련되어 있다는 사실이다. ③의 쿠데타는 5·16쿠데타와 비슷한 상황을, ④의 쿠데타는 박정희 쿠데타

설과 함께 소문이 돌고 있던, 미국이 극우로 분류한 민족청년단 주도의 쿠데타 상황을 의미하는 것이다.

쿠데타를 비롯한 새로운 상황의 발생가능성과 이에 대한 미국의 기민한 대처의 필요성은 한국문제긴급임무팀에서 대한정책 결정을 논의하는 과정에서 다시 한번 언급되었다. 작성자가 밝혀지지 않은 「한국문제긴급임무팀에 제안함」이라는 문서는[72] 5·16쿠데타가 일어나기 4일 전에 열린 긴급임무팀의 첫 모임 직전 토론을 위한 자료로 제출된 것이다.[73] 이 문서의 목차에는 중요한 두가지 내용이 제시되어 있다. 하나는 '총리 또는 행정부를 교체하기 위한 충고와 유연성'이고, 다른 하나는 '정부를 전복하는 과정에서 대체할 수 있는 지도자들에 대한 신분확인'이다.

이 제안은 장면 정부를 대체할 수 있는 새로운 세력을 고려해야 한다는 점을 지적한 것임에 틀림없다. 대체할 수 있는 세력을 선택해서 지원해야 하는가, 또는 장면 정부를 전복하고자 하는 시도가 있다면 이들과 연결고리를 가져야 하는가를 명확히 언급하지는 않았지만, 다가올 가능성에 준비해야 한다는 점을 제안한 것만은 분명한 사실이다.

만약 미국이 민주당 정부의 무능력으로 새로운 대체세력의 필요성을 인식하고 있었다면, 또한 이를 위한 새로운 세력으로 민주당 정부를 대체할 계획을 세우고 있었다면, 전술한 '크레퍼 사건'은 단순한 소문이 아니라 실질적인 내용을 갖는 것일 수도 있다. 특히 장도영이 크레퍼 사건의 한국 측 핵심인물로 지목된 점은 더욱 주목된다. 장도영은 여러 인물들의 증언에서 나타나는 바와 같이 이기붕과 친밀한 관계를 유지해온 정군(整軍) 대상이었는데도 미군의 지지를 받았으며, 미국과 갈등을 빚은 최경록(崔慶祿)의 후임으로 참모총장에 임명되었다.[74]

그러나 문제는 크레퍼 사건과 관련된 문서나 증거를 찾을 수 없다는 사실이며, 이 사건에 5·16쿠데타의 실질적인 주체세력들이 포함되어 있지 않다는 점이다. 따라서 미국이 5·16쿠데타 세력의 배후에 있었다는 가정은 성립하기 어려워진다. 먼저 위 계획을 처음으로 발설한 김종필은 당시 중앙정보부장 자리에 있었지만, 미국과는 몹시 불편한 관계를 유지하고 있었다. 쿠데타 직후 매그루더(C. B. Magruder) 사령관과의 협상에서 합의를 이끌어낸 것은 박정희가 아니라 김종필이었지만,[75] 미국은 김종필에게 혹시 사회주의자나 급진적인 민족주의자가 아닐까 하는 의심의 눈초리를 보내고 있었다. 미국이 쿠데타를 계획하면서 호감을 갖고 있지 않은 세력을 동원했을까? 또한 만약 김종필이 이 계획에 관련되어 있었다면 인터뷰를 통해 이 계획을 공개적으로 발설하지도 않았을 것이다.

(2) 미국과 장면은 사전에 쿠데타를 알고 있었다

그럼에도 분명한 사실은 미국의 정보기관이 5월 16일 이전에 박정희를 중심으로 한 쿠데타 계획을 확실하게 파악하고 있었다는 사실이다. *FRUS 1961~1963* 동북아시아편에는 5월 16일 이전 파악된 쿠데타 관련 정보가 실려 있다. 미중앙정보부장 덜리스(A. Dulles, 국무장관 덜리스의 동생)가 케네디 대통령에게 보낸 이 문서의 주요 내용은 다음과 같다.

〔한줄 이내의 내용이 기밀해제되지 않았다〕 중앙정보부는 4월 21일부터 박정희 소장에 의한 쿠데타 계획을 아래와 같이 보고했다.

4월 21일 — 〔한줄 이내의 내용이 기밀해제되지 않았다〕 제2군 부사령관 박정희 소장이 주동하는 쿠데타가 보고되었다. 다른 하나는 이범석과 민족청년단에 의한 것이다.

4월 23일 — 음모는 한국 육군, 학생그룹 그리고 혁신운동가들에 의해 지원받고 있다. 지도자는 박정희 장군으로 보이며, 서종철 장군도 가까운 동조자다.

4월 24일 — 육군참모총장 장도영의 군사음모에 대한 견해. 장도영은 박정희를 체포하고 싶지만, 증거가 없다. 체포는 쿠데타를 불러올 것이라고 믿고 있다. 장(도영)은 민족청년단과 이범석이 쿠데타를 지지하고 있다고 본다.

4월 25일 — 한국군 CIC에서 쿠데타를 조사하고 있다. 4월 26일에 쿠데타가 발생하지 않는다면 (쿠데타) 그룹은 더 적당한 시기를 기다릴 것이다. 장(도영)에 따르면 24일까지 장면은 쿠데타에 대해서 몰랐다. 그러나 4월 25일 한 신문사의 발행인이 그에게 충고할 예정이다.

4월 25일—4월 24일 장도영과 1시간 동안의 면담을 통해 〔한줄 이내의 내용이 기밀해제되지 않았다〕 쿠데타에 대한 정보가 자발적으로 우리 사무실에 알려졌으며, 처음으로 이에 대해 알게 된 매그루더 장군은 장도영과 이 문제를 토론할 것이라고 말했다. 장도영은 박정희가 일주일 전에 그에게 말했다고 전했다. 장도영은 곧 닥쳐올 행동은 없을 것으로 믿는다고 말했다.[76]

4월 26일—장면 총리는 육군 내의 불평분자들이 어떤 종류의 쿠데타를 모의한다는 소문을 알고 있다. 그는 이 이야기에 거의 중요성을 두지 않고 있으며, 상황이 위험하지 않다고 믿는다. 장면은 육군참모총장 장도영의 활약에 만족하고 있다. 그는 장도영 장군이 힘과 능력을 갖추고 있으며, 그의 미국 파트너에게서 받는 존경을 즐긴다고 생각한다. 그는 장도영 장군이 임기 2년을 다 채우게 할 계획이다.[77]

미국의 정보기관뿐만 아니라 유엔군 사령관, 한국군 육군참모총장, 국무총리 등이 모두 박정희가 주도하는 쿠데타 계획을 알고 있었다. 심지어는 쿠데타 이전 박정희의 집에 정보원을 배치하여 그의 거동을 감시하기까지 했다.[78]

위의 문서와 같은 쿠데타 정보가 입수된 것은 문서상으로는 5·16쿠데타 한달 전이었지만, 많은 사람들이 그 이전에 쿠데타와 관련된 정보를 듣고 있었다.[79] 5월 16일 이전에 쿠데타와 관련한 정보가 알려졌다는 사실을 언급한 글들에는 모두 '어떻게 쿠데타에 전혀 대처하지 못했을까' 하는 의문이 제기된다. 그러나 쿠데타 음모자들을 조사해 체포할 수 있었던 인물들이 쿠데타에 동조했거나 배후에서 지원했다면 이는 가능한 이야기가 될 수 있지 않을까? 당연히 화살은 장도영 육군참모총장이나 유엔군 또는 미군의 조사기관이나 그 책임자에게 돌아간다.

그렇다면 미국의 현지기관 중 일부가 5·16쿠데타 세력과 연결되어 있었을 가능성은 있는가? 위에서 인용한 러스크 국무장관의 문서에는 미국의 현지기관들이 한국에서 정보를 수집하는 동시에 여러 그룹과 다양한 채널을 열도록 지시하고 있다. 쿠데타와 관련된 소문이 미국 정보기관의 그물망에 잡혔다면, 이들을 체포하거나 아니면 이들 세력과 연결을 맺고자 하는 노력이 진행되었을 것임을 어렵지 않게 추측할 수 있다.

이야기를 한번 구성해보자. 1961년 5월 11일부터 5월 15일까지 795B 씨리즈(RG 59, General Records of the Dept. of State, Central Decimal File, Box 2182-2189)에 해제되어 있지 않은 문서의 내용을 추론하는 것이다. 5월 11일자 문서 하나와 5월 15일자 문서 네 개는 'X-비밀등급정보'(X-Security Classified Information)으로 분류되어 공개되지 않았다. 1961년 1월부터 1961년 5월 11일 사이의 795B 씨리즈 문서 가운데 비공개된 문서는 거의 없는데, 왜 이 문서들만 공개되지 않았을까? 이 문서들이 모두 쿠데타와 미국의 관계를 밝혀줄 문서일 가능성은 없는가?

그러나 이는 추측일 따름이다. 오히려 미국의 일부 문서에서는 군의 정치적 중립이 강조되고 있다. 한국문제긴급임무팀은 쿠데타 직전인 1961년 5월 9일 토론 준비 자료로 입안된 문서에서 한국군의 역할을 다음과 같이 지적했다.

> 한국의 안보와 국내의 안정 그리고 이 지역에서 미국의 정책목표에 합당한 최소한의 한국군 규모를 유지하는 데 동의한다. 한국군 지도자들에게 정치적 중립을 지키도록 하고 기본적인 군사적 의무에 민간경제를 지원하는 책임이 포함돼 있음을 이해시키도록 지원한다.[80]

미국의 사전 개입설을 일축할 수 있는 또다른 증거는 비록 미국의 많은 관료들이 민주당 정부를 부정적으로 인식하긴 했지만, 장면을 지원해야 한다고 주장하는 문서가 5·16쿠데타 이전까지 계속해서 입안되고 있었다는 점이다. 쿠데타 하루 전인 1961년 5월 15일에 입안된 한국문제긴급임무팀 결정서의 첫번째 초안은 이 점을 잘 보여주고 있다.

권고

① 6월 첫주에 미국이 한국의 경제개발을 지원한다는 새로운 방향을 극적으로 표현하기 위하여, 그리고 일본과 한국 사이의 관계정상화를 위한 우리의 희망을 솔직하게 표현하기 위하여 대통령(케네디)은 트루먼 전 대통령에게 기획자문조직의 책임자와 함께 일본을 거쳐 한국을 개인자격으로 방문하도록 요청해야 한다.

② 대통령은 한일 두 나라 사이의 경제·정치적 틈을 메울 수 있는 다리를 최대한 빨리 만들 수 있도록 일본과 한국 총리의 즉각적인 미국 방문을 주선해야 한다. 협상과정에서 미국의 적극적인 역할은 피해야 한다. (…)

③ 대통령은 국가의 발전을 위한 한국인들의 열망의 파도를 이해하고 이에 대응하기 위한 강력한 지도력이 매우 중요하다는 점을 장면 총리에게 촉구해야 한다. 또한 그가 경제·사회적 개혁을 위해 더욱 용감해져야 한다는 점을 촉구해야 한다.

④ 대통령은 다른 자유세계와의 협의 속에서 장면 총리의 미국 방문기간 동안 한국의 5개년 국가개발계획에 필요한 외부적인 자원을 지원할 의도가 있음을 공개적으로 천명해야 한다.

⑤ 대통령은 장면 총리의 미국 방문기간 동안 한국의 5개년 국가개발계획의 우선적이며 가장 기본적인 단계로서 앞으로 5년 동안 추가로 40만KW의 전력을 개발할 수 있는 외환을 한국에 제공하겠다는 점을 특별히 공개적으로 공약해야 한다.

(…)

계획과 지도력

불행하게도 현재의 총리는 신망이 있고 지적이며 열심히 일하지만 강력한 지도자가 아니다. 심리적인 자신감이 결여되어 있으며, 극적이거나 대중적인 호소력이 없다. 그러나 지금으로서는 그를 확실하게 대체할 수 있는 지도자가 없다. 그러므로 장면의 지도력은 최대한도로 개발되어야 한다. 가장 바람직한 방법은 협동작업을 통해 그의 재능을 개발하는 것이며 대중 앞에서 정부의 지도력에 대한 이미지를 고양시키는 것이다. 미국은 적절한 비공식적 접촉과 충고를 통해 이러한 필요성들을 총리가 깨달을 수 있도록 해야 하며 그들(다른 정치인과 국민들)과의 만남을 도와야 한다. 동시에 우리는 그를 대체할 수 있는 지도자를 물색해야 한다. 불안정성이 나타날 수 있는 심각한 신호가 보이지 않는 한 지도력의 교체와 관련하여 우리는 공개·비공개적인 모든 방면에서 적극적인 역할을 해서는 안된다. 그러나 우리는 변화를 위한 상황이 무르익었을 때 대한정책을 발전시키기 위하여 새롭게 출현할 지도적 그룹을 지원할 준비를 해야만 한다.[81]

이렇듯 5·16쿠데타 하루 전까지 워싱턴의 관료들은 민주당 정부를 어떻게 도와줄 것이며 어떻게 강화해야 할 것인가, 동시에 민주당 정부를 대체할 수 있는 새로운 지도력을 어떻게 만들어낼 수 있을까를 고민하고 있었다.[82] 새로운 세력이 이미 쿠데타를 시작한 싯점에서 말이다.

이상과 같은 미국의 정책문서들은 보는 이들로 하여금 판단을 더욱 어렵게 한다. 현재까지 공개된 문서만으로 판단하면 미국이 5·16쿠데타를 배후에서 직접 지원했을 가능성은 거의 없다. 그러나 여러가지 정황을 추측해보면, 쿠데타 세력을 배후에서 조종하지는 않았다 하더라도 그들과 일정한 끈으로 연결되어 있었을 수는 있다. 한국군의 대대급까지 파견된 미군사고문단의 존재는 여러가지 상상을 가능하게 한다.

(3) 주한미국대사관에 전화한 장면 총리

쿠데타와 관련된 모든 증언은 한국군의 작전지휘권을 장악한 유엔군 사령관이 강한 쿠데타 진압 의지를 갖고 있었다는 점을 지적한다. 유엔군 사령관은 이한림(李翰林) 장군이[83] 지휘하는 제1군을 동원하여 쿠데타를 진압하고자 했다는 것이다. 물론 이에 대한 반론도 적지 않다. 매그루더 유엔군 사령관은 민주당 정부를 매우 부정적으로 인식하고 있었으며, 따라서 쿠데타를 적극적으로 진압할 의사가 없었다는 것이다.[84] 진압군을 동원할 수 있는 물리적인 힘을 실질적으로 가지고 있었던 유엔군 사령관의 입장은 과연 어떠한 것이었을가?

5·16쿠데타 소식이 그린(M. Greene) 대리대사를 통해 워싱턴에 전달된 것은 현지시각 5월 15일 오후 5시 21분, 한국시각 5월 16일 오전 6시 21분이었다(문서번호 1524, 발신시각 오전 5시).[85] 이 전문은 김대중(金大中) 민주당 후보가 보궐선거에서 당선되었다는 보고서가 워싱턴에 도착한 지 5시간 31분이 지난 싯점에 도착했다.

> 해병대의 몇개 중대와 하나 또는 두개의 예비사단이 지원하고 있으며, 박정희 소장이 이끄는 것으로 알려진 쿠데타가 진행중이라고 유엔군 사령관이 알려왔다. 좀더 자세한 내용은 아래와 같다.
>
> 장도영 육군참모총장은 유엔군 사령관에게 쿠데타 진압에 미군을 동원할 수 있겠는가를 물어왔다. 유엔군 사령관은 미군을 동원할 수 없다고 답변했다. 우리는 당연히 적절한 헌법절차를 거쳐 이곳에서 수립된 정권을 지지하고 있다는 점을 명확하게 밝히겠지만, 나는 (미군을 동원하지 않겠다는) 이러한 결정에 동의한다.
>
> 워싱턴시각 2시 5분(한국시각 새벽 3시 5분) 대사관용 주거지에서 작은 총성을 들을 수 있었다. 총성은 분명히 서울 남쪽의 육군본부에서 들린 것이다.

쿠데타에 대한 유엔군 사령관의 정확한 입장은 알 수 없지만, 그는 쿠데타를 진압한다 하더라도 미군을 동원하지 않을 것임을 분명하게 밝혔다. 쿠데타와 관련된 인사들의 회고는 대부분 유엔군 사령관이 미군을 동원해서라도 쿠데타를 진압하겠다는 강력한 의지를 갖고 있었다고 주장하지만,[86] 유엔군 사령관은 쿠데타 초기부터 미군을 동원하지 않을 것임을 명확히 했다. 그러나 미군을 동원하지 않겠다는 것이 곧 쿠데타를 인정하

매코너기 주한미국대사와 매그루더 유엔군 사령관을 만난 장면 총리. 1960년 8월 국무총리에 취임한 직후 모습으로 이 만남 이후 1년이 되지 않아 쿠데타가 발생했다.

겠다는 것을 뜻하지는 않는다. 3부에서 살펴본 바와 같이 1952년 이승만을 제거할 쿠데타 계획을 세울 때에도 미군은 한국군만을 동원해야 한다는 점을 강조했다.

유엔군 사령관은 미국의 합동참모본부 의장 렘니처 장군에게 쿠데타 상황을 보고하기 위해 곧 전문을 보냈다. 그린 대리대사의 전문이 워싱턴에 도착한 지 24분 뒤에 렘니처 장군은 다음과 같은 메씨지를 받았다.

6(C) 매그루더 장군의 요청에 따라 장도영 장군이 6시 30분쯤 매그루더 사령관의 사무실을 방문했다. 이때 장장군은 매그루더 장군에게 그는 혁명군의 도당이 아니지만, 유혈충돌을 막기 위해 혁명가들과 협상을 원한다고 밝혔다. 그는 혁명에 반대하기 위하여 군대 내의 동지들이 자신을 지원하도록 보증받기 위한 회합을 희망한다고 말했다. (…)

7(C) 매그루더 장군과의 면담에서 장(도영)은 한국정부를 유지하는 범위 안

에서 박(정희)이 계획을 추진할 수 있도록 하기 위하여 그와 아직 협상중이라고 말했다. 장은 박에게 혁명 세력의 요구를 정부가 파악할 수 있도록 하라고 요청했다.

유엔군 사령관은 쿠데타 직후 장도영 참모총장이 쿠데타군 측에 참가하지 않았음을 확인했다. 장도영은 쿠데타 세력을 지지하지는 않았지만, 진압보다는 타협과 협상을 추진하겠다는 입장을 밝혔다.

장도영을 만난 직후 유엔군 사령관과 주한미국 대리대사는 아래와 같은 성명을 발표했다.

11(C) 10시 18분쯤 다음과 같은 성명서가 PIO EUSA(Public Information Office, Eighth U.S. Army, 미8군 공보처)를 통해 발표되었다: 매그루더 장군은 유엔군 사령관의 권한 아래 있는 모든 군인들이 장면 총리가 이끄는, 적절한 절차를 거쳐 승인된 한국정부를 지지할 것을 요청한다. 매그루더 장군은 통제권을 즉각 정부의 권한 밑으로 복귀시키고, 군대 안에서 질서가 회복되도록 한국군 책임자들이 그들의 권한과 영향력을 행사하기를 희망한다.

12(C) 거의 동시에 다음과 같은 성명이 미국대사관 그린 대리대사에 의해 발표되었다: 자유롭게 선택되고 합법적으로 수립된 한국정부를 지지하라는 유엔군 사령관의 입장에 나는 전적으로 동의한다. 나는 미국이 지난해 7월 한국 국민들에 의해 선출되고 지난 8월의 총리선거에 따라 구성된 한국의 정부를 지지한다는 점을 확실하게 하고자 한다.

유엔군 사령관과 주한미국 대리대사의 성명은 쿠데타를 반대하고 민주당 정부를 지지한다는 것을 뜻했다. 한국군의 작전지휘권을 갖고 있는 유엔군 사령관의 입장은 쿠데타의 성공 여부에 결정적인 영향을 끼칠 수 있었다.

그러나 상황은 복잡하게 전개되었다. 제1군사령관을 제외하고는 쿠데타 진압에 확고한 의사를 표시하는 사람이 없었던 것이다.

13(C) 매그루더 장군의 성명서를 읽은 뒤 한국 제1군사령관 이한림 장군은 한국정부에 복종할 것이라고 말했다. 만약 그의 군대가 반란을 진압하라고 요청받는다면 반란군과 싸우지 않을 사람들도 몇몇 있겠지만, 대부분은 명령에 복종할 것이라고 말했다. 이한림 장군은 이동이 가능한 부대에 경보를 내렸다.

14(C) 10시 30분쯤 한국군 육군참모총장 장도영 중장이 전혀 제한이 가해지지 않고 있던 대한민국 대통령과 가택연금을 당하고 있던 국방부 장관을 방문했다. 대통령은 장도영에게 그는 한국에서 계엄령의 선포를 원하지 않으며, 혁명적인 움직임을 제거하려는 어떠한 단호한 조치도 원하지 않는다고 말했다. 국방부 장관은 한국 육군의 부대가 혁명적인 움직임을 제압하는 데 사용되는 것을 원하지 않는다고 말했다.

15(C) 11시 15분경 최경묵(최경록의 오기) 중장이 매그루더와 통화했다. 그는 현정부에 충성하고, 현정부를 지지하는 입장을 유지할 것이라고 말했다. 아울러 그는 대구를 장악한 부대가 원상복귀하도록 명령했으며, 그들을 철수시켰다고 말했다.[87]

점점 상황이 복잡해졌다. 한국 현지에 있는 미국 기관의 지휘부는 쿠데타를 반대하는 성명을 발표했는데, 평소 미국의 정책과 입장에 민감하게 반응하던 정치인들이 쿠데타의 진압에 미온적인 입장을 표명한 것이다.

이 순간 장면 총리는 대사관에 전화를 걸었다.

그러는 동안 총리와 외무장관(정일형)이 대사관에 전화를 걸었다. 외무장관은 집에 있으며 분명히 체포되지 않았다고 알려왔다. 총리는 나에게 "그렇게 멀리 있지 않다"고 말했지만, 분명한 이유들(전화도청으로 추측된다) 때문에 우리는 그가 정확히 어디에 있는지 문의할 수 없었다. 나는 그에게 유엔군사령관과 내가 발표한 성명을 알려주었다. 그는 깊은 감사의 뜻을 나타내면서 유엔군 사령관이 "권한을 행사"해야 한다고 촉구했다. (…)

장도영 장군과 박장군 그리고 혁명위원회의 다른 장교들은 아마 윤대통령과 11시쯤에 만날 것이다.

장면 총리는 11시 30분 대사관에 (다시) 전화를 해서 그가 안전하며 정치담당 참사관이 이 말을 그의 내각에 전해주었으면 한다고 요청했다.

참사관은 청와대에서 대통령과의 만남을 위해 떠난 뒤였다.[88]

장면 총리가 수녀원으로 몸을 숨긴 뒤 대사관에 전화를 걸었고, 유엔군 사령관에게 모든 권한을 넘겼다. 장면의 처지에서 볼 때 이제 모든 열쇠는 유엔군 사령관이 쥐고 있었다. 그러나 유엔군 사령관의 입장은 그렇지 않았다. 유엔군 사령관에게는 명분과 워싱턴의 명령이 필요했다.

(4) 윤보선 대 유엔군 사령관

유엔군 사령관과 그린 대리대사는 곧장 윤보선(尹潽善) 대통령을 만나기로 했다. 혁명세력이 대통령을 만날 것이라는 소식을 듣기도 했거니와 쿠데타 대책을 마련하기 위해서도 헌법상 최고위치에 있는 대통령의 입장을 확인할 필요가 있었다. 11시 30분 이들이 청와대에 갔을 때는 벌써 쿠데타 세력 중 박정희와 유원식(柳原植)이 청와대를 다녀간 다음이었다.

매그루더는 총구에서 시작된 소규모 그룹에 의한 정권찬탈은 한국의 미래에 재난이 될 것이라고 (윤보선에게) 강조했다.

그러고 나서 나(그린 대리대사)는 매그루더 장군과 내가 오늘 아침 일찍 발표한 성명을 언급했고, 나는 합헌적으로 한국에서 수립된 정부를 지지하며, 매그루더 장군이 말한 것과 같이 총구에서 야기된 정부의 어떠한 변화도 (4·19 혁명으로) 거대한 사회적 비용을 치르고 획득한 한국의 민주적 기관의 생존에 장기적으로 부정적인 결과를 가져올 것으로 믿는다고 강조했다. 쿠데타는 또 다른 쿠데타를 불러올 것이다. 아울러 나는 그러한 쿠데타의 성공이 한국의 국제적인 위치에 영향을 끼칠 것이며, 한국의 민주적 기관과 자유선거로 수립된 정부는 북쪽의 공산주의 전체주의자들과의 대결에서 가장 큰 재산이 된다고 말했다.

그린 대리대사가 윤보선 대통령에게 꺼낸 화두는 대한민국이 갖고 있는 '민주주의'의 힘이었다. 비록 당시 대한민국의 경제력이 미약할지라도 '민주주의'는 북한을 이길 수 있는 가장 큰 자산이라는 것이다. 그린이 '민주주의'를 화두로 꺼낸 것은 이미 장도영으로부터 대통령의 입장을 들었기 때문이었다.

그러나 대통령의 입장은 달랐다. 마치 오늘의 한국사회가 민주주의의 소중함을 점차 망각해가는 것처럼.

대통령은 자신의 견해가 매그루더 장군과 나의 견해와는 다르다고 말했다. 현정부에 대한 불만과 환멸은 광범위하게 퍼져 있으며, 국민들은 더이상 장면 내각의 약속을 믿지 않는다고 주장했다. (제2공화국의) 헌법은 사회적 고통을 충분히 줄이지 못했으며, 약속한 실업문제 해결에 실패했다. 그는 부패가 매우 심각하며, 중석 스캔들에서 증명된 바와 같이 정부 고위직 사이에 널리 퍼져 있다고 말했다. 대통령은 한국사회가 강한 정부를 원하고 있으며, 장면이 그러한 지도력을 제공하기에는 부족하다고 말했다.

(…) 그는 이 (쿠데타) 그룹들에 어떠한 약속도 하지 않았지만, 자신이 직위에서 물러나야 할 어떠한 조치도 있어서는 안된다는 말도 하지 않았다고 말했다. 대통령은 사태의 해결을 위하여 국회 안팎에 있는 지도자들을 포함하는 초당적인 거국내각을 구성해야 한다는 견해를 피력했다.

(…)

매그루더는 돌아가기 전에 정부 군사력의 우위를 바탕으로 폭도들과의 협상을 실행할 수 있도록, 충성을 다하는 한국 육군으로 하여금 쿠데타 그룹보다 압도적인 수로 서울을 둘러싼 수 있도록 대통령이 승인해줄 수 있는지를 물었다. 반란군이 군사력의 무용성을 느끼게 하는 이러한 전술로 유혈충돌을 피할 수 있다는 말이었다. 이 제안에 대한 토론과정에서 대통령은 서울에서 유혈충돌이 일어날 가능성이 있기 때문에 그러한 행동을 현싯점에서 승인할 수 없다는 입장을 다시금 밝혔다. 대통령은 가능하다면 반란군을 설득하여 자발적으로 그들이 철수하여 원래의 지역으로 돌아가게 하는 것이 더 낫다고 생각하고 있었다. 대통령은 반란군의 체면을 세워줄 수 있는 방법을 찾아야 하며, 어느 정도 관용이 요구된다고 지적했다.

지금까지 무장한 쿠데타 세력을 묵인해서는 안된다고 매그루더 장군과 내가 재차 강조한 것은 어느정도 효과를 보았다. 대통령은 어떠한 형식의 정부개편이든 먼저 쿠데타군이 서울에서 철수한 다음 합법적인 수단에 의해서 이루어져야 한다는 점에 동의했다. (…)

논평: 우리의 대담 초기에 윤대통령은 쿠데타의 목적에 동정적인 어조로 말했지만, 우선적인 문제가 한국의 헌법과정을 지키는 것이라는 우리의 토론결과에 부분적으로 동의하는 것 같았다. 그러나 그는 장총리의 사임을 보장하면서 즉각적인 난관을 해소한 뒤에 한국을 이끌어나갈 거국내각을 구성해야 한다는 언질을 쿠데타 세력으로부터 받은 듯하다.[89]

헌법상 한국군의 통수권을 가진 윤보선 대통령, 실질적으로 한국군의 작전지휘권을 가진 매그루더 유엔군 사령관, 미국의 한국 관련 기관들을 총괄하는 그린 대리대사 이 3인의 만남은 쿠데타의 성패를 결정할 수 있는 중요한 자리였다. 이 대담을 통해서 확인할 수 있는 몇가지 중요한 내용은 다음과 같다.

첫째, 유엔군 사령관과 주한미국 대리대사는 쿠데타에 '매우' 부정적인 입장을 취하고 있었다는 사실이다. 북한은 유엔군 사령관과 주한미국 대리대사의 성명을 내정간섭이라고 비판했고, 파키스탄의 신문은 이들의 성명이 자신들의 개입을 감추기 위한 하나의 방편이라고 비난했지만, 위의 대담록으로 볼 때 이들은 확실히 쿠데타에 반대하는 입장을 취하고 있었다. 그린 대리대사는 쿠데타군에 동정적인 윤보선 대통령을 설득하려 했으며, 유엔군 사령관은 대통령으로부터 쿠데타 진압 동의를 받기 위해 끝까지 노력했다.[90]

둘째, 유엔군 사령관이 의도한 쿠데타 진압방식이다. 윤보선과 장도영은 쿠데타 진압과정에서 발생할 수 있는 유혈사태를 걱정했는데, 유엔군 사령관은 압도적인 수의 군부대로 하여금 서울을 포위하게 하여 쿠데타군에 위협을 가함으로써 협상을 이끌어내려고 했다는 점이다. 물론 이 방법이 궁극적으로 유혈충돌을 야기할 수 있는 것이긴 했지만, 당시의 상황을 해결할 수 있는 최선의 방법이 될 수도 있었다. 또한 직접적인 진압보다 소극적인 태도로 비칠 수도 있었겠지만, 서울에서의 시가전을 막을 수 있는 유일한 방법일 수도 있었다.

셋째, 윤보선 대통령의 태도인데, 이 점에 대해서는 뒤에 다시 살펴보도록 하겠다.

이상의 전문에서 나타나는 내용을 종합할 때 유엔군 사령관이 쿠데타에 부정적인 입장이었던 것만은 확실하다. 쿠데타가 성공한 뒤 군사정부에서 출간한 『한국군사혁명사』에서도 매그루더 장군에게 쿠데타를 진압하려는 확고한 의지가 있었다는 점이 강조된다. 그러나 그의 의도가 얼마나 강력한 것이었으며, 쿠데타에 반대한 기본적인 이유가 무엇인가는 한번 짚어볼 필요가 있다.

매그루더 장군이 발표한 성명서와 윤보선 대통령과의 대화록에서 나오는 바와 마찬가지로 쿠데타 직후 매그루더의 가장 중요한 관심사는 한국군에 대한 통제권을 회복하는 것이었다.[91] 유엔군 사령관이 정치적인 관점에서 쿠데타에 진압명령을 내리는 것은 명백한 월권행위였다. 왜냐하면 유엔군 사령관은 군사적인 부문의 권한만 가지고 있었기 때문이다. 1950년대에는 미국의 대한원조를 총괄하는 권한이 유엔군 사령관에게 있었지만, 1959년 이후로 이 권한이 주한미국대사에게 이관되었다. 쿠데타 당시에는 주한미국대사가 공석이었기 때문에 그린 대리대사가 그 권한을 가지고 있었다. 따라서 한국의 정치와 관련된 문제는 그런 대리대사가 모든 권한을 가지고 처리해야만 했다.

그러므로 매그루더 장군은 대한민국 헌법상 한국군 통수권을 가진 윤보선 대통령 그리고 직제상 자신의 상관인 미국방부의 견해를 거스르면서까지 쿠데타 진압에 나설 수는 없었다. 쿠데타 진압에 나서기 위해서, 또는 한국 내의 정치상황에 개입하기 위해서는 그것을 합리화할 수 있는 여러가지 장치가 필요했다. 그 장치의 하나는 윤보선 대통령의 동의였고, 다른 하나는 본국의 훈령이었다.

쿠데타가 일어난 지 하루가 지난 싯점(한국시각 1961년 5월 17일 아침 9시)에 매그루더 장군은 다시 한번 상황을 종합하여 미합동참모본부 의장에게 보고했다. 상황은 쿠데타의 성공으로 끝난 것이었을까?

매그루더 장군으로부터. 이것은 첫 24시간이 지난 이후의 상황에 대한 나의 개인적인 요약이다.

장면은 계속 숨어 있으며 우리에게 나타나지 않고 있다. 개인적인 용기와 관련해서는 그는 명성을 얻지 못하고 있다.

군사쿠데타를 뒷받침하는 힘은 여전히 불분명하지만 점차 강해지고 있다. 몇개 부대만이 서울로 진입했는데, 아마 3,600명쯤 되는 것 같다. 그들은 기본적으로 저항을 받지 않았다. (…)

미군방첩대는 길거리에서 여론조사를 실시했다. 평균 10명 가운데 4명은 소요에 호의적이었고, 2명은 호의적이지만 시기적으로 너무 일렀다는 의견이었으며, 4명은 반대했다.

나는 한국군의 어떠한 참모들도 장면 정부에 충성한다고 충분히 자신할 수 없다. 합동참모본부 의장인 김종오(金鍾五)는 충성하는 성향을 보이면서 중립적이지만, 거의 영향력을 행사하지 않고 있다. 김신(공군참모총장), 이성호(해군참모총장) 그리고 김승은(해병대 사령관)은 중립적인 입장이다.

(…)

윤보선은 우선 헌법에 대해 말로는 수호하겠다고 했지만, 쿠데타를 그의 정적인 장면을 제거하고 새로운 정부를 수립할 수 있는 방법으로 받아들이는 것 같다. 그는 아직도 장면을 교체하기를 바라는 것 같으며, 이를 달성하기 위한 좀더 합법적인 길을 찾고 있는 듯하다. 윤대통령과 참의원 의장 조지 백(백낙준 白樂濬)은 폭도를 진압하기 위해 군을 동원하는 것에 반대한다.

(…)

요약건대 서울의 정부와 그 주변에 있는 모든 힘있는 사람들은 쿠데타 계획을 알고 있었으며, 최소한 그것에 반대하지 않았다. 국민들은 쿠데타에 대한 지지와 반대로 나뉘어 있지만, 지금으로서는 어떠한 적극적인 행동을 취할 정도의 충분한 관심을 나타내지는 않고 있다.

매그루더 장군은 시민, 군인, 정치인의 여론을 보고했다. 이들의 전반적인 여론은 결코 매그루더의 성명에 우호적인 것이 아니었다. 최소한 쿠데타에 대한 적극적인 지지도 없지만, 반대도 없다는 것이 그의 판단이었다. 그럼에도 불구하고 매그루더는 쿠데타 진압 의사를 계속 개진했다. 그의 유일한 희망은 이한림 제1군 사령관이었다.

한국군 제1군을 전선에 잡아두고 중립적인 입장의 군인들이 반역자들 진영으로 넘어가는 것을 막아야 한다는 이한림 장군의 충고가 있었을 때 나(매그루더)는 마셜 참사관이 했던 것처럼 합법적으로 선출된 정부를 지지한다는 성명을 방송으로 발표했다. 이것은 어느정도의 효과가 있었던 것 같지만, 정확히 예측할 수는 없다. (…)

우리는 반란에 차출되어 서울에 진주한 부대에 책임이 있는 사령관들에게 부대를 원대복귀시키도록 압력을 가함으로써 반란을 막아보려고 시도하고 있다. 아마 해병대 대대는 복귀할 수 있을 것이다. 한국군 4군단 포병대대의 복귀는 불가능할 것이다. 다른 부대들은 아직도 복귀 여부가 불확실하다.

(…)

이한림과 그의 한국 육군 제1군은 압도적인 군사력을 서울로 끌고 와서 반란군으로 하여금 싸울 의지가 없도록 만들 수 있는 힘을 가지고 있다. 이장군은 일부를 제외한 그의 부대는 명령을 받으면 그대로 실행할 것이라고 주장한다. 그는 현재 그의 4개 사단에 경보를 걸어놓은 상태다. 만약 장면에게서 반란을 진압하라는 명령을 받으면 그는 그 명령대로 실행할 것이라고 나는 믿는다. (…) 그러한 행동이 늦어지면 늦어질수록 성공 가능성은 희박해진다.

그러나 상황은 점차 쿠데타군에 유리하게 돌아갔다. 장면은 계속 나타나지 않았고 대통령은 진압을 위한 한국군 동원에 반대했다. 시간이 흐를수록 쿠데타군의 정부장악력은 높아질 것이다.

이제 유엔군 사령관은 고민에 빠지기 시작했다. 계속 장면을 지지하면서 쿠데타군의 진압을 추진할 것인가, 아니면 상황을 그대로 추인할 것인가?

만약 장총리가 반란을 진압하도록 한국군에 명령한다면 나(매그루더)는 그를 지지할 것을 제안한다. 그리고 그가 그렇게 할 때까지 나는 반란을 진압하고 장면을 지지할 수 있는 한국군을 계속 유지시킬 것이다. 총리의 은신이 길어지면 길어질수록 권력에 복귀하기 더욱 어려워질 것이다.

비록 대통령, 참의원 의장, 국방부 장관, 한국 육군참모총장 등이 한국군의 사용을 반대하고 있지만, 내가 이한림에게 반란 진압을 명령하는 것은 가능하다. 만약 내가 그렇게 해서 성공한다면, 우리는 아무도 운영하려 하지 않고 대중적인 지지도 결여된 정부를 복원하는 셈이 될 것이다. 기본적으로 내가 파견된 목적은 외부의 침략으로부터 한국을 보호하는 것이다. 이 목적을 위하여 한국군은 확고한 상태를 유지하고 있다. 공산주의자들의 내적인 폭동에서 한국을 구하는 것 역시 내 임무의 한 부분이라고 생각한다. 비록 반란군의 지도자가 예전에 공산주의자였고 적절하게 선출된 정부에 대한 어떠한 반대도 공산주의자들을 이롭게 하는 것이지만, 반란이 공산주의적인 성향을 띠고 있는 것

> 같지는 않다. 따라서 나는 나 자신만의 권한으로 한국군에 반란을 진압하라는 명령을 내리지 않을 것이다.
>
> 추신: 내가 이 전문을 보내려는 싯점에 5월 16일자 렘니처 장군의 메씨지를 받았다. 이 메씨지는 내 권한으로 반란을 진압하기 위해 한국군에 명령을 내리지 않겠다는 나의 의지를 확인해주었다. (…)
>
> 만약 위의 행동이 받아들여질 수 없다면 그 이상의 지시를 요청하는 바이다.[92]

상황이 쿠데타 세력에 유리하게 돌아감에도 불구하고 매그루더는 쿠데타 진압 의지를 갖고 있었다. 장면의 극적인 출현과 그의 쿠데타 진압 지시. 한편의 드라마를 생각하고 있었던 것일까? 쿠데타 직후에 보낸 전문에서는 쿠데타 세력을 '혁명가'(revolutionary)라고 표현했지만, 하루가 지난 후 보낸 이 전문에서는 대부분 '반역자 또는 폭도(insurgent)'라고 지칭했다. 쿠데타 세력을 보는 부정적인 시각이 더 강화된 것이었을까? 상황은 불리하게 돌아가고 있으며, 시간이 지날수록 장면 정부의 복귀는 더 어려워질 것이라는 그의 전망 속에는 쿠데타 진압이 점점 더 어려워질 것이라는 유엔군 사령관으로서의 전망도 들어가 있다. 심지어 그는 장면 정부의 복귀는 "아무도 운영하려 하지 않고 대중적 지지도 결여된 정부를 복원"하는 것이라며 악평을 퍼부었다.

안타깝게도 그뒤 며칠 동안 유엔군 사령관의 의도를 읽을 수 있는 전문은 없다. 그리고 5월 18일이 되어서야 장면 총리는 자신의 모습을 세상에 드러낸다. 그러나 이미 쿠데타를 진압하기에는 너무 늦은 시기였다. 쿠데타 진압을 준비했던 제1군 사령관 이한림은 5월 17일 쿠데타 지지를 선언하고 쿠데타 세력에 체포된 상황이었으며, 이한림 휘하의 김웅수(金雄洙) 제6군단장과 정강 제8사단장은 쿠데타 진압계획을 포기해야만 했다.[93]

이상의 논의를 통하여 유엔군 사령관이 쿠데타 진압에 강한 의지가 있었다는 것을 확인할 수 있다. 5월 17일에도 미 1군단에서 한국군 6군단으로 혁명군 진압 지시가 내려와 있었으며, 6군단의 고문관이었던 한 미군 대령 역시 쿠데타 진압에 적극적인 의지를 보였다고 한다.[94]

그러나 몇가지 의문이 계속 남는다.

첫째, 유엔군 사령관이 강력한 진압 의지를 갖는다고 해서 과연 진압이 가능한 것이었을까? 당시 주한미대사관 민정관 헨더슨(G. Henderson)은 매그루더의 의지만으로도 진압이 가능했을 것이라고 주장했다.[95] 그러나 본국의 지시 없이, 장면이나 윤보선의 지지 없이 쿠데타를 진압하는 것이 과연 가능했을까? 게다가 당시 매그루더는 전역을 앞두고 있었다. 후임 유엔군 사령관에 임명될 멜로이(G. S. Meloy) 장군이 부사령관으로 부임해 있었으며, 일부 증언에 따르면 멜로이 장군은 매그루더 유엔군 사령관에 비해 쿠데타 세력을 긍정적으로 생각했다고 한다.[96]

혹시, 매그루더는 진압보다는 작전지휘권의 회복을 위해 쿠데타 세력들에게 유엔군 사령관의 힘과 권한을 보여주려 했던 것은 아닐까?

둘째, 유엔군 사령관이 성명을 발표했는데도 왜 많은 군 지휘관들이 동요하는 모습을 보였는가 하는 점이다. 한국전쟁 이래로 미8군 사령관 겸 유엔군 사령관은 한국군의 작전지휘권을 장악한 막강한 권력자였다. 유엔군 사령관의 명령에 따라 모든 부대의 움직임과 훈련 등이 이루어졌으며, 군사고문단이 대대급까지 파견되어 있었다. 한국군의 인사권에도 개입했다. 그런데 왜 많은 지휘관들이 유엔군 사령관의 성명에도 불구하고 쿠데타를 지지하는 쪽으로 선회했을까? 혹시 각 부대에 파견되어 있던 군사고문단과 어떠한 교감이 있었던 것은 아닐까?

쿠데타 당시 제15범죄수사대 대장 방자명(方滋明) 대령은 미8군 사령관 정치고문 캘러헌에게서 미국의 입장에 대한 정보를 듣고 있었다. 캘러헌은 매그루더가 쿠데타 진압에 적극적인 입장을 밝히고 있지만, 5월 18일 워싱턴에서 '정관주의적'(Wait-and-See) 입장을 취하라는 훈령이 내려왔다고 방자명에게 알려주었다.[97] 유엔군 사령관과는 다른 경로—캘러헌의 경우처럼 미8군에 있는 민간정보요원이거나 한국군에 파견된 고문단,

또는 CIA 한국지부 소속 요원들—를 통해서 워싱턴의 입장이 전달되었을 가능성은 없을까? 또는 유엔군 사령관이 모르는 다른 경로를 통해 미국이 쿠데타 세력을 지원했을 가능성은 없을까?

(5) 워싱턴이 쿠데타 진압을 승인했을 가능성은 있을까?

쿠데타 당시 주한미국대사관 문정관 헨더슨은 1987년 한 월간지와의 대담에서 당시 워싱턴의 입장에 관해 몇가지 중요한 견해를 밝혔다.[98] 그의 증언 가운데 주목되는 내용을 보자.

> ① 장면 정권은 당시 우리와 우호적이었으며, 우리도 장면 정권을 굳게 신임하고 있었습니다. 우리가 장면 정부를 신임하고 있었다는 것은 쿠데타가 발생한 지 몇시간도 안돼 당시 주한미군사령관 매그루더 장군이 쿠데타군의 원대복귀를 명령하고 장면 정부를 지지하라는 성명을 발표했으며 그린 대사도 이를 강력히 지지하는 성명을 국무성의 승인도 거치지 않고 발표했다는 데서도 확인할 수 있습니다. 심지어는 쿠데타 성공 후에도 드 씰바 씨가 장면 정권이 밝은 희망으로 가득 찼었다고 말한 것을 나는 기억하고 있습니다.
>
> ② 워싱턴은 곧이어 진압을 중지하라는 명령을 내렸습니다. 나는 후에 이 사실을 알았습니다만, 매그루더의 진압을 중지시킨 유일한 이유는 3주전쯤 발생한 피그만 침공사건의 대실패가 몰고온 여파 때문이었습니다.
>
> ③ 헨더슨은 매그루더의 쿠데타 진압 결심은 아주 강경했다면서, 그때 진압작전이 만일 "윤보선의 축복을 받고" 개시되었더라면 그것 역시 피그만 상처에 몰두해 있던 워싱턴의 추인을 받았을 것이라고 회고했다.

①은 민주당 정부에 대한 미국의 입장을 밝히고 있다. 그러나 전술한 바와 같이 당시 미국관료들은 결코 민주당 정부의 장밋빛 미래를 그리고 있지 않았다. 당장은 민주당 정부를 지원하여 강화할 필요가 있었지만, 장기적으로는 새로운 대체세력을 육성하거나 그들과 긴밀하고 호의적인 관

계를 맺을 필요가 있다는 것이 당시 워싱턴과 한국 현지에 있는 미국인 관료 대부분의 생각이었다.

②는 미국이 왜 진압 중지 명령을 내렸는지를 설명해주고 있다. 새로 들어선 케네디 정부가 피그만 사건으로 큰 타격을 입었기 때문에 다른 나라의 내정에 개입하기가 쉽지 않았다는 것이다. 피그만 사건은 미국이 꾸바의 까스뜨로(F. Castro) 정부를 전복하기 위하여 피그만에 까스뜨로에게 반대하는 꾸바인들의 파견을 지원했다가 망신만 당하고 실패한 사건이었다. 꾸바 개입이 실패로 끝난 지 얼마 안되어 바로 한국에서 발생한 쿠데타에 개입한다는 것은 케네디 정권에 적지 않은 정치적 부담이 되었을 것이다.

그렇다면 진압을 중지하라는 명령은 실제로 내려진 것이었을까?

미국 대통령과 국무장관이 공석인 상태에서 유엔군 사령관에게 제일 먼저 전문을 보낸 사람은 미합동참모본부 의장이었다. 그는 워싱턴시각으로 5월 16일 오전 11시 20분(한국시각 5월 17일 새벽 0시 20분) 다음과 같은 내용의 전문을 유엔군 사령관에게 보냈다.

> ① 나는 지금 막 백악관의 모임에서 돌아왔다. 이 모임은 오늘 11시 30분 열릴 정규적인 언론 브리핑에서 대통령 언론담당 비서관 쎄링거가 한국의 상황에 대한 질문에 적절하게 답변하도록 하기 위한 모임이었다. 매코너기도 참석했다.
>
> ② 우리의 모임은 대부분의 시간을 다음과 같은 질문에 매달렸다. "(케네디) 대통령은 매그루더 장군과 그린 대리대사가 발표한 성명을 충분히 승인할 것인가?" 장군이 아는 바와 같이 합동참모본부 의장인 김(종오)이 두 개의 성명서가 너무 앞서 나갔다고 주장했다고 보고되었다. (…)
>
> ③ 백악관 모임에 제출된 견해들은 장군의 성명이 한국의 내정에 심각하게 간섭하지 않은 상태에서 할 수 있는 내용을 담고 있다고 동의했으며, 이 사실을 장군에게 알리는 것이 이 메씨지를 보내는 목적이다. 그러므로 가능한 한 더이

상의 성명을 피하고 공산주의 침략으로부터 한국의 국방을 유지하는, 유엔군 사령관에게 부과된 임무에 충실할 수 있는 논평만을 해줄 것을 제안하는 바이다.

국무장관 대리 보울즈(C. A. Bowles)와 오타와에 있는 케네디 대통령 사이에 5월 16일 오후 6시 5분 이루어진 대화는 다음과 같다.

한국의 상황이 어떻게 전개되고 있는지 대통령이 질문했다. 보울즈는 쿠데타가 성공했다는 것이 조금 전에 도착한 전문의 내용이라고 말했다. 쿠데타 세력은 우리가 동요한다는 사실을 알고 있는 것으로 보이며, 현지 기관은 내일 전체 내용을 담은 전문을 보낼 것이라고 전했다. 대통령은 (백악관으로) 돌아가게 되면 그들의 설명을 듣고 싶다고 말했다. 두 종류의 성명이 발표되었냐고 대통령은 물었다. 보울즈는 매그루더와 대사관이 성명을 발표했다고 말했다.[99]

위 두 건의 전문을 통해 몇가지 사실을 감지할 수 있다. 첫째, 유엔군 사령관과 그린 대리대사의 성명은 워싱턴의 승인을 받아서 발표된 것은 아니었다. 둘째, 그럼에도 백악관에 모인 케네디 대통령의 참모들은 그 성명이 미국의 대한정책에서 크게 벗어난 내용을 담은 것은 아니라고 생각했다. 셋째, 미합동참모본부 의장은 유엔군 사령관의 성명에 불만을 느끼고 있었다. 따라서 그는 더이상의 성명 발표를 피하라고 지시했다. 넷째, 국무장관 대리는 쿠데타가 발생한 지 24시간도 채 지나지 않아 쿠데타가 성공한 것으로 판단하고 있었다. 이때는 유엔군 사령관이 아직 쿠데타 진압 의지를 가지고 있을 때였다.

이 네가지 사안 중에서 가장 중요한 점은 마지막 부분으로, 쿠데타가 성공했다는 판단을 현지의 미국기관들보다 워싱턴이 더 일찍 내리고 있다는 사실이다. 5월 17일자 『뉴욕타임즈』는 보울즈 국무장관 대리가 상원 외교분과위원회 소속 의원들에게 "한국의 쿠데타 지도자들이 부패를 제거"하기를 바라고 있으며, "미국이 한국의 새 군사지도자들을 승인하게 되리라고 생각한다"고 말했다.[100] 5월 17일자 『뉴욕타임즈』에 이런 기사가 실렸다면 미국시각으로 5월 16일에 취재된 일이다. 유엔군 사령관이 쿠데타 진압 의지를 불태우고 있던 싯점에서 국무장관 대리가 이렇게 판단한 근거는 무엇이었을까?

우선 자료를 토대로 추측할 때 초기에 워싱턴에 전달된 몇몇 전문의 내용을 국무장관 대리가 전적으로 수용했을 가능성이 있다. 한국시각으로 5월 16일 2시 28분, 쿠데타가 발생한 것을 알리는 두번째 전문(문서번호 DTG 152330Z, Navy Message, 795B.00/5-1661)이 워싱턴에 타전되었다. 정확한 작성자를 알 수 없는 이 문서의 작성자는 "쿠데타는 명백히 성공적이다"(COUP APPARENTLY SUCCESSFUL)라고 상황을 보고했다.

그러나 다른 문서들이 모두 상황이 불확실하다고 타전하는 가운데, 이 문서 하나만을 근거로 국무장관 대리가 쿠데타가 성공했다고 말할 수는 없다. 특히 국무장관 대리는 자신의 의견을 하위관료에게 이야기한 것이 아니라 대통령에게 이야기한 것이다. 그런만큼 그는 큰 책임감을 느꼈을 것이다. 그가 말한 조금 전에 도착한 전문이란 795B 씨리즈에 있는 전문들을 종합해볼 때 새벽 2시 28분에 타전된 문서는 아니며, 위에서 인용한 대사관 전문 중 하나일 가능성이 크다. 그러나 그 전문의 어디에도 쿠데타가 성공했다는 언급은 없고, 다만 성공할 가능성이 크다는 뉘앙스를 풍기고 있다.

그렇다면 현재까지 공개되지 않은, 아니면 찾지 못한 다른 전문이 존재하는 것일까? 만약 다른 전문이 존재한다면 그 전문은 대사관이 아닌 다른 기관에서 전달된 전문일까? 그 전문의 내용은 무엇인가?

또다른 가능성은 국무장관 대리가 주한미국대사관에서 발송한 전문을 나름대로 종합하여 해석했을 수도 있다는 점이다. 보울즈는 미국의 후진국정책과 관련하여 로스토우와 비슷한 견해를 가지고 있었다.[101] 후진국에서의 개혁을 위하여 새로운 지배층의 출현을 바라는 대외정책 입안자들에게 5·16쿠데타가 한국의 새로운 희망으로 다가왔을 수도 있다. 앞에서 언급했듯이 로스토우는 자신이 케네디 대통령에게 건의하여 쿠데타 진압을 막았다고 술회했다.[102]

이러한 보고를 접한 케네디가 유엔군 사령관과 주한미국 대리대사의 성명을 불쾌하게 생각한 것은 당연하다. 상황을 제대로 판단해보지도 않고 무너져가는 정권을 지지하는 성명을 발표하다니! 이것은 치명적인 실수가 될 수 있지 않은가. 워싱턴시각으로 5월 16일 오후 10시 45분(한국시각 5월 17일 아침 11시 45분), 국무장관 대리가 주한미국대사관에 보낸 전문도 합동참모본부 의장의 전문과 같은 맥락에서 이해될 수 있는 부분이 많다.

> 우리는 한국의 헌법체제에서 한국인들에 의해 자유롭게 선택된 정부를 전복하는 사태를 발생시킨, 무모한 군인들의 도전에 반대하면서 합법적인 정부의 권위를 복원시키려는 의도를 인정한다. 비록 어떠한 이데올로기적인 문제가 개입되지 않은 것이 명백하더라도, 우리의 판단으로는 쿠데타 시도는 한국의 안정과 명성에 악영향을 끼칠 것이며, 그러므로 우리의 공동의 이해관계에 반대된다.
>
> 그러나 총리 및 국무위원들이 사라진 것과 함께 대통령, 군대의 지도자들 그리고 다른 중요한 관료들이 쿠데타를 진압하거나 또는 쿠데타의 편에 서는 등 일관된 행동을 하지 않으려는 이상한 태도로 인해 장면 정부가 아무런 상처 없이 위기를 벗어나기는 어려울 것으로 본다. 반란을 다루어야 하는 권력을 가진 관료들의 그러한 우유부단한 태도와 장면 정부의 운명에 대한 일반 대중의 명백한 무관심으로 인해 장면을 대신하여 미국이 영향력을 행사할 수 있는 근거가 희박해지고 있다.
>
> 그러므로 상황이 명확해질 때까지 앉아서 지켜보는 조심스러운 태도를 취해야만 한다. 우리는 정부가 스스로 복구되는 과정에 악영향을 끼칠 어떠한 조치도 피해야 한다고 지속적으로 희망한다. 다른 한편으로 정부가 스스로 효과

적인 노력을 기울일 능력과 의지가 있다는 어떠한 신호가 나타나지 않는다면 미국이 (권력을) 잃어버린 내각과 운명을 같이한다는 인상을 대중에게 심어주는 것을 피해야 할 것이다.[103]

이 전문에서 국무장관 대리는 합동참모본부 의장과 동일한 견해를 보이면서 개입으로 오해받을 수 있는 더이상의 발언을 삼갈 것을 요청했다.

그런데 이 전문에서 흥미로운 점은 극동담당 차관보이자 한국문제긴급임무팀 의장이었고, 쿠데타 직전까지도 주한미국대사였던 매코너기와 또 다른 국무부 차관보 클리블랜드의 반응이다. 클리블랜드는 유엔군을 동원해 쿠데타를 진압하자고 제안했으며, 보울즈는 매코너기·클리블랜드와 함께 이러한 행동이 가능한가에 대해 차후 다시 논의하기로 했다.

주(위 인용문의 주): 다음날 아침 장관 참모들의 모임에서 매코너기는 "대통령은 장면 정부를 지지한다는 내용의 그린·매그루더의 성명에 불안해했고, 그린이 필요한 판단에 따라 실행한 행동을 승인하지만 더이상의 논평에 대해서는 주의하라고 말했다"고 전했다. 매코너기는 빈약한 대처 때문에 신망을 잃었기 때문에 상황이 더 어려워지고 있다고 말했다. 그러나 쿠데타 그룹은 믿을 만한 지도력을 제공하지 못하고 있다고 말했다. 클리블랜드(국무부 차관보)는 유엔군의 이용을 제안했고 보울즈는 클리블랜드와 매코너기에게 오후에 논의할 것을 요청했다.

국무부 일각에서는 쿠데타를 부정적으로 바라보는 시각이 존재하고 있었다. 매코너기 역시 쿠데타에 부정적인 입장을 취했다. 매코너기는 4·19혁명의 한가운데서 미국의 대한정책을 조율한 인물이었다. 앞에서 인용한 국무장관 러스크의 문서(AS-88 January 24, 1961, 795b.00/1-2461)에 나타나는 바와 같이 미국은 4·19혁명 당시 주한미국대사관의 정책 조율을 성공적인 것으로 평가하고 있었다. 매코너기는 민주당 정부와의 밀월관계를 잘 조절했다. 이러한 그의 업무성과가 그를 국무부 차관보로 승진시키는 데 결정적으로 작용했을 것이다. 매코너기의 입장에서 때로는 도와주고, 때로는 충고하며, 때로는 압력을 가하기도 한 민주당 정부가 몰락하는 것을 어떻게 바라보았을지는 쉽게 추측할 수 있다. 매코너기는 쿠데타가 발생한 뒤 13일이 지난 5월 29일에 열린 한국문제긴급임무팀 회의에서 긴급임무팀의 결정서 초안이 마치 '군사정권 외에는 선택의 여지가 없는 것'처럼 서술되어 있다며 불만을 터뜨렸다.[104]

그가 한국을 떠난 지 얼마 안되어 주한미국대사가 공석인 상태에서 군사쿠데타가 발생했다는 것은 우연이 아닐 가능성도 있다. 한편으로는 쿠데타 세력이 매코너기에 관한 정보를 갖고서 치밀하게 계획을 세웠을 가능성도 있으며, 다른 한편으로는 쿠데타 세력과 접촉하고 있었던 누군가가 이에 관한 정보를 주었을 가능성도 있다. 아니면 정말 우연히 오비이락이었을 가능성도 있다. 만약 매코너기가 한국에서 계속 업무를 수행했다면 쿠데타의 운명은 달라졌을 가능성도 있다. 장면 총리에게는 매코너기의 존재 자체가 기댈 수 있는 든든한 배경이 되었기 때문이다.

그린 대리대사는 5월 17일 새벽 5시 37분(한국시각 5월 17일 저녁 6시 37분. 전문을 보낸 시각은 오후 4시) 국무부에 전문을 보내 이제 쿠데타 세력이 서서히 안정되어간다고 보고했다.[105] 쿠데타 성공 여부가 아직 유동적이라는 국무부의 정오 브리핑에도 불구하고[106] 워싱턴은 쿠데타의 성공이 가까워진다고 판단했다. 또한 현행 헌법 및 윤보선 대통령을 적절하게 이용할 경우 권위있고 안정적인 새로운 정부의 구성도 가능할 것으로 보았다.[107]

장면과 각료들이 천하에 모습을 드러내고 사퇴한 것은 쿠데타가 일어난 지 이틀이 지난 5월 18일. 그러나 미국무부는 이미 쿠데타의 성공, 민주당 정부의 퇴진으로 사태의 가닥을 잡았다. 장면이 왜 5월 18일에 모습을 드러냈는가는 여기에서 해답을 얻을 수 있다. 장면은 그저 숨어만 있었던 것은 아니다. 그는 측근들을 통해 미국대사관 그리고 그의 정치고문 휘태커와 연락을 취하고 있었다. 그는 5월 17일 밤에 국무부 문서의 내용을 전달받았을 것이다.

장면에게는 이제 더이상의 희망이 없었다. 현지에 있는 대리대사나 유엔군 사령관에게서 어떠한 특별한 제안이 없는 한 미국 현지기관들은 윤보선 대통령과 쿠데타 세력을 중심으로 새롭게 판을 짜도록 지원해야 했다. 쿠데타가 발생한 이후 약 40시간이 흐른 싯점에서 국무부는 행동해야 할 방향을 잡은 것이다. 더이상 좌시(Wait-and-See)할 수는 없었다.

그러나 미국이 취한 정관주의적인 입장 역시 명백한 개입이었다. 이 책의 서론에서 말한 것과 같이 쿠데타군을 진압할 수 있는 것도, 동원된 쿠데타군을 묵인할 수 있는 것도 모두 유엔군 사령관과 유엔군 사령관에게 조언 또는 훈령을 내릴 수 있는 워싱턴의 권한이었다. 따라서 사태에 개입하지 않는 것은 그 자체로 쿠데타군에 유리한 상황을 만들어주는 조치였다.

장면 총리와 민주당 정부의 각료들이 총사퇴하자 그린 대리대사는 곧 새로운 작업에 착수했다. 그는 5월 19일(한국시각 5월 18일, 정확한 시간은 불명) 윤보선을 만났다. 그는 "국가의 통합을 유지하고 시민들이 광범위하게 참여하는 책임감 있는 초당파적인 정부"가 최대한 빨리 출현해야 한다고 강조했다. 아울러 그는 6개 항목의 희망사항을 전달했다.

> 미국과의 협조:
>
> ① 현존하는 협정과 조약의 계속된 인정
>
> ② 한국군의 작전지휘권을 유엔군 사령관 밑으로 복귀
>
> ③ 쿠데타 이전의 역할과 위치로 한국군 복귀
>
> ④ 보복 없이 정치범들 석방
>
> ⑤ 반부패·반족벌주의 정책
>
> ⑥ 경제적 안정과 발전 그리고 미국 원조의 효율적인 이용[108]

5월 17일 저녁 미국은 민주당 정부의 붕괴와 쿠데타의 성공을 인정함으로써 마침표를 찍었다. 특별히 다른 상황이 발생하지 않는 한 유엔군 사령관이 독자적으로 쿠데타를 진압하는 것은 불가능해졌다. 그렇다면 미국은 그 시점부터 군사정부를 적극적으로 지원해주기 위해 전력을 기울였을까?

결론부터 이야기하면, 아니다. 미 국무장관은 위에서 인용한 문서에서 보이는 바와 같이 쿠데타 성공 이후에 세워질 정부가 자신들의 입맛에 맞도록 다양한 형태의 영향력을 행사하려고 했다. 5월 18일 그린 대리대사가 윤보선에게 제시한 6개 항목은 미국이 어떠한 형태의 새로운 정부를 원하고 있었는지를 잘 보여준다. 미국은 6개 항목의 내용을 관철하기 위하여 1961년 5월부터 1963년말까지 장장 2년이 넘는 기간 동안 군사정부와 씨름했다.[109]

(6) 쿠데타의 성공은 미국 때문인가?

그렇다면 과연 쿠데타 성공의 직접적인 원인은 어디에 있는 것인가? 미국이 배후에서 지원했는가? 배후에서 지원하지는 않았지만 일정한 접점을 가지고 있었고, 쿠데타가 발생하자 이를 묵인하고 군을 동원해 쿠데타를 진압하지 않음으로써 음으로 양으로 쿠데타의 성공을 도왔는가?

혼란을 줄이기 위해 지금까지의 논의를 간단하게 정리해보자. 한국문제에 관여하고 있었던 미국의 관료들은 민주당 정권을 부정적으로 바라보고 있었다. 이들이 민주당 정권을 당장 다른 세력으로 교체하자고 주장한 것은 아니었지만, 당시 새로운 미국의 정책에서 나타난 바와 같이 한국에서 대체세력이 등장해야 한다고 생각하고 있었다. 한편으로는 민주당 정권을 강화하고 다른 한편으로는 새로운 대체세력을 만들어 지원해야 한다는 인식 아래 한국문제긴급임무팀이 조직됐다. 그리고 바로 이 시점에서 쿠데타가 일어났다.

쿠데타가 일어났을 때 대외정책의 최고결정자인 미국의 대통령과 국무장관은 부재중이었다. 따라서 대통령과 국무장관의 재가를 받지도 않은 채 유엔군 사령관과 주한미국 대리대사는 민주당 정권을 지지하는 성명을 발표했다. 유엔군 사령관은 쿠데타 진압에 적극적인 입장을 취했다. 그러나 유엔군 사령관의 쿠데타 진압 의지를 뒷받침할 수 있었던 한국의 국무총리는 시야에서 사라졌고, 윤보선 대통령은 쿠데타 진압에 반대한다는 분명한 의사를 표시했다. 뿐만 아니라 워싱턴에서는 유엔군 사령관과 대리대사의 성명에 부정적인 시선을 보내고 있었다.

지금까지 공개된 문서들에 따르면, 워싱턴은 5·16쿠데타 초기에 상당히 당황했던 것으로 보인다. 무엇보다도 당시는 최고책임자들이 부재한 상황이었다. 그렇지만 쿠데타 직후부터 국무장관 대리와 합동참모본부 의장은 유엔군 사령관의 견해에 부정적인 입장이었다. 이들은 한국 현지의 미국관료들에게 더이상의 행동을 자제해야 한다고 권고했다. 그리고 당분간 정관주의적인 정책을 취할 수밖에 없다는 입장을 전달했다. 모든 상황이 불명확하므로 확실해질 때까지 기다리자는 것이다. 결국 이들은 발생할 수 있는 모든 결과에 배팅한 것이다. 유엔군 사령관은 장면의 출현에 최후의 기대를 걸고 있었지만, 장면과 그의 각료들이 모습을 드러내기 전에 미국은 벌써 쿠데타가 성공한 것으로 결론을 내렸다. 그리고 바로 작업에 들어갔다.

이상과 같이 상황을 요약한다면 5·16쿠데타가 성공한 것은 미국의 모호한 태도 때문이었다고 결론을 내릴 수 있다. 작전지휘권을 장악한 미국이 자신들의 지휘권에서 빠져나간 군인들에게 아무런 조치도 취하지 않았고 쿠데타를 진압하려는 군인들에게 진압할 수 있는 기회나 권한을 주지 않았다면, 쿠데타는 성공할 수밖에 없다. 그러나 쿠데타와 미국만을 분석의 대상으로 삼는 이러한 결론은 위험한 오류에 빠질 수 있다. 미국뿐만 아니라 또다른 부분, 바로 대통령을 중심으로 하는 당시 한국의 정치인·관료 들에게 눈을 돌려야 한다.

"올 것이 왔구나"란 발언을 중심으로 한 논쟁이 진행된 것도 바로 이 점을 짚어보기 위한 것이었다. 1961년 5월 16일 윤보선 대통령은 박정희 소장, 유원식 대령을 만난 자리에서 "올 것이 왔구나"라고 말했다고 한다. 후에 자신은 "날 것이 났구먼" 또는 "온다는 것이 왔구나"라고 말했다고 주장했지만, 대통령과 자리를 함께한 유원식, 국방부장관 현석호,[110] 밖에서 박정희를 기다리고 있던 김재춘(金在春) 등은 모두 "올 것이 왔구나"라는 말을 들었다고 증언하고 있다.

지금까지의 증언을 정리해보면 윤보선은 쿠데타 세력에 호의적인 생각을 품고 있었거나, 최소한 쿠데타 진압에 적극 나서지 않는 입장이었다. 그 자신은 이 점을 부인했지만,[111] 윤보선과 주한미국 대리대사 그리고 유엔군 사령관과의 대화에서 쿠데타를 대하는 그의 입장이 잘 나타난다. 5월 16일 아침 윤보선은 청와대를 찾아온 유엔군 사령관에게 쿠데타의 진압 대신 초당적인 거국내각 구성을 제안했다.[112]

전술한 바와 같이 주한미국대사관의 한 관리는 만약 윤보선의 축복이 있었다면 워싱턴에서 진압을 거부했더라도 유엔군 사령관은 쿠데타 진압에 나섰을 것이라고 말했다. 정말 그런 상황이 가능했을까? 아니다. 유엔군 사령관이 워싱턴의 동의 없이 쿠데타 진압에 한국군을 동원하기는 불가능했을 것이다. 군인이 명령체계를 어기는 일은 있을 수 없기 때문이다.

그러나 비록 윤보선의 태도가 결정적일 수는 없었을지라도 쿠데타가 성공하는 데 중요한 명분을 제공한 것은 명백한 사실이다. 주한미국대사관과 미국무부 사이에 오간 전문들은 이 점을 분명하게 보여준다. 쿠데타에 대한 한국인들의 무관심, 또는 민주당 정부에 대한 정치인들의 혐오는 쿠데타를 진압하지 않아도 되는 가장 중요한 명분을 주었다. 한국의 국민들이 적극적으로 지지하지 않는 개입이 과연 필요할까? 미국이 헬기 몇대로 빠나마의 노리에가를 체포하는 데는 성공해놓고, 막대한 화력을 퍼붓고서도 지금까지 이라크를 안정시키지 못하는 것은 바로 이런 사실 때문이 아닐까?

미국은 쿠데타 성공 여부에 관계없이 윤보선이 자리를 지켜주기를 원했다. 대통령이 그 자리를 지킨다면 그것은 헌법 절차가 지켜지고 있음을 만방에 과시할 수 있는 명분이 되기 때문이다. 보울즈 국무장관 대리는 쿠데타 직후 상원 외교분과위원회에 출석하여 윤보선 대통령이 자리를 지킨다면 한국의 새 체제를 승인하는 데 아무런 문제도 없을 것이라고 말했다.[113] 대통령이 그대로 있다면 외교관례상 대사들이 새로 신임장을 제출할 필요가 없다. 관계를 그대로 지속하면 되는 것이다. 군사쿠데타 세력들이 정식승인을 요청했을 때에도 미국은 대통령이 자리를 지키고 있는 한 따로 승인할 필요가 없다는 입장을 피력했다. 미국은 이미 5월 22일에 이에 대한 법적인 검토를 끝냈다.[114]

(7) 3,500여명으로 성공한 쿠데타

이상의 문서들을 통해 5·16쿠데타가 성공하는 과정을 살펴보았다. 한국현대사의 흐름을 바꾸어놓은 사건이기에 5·16쿠데타의 성공과정을 알아보는 일은 매우 중요하다. 60만 대군이 있는 나라에서 전체 군의 1%도 안되는 3,500여명의 군인이 쿠데타에 성공한 것을 어떻게 설명할 것인가? 그것도 한국 전역이 아니라 서울을 중심으로 한 일부 지역만 장악했는데도 쿠데타가 성공했다. 이것은 서울에 얼마나 많은 권력이 집중되어 있었는지를 보여주는 것이기도 하지만, 여전히 많은 의문점을 남기고 있다.

쿠데타군은 허술하기 짝이 없었다. 예정된 군대가 제대로 동원되지도 못했다. 한강을 넘을 때 헌병들이 쿠데타군을 가로막은 상황 역시 예기치 못한 것이었다. 이때 박정희는 한강을 건널 것인가 말 것인가를 고민했다는 증언도 있다. 이렇게 많은 허점을 안고 있는 쿠데타가 과연 미국의 도움 없이 성공할 수 있었을까?

거듭 강조하지만, 지금까지 밝혀진 미국의 문서 속에서는 미국이 쿠데타에 개입했다는 증거를 찾을 수 없다. 미국이 베트남의 쿠데타에 개입하고 필리핀의 선거에 개입했으며 니까라과·이란 등의 정치상황에 개입했다는 자료들, 그리고 이승만을 제거하기 위한 계획을 세웠다는 자료들이 이미 다 공개된 상태에서 5·16쿠데타에 개입했다는 자료만을 공개하지 않을 특별한 이유가 있을까?

그러나 이승만 제거계획이 실패했을 때 미국이 세운 계획과 장면 정부에 미국이 실망했을 때 구상한 계획을 떠올려보자. 또한 로스토우가 생각한 제3세계 또는 후진국 내부의 사회개혁 프로그램도 다시 한번 떠올려보자. 미국은 기존의 정치지도자들을 대체할 수 있는 새로운 지도자그룹을 육성하고 지원하려고 하지 않았는가?

아직까지 1950년대와 4·19혁명 시기 미국이 누구를 통해 어떤 그룹을 지원했는지는 명확하게 밝혀지지 않고 있다. 그러나 미국대사관의 정치참사관들을 통한 다양한 접촉이 이루어졌을 것임이 분명하다. 그리고 그러한 접촉을 통해 미국은 자신들의 새로운 정책에 적합한 새로운 지도자들을 찾아서 육성하려고 했을 것이다. 이 장의 맨 앞에 등장한 '크레퍼 사건'은 이 과정에서 일어난 사건이었을 가능성이 크다. 미국이 실제로 육성하고자 했던 새로운 지도자그룹은 따로 있었는데, 쿠데타는 엉뚱한 곳에서 벌어진 것이다. 그래서 미국이 당황했던 것은 아닐까?

그러나 이 장에서 필자가 강조하고 싶은 것은 5·16쿠데타 계획에 미국이 개입했는가의 여부가 아니다. 더욱 중요한 것은 쿠데타를 성공시킨 장본인이 바로 한국의 지도자들이라는 점이다. 미국은 반공의 최전선에 있는 한국에서 강력한 지도력이 발휘되는 것을 최우선 정책 과제로 설정하고 있었다. 미국이 지원하는 한국이 침략이 아니라 내부 혼란 때문에 붕괴된다면, 그것은 미국의 권위를 땅에 떨어뜨릴 뿐 아니라 동북아시아의 반공전선에도 엄청난 문제를 일으키는 것이기 때문이다. 또한 그러한 사태로 인해 만약 남한까지도 미국에 적대적인 사회주의국가가 된다면, 그것은 곧 인접한 일본에 직접적인 안보 위협을 가져올 수 있었다.

실제로 5·16쿠데타 기간 동안 일본은 한국 내부의 사정에 지대한 관심을 쏟고 있었다. 또한 쿠데타가 성공하고 군사정부가 수립된 뒤에도 쿠데타 세력의 성향을 미국에 지속적으로 문의했다. 일본 역시 안보적인 관점에서 한국의 쿠데타가 일본에 어떠한 영향을 끼칠 것인가에 대해서 촉각을 곤두세우고 있었던 것이다.

한국전쟁을 전후한 시기 미국의 대한정책에서 드러난바, 미국은 자국의 이해관계에 직접적인 영향력이 없는 한국을 포기할 수는 있지만, 아시아에서 자본주의의 핵심인 일본을 포기할 수는 없었다. 그렇기 때문에 한반도의 안정은 미국에 매우 중요한 것이었다.

그런데 5·16쿠데타 직후 미국이 본 것은 조용한 한국인들이었다. 그리고 무너져야 할 정부가 무너진 것일 따름이라는 한국 대통령의 푸념이었다. 만약 쿠데타에 반대하면서 합법적으로 수립된 정부를 지켜야 한다는 광범위한 여론이 존재했다면, 과연 미국이 방관만 할 수 있었을까? 4·19혁명과 1987년의 6월항쟁을 보면서 미국정부는 어떤 정책을 선택했는가? 미국은 1949년 거대한 중국이 공산화되는 것을 왜 쳐다만 보고 있었을까? 여기에는 국민의 신망을 얻지 못한 민주당과 중국국민당에도 큰 책임이 있었겠지만, 궁극적인 책임은 이를 지켜보기만 한 국민들에게 있는 것이었다.

물론 국민들이 광범위하게 반대했다고 하더라도, 쿠데타 세력이 미국의 정책에 더 도움이 된다고 판단했다면 미국정부는 이들을 지원할 수도 있었을 것이다. 1980년 '서울의 봄'처럼. 그러나 후술하는 바와 같이 미국은 1963년 민정이양이 이루어질 때까지도 쿠데타 세력을 완전히 신뢰하지 못했다.

3. 쿠데타 세력 길들이기와 박정희의 줄타기

(1) 윤보선을 이용하자

5·16쿠데타 직후 전개된 일련의 사건들은 한국국민들뿐만 아니라 한국에 이해관계를 가진 모든 국가에 당혹스럽게 다가왔다. 쿠데타는 일어

났는데 국가의 책임자인 국무총리가 사라졌다.[115] 국무총리가 없는 상황에서 한국군의 작전지휘권을 가진 유엔군 사령관은 장면 정부를 지지하고 불법적인 쿠데타에 반대하는 성명을 발표했다. 케네디 대통령은 자신과 국무부의 승인 없이 발표된 유엔군 사령관의 성명에 불편한 심기를 드러냈다. 쿠데타 세력은 국무총리뿐 아니라 각료들을 찾아서 사퇴를 받아내고 정권을 인수하고자 했지만, 이들을 찾을 길이 없었다.

그러나 무엇보다도 사람들을 가장 당황하게 한 것은 쿠데타를 대하는 윤보선 대통령의 태도였다. 쿠데타 직후 매그루더 유엔군 사령관과 그린 주한미국 대리대사를 만났을 때 대통령은 5·16쿠데타 진압을 반대했으며, 오히려 무너질 수밖에 없었던 정권이 무너진 것으로 상황을 묘사하기까지 했다. 그러고 나서는 새로운 정부가 필요하다고 주장했다.

> 대통령은 문제의 해결을 위하여 국회 안팎에 있는 지도자들을 포함하는 초당적인 거국내각을 구성해야 한다는 견해를 피력했다.
>
> (…)
>
> 이 싯점에서 우리는 조지 백(백낙준) 참의원 의장과 합석했다. 그는 현재의 쿠데타를 포함한 문제들의 근본적인 해결을 위해선 더욱 엄격하게 구성된 내각을 포함하는 정부기구 개편이 필요하다는 견해를 밝혔다. 윤대통령은 민의원 의장 곽상훈에게 연락해 즉시 미국에서 귀환하라고 했다고 말하면서, 그러한 새로운 정부의 구성을 위한 협의는 곽의장의 요청에 따른 것이었다고 암시했다.[116]

쿠데타가 일어난 지 약 1년이 지난 1962년 5월 4일 『동아일보』의 이만섭(李萬燮) 기자는 국가재건최고회의의 유원식에게서 중요한 정보를 받았다. 윤보선 대통령이 쿠데타 전에 유원식과 접촉하여 쿠데타를 승인하기로 했다는 '사전접촉설'이었다. 유원식은 유엔군 사령관이 윤대통령을 만나기 직전 박정희와 함께 대통령을 만난 자리에서 약속을 지켜줄 것을 요구했고 대통령은 이를 허락했다는 것이다. 그뒤로 유원식과 윤보선 사이에서 '사전접촉설'의 진위를 놓고 공방이 계속되었다.[117] 지금까지의 논쟁을 정리해보면 윤보선은 쿠데타 세력에 호의적인 생각을 품고 있거나 최소한 쿠데타 진압에 적극적으로 나서지 않겠다는 입장이었다. 스스로는 부인했지만,[118] 위의 인용은 대통령의 이러한 입장을 잘 보여준다.

이러한 일련의 사태에서 주목해야 할 점은 위의 인용문에서 나타나는 바와 같이 윤보선 대통령이 '초당적 거국내각'의 구성을 생각하고 있었다는 점이다. 참의원 의장 백낙준 역시 내각과 행정부의 개편을 통해 쿠데타로 빚어진 사태를 해결해야 한다고 주장했다. 윤보선이 속한 민주당 구파의 신민당 당위원장 김도연(金度演)은 쿠데타 다음날인 5월 17일 긴급 간부회의를 소집해서 사태를 논의한 끝에 이제는 거국내각을 구성해야 한다는 것을 윤대통령에게 건의하기로 하고 성명을 냈으며, 지방의 신민당 당사에서는 "이제는 우리 세상이 되었다"고 좋아라 만세를 부른 일이 있었다고 한다.[119]

물론 윤보선의 이러한 태도는 민주당이 창당된 이후 1950년대 내내 계속된 신구파 사이의 기나긴 갈등에 기인하는 것이었으며, 좁게는 민주당 정부 내에서 권력으로부터 소외되어 있던 자신의 처지에서 비롯된 것이었다. 1961년 4월 14일 주한미국대사 매코너기는 이임인사차 청와대에 들렀다. 이때 매코너기 대사는 한국의 상황을 파악하는 윤보선의 인식이 대사관보다도 더 비관적이라는 인상을 받았다.[120]

윤보선은 5·16쿠데타의 상황을 지나치게 낙관적으로 인식했던 것이 분명하다. 5월 16일 아침 박정희에게서 쿠데타에 대한 보고를 받았을 것이고, 여기에서 자신을 정점으로 한 민주당 구파와 쿠데타 세력의 일부가 연합하는 새로운 권력형태를 구상했을 것이다. 미대사관 전문에 따르면 박정희는 5월 16일 아침 윤보선에게 오래지 않아 곧 민정이양을 실시할 것이라고 말했다고 한다.[121]

미국대사관과 접촉하는 과정에서 윤보선은 '거국내각'을 통해 드골식 대통령제로 정치체제를 개편할 필요가 있다는 구상도 밝혔다.[122] 그는 짧게는 2~3개월, 길게는 6개월 안에 민간정부로의 이양이 가능할 것으로 예상했다. 그리고 8월이나 9월쯤 대통령 직선이 이루어지고, 강력한 대통령제 아래 초당적인 내각이 구성될 것으로 생각했다.[123] 윤보선이 미국에 있던 민의원 의장 곽상훈(郭尙勳)을 급히 소환한 이유도 새로운 정부의 구성을 위한 것이라고 미국무부는 판단했다.[124]

쿠데타 직후 매그루더는 윤보선의 태도에 당황했으며, 국무부 역시 대통령의 입장에 촉각을 곤두세웠다. 자리를 비운 러스크 국무장관을 대신한 보울즈 국무장관 대리는 "반란을 다루어야 하는 권력을 가진 관료들의 그러한 우유부단한 태도" 때문에 미국은 당분간 '정관적' 입장을 고수해야 한다고 주한미국대사관에 지시했다. 한마디로 윤보선의 행동을 "이상한 태도"라고 규정한 것이다.[125] 그러나 시간이 흐름에 따라 윤보선의 대통령직 유지와 쿠데타에 대한 긍정적인 입장은 미국과 군사정부의 관계를 매끄럽게 유지시켜주는 중요한 수단이 되었다.

미국은 쿠데타 세력이 실질적으로 정권을 장악했다는 사실을 인정하지 않을 수 없었다.[126] 국무총리와 내각 요인들은 나타나지 않았고, 쿠데타 세력은 혁명위원회를 조직하여 정부기관들을 접수하기 시작했다.

이제 미국으로서는 새로운 대책을 강구해야만 했는데, 이는 쿠데타가 발생한 한국에 대한 지원이 지속될 경우 미국 내에서뿐만 아니라 세계적으로 비난받을 소지가 있었기 때문이다. 전통적으로 미국식 민주주의의 실현을 대외정책의 중요한 명분으로 내세우는 미국이 불법적인 쿠데타로 등장한 정권을 공개적으로 지지할 수는 없었다. 따라서 합법적인 절차를 거쳐 당선된 윤보선 대통령을 이용하는 것은 미국에도 좋은 명분이 되었던 것이다.

미국의 이러한 입장은 윤보선이 대통령직에서 물러나겠다는 의사를 밝힌 시점에 가장 잘 나타났다. 1961년 5월 18일 장면 총리와 내각 요인들이 사퇴한 다음날 윤보선도 대통령직에서 물러날 것을 고려했으며, 군사정부는 정권의 합법성을 보장받는 하나의 방편으로서 윤보선이 대통령직을 계속 유지할 것을 종용했다. 그러나 군정보다 더 다급했던 것은 미국이었다.

주한미국대사관 정치참사관은 민간정부의 '마지막 흔적'은 대통령직에 의해 유지될 것이며, 그가 사임하지 않고 긍정적인 역할을 해야 한다는 점을 강조했다.[127] 워싱턴 당국도 이를 받아들여 민주당 정권의 대통령이 계속 한국을 대표하는 한 군사정부를 새롭게 승인하는 절차가 필요하지 않다는 점을 공표했다.[128] 미국이 상당한 권한과 역할을 부여하여 새로 파견한 버거 대사도 윤보선이 대통령 자리를 지켜야 할 필요가 있다는 점을 대통령 본인에게 강조했다.

> 쿠데타의 첫번째 중차대한 시기에 윤보선이 국가의 책임자 자리를 지키기로 한 결정은 탁월한 용기와 정치가다운 정신을 보여준 행동이었으며, 우리 정부는 이러한 결정으로 인해 깊은 신세를 졌다고 공식적인 견해를 표명했다. (마셜 그린은 이 결정에서 한 역할로 충분히 평가받을 만하다.) 상황이 아직 유동적이기 때문에 그가 대통령직을 유지하기를 희망하며, 한국정부가 충분히 안정될 때까지 윤보선이 대통령직에 계속 남아 있기를 희망하는 미국정부의 의사를 전달했다.
>
> 대통령은 미국이 군사정부를 지원할 준비가 되어 있다는 점, 그리고 내가 박정희 장군에게 이러한 보증을 해주었다는 점에 대해 감사한다고 말했다. 현재의 정치·경제적인 상황에 대한 그의 평가는 사실상 나의 견해와 같다고 말했다. 그는 최고회의 내의 상황이 차차 안정되어감을 느끼고 있으며, 최고회의가 곧 기본적인 경제·사회적인 문제를 다루기 위하여 완전하게 통합되기를 희망한다고 말했다. (…)
>
> 나는 대통령 자신의 계획을 말해달라고 요청했다. 그는 그 자신이 도움이 된다고 느끼는 한 집무실을 지키겠다고 말했다. 나는 우리가 그의 직위 유지를 매우 중요하게 생각하고 있다는 점을 다시 한번 강조하면서, 만약 그가 사임해야겠다고 느낄 때, 최종결정 이전에 대화를 나눌 수 있는 기회를 주었으면 한

다는 희망사항을 전달했다. 그는 그러겠다고 말했다.[129]

쿠데타의 성공이 확실해지면서 미국은 윤보선의 지위를 이용하여 군사정부를 쉽게 승인할 수 있다고 생각했다. 미국이 찾아낸 해법은 파키스탄이나 터키의 예에서처럼 정부 최고위직에 이전 정부의 인사가 계속 잔류한다면 새로 들어선 군사정부를 따로 승인해줄 필요가 없다는 것이었다.[130] 국무부는 대사관에 보내는 6월 3일자 전문을 통해 대통령이 자리를 지키고 있는 한 군사정부를 승인하는 데 어떠한 법적인 문제도 없다는 점을 명백히 했다.[131]

1961년 8월 윤보선이 두번째로 하야를 결심했을 때도 미국은 이를 만류하기 위하여 주한미국대사를 동원했다. 주미대사는 윤보선을 만나 그가 계속 대통령직을 지키기를 바란다는 미국의 입장을 전했고, 윤보선은 또다시 자신의 의사를 번복한 이후 1962년 3월 22일이 되어서야 대통령직에서 물러났다.[132]

이상과 같이 미행정부는 윤보선을 대통령직에 붙잡아둠으로써 국제사회에서 미국과 군사정부의 관계를 쉽게 풀어가는 도구로 이용하는 동시에 윤보선을 통해 새로운 정치체제로의 개편을 계획하고 있었다. 결과적으로 볼 때 실현가능성이 희박한 것이었지만, 당시 미국의 문서들 속에서는 이러한 가능성을 타진한 흔적을 어렵지 않게 발견할 수 있다.

먼저 쿠데타가 일어난 다음날인 5월 17일 작성된 국무부의 전문을 보자.

> 장면 정부의 통제력이 회복될 수 없다고 생각하면 정당을 초월하여 더 많은 사람들이 참여해 국가적 통합을 유지할 수 있는 정부의 출현을 잘 계산하여 고려해야 한다. 우리는 그 정부와 상호간의 믿음 속에서 건설적이고 협조적으로 일할 수 있을 것이다. 현재 구성된 혁명위원회가 이러한 방향으로 나아가지 못할 것으로 판단되면 초기의 싯점에서 모든 이용가능한 영향력을 동원하여 대리대사의 판단대로 혁명위원회에 필요한 행동을 취할 수 있을 것이다. 이러한

가능성의 연장선상에서 제1군 사령관 이한림을 이용하는 것도 가능할 것이다.

정부의 계승은 최대한도로 합법성·계속성이 지켜지는 한에서 그리고 헌법상 합치되는 후계구도로 이루어져야 한다. 분명 이러한 작업은 수용가능한 총리후보를 선택할 수 있는 윤보선이 대통령으로서의 그의 직위를 계속 유지함으로써 가장 잘 이루어질 수 있을 것이다.

우리가 받은 인상은 쿠데타 그룹이 장면 정부를 전복한 다음에 어디로 가야 할지를 확실히 정하지 못하고 있다는 것이다. 만약 이러한 판단이 정확하고 윤보선이 그러한 위기시에 지도력을 발휘할 의지가 있다면, 국가적으로 광범위하게 존경받는 몇몇 군인, 시민들과 함께 쿠데타 지도자들을 포함하여 정부의 권위를 다시 세울 수 있는 총리와 전체 내각 후보들을 선택하는 데 즉각 동의를 구하는 것이 가능할 것이다. 비록 그러한 행동이 헌법의 틀 안에서 엄격하게 이루어질 수는 없겠지만, 체계적으로 공식적인 과정을 거쳐 이루어진다면 공산주의자들이 이용하려는 혼란스러운 상황, 또는 철저한 군사독재로 나아가는 상황을 더 악화시키지 않는 최선의 방안이 될 수 있을 것이다. 이러한 행동은 앞서 말한 틀 안에서 제안된 계획으로 이루어져야 한다. 여기에 있는 우리가 다른 행동계획을 찾을 수는 없을 것 같다.[133]

쿠데타 직후 윤보선 대통령의 '이상한' 태도로 상황에 적극적으로 대처할 수 없었던 미국은 오히려 대통령이 그 자리를 지킴으로써 새로운 정책을 구상할 수 있게 되었다. 즉 대통령의 위치와 권위를 이용하여 민간인들과 쿠데타 세력이 결합하는 새로운 정부를 수립하는 것이다. 이것이 당시의 헌법적 절차를 통해 이루어질 수는 없지만, '헌법의 절차에 따라' 선출된 대통령을 내세움으로써 '군인들만으로 이루어진 독재정권'으로 비치는 것을 막고 미국이 지속적으로 새 정부를 지원할 수 있는 명분을 만들어줄 수 있었다. 이러한 미국의 구상은 윤보선 대통령이 쿠데타 직후 유엔군 사령관에게 밝힌 초당적 '거국내각'의 구상과 일치하는 것이었다.

미국이 이러한 정계개편이 가능하다고 생각한 데는 윤보선의 권위가 상당히 크게 작용할 수 있다는 판단과 함께 당시 미국과 관계가 가까웠던 일부 관료들의 쿠데타에 대한 태도가 영향을 미쳤다.[134] 미국이 쿠데타 직후 접촉한 관료들은 차균희와 이한빈, 이기홍 등이었는데, 이들은 한결같이 쿠데타로 조성된 상황을 긍정적으로 파악했다.[135] 이한빈(李漢彬)은 여기에 한술 더 떠 임시내각의 성립 가능성까지 내비쳤다.[136] 미국은 이들이 이전에 쿠데타와 같은 상황을 바라고 있었다고 파악했다. 김정렴(金正濂)도 미국이 주목한 관리 중 하나였다. 그는 민주당 정부하에서 이루어진 환율현실화 조치 이후 미국에 머무르고 있었다. 그는 쿠데타 직후 소환되었으며, 미국은 그가 군사정부 내에서 민간관료로서 일정한 역할을 해줄 것으로 기대했다.[137]

결국 미국은 이들을 군사정부와 결합시켜 자신들이 구상하는 이상적인 정부형태를 만들 가능성을 점쳤던 것으로 보인다. 로스토우를 비롯한 케네디 행정부의 관료들은 전술한 바와 같이 후진국에서 새로운 정책을 수행하기 위해서는 군인을 중심으로 하는 새로운 지배계급이 필요하다는 점을 강조했다. 그러나 새로운 지배계급이 군인만으로 이루어져야 한다고 주장하지는 않았다. 군인들이 정권을 성공적으로 이끌기 위해서는 다른 계층의 지식인들, 특히 법조인·학자·관료 들과의 연대가 필요하다고 주장했다.[138]

미국이 접촉한 관료들은 대부분 1950년대 후반부터 재무부와 부흥부 그리고 부흥부 산하 산업개발위원회에서 활동한 인사들로, 경제개발계획을 입안한 경력을 가지고 있었다. 여기에 쿠데타 주체들이 행정실무 경험이 전혀 없었다는 점 역시 민간관료들과의 결합 필요성을 강조하는 근거가 되었다.[139] 이들이 쿠데타 주체세력 중 일부와 결합할 경우 미국이 지원할 수 있는 정부의 형태가 제대로 갖춰지는 것이었다.[140]

이러한 미국의 구상은 최고회의법에 대한 미국의 입장에서 잘 나타난다. 그린 대리대사는 최고회의법하의 정부조직이 일부 민간인을 고용할 것이지만, 모든 권한은 최고회의에 집중될 것으로 파악했다. 따라서 민간인들을 고문단이나 허수아비 내각에 임명하는 것에 그쳐서는 안된다는 점을 군사정부에 강력하게 권고해야 한다는 견해를 피력했다.[141] 그린 대리대사는 6월 7일 외무부 장관을 만난 자리에서 최고회의법이 민간인들에게 권한을 부여하지 않을 것이라는 점에 강한 불만을 표시했다. 그는 민간인들의 충원이 급하며, 내각의 수준에서 이루어지는 것이 바람직하다는 입장을 밝혔다. 특히 그는 경제부처에 민간 전문관료의 충원이 시급하다는 점을 강조했다.[142]

이렇듯 윤보선을 이용하겠다는 미국의 구상은 군사정부가 안정되어가고, 윤보선에게 더이상 효용성이 없다는 것이 밝혀진 싯점에 철회된 것으로 보인다. 또한 이것은 1961년 11월 박정희 의장의 방미와 관련된 것으로 보인다. 즉 박정희의 리더십을 인정하는 싯점에서 이제 더이상 윤보선이 필요하지 않다고 판단한 것은 아닐까? 1962년에 들어서면 윤보선의 효용성은 군사정부 승인문제와 관련된 부분으로 축소된다. 이 점은 윤보선이 사임하는 싯점에서 잘 나타난다.

1962년 1월 1일 정부는 구정치인 연금을 해제했지만, 이들이 새로 수립될 정부에 참여하는 것은 제한하고자 했다. 윤보선은 같은해 2월 3일 구정치인의 출마 제한을 재검토하겠다는 견해를 피력했으며, 최고회의는 '정치활동정화법'(1962년 3월 16일)으로 정면대응했다. 이에 3월 18일 윤보선은 하야를 준비하겠다고 선언하고, 22일 마침내 하야성명을 발표했다. 정치활동정화법으로 윤보선은 더이상 자신을 중심으로 한 정계개편이 불가능함을 깨달은 것이다.[143]

윤보선이 하야성명을 발표할 즈음 미국은 전과는 다른 태도를 보였다. 버거 대사가 윤보선을 만나 사임표명을 번복할 것을 희망했지만, 이전의 강력한 만류와는 태도가 달라졌다. 버거는 국무부에 이 사실을 보고하면서, 최고회의법에 따라 대통령 유고시에는 최고회의가 그 권한을 물려받게 되어 있기 때문에 법적으로 아무 문제가 없겠지만 한번 검토해주기 바란다는 간단한 내용의 메씨지만을 보냈다. 그는 윤보선의 대통령직 사임

을 더이상 만류하지 않았다.[144]

(2) 무대 뒤의 조종자들(Back room boys)을 퇴진시켜라

1961년이 쿠데타의 성공과 군사정부의 안정에 관심이 집중된 해였다면 1962년은 경제정책을 둘러싼 한미간의 갈등이 공개적으로 표출된 해였다. 우선 미국은 군사정부의 경제개발계획에 강한 불만을 드러냈다. 미국은 군사정부의 경제계획이 비현실적일 뿐만 아니라 사회주의적인 성향을 가진 계획이라고 파악했다. 주한미국대사와 주한미국파견단 처장은 다양한 경로로 경제개발계획의 내용을 비판했으며, 현실적인 계획을 세워야 한다고 강조했다.[145]

미국은 이미 1961년 7월, 경제정책에 미숙하거나 민족주의 또는 사회주의적인 경향이 강한 군사정부의 주체들 때문에 경제정책에 문제가 생겼다고 파악하고 주한미국파견단 소속 직원 부셔(A. Boucher)와 리틀컴퍼니(Little Company) 소속 연구원들을 박정희와 군사정부의 경제고문으로 파견했다.[146] 이들은 그러나 군사정부의 정책을 수정하지 못했다.

군사정부의 경제정책에 대한 미국의 불만은 1962년 6월 시행된 통화개혁으로 극에 달했다. 증권시장 의혹사건이 발생한 직후 발효된 '긴급통화조치법'은 기존의 환화(圜貨)를 신종 원화(圓貨)로 개혁함과 동시에 예금동결을 실시함으로써 군사정부의 내자를 마련하기 위해 추진된 대표적인 경제정책이었다.[147] 표면적으로는 악성인플레이션을 미리 방지한다고 발표했지만, 근본적인 목적은 예금동결을 통해 국가투자기관인 '산업개발공사'를 설립하는 것이었다.[148] 산업개발공사는 국가가 투자의 주체가 되겠다는 취지로 설립되었으며 계획경제적인 성격이 강했다.

미국은 통화개혁에 강력히 반발했다. 통화개혁이 사전에 협의되지 않은 채 '긴급통화조치법'이 발표되기 48시간 전 미국에 일방적으로 통보되었다는 것이 표면적인 이유였지만,[149] 실제로는 통화개혁을 통한 산업개발공사안이 사회주의적 개발정책으로 진행될 가능성이 있다는 점 때문이

었다.[150]

버거 대사는 통화개혁 직후 만남을 제안한 박정희에게 즉각적인 답변을 거부했다.[151] 국무부는 한국정부에서 어떠한 긍정적인 조치를 취할 때까지 공식적인 성명을 발표하지 말아야 한다고 권고했다.[152] 같은 날 러스크 국무장관은 한국의 통화개혁이 독일의 1948년 통화개혁을 그대로 따라하려고 했지만, 결과적으로 자유주의적 경제체제와 자원의 할당을 바탕으로 효과적인 가격체계를 형성하려고 한 독일의 예와는 전혀 다른 것이라는 입장을 표명했다.[153] 미대사관 측은 산업개발공사 설립을 위한 자금을 모두 제공할 테니 봉쇄자금을 풀라고 요청하기도 했다.[154]

결과적으로 군사정부는 미국의 압력으로 봉쇄계정을 곧 전면해제할 수밖에 없었다.[155] 산업개발공사안도 폐기되었다.[156] 그러나 정책의 후퇴나 수정보다 중요한 것은 정책결정자들이 교체되었다는 점이었다. 한국의 경제개발계획에 대한 리틀컴퍼니의 조사를 보고하는 과정에서 국무부의 야거(J. A. Yager)는 정책의 수정뿐 아니라 경제자문위원의 교체가 필요하다는 점을 강조했다. 리틀컴퍼니는 특히 경제기획원의 구성원이 새로 워져야 한다고 권고했다. 또한 경제계획 평가보고서에서 미국은 계획을 입안하고 실행하는 과정에서 경제전문관료들이 소외되어 있다는 점을 경제정책 결정과정의 기본적인 문제점으로 인식했다.[157]

미국은 군사정부의 경제정책문제가 최고회의 내의 일부 '젊은 장교들' 때문에 발생했다고 파악했다.[158] 또한 킬렌(J. Killen) 주한미국파견단 처장은 미국의 대한정책에 불만을 품은 최고회의의 경제고문들과 사이가 좋지 않았다.[159] 결국 군사정부는 통화개혁 실패를 계기로 제1차 경제개발 5개년계획을 입안, 추진한 박희범을 비롯한 경제고문들과 최고회의 상공분과위원장 유원식을 군사정부에서 퇴진시키고 경제전문가들을 정책 결정과정에 전진배치했다. 또한 미국은 중앙정보부장 김종필과 가까운 김용태를 정책입안자의 위치에서 물러나도록 직접적인 압력을 가했다.[160]

미국은 통화개혁 실패 이후 등장한 새로운 민간인 관료들이 협조적인 분위기를 만들 것으로 전망했다.[161] 통화개혁 실패 이후 경제기획원장과 부원장에는 이승만 정부에서 재무부와 부흥부, 한국은행의 핵심관료였던 김유택, 차균희가 임명되었다. 김유택의 후임으로 통화개혁 직후부터 1963년 2월까지 상공부 장관에 재임한 유창순은 한국은행 뉴욕 사무소장을 거쳐 민주당 정부에서 부흥부 차관, 외자청장, 한일회담 대표를 지낸 인물이었다.

재무부 장관과 차관에는 전문 은행관료 출신인 김세련, 큐우슈우대학 출신의 동국대 교수 황종률, 한국은행과 재무부 관료 출신인 김정렴 등이 임명되었다. 이들은 모두 전문 경제관료 출신이고 통화개혁 직후 임명되었다는 공통점이 있었으며, 군인 출신의 송요찬·백선진·정래혁·유원식·박희범 등을 대신하여 실질적인 경제정책 결정과정에 참여했다.[162]

주한미국대사관은 통화개혁과 경제계획을 입안한 자들을 후퇴시킨 것을 군사정부의 긍정적인 조치로 평가했다.[163] 또한 경제정책을 결정하는 핵심적인 자리에 미국에서 공부했거나 1950년대부터 주한미국대사관과 관련을 맺어온 경제관료들이 임용되기 시작하자, 새로운 관료들이 미국의 정책에 매우 협조적이라고 국무부에 보고했다.[164]

> 가장 심각한 위기는 넘긴 상태다. 통화개혁의 바람직하지 못한 부분은 무효가 되었다. 최고회의에서 약간의 변화가 나타났고, 새로운 경제관료팀이 내각 사무실을 차지했다. 이에 우리는 대사관, 주한미국파견단 그리고 그들의 한국인 파트너 사이에 더욱 성과있는 관계가 맺어질 것이라고 희망한다. 혁명주체들 사이에선 불편한 타협이 이루어졌지만, 김종필과 몇몇 젊은 대령들을 한축으로 그리고 함경도 출신과 반김(反金)세력을 다른 한축으로 하는 파벌싸움이 수면 위로 떠오르고 있다.[165]

> 우리는 지난 몇달 동안 힘든 시간을 지냈고, 새로운 수상과 경제부처 장관들이 매우 협조적인 자세로 우리와 함께 일하는 등 분위기가 훨씬 좋아졌지만,

나는 아직도 현상황에 대해 그렇게 만족하지는 않는다.[166]

경제정책을 둘러싼 미국과 군사정부의 갈등 그리고 그로 인한 경제정책 결정자들의 교체는 어렵지 않게 예상할 수 있었던 인사개편의 수순이었다. 미국으로서는 통과개혁을 막는다는 빌미로 이러한 개편을 웬만큼 성공시킬 수 있었던 것이다. 미국이 직접적으로 인사개편에 개입하지는 않았지만,[167] 경제개발을 최우선 과제로 내세운 군사정부로서는 원조를 무기로 압력을 가하는 미국의 영향력을 수용하지 않을 수 없었다.

그러나 위의 첫번째 인용문에서 나타나는 바와 같이 행정부 내의 일정한 개편으로 미국의 정치세력 재편 구상이 끝났음을 뜻하는 것은 아니었다. 오히려 두 인용문에서 모두 나타나는 바와 같이 군사정부 내의 파벌투쟁문제는 군사정부 내에서 미국이 해결해야 할 가장 중요한 정치적 과제가 된다. 1962년의 위기가 통화개혁을 둘러싼 경제적인 문제였다면, 1963년의 위기는 민주공화당을 둘러싼 정치적인 문제였다. 주한미국대사는 “그렇게 만족하지는 않”을 수밖에 없었다.

(3) 김종필을 퇴진시켜라

1962년말 이전 군사정부 내부에서 일어난 많은 갈등은 이른바 ‘반혁명사건’으로 표출되었다. 그러나 미국은 1962년말 이전의 반혁명사건에는 그다지 심각하게 대응하지 않았다. 장도영이 연루된 쿠데타 직후의 반혁명사건은 미국이 사전에 예측하고 있었으며, 사건 관련자들이 사면되고 장도영이 미국으로 도피유학을 떠나는 것으로 마무리되었다. 대부분의 반혁명사건은 그 내용만 간단하게 국무부에 보고되는 정도였다. 다만 김웅수 장군이 관련된 반혁명사건에는 미국이 깊은 관심을 나타냈다.

미국이 이 사건을 심각하게 고려한 이유는 김웅수 장군의 쿠데타 진압 시도가 당시 매그루더 유엔군 사령관의 성명과 의도에 따라 이루어진 것이기 때문이었다. 상급자의 명령을 받고 실행한 일이 반혁명사건으로 처리된다면 미국의 입장이 난처해질 수밖에 없었다. 이 문제가 공개적으로 언급되지 않았다면 사정이 달랐을 텐데, 재판과정에서 김웅수 장군이 부하들에게 매그루더 유엔군 사령관의 성명을 유포하고 따르게 한 점이 지적된 것이다.[168]

서울의 미국 관료들은 이 부분에 항의하는 문서를 외무부에 제출했으며, 이 부분은 곧 공소사실에서 제외되었다. 대사관은 일종의 성명을 낼 필요성을 제기하기도 했다. 검사는 김웅수의 행동이 '혁명을 무산시키려는 의도'였다는 애초의 논고에서 '유엔군의 작전통제 개념에 충실하지 않았던 것'이라고 자신의 논고를 바꾸었으며, 김웅수에게 10년형, 정강에게 12년형이 언도되면서 사건은 마무리되었다.[169]

이상과 같이 1962년말 이전까지는 반혁명사건이 개별적으로 진행되었고 사안에 따라 미국이 관심을 표명하는 정도였지만, 1962년말 이후의 상황은 심각했다. 경우에 따라서는 미국이 그동안 지지하고 지원해온 군사정부가 일거에 무너지는 사태가 발생할 수도 있을 것이라고 파악했다. 그리고 그러한 위기상황의 핵심에는 민주공화당 창당이 자리잡고 있었다.

정계개편은 1962년말에 이르러 군사정부와 정가의 핵심적인 문제로 떠올랐다. 쿠데타 직후 박정희는 1962년말에 헌법을 제정하고 1963년 봄이나 여름에 민정이양을 실시하겠다고 공언한 바 있었다. 이에 따라 1962년말이 되자 군사정부의 쿠데타 주체들은 민정이양을 위한 본격적인 준비에 들어갈 수밖에 없었다.

미국은 이 과정에서 여러가지 문제가 발생할 것을 우려하고 있었다. 무엇보다도 군사정부 내에서 다양한 갈등이 나타날 것으로 예측했다. 1962년 통화개혁과 증권파동을 거치면서 미국은 군사정부가 불안정한 기본적인 요인이 군사정부에서 새로 만든 중앙정보부(ROK CIA)와 그 지도자인 김종필 그리고 그를 둘러싼 '젊은 대령들'(young colonels) 때문이라고 단정했다.[170]

기본적인 문제들은 김종필과 대한민국 중앙정보부의 힘에서 비롯된다. 김은 6월과 7월 며칠 동안 심하게 흔들렸고, 마치 그의 조직에서 기본적인 정보기관들이 모두 떨어져나갈 것처럼 보였다. 박정희는 이 두 경우(통화개혁과 증권파동)에 대해서 나(버거 대사)에게 이러한 조치를 할 것이라는 확신을 주었지만, 이것이 실행되었다는 증거는 없다.

대한민국 중앙정보부는 이상하게 조직되었다. 한 부문은 일상적인 활동에 종사한다. 다른 부문은 정치·경제·입법 그리고 공공정보 부문으로 구성되어 있다. 이 조직들은 그들 스스로 주요한 정책문제에 개입하고 있다. 고용된 직원의 수는 두번째 부문이 더 많다. 우리는 그들에게 접근할 수 있는 통로가 없다. 그리고 그들 중 몇몇 핵심적인 사람들은 과거 공산주의 또는 좌파 조직에서 일한 경력이 있거나 극단적인 반미 입장을 취하고 있다. 게다가 대한민국 중앙정보부는 "모든 곳" 안에 있다 — 그들은 직원들을 신문사나 기업에 임명하거나 머물게 하기도 하고, 다양한 정보를 이용해 증권시장이나 사업거래에 뛰어들어 수입을 이끌어내기도 한다.

만약 박정희가 대한민국 중앙정보부로 하여금 적절한 활동하도록 만든다면, 또는 과외활동들이 더이상 이루어지지 않는다면, 우리는 김종필을 깔끔하게 다룰 수 있을 것이다. 그러나 포괄적인 활동을 할 수 있는 능력이 김종필에게 지속적으로 부여될 가능성이 있으며, 각각의 경우 우리가 그를 어떻게 다루어야 할 것인가와 관련된 심각한 문제가 발생할 것이다.

최근 정치 상담역인 〔한줄 이내의 내용이 기밀해제되지 않았다〕와 대화를 가졌는데, 그는 한국정부와의 여러 소통과정에서 우리가 김종필을 주요한 직접적인 통로로 받아들이지 않기로 한 데 대하여 〔두줄 반의 문장이 기밀해제되지 않았다〕 분개하고, 실망했으며, 쓴맛을 느끼고 있다고 말했다. 그(정보를 준 사람)는 그(김종필)가 완전히 다른 두개의 모자를 쓰고 있으며, 우리가 이것을 깨닫고 그와 함께 모든 문제를 다루어야 한다고 말했다. 왜냐하면 그(김종필)는 진정한 권력자이며 정부 내에서 정책결정자이기 때문이다. 또한 그(김종필)는 그러한 능력을 계속해서 가질 것이다. 그(김종필)는 나와 직접적이고 정기적인 접촉을 갖고 싶다는 의사를 전달하라고 요청했다. (…)

한번은 3월 나와 함께, 다른 한번은 7월 우리 〔한줄 이내의 내용이 기밀해제되지 않았다〕 직원과 함께 나눈 두번의 대화에서 그(김종필)는 "혁명"을 지키기 위하여 필요하다면(그가 혁명을 지킨다는 것은 곧 자신을 혁명과 동일시한다는 것이다), 박정희를 "무너뜨리는 것"을 포함한 모든 행동을 할 것이라고 말했다.[171]

국무부는 김종필에 대한 버거의 이러한 부정적 입장에 동의했으며, CIA와 관련된 일 외에 김종필과 만나는 것을 거부한 조치에 지지를 보냈다.[172] 버거는 1962년 8월 미국에 들렀을 때 '김종필의 제거가 가장 우선적인 임무'라는 견해를 내놓기도 했다.[173] 1962년 10월 김종필이 미국을 방문했을 때 국무부는 대통령과 주요인사들을 만날 수 있게 해달라는 그의 요청을 거절했다.[174]

또다른 문서에서는 육사 8기를 중심으로 하는 그룹의 특징을 다음과 같이 요약하고 있다.

① '권력을 향한 의지'와 기꺼이 무자비해질 수 있다는 점.

② 미국의 정치적인 조언을 자주 거부하며 부적절한 경제정책들을 만들어내고 지지하는 경향.

③ 과민한 국수주의적 성향과, 우리가 정부의 정책과정에 반대하거나 그들이 원하는 대로 반응하지 않을 때마다 드러내는 숨겨진 반미성향.

④ 상당한 영향력을 지닌 친공산주의적 정치자문가 그룹의 계속되는 돌출. 미국이 이러한 인사들을 빈번히 반대하고 한국정부와 정계가 이들을 광범위하게 비판하는데도 불구하고 이들의 영향력은 줄지 않고 있으며, 민주공화당 내에서 중요한 역할을 하고 있다.

⑤ 자립적인 민간 정치력과 정상적인 민주적 과정에 대한 불신과 무시.

⑥ 최근에 이르기까지 권력이 거의 배타적으로 박과 김 그룹에 집중되어 있

는데도 이들은 군사정부 내 반대세력을 신중하게 제거함으로써 더욱 집중된 권력을 갖고자 함.[175]

흥미로운 점은 위의 인용문에 나타나는 바와 같이 미국대사관이 한국의 중앙정보부와 김종필을 포함한 육사 8기의 젊은 대령들에게 상당한 거부감을 느끼면서도 박정희만큼은 지속적으로 신임했다는 점이다. 또한 미국대사관은 박정희가 권력을 유지하기 위해 김종필 세력에서 떨어질 수 없다는 점을 알면서도 박정희만이 당시의 상황을 안정시킬 유일한 사람으로 파악했다.[176]

쿠데타 직후부터 박정희의 지도적인 입장을 강조한 버거 주한미국대사는 '박정희 밀어주기'의 핵심적인 인물이었다.[177] 미국무부의 관리들은 버거가 의식적으로 낙관적인 입장을 취하려고 노력했으며,[178] 극동담당 차관보 해리만(W. A. Harriman)과 국무장관 러스크, 대통령 안보담당 보좌관 번디는 이러한 버거 대사의 입장을 대체로 지지하고 있었다.[179]

그럼에도 박정희를 대하는 미국의 입장에 변화가 나타나기 시작했는데, 특히 김종필을 지지하는 박정희를 대체할 수 있는, 또는 그를 견제할 수 있는 지도력의 필요성이 제기되었다. 1962년 12월 7일자 대사관 전문에서 버거는 명백하게 '한국에서 대안적인 지도력이 필요한가를 생각해야 한다'는 점을 국무부에 건의했다.[180] 쿠데타 직후 한국에 부임하면서부터 박정희 밀어주기의 선두주자였던 버거 대사가 왜 이렇게 마음을 바꾸기 시작했을까?

버거 대사는 민주공화당 창당을 둘러싼 갈등과 혼란을 예상하고 있었다. 김종필과 '젊은 대령들'에 반대하는 세력이 민간뿐 아니라 군사정부 내에 있으며, 어느 정도의 소요와 정치적인 사건들이 이제 막 시작될 것으로 예상한 것이다. 그리고 갈등으로 인한 불안정을 막기 위하여 정부의 정책들을 완화시키고, '뜻밖의 사태를 준비하려면 군사정부에 대한 우리의 태도와 정책을 변화'시켜야 한다고 주장했다.[181] 그는 박정희와 김종필이

1963년 어느날 내각기획통제관실을 방문한 버거 대사(팔에 책을 낀 사람). 그는 쿠데타 초기부터 박정희 밀어주기의 핵심 인물이었다.

절대로 떨어지지 않을 것이라고 믿고 있었다.

1963년이 시작되자마자 미국대사관의 염려가 현실화되었다. 이 시기에 진행된 민주공화당 창당과정에서 군사정부 내의 분열이 공개적으로 표출되었으며, 김종필과 중앙정보부의 일부 인사들이 민주공화당 창당작업에 적극적으로 참여한 사실이 드러난 것이다. 분열의 출발점은 1962년 말 민주공화당 설명회가 열리는 자리였다.

1962년 12월 23일 김종필은 워커힐 호텔에서 최고위원들에게 민주공화당을 설명하는 자리를 마련했다. 최고위원들은 김종필의 민주공화당안이 당을 장악하기 위한 안이라면서 강력하게 반발했다. 최고회의에서 반발한 위원의 중심에는 김동하(金東河)와 김재춘이 있었다. 그러나 이미 꾸려진 민주공화당에 반발만 하고 있을 수 없었던 최고위원들 중 일부가 민주공화당에 발기인으로 참여했다(김동하·김재춘·강상욱·오정근·이석제·신윤창·조창대·장동운·서상린).[182] 마침내 1963년 1월 18일 민주

공화당은 78명 발기인 이름으로 조선호텔에서 발기인선언대회를 열었다.[183]

그러나 김동하 최고위원은 같은해 1월 21일 "국민을 배신할 수 없어 최고위원직과 공화당 발기인을 사퇴한다"는 성명을 발표했다. 그의 사퇴를 계기로 김윤근 등 김종필과 8기생에 반대하는 해병대 출신 최고위원들의 결속이 강화되었으며 최고회의와 공화당 사이에 갈등이 심해졌다.[184] 군사정부와 민주공화당 내부의 갈등은 5·16쿠데타 이후 벌어진 가장 큰 내분이었으며, 육사 8기 그룹의 강한 결속력과 이에 반대하는 세력의 결집으로 팽팽한 대결양상을 보였다.

(4) 민정이양을 둘러싼 미국의 첫번째 개입

미국은 이 대결이 해결되더라도 심각한 갈등이 발생할 것으로 예상했다.[185] 따라서 이 사건에 깊숙이 개입하지 않을 수 없다고 판단했다. 미국의 적극적인 개입은 1963년 1월 17일 시작되었다. 버거 대사는 박정희를 만났다. 그는 먼저 송요찬(宋堯讚) 전 내각수반의 정부 비판에 주한미국대사관이 개입했다는 소문을 부인하면서 민주공화당 창당과 관련된 자신의 입장을 밝혔다.

① 군사정부의 분열은 심각한 불안정과 위험을 야기할 수 있기 때문에 통합된 상태로 유지되어야 한다. 그러한 견해 차이들은 타협으로 극복되어야 한다.

② 여당은 필수적으로 모든 파벌과 그룹에서 가능한 대표들을 최대한 끌어들여 그 기반을 넓혀야 한다.

③ 민주적인 절차에는 강하고 효과적인 야당이 필요하다.

④ 기본적으로 야당이 광범위한 기초 위에서 형성되어야 하며, 한국인들은 선거를 통해 진정한 선택을 할 수 있어야 한다. 국익을 위하여 오래된 원한은 폐기돼야 한다.

⑤ 정치적인 활동과정에서는 자유로운 토론과 논쟁이 필수적이다.[186]

버거의 이러한 언급은 20년이 지난 후인 1980년대초 신군부가 집권할 당시 왜 '허수아비' 야당들인 민주한국당과 신한국민당이 결성될 수밖에 없었는가를 추측하게 해주는 대목이다.

버거의 이러한 입장을 들은 박정희는 버거에게 자신이 군사정부의 통합을 유지할 수 있다고 주장했다. 버거는 만약 분열이 일어난다면 심각한 결과를 가져올 것이며, 거기에는 멜로이 유엔군 사령관도 개입할 수 있다는 입장을 밝혔다.[187] 아울러 이러한 분열로 인해 미국과 우호적인 관계를 유지하고 있는 군사정부 일부 인사들의 대중적인 지지도가 떨어질 가능성에 대해서도 염려했다.[188] 미국은 군사정부의 안정성을 계속 유지하는데 초점을 맞추고 있었다.

버거는 박정희와 대화를 나눈 뒤 다음과 같은 논평을 국무부에 전달했다.[189]

> 문제의 핵심에는 김종필이 있다. 김종필이 어느 정도까지 당을 장악하고 있는지는 정확하게 예측할 수 없다. 김종필의 계획을 수정할 필요가 있다. 박정희에게는 김종필의 입맛에 맞지 않는 결정을 내릴 수 있는 힘이 아직 없다. 군사정부가 군생활로 돌아가고 정치무대에서 철수한다는 박정희의 제안은 실행되기 어려울 뿐만 아니라 바람직하지도 않다. 민간과 군이 권력을 나누는 것이 바람직하며, 이것이 김종필의 역할을 결정적으로 축소시킬 수 있는 근본적인 방법이 될 것이다.

결국 버거 대사는 반군반민(半軍半民)의 조직이 가능할 것으로 전망했다. 또한 가능하다면 박정희의 제안처럼 당의 책임자로 민간정치인을 앉히는 것이 좋겠다는 입장을 표명했다. 그는 박정희를 중심으로 다른 정치세력들이 헤쳐모여야 한다고 주장했다.

박정희를 만난 지 4일이 지난 1월 21일 육군참모총장 김종오를 만나[190]

동향을 파악한 버거 대사는 1월 23일 박정희를 다시 만났다. 박정희는 멜로이 장군과 버거에게 자신의 숙소로 방문해달라고 요청했다. 이 자리에서 박정희가 내린 결론은 다음과 같다.

① 김종필은 정당에서 사임하고 선거 이후까지 외국에 머무른다.

② 최고회의에서 몇몇 위원을 제거할 것이다.

③ 최고회의 잔류 위원들이 군에서 퇴임하고 최고회의나 어떠한 정당에 합류하든지 자유의사에 맡긴다. 최고회의에 잔류하기로 한 성원들은 정치에서 중립을 지키며 올 여름 새 정부에 정권이양이 이루어지면 군으로 돌아간다.

④ 제거되거나 정치활동에서 은퇴한 사람들의 빈자리는 존경받는 참모들로 대체한다.

⑤ 김종필은 그의 지지자들에게 그와 함께 정치활동에서 은퇴할 것을 설득한다. 문제가 발생하지 않을 경우 그는 당의장으로 약속되어 있다.

⑥ 국방부 장관과 참모총장 김종오는 박정희에게 (성공 여부를) 알려주며, 국방부 장관은 다른 3명의 총장들에게 1월 24일 오후 4시까지 알려준다.

⑦ 후속 조치는 1월 24일 오후 6시 최고회의에서 공개될 것이다.

⑧ (이하 두줄 삭제)[191]

이에 대하여 버거 대사와 멜로이 사령관은 다음과 같은 몇가지 사안을 박정희에게 질문했으며, 이에 박정희는 다음과 같이 답변했다.

① 최고회의에 이 사실을 알려서는 안된다.

② 그(박정희)는 그의 계획이 1월 24일 최고회의 회합에서 수용되도록 설득할 수 있다고 생각한다.

③ "최고회의에서 몇몇 위원을 제거한다는 것"은 최고회의 회합 이후 그들을 압류하여 가택연금에 처한다는 뜻이다. 아마 후에 그들을 풀어주고 선거 때까지 미국에 머무르게 하는 것이 가능할 것이다.

④ 최고회의 위원 중 제거될 인물들은 다음과 같다. 강상욱·김윤근·오정근·박원빈·정세웅. 이들은 정당을 통제하기 위한 협상을 진행해왔는데, 반혁명활동 협의로 구금될 것이다.[192]

⑤ 김종필은 가능한 한 빨리, 아마 내일쯤 사임할 것이다. 계획이 곧 실행에 착수될 것이며 그는 머지않아 이곳을 떠날 것이다.[193]

대사와 사령관은 박정희의 이러한 언급에 상당한 당혹감을 표시했다. 박정희의 제안은 김종필의 외유를 제외하고는 기본적으로 김종필에 반대하는 인물들을 제거한다는 것이 기본적인 틀이었다. 국무부는 김종필의 지지자들이 함께 제거되지 않는다면 현재의 위기상황이 계속될 것이며, 정당과 최고회의는 모두 김종필의 손 안에 들어갈 것이라는 우려를 표명했다.

다음날 박정희는 수정된 결정을 버거에게 전달했다. 전문의 맨 앞 4줄이 삭제되어 있기 때문에 과연 무엇이 갑자기 박정희의 마음을 바꾸게 했는지는 의문이지만,[194] 버거에게 전달된 박정희의 결정은 다음과 같다.

① 김종필은 정부여당에 사임서를 제출하고 가능한 한 빨리, 아마 다음날이나 이틀 후 한국을 떠날 것이다. 일본으로 간 뒤에 다른 곳으로 갈 것 같다.

② 박은 최고회의에서 반김 진영의 장교 5명을 제거하고자 하는 계획을 철회한다.

③ 최고회의와 정당은 분리될 것이다.

④ 박은 대통령선거에 출마할 것이다.[195]

아울러 박정희는 반김종필 라인에 합류해 있던 오정근·강상욱·정세웅 등이 최고회의에서 민주공화당으로 옮길 것이라고 말했다. 이것은 김종필을 견제하기 위한 조치를 가시적으로 보여주겠다는 것이었다. 그리고 박정희는 이름이 삭제된 한 인물과 함께 밤새도록 토론하여 앞으로의 계획을 만들어보겠다고 했다. 이름이 삭제된 그 인물이 다음날 아침 버거에게 의논 내용을 알려줄 것이라는 내용도 있는데, 이로 미루어 짐작하건대 주한미국대사관과 가까이 하면서 정보를 제공한 인물 가운데 하나라고 추측된다.

드디어 미국은 다양한 접촉을 통해 김종필을 중심으로 한 '젊은 장교들'이 군사정부와 민주공화당을 장악하는 것을 막을 수 있게 됐다고 판단했다. "지배 그룹 사이에서 현재의 위기를 해결하기 위한 박의 계획을 조율한 당신의 작업이 성공한 것을 축하한다"로 시작되는 국무장관 러스크의 전문은 주한미국대사관과 국무부가 이러한 정치적인 공작과 작업에 얼마나 심혈을 기울였는지를 잘 보여준다.[196]

그러나 국무부는 샴페인을 너무 일찍 터뜨렸다. 주한미국대사는 국무부의 축하전문을 받은 지 16시간이 지난 후 하루 전의 보고가 모두 '흐지부지되었다'는 내용의 전문을 보냈다. 김종필이 후퇴하지 않으려고 하며, 당을 계속 장악하겠다는 의지를 보였다는 것이다.[197] 김종필은 반대파와의 묵계를 파기하고 1963년 2월 2일 창당준비대회를 열었다. 이 대회에서 창당준비위원장에 김종필, 부위원장에 정구영(鄭求瑛)이 선출되었다.[198]

국무부 역시 즉각 반응했다. 국무부는 무엇보다도 군사정부 내에서 파벌간의 타협을 이끌어내야 하며, 정치적인 안정을 위해 몇가지 조치가 이루어져야 한다고 권고했다. 첫번째 사안은 문서에서 삭제되어 있으며, 두번째 임무는 "김종필 반대파에 의한 쿠데타 역시 가장 바람직하지 않은 것"이기 때문에 막아야 한다는 것이다. 국무부는 만약 김종필을 반대하는 함경도 출신들이 정권을 잡을 경우 이들이 과연 대중적인 지지를 얻을 수 있을 것인지에 대해서 의문을 표시했다.[199]

사실 1월 25일자 국무부 문서에서 중요한 것은 바로 삭제된 첫번째 권고부분이다. 이 문서가 대사관에 전달된 시점 이후로는 대부분의 전문이 누락되어 있다. 타협을 이끌어내려는 '중도파'(middle group)에 대한 언급, 반김종필 계열이 분열되어 새로운 분파가 나타나고 있다는 지적,[200]

박정희와 김종필의 긴밀한 관계가 계속될 것이라는 사실, 그리고 부분적인 타협이 이루어졌지만 상황은 아직 유동적이라는 점[201] 등과 관련된 대사관의 보고문서들만이 있을 뿐, 2월 12일까지의 문서들은 모두 누락되어 있다. 문서가 누락된 시기를 지나자마자 박정희는 이른바 '2·18선언'을 통해 민정불참을 선언했고, 김종필은 당의 중책을 벗고 이른바 '순환대사'의 자격으로 외유를 떠났다.

이를 통해 추측하건대, 1월 25일자 국무부 문서의 첫번째 권고에는 비상사태나 원조의 중단에 버금가는 여러가지 수단과 압력을 동원해 박정희와 김종필의 주장을 막아야 할 필요성이 언급되어 있을 가능성이 크다. 2월 11일에 나온 대사관 문서에서 버거는 김종필을 만났으며, 박정희가 많이 상심해 있고, 대통령선거에 나가지 않기로 결심했다는 이야기를 그에게서 들었다. 물론 김종필이 외유하겠다는 결심도 들었다.[202] 한국의 상황은 미국의 문서들이 누락된 이 기간 동안 180도 바뀐 것이다. 버거 대사는 박정희에게 그가 다른 사람들과 의논할 때까지 정계 은퇴 발표를 유보해줄 것을 요청했으며, 이에 따라 2월 11일 내려진 박정희의 결정이 2월 18일까지 미루어졌다는 사실[203] 또한 이 시기 미국의 강력한 개입 사실을 뒷받침해준다.

국무부는 주한미국대사에게 박정희가 대통령후보에 나오도록 권고하지도 말고 막지도 말라고 지시했다. 박정희가 후보로 나올 경우 김종필이 물러서지 않을 것이며, 박정희의 일은 그 스스로 결정하도록 해야 한다는 것이다.[204] 아울러 국무부는 김종필의 사퇴가 정치·경제적 안정을 위한 '최선의 희망적인 사건'이라는 사실을 박정희에게 알리라고 버거 대사에게 지시했다.[205]

(5) 중도파 정당을 만들자

2월 18일 박정희가 민정에 참여하지 않겠다고 선언한 이후 정국이 안정될 것이라는 미국의 예상을 깨고, 정국은 어지럽게 돌아갔다. 2월 25일 김종필이 외유에 오르고, 27일에는 서울 시민회관에서 군정의 퇴진을 다짐하는 '정국수습을 위한 선서식'이 이루어졌다.[206] 여기까지는 순조로웠다. 그러나 3월 11일 중앙정보부가 발표한 '군 일부 반혁명사건'은 또다른 정치적 혼란의 출발점이 되었다.

3월 11일부터 13일 사이 중앙정보부는 반김종필 계열의 핵심적인 인물인 김동하·박임항·박창암 등 20여명을 검거한 데 이어, 3월 13일에는 쿠데타 음모 관계자로 김윤근 해군소장과 최주철 육군소장 등 고급장교 5명과 자금 모의와 연락 관계로 민간인 5명을 추가로 구속했다. 이 사건은 이른바 '알라스카(당시 함경도의 별칭) 토벌작전'으로 알려져 있다.[207] 버거 대사는 반혁명사건이 박정희의 결정을 뒤엎기 위하여 조작된 사건이라고 보고했다.[208]

3월 15일 수도경비사 장병 80여명이 최고회의 앞마당에서 군정연장을 요구하는 시위를 벌였으며, 같은날 저녁 박정희는 김현철(金顯哲) 내각수반과 함께 버거 대사와 5시간에 걸친 회담을 했다. 그리고 3월 16일 박정희는 4년간의 군정연장을 공개적으로 제의하고, 멀지 않은 시기에 이를 국민투표에 부치겠다는 성명을 발표했다. 1월과 동일한 상황이 벌어졌다. 미국대사관에 통보한 사안이 순식간에 번복된 것이다.

1월말부터 2월 10일 사이에 숨겨진 미국의 개입에 이은 또 한번의 개입이 시작되었다. 군정연장 선언으로 미행정부는 큰 충격을 받았다. 국가안보회의는 케네디 대통령에게 보내는 3월 17일자 문서에서 "미국이 태연하게 그러한 변화들을 바라만 보고 있어서는 안된다"는 견해를 냈다.[209] 또한 3월 28일자 문서에서는 군정연장 선언과 함께 박정희의 선언을 지지하기 위한 친위쿠데타 음모가 있었다고 분석했다.[210]

군정연장 선언에 이은 미국의 개입은 예전과는 달리 공개적으로 이루어졌다. 이후 주한미국대사관, 미국무부, 케네디 대통령 등은 경쟁이라도 하듯 군정연장에 반대하는 공개 성명을 발표했다. 특히 미국무부는 3월 23일에 이어 26일과 29일 연이어 공식성명을 발표했으며,[211] 4월 2일에는 케네디 대통령이 버거 대사를 통해 박정희에게 친서를 보냈다.

이 시점에서 3월 25일 버거 대사는 워싱턴에 '반군반민의 과도정부'(interim military-civilian government)가 필요하다고 제안했다. 버거 대사는 야당 지도자들과 협의하는 동시에 과도정부를 수립하는 것만이 현재의 위기에서 벗어날 수 있는 유일한 대안이라고 생각했다. 박정희도 이에 찬성했으며, 3월 28일 버거 대사와 만난 자리에서 미국의 요구를 받아들이는 방안으로서 '과도연합정부'(interim coalition government)의 수립을 선언하도록 미국이 도와달라고 요청했다.[212]

국무부는 3월 28일자 훈령에서 박정희가 군정연장을 주장하는 한 어떠한 타협도 이루어질 수 없다는 입장을 주한미국대사에게 전달했다. 박정희가 유일하게 할 수 있는 선택은 군정연장을 취소하고, 야당지도자들과 자유로운 분위기에서 만나 앞으로의 선거를 논의하는 것밖에 없다는 것이 국무부의 입장이었다.[213] 그리고 버거가 제안한 과도정부안은 일단 선거가 실시될 때까지 짧은 기간 동안만 유효해야 한다는 견해를 피력했다.[214] 미국무부는 버거와 박정희의 과도정부안에 완전히 동의한 것은 아니지만, 그 유효성은 인정한 것이다.

과도정부안이 버거의 제안인지 박정희의 제안인지는 분명하지 않다. 그러나 두 사람의 동의하에 마련된 대안이었음은 분명하다. 박정희의 과도정부안은 아주 구체적인 단계까지 진척되었다. 버거 대사는 박정희가 50명(이 중 2/3은 민간정치인들)으로 구성된 '새로운 과도군사정부'(a new transitional military government)를 구상하고 있으며, 30명의 원로들로 구성된 자문위원회도 조직하려 한다고 보고했다.[215]

박정희는 3월 30일부터 4월 1일까지 3차에 걸쳐 조야영수회담을 가졌다. 여기에서 과도정부와 관련된 그의 구상이 논의되었을 가능성이 크다. 그러나 야당과의 협의가 제대로 이루어지지 않은 상황에서 박정희는 자신의 군정연장 선언을 번복하는 또 하나의 성명을 발표했다. 4월 8일에 나온, 국민투표 보류와 관련된 긴급조치 성명이었다.

국무부는 4월 8일 성명이 나온 다음 그다지 환영하는 기색을 보이지 않았다. 이전의 경험 때문이었을까? 단지 미국의 개입을 줄여야 할 필요가 있다는 점을 주한미국대사관에 지시했다. 결정은 한국인들의 손에 의해서 내려져야 하기 때문에 지나치게 간섭하는 이미지를 주어서는 안된다고 권고했다.[216] 반면 주한미국대사관은 4월 8일의 성명에 대하여 낙관적인 기대를 해도 될 것으로 전망했다.[217]

4월 8일의 성명이 야당과의 합의에 따라 이루어지지 않자, 버거 대사는 정책의 방향을 과도정부에서 군사정부 내 중도파의 역할을 부각시키는 쪽으로 선회했다.[218] 중도파의 역할을 부각시켜 이들을 중심으로 민주공화당이나 새로운 정당을 형성하는 방안은 민주공화당이 모습을 드러내기 시작한 1962년 12월부터 이미 시작되었다. 버거는 1962년 7월 박정희를 만난 자리에서 광범위한 기반을 둔 여당이 형성되어야 한다는 입장을 전달했으며,[219] 1963년 1월 민주공화당을 둘러싼 공방이 한창일 때 반군반민의 새로운 정당이 출현해야 된다는 점을 박정희에게 권고했다. 이것은 민주공화당의 개편을 뜻할 수도 있지만, 다른 한편으로는 새로운 정당 창당 가능성을 보여주는 것이기도 하다. 왜냐하면 당내에서 김종필의 힘과 역할이 줄어든다 할지라도 김종필 반대파에 대한 광범위한 지지가 뒷받침되지 않으면 많은 어려움이 생길 것이라고 보았기 때문이다. 박정희를 중심으로 다양한 세력들이 헤쳐모일 필요가 있다고 주장한 것 역시 새로운 정당의 필요성을 언급한 것이었다.[220]

4월 10일 박정희는 곧바로 범국민신당을 제창하고 나섰다. 4월 11일 최고회의 대변인 이후락(李厚洛)은 "범국민적 애국정당의 출현은 한국 정국에 새로운 전기를 가져올 것으로 확신하며, 많은 정치인들, 특히 젊고 새로운 엘리뜨들이 이에 호응해줄 것으로 믿는다"는 내용의 성명을 발표했다.[221]

범국민신당은 급물살을 타기 시작했으며, 김종필을 대신해 중앙정보부장에 오른 김재춘이 핵심적인 인물로 등장했다. 버거 대사 역시 김재춘을 중도파의 핵심인물로 염두에 두고 있었다.[222] 미국이 범국민신당의 활동에 어느 정도 관여했는지는 알려져 있지 않지만, 민주공화당에서 이탈한 일부 인사들이 범국민신당에 합류한 점을 감안하면[223] 일련의 비밀스러운 작업이 진행되었을 가능성이 크다.

그러나 범국민신당 운동은 8월에 이르러 하나의 해프닝으로 막을 내리고 만다. 범국민신당은 자유민주당으로 개편을 단행하고 박정희의 중재로 민주공화당과의 합당을 추진했지만 합당은 제대로 이루어지지 못했으며, 8월 7일 자유민주당 내 인사 가운데 742명이 민주공화당에 입당함으로써 범국민신당은 '범탕'이 되고 말았다.[224] 결국 미국은 공개적인 개입을 통해 군사정부의 군정연장 기도를 막을 수 있었지만, 그후 구상한 과도정부안과 광범위한 기반을 둔 정당건설안은 결국 실패하고 말았다.

쿠데타로 수립된 군사정부는 한미관계에 긴장을 불러왔다. 미군이 주도한 유엔군 사령부는 무엇보다도 한국군이 유엔군 사령관의 작전지휘권 아래서 이탈한 것에 문제를 제기했다. 1953년 이승만 대통령이 반공포로 석방을 지시했을 때도 작전지휘권 이탈문제가 가장 핵심적인 사안이었으며, 이 때문에 이승만 대통령을 제거하기 위한 상비계획이 입안된 바 있었다.

그러나 장면 정부의 리더십을 부정적으로 보던 미국으로서는 쿠데타 세력에 대한 입장을 쉽게 정리할 수 없었다. 게다가 윤보선을 비롯한 한국의 정치세력들이 장면 정부를 옹호하기보다는 새로운 정부를 만들어야 한다고 생각하는 상황에서 쿠데타를 진압하는 것이 쉽지 않았다. 이 때문에 쿠데타의 성공과 관련해 그 책임이 미국에 있는 것인지, 아니면 국내 정치세력에 있는 것인지를 놓고 논쟁이 제기되는 것이다.

여기서 더욱 중요한 점은 미국의 군사정부 길들이기 정책이었다. 이 과정에서 미국은 자신들의 정책에 부합하는 정권을 창출하려고 노력했다. 또한 그 과정은 정치적이지만, 내용은 사회·경제적인 정책을 모두 포괄하고 있었다. 1962년과 1963년에 있었던 제1차 경제개발계획의 수정과 통화개혁 비판은 이를 잘 보여준다. 결국 이러한 과정을 통해 미국은 박정희를 지지하는 세력에 '민정'이라는 외피를 씌워 미국에 우호적인 정권을 만드는 데 성공했다.

그렇지만 박정희 정부가 미국의 요구를 모두 받아들인 것은 아니었다. 박정희는 미국이라는 힘과 국내에서 자신을 지지하는, 그리고 쿠데타를 실질적으로 주도한 세력들 사이에 형성된 팽팽한 줄에서 줄타기를 시도했다. 그리고 그 끈의 어느 한쪽도 놓지 않았다. 끈의 양쪽 끝을 두 세력이 안전하게 잡아줄 때, 박정희는 마음놓고 줄타기를 할 수 있었다. 두 세력 사이에 위치하고 있었기 때문에 한편으로는 박정희가 선택할 수 있는 범위는 넓어졌지만, 다른 한편으로는 양쪽에서 압박을 받을 수도 있는 상황이 조성되었다.

1964년 군사정부의 주체들이 민간인 복장으로 갈아입으면서 미국이 숙원하던 민정이양이 이루어졌다. 이 민정이양과정에서 미국은 박정희를 중심으로 미국이 신뢰할 수 있는 정치지도자들을 한국정치의 핵심부에 올려놓으려고 했다. 미국의 이러한 시도는 과연 성공적이었을까? 국내 지지기반이 약한 박정희로서는 군사정부 내에 형성된 자신의 지지세력을 완전히 제거할 수 없었고, 미국은 절반의 성공으로 만족해할 수밖에 없었다. 결국 박정희는 미국의 압력 속에서도 자신이 쿠데타를 성공시키는 데 결정적인 역할을 한 조카사위(김종필)의 손을 놓지 않았다.

1990년대 이후 한국사회에 민간인에 의한 민주적인 정부가 들어서기 시작했다. 이들의 등장은 국민들의 민주화를 위한 열망에 의해 가능했다. 따라서 이들 정권은 '개혁적'인 성격을 가졌고, 정권 초기 개혁적인 인물들이 대거 등용되었다. 그러나 시간이 지남에 따라 미국의 현실적인 힘을 느낄 수밖에 없었고, 정권 중반 이후에 가면 보수적 인사들을 대거 기용하는 현상이 나타났다. 이것은 줄의 양쪽을 잡고 있는 미국과 개혁세력들 사이에서 줄타기를 한 것이 아니라 한쪽 줄을 포기하고, 다른 쪽에 매달림으로써 나타난 현상이었다. 이를 통해서 미국과의 관계를 원만하게 했을지는 몰라도, 국내의 지지기반인 개혁세력들과는 단절될 수밖에 없었다. 물론 각 정권 내부에서 일어난 부정부패 사건 역시 개혁세력이 집권세력으로부터 멀어져가는 중요한 요인이 되었다. 김종필을 중심으로 한 세력들을 '개혁세력'이라고 할 수는 없지만, 이들 민주 정부의 선택은 미국의 압력 속에서도 이 끈을 놓지 않았던 박정희의 선택과는 다른 것이었다.

제5부 한일협정 체결과 김종필 제거계획

한쪽에는 미국, 다른 한쪽에는 군사정부의 주체들이라는 두 세력 사이에서 줄타기를 시도하던 박정희는 군복에서 민간인 복장으로 갈아입은 지 얼마 되지 않아 다시 한번 위기를 맞았다. 새롭게 헌법을 만들고 헌법에 기초해 정권을 수립하긴 했지만, 한일협정 반대투쟁에 부딪혀 정권을 정상적으로 유지하기 힘들어진 것이다. 이 사건은 '계엄'이라는 긴급조치를 통해서만 정권이 유지될 수밖에 없는 상황으로 이어지는 계기가 되었다.

이러한 상황은 한편으로는 미국에 위기였지만 다른 한편으로는 기회이기도 했다. 미국은 비민주주의적인 방식으로 정권을 유지하는 정권을 지지한다는 비난을 받을 위기에 처했다. 게다가 미국은 박정희 정부의 강력한 리더십에 기대 한일협정을 체결하고자 했는데, 이것 또한 어려워 보였다. 그러나 미국은 군사정부시기에 정리하지 못한 문제들을 박정희 정부에 찾아온 위기를 틈타 정리할 수 있는 기회를 맞이했다.

과연 한국정부와 미국은 이 위기를 어떻게 돌파했을까?

1. 또다른 쿠데타의 가능성

5·16쿠데타로 한차례 위기를 맞았던 한미관계는 1961년부터 1963년까지의 과정을 거치면서 어느정도 안정적인 관계로 전환될 수 있었다. 이것은 기본적으로 군사정부가 미국의 요구를 수용했기 때문이었다. 경제정책을 미국의 요구에 맞도록 수정했으며, 군사정부 내의 강경파를 2선으로 후퇴시키고 전문관료들과 지식인들을 정부와 민주공화당에 대거 투입했다. 겉으로 볼 때 이제 한국과 미국 사이에는 따뜻한 봄날만이 기다리고 있는 것처럼 보였다.

그러나 1964년 9월 21일 미국의 합동참모본부는 국방부 장관에게 아래와 같은 전문을 보냈다. 이 전문은 또 한번의 쿠데타가 일어날 가능성이 있다는 내용을 담고 있으며, 이때 미국이 취해야 할 행동에 대해 언급하고 있다.

4. 합동참모본부는 다음과 같은 사안들을 권고한다.

a. 아래와 같은 대안들은 국무장관에게 승인받고 조정되어야 한다.

① 비공산주의자들에 의한 어떠한 권력싸움에도 미국은 중립을 지켜야 한다. 피의 전투는 안된다. 유엔군 사령관의 명령에 한국군이 반응할 수 있도록 유지해야 한다.

② 미국은 군사원조를 통해 친서방 한국군과 정부를 지원해야 한다. 사회경제적 개혁과 부패·불법을 제거하는 개혁을 더 빨리 추진해야 한다.

③ 공산주의나 반미요소에 의한 쿠데타나 봉기가 일어날 경우 미국은 승인된 정부를 지지해야 한다.

④ 이 경우 군대의 통제권을 풀어달라는 한국정부의 요청을 들어줘야 하지만, 그것 때문에 유엔군 사령관의 한국군 통제권이 심각하게 약화되어서는 안된다.

⑤ 다른 한편으로 비공산주의자들, 미국 지지자들이 현정부를 쓰러뜨리기 위하여 한국군의 통제를 풀어줄 것을 요청한다면 미합동참모본부에 알려야 한다.

⑥ 필요하다면 유엔군 사령관은 한국에 대한 석유 지원 및 군사원조를 일시적으로 중지할 수 있다.

⑦ 미합동참모본부의 승인 없이 어떠한 미군 개입도 이루어져서는 안된다.

⑧ 모든 군사행동은 주한미군 사령관 하에서 이루어져야 한다.

b. 첨부 A에 있는 내용이 국무장관에게 전달되어야 한다.[1]

이 전문은 한국에서 쿠데타 시도가 가능하다는 내용으로 시작된다. 전문은 1961년과 같은 쿠데타가 또 한번 일어날 수 있으며, 그것이 군부에서 시작될 것이라고 전망하면서 공산주의를 지지하는 성향의 쿠데타가 실행될 가능성은 거의 없지만, 박정희 정부에 대한 불만을 해소하기 위한 쿠데타가 될 가능성이 있다고 언급한다. 이미 6개월 전에 나온 문서에서 국무부는 "만약 친미그룹이 한국정부를 넘어뜨리기 위하여 군대를 요청한다면, 합동참모본부에서 권한을 이양받은 후에 군대를 풀 것"이라고 하여 또 다른 쿠데타의 가능성을 예상하고 있었다. 그러나 위의 문서는 이러한 쿠데타가 박정희를 지지하는 친위쿠데타가 될 수 있는 가능성도 완전히 배제하지는 않고 있다.[2]

이 문서는 1953년에 입안된 '상비계획'의 내용과 비슷하다. 한국 내에서 어떤 상황이 발생했을 때 미국이 개입하지 말아야 한다는 점을 강조한 점에서 미국이 주도하여 이승만을 제거하려던 계획과는 차이가 있다. 그러나 미국에 불리한 상황이 조성되는 것을 압력을 통해서 예방해야 한다는 것을 언급한 점은 '상비계획'과 크게 다르지 않다. 이것은 미국무부가 1950년대부터 학습한 내용이 1960년대에 재등장한다는 사실을 보여준다. 국가안보회의의 코머는 '귀찮은 영지'(messy fief)에서 '민주주의보다는 독재를 견디는 것이 더 낫다'며 1950년대의 상황이 끝나지 않았다고 판단했다.

1964년 3월 26일에 작성된 또다른 문서에는 이승만 제거계획처럼 위기시를 대비한 대체정부 수립 계획이 다시 한번 나타나고 있다. 이 문서에는 "참조 B항, 그리고 참조 A항의 16·17·18·19항에 표현된 의도에 근거하여 일을 진행할 것"이라는 표현이 나오며, "이러한 조항들은 승인된 한국정부가 쿠데타나 폭동을 진압하기 위하여 군대를 사용할 수 있음을 규정"하는 동시에 친미 쿠데타가 발생할 경우 군대의 이동을 승인하는 것도 가능하다는 점을 밝히고 있다. 이것은 이승만 제거계획 이후에도 이와 비슷한 내용의 비상계획이 존재했음을 알려준다. 아쉽게도 '참조 A항'과 '참조 B항'이라고 표현된 조항의 내용은 현재 알 수 없다.

한편 이 문서는 두가지 중요한 사실을 보여준다. 하나는 박정희 정부가 군부의 지지로 집권하긴 했지만, 미국은 한국군 내에 또다른 연결고리를 갖고 있었다는 점이다. 이 점은 다른 한편으로 박정희가 군부 전체를 완전히 통제하지 못하고 있었음을 반증하는 것이기도 하다. 미국은 군부 내의 누군가에게서 당시 박정희 정부가 무능력하다는 이야기를 들었을 것이고, 이런 정보로 미루어 또다른 쿠데타 발생 가능성을 짐작하고 있었을 가능성이 크다.

이 점은 박정희의 죽음과 유신체제의 몰락을 이해하는 데도 매우 중요한 시사점을 던져준다. 1964년과 1979년 사이에는 긴 시간적 거리가 있지만, 박정희 정부에서 군의 일부가 또다른 세력과 연결된 채널을 계속 유지하고 있었다면, 이것은 곧 유신체제의 몰락이 단지 한사람의 결단에 의해서 이루어진 것이 아니라는 사실을 유추해볼 수 있는 중요한 단서가 되기 때문이다. 물론 이것은 하나의 가설에 지나지 않으며, 좀더 많은 자료와 증언을 통해서 역사적 사실이 밝혀져야 할 것이다.

1965년 이후 미국의 기관들이 한국 관련 보고를 작성할 때 어떤 기관이나 사람에게서 정보를 얻는 경우가 적지 않았다. 그러나 미국의 문서들에는 해당 인물의 이름이나 기관이 삭제돼 있다. 지금까지 인용한 인용문에서 '한줄 이내의 내용이 기밀해제되지 않았다'라고 언급된 부분은 모두 정보원의 이름과 직책에 관련된 내용을 담고 있다. 이처럼 한국과 관련된 정보원을 삭제한다는 것은 프라이버씨를 위한 것일 수도 있지만, 한국정부 내의 공식적인 라인말고도 다른 라인이 존재했으며, 그것을 밝히기 곤란하다는 것을 보여주는 것으로도 볼 수 있다.

이 문서에서 주목되는 또 하나의 사실은 미국이 쿠데타가 일어나거나 박정희 정부가 무너질 수도 있는 상황이라고 판단했다는 점이다. 위에서 인용한 보고서는 1964년 9월 미합동참모본부가 작성한 것이며, 6·3사태로 대표되는 대규모 한일협정 반대시위로 위기에 빠진 박정희 정부에 대한 대책을 세우기 위한 것이었다. 미국대사관은 4·19혁명이 다시 일어날 수도 있다고 판단했다.[3] 특히 한국에서 4·19혁명시기를 보낸 마셜 그린은 그 가능성이 적지 않다고 보았다. 그는 당시 한국의 상황을 검토한 뒤 "박정희 정부는 위험하며, 어떠한 긍정적인 신호도 없다"고 국가안보회의에 보고했다.[4]

실제로 당시 한일협정 반대투쟁을 주도한 야당은 박정희 정부가 무너질 것으로 보았다. 윤보선은 유엔군 사령관을 만난 자리에서 폭력을 써서라도 박정희 정권을 붕괴시켜야 한다는 입장을 밝혔다.[5] 그 무렵 정치계 인사들과 가깝게 교류하던 강원룡(姜元龍) 목사는 미국이 박정희 정권을 교체하려 한다는 소문을 들었다고 증언했다. 또한 야당에서는 박정희 정부가 무너진 다음에 수립할 섀도캐비닛(Shadow Cabinet, 재야 내각)을 벌써 만들어놓은 상태였다고 한다.[6] 주한미국대사관과 유엔군 사령부는 야당에서 이와 관련된 정보를 받았다. 정보 제공자가 누구인지는 나와 있지 않지만, 그 안에는 한국군이 움직이지 못하도록 유엔군 측에 요청하는 내용도 들어 있었다.[7]

미국은 박정희 정부의 위기가 어느 정도인가를 파악하기 위하여 다양한 사람들과 접촉했다. 특히 정부관료들과의 접촉은 위기의 정도를 파악할 수 있는 중요한 기준이 되었다. 당시 주한미국대사 버거는 1964년 5월

23일과 24일 한국 관료들과의 대화를 통해 "박정희 정부의 존재가 위협받고 있으며, 심각한 위기가 전개되고 있다"는 결론을 내렸다. 그리고 한국은 "1961년 5·16쿠데타 이후 가장 심각한 상황이며 어려움으로 가득 차 있다"고 본국에 보고했다.[8] 주미한국대사관 직원들과 면담한 내용을 보고받은 코머는 박정희 정부가 몇주 안에 무너질 가능성도 있다고 백악관 안보보좌관에게 보고했다.[9]

앞에서 인용한 미합동참모본부의 1964년 9월 21일자 문서의 내용을 토대로 추론해보면, 미국의 현지기관들은 이 과정에서 한국군의 일부 세력들과 접촉했을 가능성이 크다. 또한 그들에게 한일협정 반대 시위가 계속된다면, 쿠데타와 같은 모종의 조치를 취해야 할지도 모른다는 의견을 개진했을 것이다. 그리고 미국의 합동참모본부는 한국군이 움직일 경우 취해야 할 행동방침을 지시했던 것이다.

2. 사태를 어떻게 해결할 것인가?

이 싯점에서 미국은 어떠한 방안을 선택해야 했는가? 물론 미국의 선택은 당시 미국의 대한정책 중에서 가장 우위에 선 정책을 따라야만 했는데, 그것은 한일협정의 조속한 체결이었다.

> 현재 동아시아에서 가장 중요한 정책은 한일관계의 정상화이다. 이것은 주한미군의 감축보다는 대한원조의 삭감 때문에 중요하다.
>
> 그러나 일본은 한국에 그렇게 매력을 느끼지 못하고 있다. 우리는 (어차피 쓰게 될) 1억 달러를 한국정부에 미끼로 던질 생각이다. 이를 위해 윌슨 와이야트(Wilson Wyatt)를 특사로 보낼 것을 권고했는데, 와이야트는 1963년 인도네시아 석유협상을 이끈 미국의 대표였다.[10]

한일관계 정상화는 1950년대부터 미국이 추진해온 정책이었다. 이 정책은 1960년대에 와서 더 적극적으로 추진되었으며, 이제 더이상 미룰 수 없는 가장 핵심적인 정책이 되었다. 경제개발원조와 베트남을 위하여 많은 비용이 필요했던 미국으로서는 '밑 빠진 독'인 양 끊임없이 돈이 들어가는 한국을 일본에 떠맡기려 한 것이다.

대규모 반대시위에 부딪힌 미국이 선택할 수 있는 정치적 옵션은 세가지였다. 하나는 미국에 협조적인 야당으로 하여금 정권을 잡게 하는 것이었다. 야당은 미군정시기 여당이던 한국민주당을 계승하고 있었다. 독재정부에 반대하고 민주주의적 질서의 복원을 주장한 이들은 독재정부보다도 더 미국에 우호적이었다. 또한 정권을 잡은 민주당시절 한일협정에 적극적으로 나선 경험이 있었다. 게다가 야당은 전술한 바와 같이 한일협정 반대투쟁이 박정희 정부가 물러나는 계기가 될 것으로 생각하고, 주한미군 당국자들을 만나서 만약의 경우 한국군의 이동을 막아달라고 요청하기도 했다.

그러나 미국은 야당을 선택하지 않았다. 미국의 현지기관들은 한국의 야당을 오랜 기간 부정적으로 평가했으며, 1960년대에 와서도 그러한 평가는 변하지 않았다. 4부에서 언급한 바와 같이 미국은 5·16쿠데타의 책임이 민주당의 리더십 부재와 내부 분열에 있다고 생각했다. 민정이양을 위한 대통령선거 직전인 1963년 9월 주한미국대사 버거는 야당의 지도력은 희망적이지 못하다고 평가했으며, 만약 야당이 대통령선거와 총선에서 이긴다면 "내부의 분란에 휘말릴 것이며, 또다른 쿠데타 위협과 함께 민간과 군부의 갈등이 일어날 것"이라고 예측했다.[11]

따라서 미국은 야당이 주도한 한일협정 반대투쟁을 부정적으로 보았다. 한일협정 반대투쟁은 정당한 요구가 아니라 권력을 장악하기 위한 무책임한 행동이라는 것이다.

> 야당의 전술은 끊임없이 책임질 수 없는 비난의 공세를 퍼부음으로써 정부

를 곤란에 빠트리고 대중의 동요를 일으켜 정부를 끌어내리는 것이다.[12]

미국은 오히려 야당을 설득하고, 압력을 가하는 방식을 택했다. "책임 있는 방식으로 야당이 행동하도록 모든 가능한 노력을 기울여 영향력을 행사해야 할 것"이라는 것이 미국대사관의 입장이었다.[13] 1952년 부산정치파동 때와 1956년 대통령선거 때 미국의 개입에 의해서 정권을 잡아보려고 시도한 야당은 다시 한번 닭 쫓던 개 신세가 된 것이다.

그러나 실제로 야당과 학생들이 한일협정 자체를 반대한 것이 아니었다. 또한 후술할 세번째 옵션에서 나타나는 것처럼, 이들이 김종필만을 타깃으로 한 것도 아니었다. 한일협정 반대의 핵심적인 이유는 밀실협상과정에서 나타난 한국정부의 굴욕적인 모습과, 일본으로부터 들어온 돈에서 '구린' 냄새가 났기 때문이었다. 군사정부시기 4대 의혹사건을 겪은 국민들은 한일협정과정에서 불거진 의혹이 4대 의혹사건과 크게 다르지 않다고 판단했다. 4대 의혹사건 가운데 빠찡꼬 사건, 새나라자동차 사건, 워커힐 호텔 사건 등 세 건은 모두 일본과 관련된 사건이었다. 야당과 지식인들은 4대 의혹사건을 통해 민주공화당을 만든 군인들이 이제는 한일협정 과정에서 또다른 비자금을 만들어 장기집권에 들어가려 한다고 보았다.

그렇다면 미국은 왜 이 점을 애써 외면한 것일까? 당시 주한미국대사관의 보고나 국무부·백악관에서 진행된 논의를 보면, 한일협정 반대투쟁의 핵심적인 이유를 분석한 언급은 거의 나타나지 않는다. 왜 그랬을까? 지금까지 공개된 문서로는 그 이유를 정확히 알 수 없지만, 한일협정 반대투쟁을 주도한 학생들과 야당을 보는 부정적인 시각이 주요한 원인이었을 가능성이 크다.

당시 학생들과 지식인들의 시위 구호 속에는 한일협정에 간섭하는 미국을 비난하는 내용이 포함되어 있었다. '미국'이 하나의 성역이 되어 있던 한국에서 이러한 구호가 나왔다는 것은 놀랄 만한 일인 동시에 주목해야 할 일이었다. 따라서 미국은 선을 분명히 그어, 이것이 공산주의자들의 사주에 의한 것이라고 규정했다. 미국의 문서에 그 점이 분명히 나타나 있지는 않지만, 주한미국대사는 일부 공산주의자들이 시위를 주도하고 있음을 서울대 총장이 전화로 알려왔다는 박정희의 언급을 본국에 보고했다.[14] 물론 전술한 바와 같이 무책임한 야당이 정권을 잡기 위한 수단으로 한일협정 반대투쟁을 이용한다는 인식 또한 중요하게 작용했을 것으로 보인다.

미국이 선택할 수 있는 또 하나의 옵션은 1964년 9월 21일자 합동참모본부의 문서에 나온 바와 같이 불안한 박정희 정부를 대체할 만한 쿠데타가 일어날 경우, 새로운 군부세력을 지지하는 방안이다. 물론 그러한 쿠데타가 반미나 공산주의 성향을 갖지 않을 경우에 한해서였다. 또한 쿠데타가 박정희를 지지하는 친위쿠데타일 가능성도 배제할 수는 없었을 것이다.

그러나 또다른 쿠데타는 결코 간단히 넘어갈 문제는 아니었다. 무엇보다도 1961년에 이어서 또 한번 헌법적 질서가 무너지는 과정이 전개될 것이기 때문이었다. 여기에서 미국의 고려대상은 유엔과 북한이었다. 유엔에서 한반도문제가 제기될 때마다 미국이 내세울 수 있는 것은 유엔한국통일부흥위원단의 관찰 아래 유지되는 남한의 '민주주의적' 제도였다. 또한 남한정부만이 한반도에서 유일하게 유엔이 승인한 정부라는 것도 유엔에서 미국의 입장을 유리하게 하는 근거가 되었다.

물론 민주주의를 강조하는 것이 미국의 대한정책에서 언제나 가장 중요한 원칙이 된 것은 아니었다. 가장 중요한 것은 공산주의의 위협으로부터 한국을 지키는 것이었다. 특히 내부의 위기로 인한 자체붕괴를 막는 것이 가장 중요한 목표였다. 또한 1964년의 싯점에서는 반공적인 한국정부와 일본 사이의 관계를 정상화하는 것이 중요했다. 이러한 때 또다른 쿠데타가 발생한다면 미국정부의 입장을 난처하게 만들 가능성이 컸다. 왜냐하면 그러한 쿠데타가 미국을 지지하는 성향을 띤다 할지라도 미국은 또 한번 합법적인 절차를 거치지 않고 수립된 정부를 지원해야 하는 부담을 안을 수밖에 없기 때문이었다.

그렇다면 결국 미국이 선택할 수 있는 옵션은 마지막 세번째밖에 없었다. 그것은 곧 사회를 불안정하게 하는 세력들을 설득하거나 탄압하면서 확고한 리더십을 갖춘 반공정권을 중심으로 안정을 되찾게 하는 것이다. 이것은 1961년부터 1963년 사이의 과정을 다시 한번 반복하는 것으로, 박정희 정부 내에서 문제를 일으키는 인물들을 제거함으로써 대중에게서 쏟아지는 비난의 화살을 벗어날 수 있게 하는 것이었다.

이 옵션은 1952년 부산정치파동 때도 이용된 바 있다. 이승만 제거계획을 세워놓고도 마땅히 대체할 만한 지도자를 찾지 못한 상황에서, 미국은 부산정치파동의 책임을 이승만보다는 그를 둘러싼 측근 인물들에게 돌림으로써 이들을 물러나게 하고 미국에 더욱 협조적이면서도 전문관료로서의 경력이 있는 인물들을 대거 등용하게 했다. 마찬가지로 박정희를 대체할 수 있는 지도력이 없다고 판단된다면, 한일회담과정의 책임을 그를 둘러싼 인물(들)에게 돌리고, 새로운 사람들을 권력의 중심부로 이동시키는 방법을 사용하면 되는 것이다.

당시 미국의 현지기관들과 워싱턴의 국무부·백악관이 판단하기에 박정희를 대체할 만한 확고한 리더십을 갖춘 인물은 없었다. 야당은 믿을 수 없었으며, 또다른 쿠데타는 합헌적인 질서를 다시 한번 무너뜨림으로써 미국에 부담을 줄 수 있었다. 결국 세번째 옵션만이 미국이 선택할 수 있는 유일한 대안이었다.

3. 김종필을 제거하라

세번째 옵션에 따라 미국의 현지기관이 선택한 것은 야당을 설득하면서 김종필을 권력에서 물러나게 하는 것이었다. 주한미국대사관은 이 두 가지 중에서도 김종필을 권력의 핵심부에서 제거하는 것을 우선적인 목표로 세웠다.

군사정부시기 계속해서 시도한 '김종필 제거' 계획이 결국 실패로 돌아갔다면, 이제 다시 한번 김종필을 제거할 수 있는 기회를 잡은 것이다. 1963년 민정이양 과정에서 미국의 압력으로 김종필은 외유를 떠나야 했지만, 다시 돌아왔을 때는 민주공화당의 당의장으로 화려하게 복귀했다. 따라서 한일협정을 계기로 조성된 1964년의 상황은 미국의 입장에서는 그야말로 일석이조의 효과를 얻을 수 있는 절호의 기회가 될 수 있었다.

주한미국대사 버거는 국무부와 박정희에게 이 사태의 모든 책임이 김종필에게 있다고 강조했다. 김·오오히라(大平) 메모의 내용이 밝혀지면서 한일협정 반대투쟁이 더욱 힘을 받은 당시의 상황에서 김종필에게 타깃을 맞추는 것은 여러모로 효과적인 방법이 될 수 있었다.

여기에 더하여 한국 행정부와 민주공화당 내부의 상황 역시 주한미국대사의 계획을 도와주는 요인이 되었다. 즉 박정희 정부 내에서도 김종필을 견제하려는 움직임이 나타나고 있었던 것이다. 김종필은 5·16쿠데타에서 민주공화당 조직에 이르기까지 군사정부의 핵심에 서 있었다. 따라서 '포스트 박정희'가 당연히 김종필의 몫이 될 것이라는 분위기가 계속되었다. 그러나 김종필 중심의 권력구조에 불만을 품은 세력들이 적지 않았다.[15] 이들은 김종필을 견제하고자 했으며, 박정희와 김종필을 분리함으로써 박정희를 중심으로 새로운 권력구조를 만들고자 했다. 주한미국대사가 김종필을 제거하는 과정에서 민주공화당의 구조를 재편해야 한다는 점을 언급한 것 또한 새로운 권력구조 재편과 깊은 연관을 맺고 있었다.[16]

주한미국대사는 군사정부시기 내내 김종필을 집권세력에서 멀리 떨어지게 하는 것이 미국의 대한정책에 유리할 것이라고 강조했다. 국무부 한국담당 과장으로 영전하기 직전 보낸 문서에서도 버거는 "지난 3년간 대부분의 문제는 김종필의 행위에서 비롯됐다"고 언급했다.[17] 버거 대사가 다른 자리로 좌천된 것이 아니라 국무부의 더 높은 자리로 승진한 것으로 볼 때, 국무부는 한국의 상황을 보는 그의 판단을 전적으로 신뢰했을 것으로 보인다. 버거 대사와 김종필의 관계가 몹시 안 좋았기 때문에 코머는 다음과 같이 평가하기도 했다.

> 버거는 김종필을 너무나 싫어한다. 개인적인 숙원이 있는 것처럼 보인다. 박정희가 김종필을 쫓아낼 수 있을까에 대해서는 의문이 있지만, 그러지 않고서는 민주공화당 내에서 분열의 요소들을 해결할 수 없을 것이다.
>
> 이러한 모든 요소가 한일간의 협상을 어렵게 하고 있다. 김종필은 가장 중요한 한일협상 지지자다. 야당이 한일간의 협상타결에 반대하는 것은 김종필을 제거하기 위한 수단이다. 한국정부는 계엄령을 고려하고 있다.[18]

코머는 김종필에 대한 버거의 평가가 지나치게 부정적인 점을 감안한다면, 사적인 감정이 개입되어 있는 것은 아닌가 하는 의문이 들 수도 있다고 보았다. 그러나 궁극적으로는 야당을 설득하고 한국사회를 안정시키면서 한일협정을 체결하기 위해서는 김종필의 제거가 불가피하다는 입장을 밝히고 있다. 코머는 김종필을 구 제정러시아가 몰락하는 데 일조한 라스뿌찐(G. Y. Rasputin)에 비교하기까지 했다.[19]

그러나 위의 전문에서 보이는 바와 같이 미국이 김종필을 몰아내기에는 큰 부담이 따랐다. 왜냐하면 김종필이 한일간의 협상이 빨리 진행되도록 물꼬를 텄기 때문이다. 비록 국내에서 많은 비난을 받았지만, 김종필이 오오히라 외상과 비밀교섭에 나서지 않았다면 한일협정 회담은 1965년에 타결되지 못했을 수도 있다.

게다가 일본의 자민당은 박정희와 김종필에게 우호적인 반응을 보이고 있었다. 1963년 4월 하순경 이께다(池田) 수상은 자민당 총재 명의로 박정희 의장에게 대통령에 반드시 출마할 것을 당부하는 편지를 보냈으며,[20] 일본의 기업인들은 김종필이 주도하는 공화당에 상당한 정치자금을 제공했다.[21] 일본이 한일협정에 적극적이지 않은 상황에서 김종필의 존재는 미국으로서도 매우 소중한 것이었다. 박정희는 김종필의 2선 후퇴가 일본과의 협상에 차질을 가져올 것이라는 자민당 부총재 오오노(大野)의 의견을 주한미국대사에게 전달하기도 했다.[22]

미국으로서는 한일회담 타결을 위해 김종필의 역할이 소중하긴 했지만, 다른 한편으로는 김종필 때문에 한일협정 전체를 망치는 일이 벌어지는 것도 막아야 했다. 미국이 파악하는 한 야당과 학생들의 한일협정 반대는 김종필에게 초점이 맞추어져 있었다. 미국은 주요 비판대상인 김종필이 무대에서 사라진다면 한일간의 협상 마무리가 어렵지 않게 이뤄질 것으로 판단했고, 이와 함께 박정희를 중심으로 권력구조가 새롭게 재편되는 결과를 가져올 수도 있다고 보았다.

그러나 박정희는 민정이양과정에서처럼 김종필 제거에 난색을 표명했다. 표면적인 이유는 민주공화당 내에 벌써 무시할 수 없을 정도의 김종필 지지세력이 있다는 점 때문이었다.[23] 김종필이 권력구조 내에서 꽤 많은 지분을 갖고 있는 이상, 그를 제거하면 박정희 자신의 권력에 위기가 올 수도 있다고 판단한 것이었다.

위기를 극복하기 위한 한국정부와 미행정부 사이의 타협은 6월 3일과 6월 6일에 이루어졌다. 먼저 6월 3일의 회동을 보자. 미국 측에서 버거 대사와 하우즈(H. H. Howze) 유엔군 사령관, 그리고 한국 측에서 박정희 대통령과 김종오 합동참모본부장, 김성은(金聖恩) 국방부장관이 6·3사태가 발생한 당일 밤 긴급회동을 가졌다.[24] 박정희는 유엔군 사령관에게 계엄을 선포할 경우 한국군(6사단과 28사단)의 동원을 허가해줄 것을 요청했고, 유엔군 사령관은 이를 허가했다. 물론 다음과 같은 전제가 딸려 있었다.

> 나(버거 대사)는 대통령(박정희)이 우리의 승인을 요청한 것이 아니라 군대를 풀어주라고 요청한 것뿐이라는 점을 분명히 했다. 나는 그의 정부가 우리가 승인했거나 동의했다는 인상을 주는 어떠한 성명도 발표하지 말라고 요청했다. 이러한 행동은 한국정부의 주권에 의해 나온 것이다. 대통령은 이에 동의했다.

또한 계엄령을 위해 군대를 동원하는 데에도 조건을 달았다. 첫째, 만약 사태가 4·19혁명 때처럼 발전한다면, 미국은 박정희 정부 지지를 철회할 수도 있다는 점이다. 둘째, 이를 막기 위하여 정부에서 야당과 학생들을 설득하기 위한 모종의 조치를 취해야 한다는 점이다. 이것은 실질적으로 김종필이 권력 상층부에서 물러나게 해달라고 직접 요청한 것이었다.

> 대통령 각하, 나는 이러한 상황이 얼마나 고통스러운지 알고 있지만, 상황은 심각하며, 우리는 솔직히 말할 필요가 있습니다. 3월 23일부터 당신을 지지하는 몇몇 지도자들이 나에게 말하기를, 만약 계엄령이 선포되고 나서도 김종필이 제거되지 않는다면 당신과 당신 정부는 심각한 위험에 처할 것이라고 했습니다. 나는 그가 제거되어야 한다는 것을 말하는 것이 아니라는 점을 분명히 하고 싶지만, 이것이 당신의 가장 충성스러운 지지자들의 주장입니다.

이에 대해 박정희는 사흘 전 김종필을 만나 공화당 당의장에서 사임할 것을 요청했지만 당장은 어려운 상황이라고 하면서, 공화당 내에서 그의 사임에 찬성하는 사람은 장경순 한 사람이기 때문에 결국 여름에 열릴 전당대회에 가서야 김종필의 사퇴가 가능할 것이라고 말했다.

그러나 주한미국대사와 유엔군 사령관의 입장은 완고해서, 김종필의 사퇴 없이 이 위기가 해결될 수 없다는 점을 분명히 했다. 회동의 결론은 다음과 같은 다섯가지 사안으로 정리되었다. 미국으로서는 군대 동원을 승인했다는 비난을 받지 않기 위해서라도 이 점들을 확실하게 해야 했다.

> ① 우리는 상황이 심각하다는 것에 동의했다.
> ② 계엄령 선포는 한국정부의 결정이었다.
> ③ 우리는 군대를 풀어달라는 한국정부의 요청에 동의했다.
> ④ 계엄령은 기본적인 문제들을 해결할 수 없다.

⑤ 우리는 대통령이 대중적인 불만을 해결할 수 있는 성명을 내기를 원한다. 이와 관련해서 계엄령 발동과 함께 김종필이 제거되어야 한다는 것이 대통령을 지지하는 한국의 지도자들을 통해 나에게 전달되었다.

버거는 끝까지 김종필의 사퇴를 종용하는 것이 자신의 개인적인 견해가 아니라고 주장했지만, 1962년부터 시작된 버거와 김종필 사이의 관계를 박정희나 김종필이 모를 리가 없었다.[25] 다른 만남에서도 버거는 박정희에게 자신이 김종필의 사퇴를 종용했다는 점을 모르게 해달라고 했지만, 김종필에게 이와 관련된 내용은 아마도 전달되었을 것이다. 그렇기 때문에 김종필은 6월 7일 외유를 결정했을 때 그 사실을 버거에게 직접 알렸다.[26]

김종필이 모든 자리에서 물러나는 것은 쉬운 일이 아니었다. 당의장직은 사퇴했지만, 민주공화당의 당직과 국회의원직은 그대로 유지했다. 하우즈 유엔군 사령관은 6월 6일 박정희와의 만남에서 이 나라를 이끄는 사람은 박정희지 김종필이 아니라며 직격탄을 날렸다. 또한 만약 법원에 난입하고 동아일보사를 습격한 공수부대원들의 행동이 계속된다면 군사원조를 중단하겠다는 의사도 전달했다.

결국 박정희는 김종필이 미국에서 잠시 동안 '공부'할 수 있도록 허가해줄 수 있는지를 물었다. 버거 대사는 가능하다고 하면서, 그 기간이 길면 길수록 좋지만 최소한 1～2년은 되어야 할 것이며 출국시기는 가능한 한 빨라야 한다고 주장했다.[27] 미국의 의지는 확고했다. 심지어 김종필이 귀국한 뒤에도 재기하기 어렵게 해야 한다는 의지마저 보였다.

김종필에게 반대하는 국회의원과 야당의원들 일부를 체포할 계획이 있는지 물었다. 박정희는 모른다고 답변했다. 나는 지난 3년 동안 우리가 모르는 일이 실제로 나타난 경우들을 보았다고 말했다. 박정희는 웃으면서 자신의 싸인 없이 그런 일이 일어날 수 없다고 말했다. 나 역시 웃으면서 만약 그런 일이 일어난다면, 우리는 조용히만 있을 수 없다고 말했다.

논평: 박정희가 우리의 지시를 따를 것이라는 확신은 없다.

이 대화는 김종필이 공직에서 떠나고 외유를 떠난다 하더라도, 그를 반대하는 국회의원들을 제거함으로써 그가 돌아왔을 때 복귀할 수 있는 조건을 만들어주어서는 안된다는 미국 측의 의사를 재확인한 것이었다. 박정희는 그럴 계획이 없다는 점을 분명히 했지만, 버거 대사는 이미 1963년의 반혁명사건을 통해 이러한 예를 경험했기 때문에 당시의 상황이 재현되면 안된다는 점을 다시 한번 확인했다.

마침내 당일 밤 박정희는 김종필을 만났다. 무슨 이야기가 오갔는지는 알 수 없지만, 모종의 타협이 이루어졌을 가능성이 크다. 그리고 다음날 김종필은 미국으로 외유를 떠나겠다는 의사를 박정희에게 전했다. 가능하다면 미국무부의 장학금을 받겠다는 의사도 전달했지만, 국무부는 장학금을 받기에는 적절하지 못한 사람이라며 거절했다. 그 대신 사적인 펀드에서 자금을 받아 키씬저(H. A. Kissinger)가 주도하는 하바드대의 쎄미나에 참석할 수 있도록 해주겠다는 의사를 전달했다. 버거는 이 기회에 김종필이 그의 생각을 바꿀 수 있었으면 한다는 희망을 전했다.[28] 드디어 6월 15일 김종필은 미국으로 떠났다. 미국의 압력 때문에 사퇴한 사람이 미국으로 외유를 떠나는 웃지 못할 일이 벌어진 것이다.[29]

결국 미국은 이러한 일련의 과정에서 김종필을 권력의 중앙에서 몰아낼 수 있었다. 실제로 김종필은 미국이 원한 것보다 이른 1965년 6월 귀국했고, 1965년 12월 공화당 전당대회에서 당의장에 복귀했지만, 그의 입지는 예전보다 좁아졌다. 1964년 12월 김종필이 귀국하겠다는 메씨지를 전했을 때 새로 부임한 브라운(W. G. Brown) 주한미국대사가 김종필의 조기 귀국이 한국의 상황을 악화시킬 것이라는 국무부의 특별지시를 전달했지만, 박정희는 "그가 아무것도 할 수 없으며, 이제 중요하지 않기 때문에" 별 문제가 없을 것이라고 말했다.[30]

실제로 1965년 이후의 자료들을 보면 한국정부와 관련된 중요한 미국의 외교문서 상에서 김종필의 이름을 발견할 수 없다. 이는 미국의 입장을 배려한 한국정부의 조치 때문일 수도 있지만, 사실상 중요한 대외정책 논의과정에서 김종필이 제외되었다는 것을 의미한다. 이제 김종필의 위치는 한일관계 정상화를 주도했을 때의 위치와는 사뭇 다른 것이라고 하지 않을 수 없다.

박정희는 정일권 국무총리와 이후락 비서실장을 중심으로 국정을 운영하기 시작했다. 정일권 국무총리는 1964년 6월 이전부터 김종필의 외유를 적극적으로 주장한 인물이었다.[31] 이후락에 따르면 박정희는 공화당이 정책을 주도해야 한다는 김종필의 생각에 찬성하지 않았다.[32] 또한 공화당 내에서도 김성곤·길재호 등 재정을 담당하던 인물들이 점점 세력을 얻고 있었다.

그러나 미국은 또다른 함정에 빠져들고 있었다. 버거 대사가 한국에서 유일한 희망이라고 칭찬을 아끼지 않은 박정희가 이제 유일한 권력으로 우뚝 서기 시작한 것이었다. 버거의 초기 계획은 '길들이기'를 통해서 박정희를 교육시키는 것이었다.

> 우리는 박정희를 지도자로서의 자질과 솔직한 성품을 가진, 국가의 아픔에 대해 보통 이상으로 깊은 감정을 가진 사람으로 평가했으며, 통치의 원칙을 바탕으로 그를 교육시키려고 했다.[33]

그러나 미처 '교육'이 다 끝나지도 않은 상황에서 미국을 제외하고는 국내에서 더이상 박정희를 견제할 수 있는 세력이 존재하지 않게 된 것이다. 6·3사태가 어느정도 진정됐을 때 버거는 대통령의 진해 별장으로 초청을 받았다. 그리고 그를 만난 뒤에 "박정희는 많이 풀어져 있었다. 그러나 가장 두려운 것은 야당과 반정부신문에 대한 그의 잘못된 감정 그리고 협상보다는 무력을 더 선호한다는 점"이라는 내용의 보고서를 국무부에

보냈다.[34]

©국가기록원

1974년 여름 하비브 대사와 골프장에서 회동한 김종필(왼쪽 박수치는 사람). 이때는 이미 모든 권력이 박정희에게 넘어간 후였다.

김종필 제거계획의 성공은 한일협정 반대투쟁이 진행되는 가운데 미국이 어부지리로 얻은 것이었다. 박정희 정부를 안정시킨다는 명분을 내세운 미국은 군사정부시기부터 눈엣가시였던 김종필을 권력의 핵심부에서 밀어낼 수 있었다. 김종필은 2인자로서의 자리를 계속 지킬 수 있었지만, 더이상 권력의 향방을 좌우할 수 있는 위치에 서지 못했다.

이것은 특히 버거 대사가 적극 추진한 계획이었다. 실제로 국가안보회의의 코머가 언급했던 것처럼 버거 대사가 김종필에게 사적인 감정이 있었던 것은 아닌가 하는 의문이 들기도 할 만큼 버거 대사는 이 계획을 적극 추진했다. 그러나 이 계획이 마무리된 이후 베트남전 파병과 관련된 한미간의 협상이 진행되는 와중에 버거가 국무부의 한국담당 책임자로 영전한 사실로 미루어볼 때, 김종필 제거계획은 단지 버거 대사만의 개인적인 선호에 따른 계획은 아니었던 것으로 보인다.

그러나 미국은 이 계획의 성공으로 다른 함정에 빠지고 말았다. 박정희를 제어할 수 있는 2인자가 권력의 핵심부에서 사라진 것이다. 이러한 상황에서 박정희가 미국의 정책에 우호적으로 따라온다면 별다른 문제가 없겠지만, 만약 양자 사이에 갈등이 생긴다면 또다른 위기가 발생할 수 있는 조건이 형성된 것이다. 미국으로서는 다른 대안을 동원하여 상황을 제어할 수 없는, 마치 이승만을 제거하려 했으나 하지 못한 것과 같은 조건을 스스로 만든 것이다.

후술하겠지만, 1968년 이후 한미관계에는 틈이 생겼다. 박정희와 미국 사이에 동상이몽의 관계가 싹트기 시작한 것이다. 그리고 급기야 1970년대 중반 이후에는 미국이 한국정부를 통제하기 힘든 상황에까지 이르게 되었다. 이것은 미국이 박정희에게만 권력이 집중될 수 있는 구조를 정권 초기부터 만들어준 것이 중요하게 작용한 결과였으며, 이런 결과는 결국 김종필 제거계획에서부터 비롯된 것이었다.

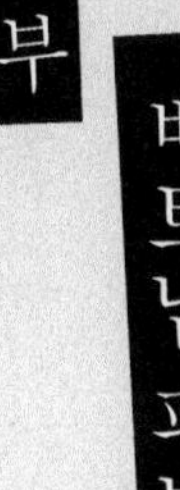

제6부

베트남 파병을 둘러싼 한미간의 줄다리기

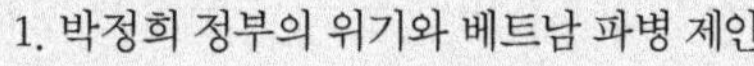

1. 박정희 정부의 위기와 베트남 파병 제안
2. 전투부대 파병과 한국정부의 적극적인 대응
3. 한국정부의 과도한 대응과 한미관계의 변화

베트남전쟁은 한국인들에게 하나의 신화가 되어 있다. 베트남전쟁이 없었다면 경제성장에 성공하지 못했을 것이라는 신화 말이다. 세계로부터 미국의 용병이라는 비난을 듣고 수많은 젊은이들이 피를 흘렸건만, 한국인들이 관심을 갖는 것은 베트남에서 돈을 얼마나 벌어들였는가이다. 베트남 파병이 이루어지던 당시에도 한국인들은 파병을 '좋은 장사'이며, 일본이 한국전쟁에서 얻은 것과 같은 전쟁특수를 얻을 수 있는 기회로 여겼다. 최근 한국정부에서 베트남전쟁 관련 문서들을 공개했을 때에도 한국의 주요 언론들은 한국정부가 얼마나 많은 것을 얻어내려고 노력했는가, 그리고 한국 군인들은 제대로 월급을 받았는가에만 관심을 쏟았다.

따라서 아직까지도 좀더 근본적인 질문이 남아 있다. 한국정부는 왜 베트남 파병을 결정했을까? 한국정부는 파병을 통해 무엇을 얻으려고 했을까? 베트남 파병에서 얻은 것은 무엇이고, 잃은 것은 무엇이었는가? 베트남 파병이 미국의 요청에 따라 이루어졌다면, 이를 통해 한미관계는 우호적인 관계로 완전히 바뀐 것일까?

1. 박정희 정부의 위기와 베트남 파병 제안

(1) 주한미군과 한국군 감축계획

1964년 8월초 버거 대사가 국무부의 한국담당 과장으로 영전하고, 새로 브라운 대사가 임명되었다. 브라운 대사는 1960년에서 1962년 사이 라오스 대사로 근무하면서 임무를 훌륭하게 수행했다고 평가받은 인물이었다.

그런데 브라운 대사는 한국에 부임하기 직전인 7월 31일, 백악관에서 존슨 대통령과 코머와 만났다. 이 자리에서 브라운에게 중요한 임무 두가지가 부과되었다. 하나는 한일협정 반대투쟁을 주도하는 야당의 정치인들을 만나 설득하는 것이고, 다른 하나는 한국군의 감축을 추진하는 것이었다. 특히 동남아시아의 상황에서 한국군의 감축이 매우 중요한 임무라는 점이 거듭 강조되었다.[1] 한국군의 일부가 벌써 베트남에 파견되었고 전투부대의 파병을 앞둔 싯점에서 왜 한국군의 감축문제가 언급된 것일까?

미국은 이미 1950년대부터 주한미군과 한국군의 감축을 시도해왔다. 그러나 제3부에서 언급한 바와 같이 이러한 시도는 결코 성공적이지 못했다. 무엇보다도 한반도가 분단되어 있었고, 1958년까지 북한에 중국군이 주둔하고 있었다는 것이 가장 중요한 장애가 되었다. 아이젠하워 행정부에서 적극 추진된 주한미군과 한국군 감축정책으로 주한미군은 대규모로 감축되었지만, 한국군은 전체 20개 사단 가운데 2개 사단이 감축되는 데 그치고 말았다. 1950년대말 미국과 소련 사이의 갈등이 고조되었을 때 아이젠하워는 "한가하게 앉아서 16개 사단이니 18개 사단이니 할 여유가 없다"는 말로 더이상의 감축이 어렵다는 결정을 내렸다.

주한미군과 한국군을 감축함으로써 미국의 예산을 줄여야 할 필요성은 케네디 행정부에 이르러 더 시급하게 제기되었다. 이러한 감축 요구는 미국의 정책 변화에서 시작되었다. 케네디 행정부의 경제개발원조 정책은 막대한 규모의 대외원조를 바탕으로 하는 것이었다. 따라서 한국처럼 이미 대규모 지원이 이뤄진 곳에서 원조규모의 축소와 조정은 필수적이었다. 특히 1958년 중국군이 철수한 이후 미국정부는 남한군이 독자적으로 북한군에 대비할 수 있는 능력을 갖추었다는 평가를 내리기까지 했다.[2]

그러나 군사정부시기 미국은 주한미군과 한국군을 감축하는 정책을 적극적으로 추진할 수 없었다. 박정희 정권이 안정되지 않은 상황에서 주한미군과 한국군을 감축한다면 한국 내 상황을 다시 불안정하게 할 수 있기 때문이었다. 버거 대사는 주한미군과 한국군 감축을 위한 계획(버거 플랜)을 만들었지만, 박정희 정부가 안정될 때까지 이 문제를 언급하지 않는 것이 좋겠다는 입장을 국무부에 전달하기도 했다.

따라서 1963년 민정이양을 위한 선거가 완료되고 1964년 새로운 헌법에 의한 정부가 들어서자 미국은 주한미군과 한국군 감축정책을 적극적으로 추진하기 시작했다. 물론 이러한 정책은 당시 미국의 가장 중요한 동아시아정책 가운데 하나인 한일관계 정상화와도 표리를 이루는 것이었다. 한일관계 정상화를 통해서 얻고자 한 것도 결국은 대한원조를 일본으로 떠넘기는 것이었기 때문이다.

1964년초부터 미국의 정책문서들은 주한미군과 한국군 감축을 주요 내용으로 다루고 있다. 앞서 언급한 6·3사태를 둘러싼 한국정부의 위기가 이 논의를 일시 중단시켰지만, 1964년 내내 감군정책은 미국의 정책문서 속에 등장하고 있다. 특히 1963년말 케네디 암살을 전후하여 케네디 정부가 대외원조에 지나치게 많은 돈을 쓴다는 의회의 비판이 제기됐기 때문에 한국에서의 군대감축문제는 더 중요한 의제가 될 수밖에 없었다.

박정희 정부가 출범하자 버거는 1964년초 군축논의를 시작할 것을 워싱턴에 제안했다. 군사정부시기 동안 불안정한 정치상황 때문에 군축 논의를 연기해왔지만, 이제 본격적으로 논의할 싯점이 왔다는 것이다. 한일협정 반대와 관련된 움직임이 심상치 않았던 상황을 고려하면 당장 이 문제를 거론하는 것이 사회적 동요를 가져올 수 있지만, 러스크 국무장관이

한국을 방문할 때 감군문제를 본격적으로 거론하는 게 좋겠다는 것이 버거의 권고안이었다.[3]

주목되는 점은 버거가 한국정부를 안정시키기 위해서는 주한미군 감축보다는 한국군 감축을 먼저 논의하는 것이 좋겠다고 권고한 점이다. 비록 한국군 감축으로 한국정부의 기반이 더 약해질 가능성이 있긴 하지만, 이것이 주한미군의 감축으로 박정희 정부와 미국 사이의 관계가 좋지 않다는 인상을 국민들에게 심어주는 것보다는 낫다고 판단한 것이다.

당시 미국이 생각한 주한미군과 한국군의 감축계획은 군대규모의 축소와 함께 부대의 재배치까지 고려한 대규모 계획이었다. 이것은 마치 지금 진행되고 있는 미국의 해외주둔미군재배치계획(GPR)과 유사한 방안이었다. 버거의 계획에 따르면 10년 가까이 유지돼온 주한미군과 한국군의 부대 배치는 수정될 필요가 있었다. 다시 말해 부대가 전방에 집중 배치되어 다른 지역에 문제가 생겼을 경우 제대로 대처하기 어렵다는 것이었다. 버거는 이 계획을 미국무부와 국방부에 제출해 동의를 얻었다.

이 문제를 둘러싸고 1964년 1월 22일 국가안보회의의 코머 그리고 국무부 장관과 국방부 장관 사이에 논란이 벌어졌다. 러스크 국무장관은 주한미군의 감축에 반대했다. 주한미군 감축이 한일관계 정상화에 부정적인 영향을 끼친다는 점 때문이었다. 그는 한국인과 일본인 모두 미국이 한일협정을 이용해 양국의 안보문제에 대한 자국의 책임을 최소화하려 한다며 반발하고 있다고 판단했다.

국방부 장관은 한국군의 우선 감축에 반대했다. '더 싼' 병사들을 이용해야 한다는 미국의 군사원조계획 원칙에 적합하지 않으며, '우리의 아이들을 집으로 보내기 전에 현지 군대를 줄여야 할' 이유가 없다는 것이었다. 한국군의 유지비가 싸다는 점을 감안한다면, 미군을 먼저 줄여야 한다는 것이 국방부의 입장이었다. 게다가 더 큰 위협은 동남아시아에서 대두되고 있는데, 미국은 동북아시아에만 너무 관심을 쏟는다는 게 맥너마러 국방부 장관의 불만이었다.

그러나 이러한 논란에도 불구하고 국무부 장관과 국방부 장관은 마침내 주한미군과 한국군의 감축에 합의했다. 감축규모는 한국군 58만명 중 7만명, 주한미군 1만 2천명이었다. 또한 주한미군의 감축 전에 한국군의 감축이 먼저 이루어져야 한다는 버거의 제안에 찬성했다. 이들은 최소한 1964년 6월 30일 이전까지는 모든 군축 계획을 완성하는 것으로 결정했으며, 이것을 존슨 대통령에게 보고했다. 코머의 보고서에 따르면 국방부와 국무부는 한국군 감축을 위한 논의과정에서 특별한 정치적 문제가 없는 한 한국군을 해마다 3만 5천명씩 감축하며, 공개적인 발표 없이 늦어도 1965년말까지는 실질적인 감축이 이루어져야 한다는 결정을 내렸다. 이 결정을 존슨에게 보고한 코머는 "군축은 언제나 어느정도 고통을 수반한다"는 말로 보고서를 끝맺었다.[4]

1964년 1월 29일 러스크가 한국을 방문했을 때[5] 한국과 미국 사이에서 주요하게 토론된 것은 ① 군대의 규모 ② 한일협상 ③ 경제 안정화와 개발 정책 ④ 주둔군지위협정(Status and Forces Agreement, SOFA) 등 네가지 사안이었다. 이 네가지 중에서도 군대의 규모문제와 주둔군지위협정 문제를 놓고 박정희와 러스크 사이에 서로 다른 견해가 제기되었다.[6] 특히 문제가 된 것은 군축문제였다. 박정희는 한국군의 규모를 그대로 유지할 것과 주한미군의 현지 조달비율을 늘려줄 것을 요청했다. 감군이 이루어진다면 다시 정치적 불안정이 조성될 수 있다는 것이 박정희의 생각이었다.[7]

그러나 미국의 정책은 확고했다. 러스크의 한국 방문 이후 버거 대사는 1964년 미국의 대한정책에서 가장 중요한 목표들을 정리하여 본국으로 보냈다.[8] 여기에는 환율의 현실화, 수입 억제와 수출 장려, 재정안정계획의 실행 등 경제적인 내용도 있었지만, 가장 핵심적인 내용은 한일회담의 가속화와 주한미군과 한국군 감축문제였다. 비록 버거 대사는 한일간의 회담상황을 고려해 1964년에는 감축이 이루어지지 않는 것이 좋겠다는 입장이었지만, 군축 자체는 더이상 수정될 수 없는 정책이 되었다.

1964년 5월 존슨 대통령은 이 문제를 직접 다루었다. 그는 주한미군 1개 사단을 한국에서 철수해야 한다는 확고한 입장을 표명했다. 처음 주한미군 감축문제가 논의될 때는 한국에서 빠져나온 1개 사단이 하와이로 배치될 것이 명시되었지만, 존슨은 하와이로 제한할 필요가 없다는 입장을 개진했다. 그리고 1964년 6월 1일 또는 12월 1일에 1개 사단의 철수를 시작해야 한다고 지시했다.[9]

한국의 군축문제를 논의하는 중에 중요한 외적 변수가 나타나기도 했다. 바로 중국의 핵실험 성공이었다. 이 때문에 국무부와 국방부 사이에서 군축문제를 둘러싸고 이견이 생겼다. 국방부는 '핵' 이용을 전제로 18개월 안에 주한미군 1개 사단을 철수하면 평양으로부터 야기되는 안보 위협에 긍정적인 대응이 될 것이라고 주장한 반면, 국무부는 한반도에서 주한미군을 감축하면 중국이 '오해'할 수 있기 때문에 바람직하지 않다고 주장했다.[10]

그러나 이러한 변수에도 불구하고 주한미군과 한국군의 규모를 감축하겠다는 미국의 정책은 확고하게 추진되었다. 후술하겠지만, 한국의 전투부대를 베트남에 파병하기로 결정한 이후에도 감군문제는 계속해서 논의되었다. 1962년 경제개발계획과 통화개혁의 위기 그리고 1963년 민정이양을 둘러싼 위기를 거쳐서 집권에 성공한 박정희 정부는 이제 또다시 위기를 맞게 되었다. 즉 군대의 지지와 미국과의 우호적인 관계를 전면에 내세운 박정희 정부가 출범한 지 1년도 되지 않아 주한미군과 한국군 감축 그리고 그에 따른 미국의 대한원조 축소라는 또다른 암초에 부딪힌 것이다. 군사정부시기의 위기가 한국 내부의 정책 조율을 통해 해결될 수 있는 문제였다면, 1964년 군축을 둘러싼 위기는 미국의 대한정책을 변화시켜야만 해결되는 문제였다. 이것은 군사정부시기의 위기보다도 더 극복하기 어려운, 미국에 무언가 정책을 변화시킬 수 있는 동인을 만들어주지 않고서는 해결할 수 없는 위기였다. USAID는 원조 감축으로 한국군 훈련계획에 차질이 생길 것이며, 한국군의 동요는 쿠데타나 폭동으로 이어져 박

정희 정부를 몰락시킬 수도 있다고 보았다.[11]

(2) 위기 탈출을 위한 베트남 파병

한일협정 반대투쟁이라는 내부의 위기와 주한미군 및 한국군 감축을 요구하는 미국의 정책에 따라 야기된 위기에 박정희 정부는 여러가지 방식으로 대응했다. 그 첫번째 대응은 한일협정을 조기에 마무리하는 것이었다. 한일관계 정상화가 당시 미국의 대한정책 중 가장 중요한 목표였던 만큼, 이를 조속히 마무리하는 것은 미국의 대한정책을 박정희 정부에 좀 더 유리한 방안으로 끌어가는 하나의 방안이 될 수 있었다.

한일협정의 조속한 체결을 위해 박정희 정부는 부분적인 협정 체결을 제안했다. 즉 한일협정을 위해서 논의되는 사안 가운데 문제가 되는 사안들을 제외하고 협정을 맺을 수 있는 방안을 추진한 것이다. 이 방안은 정일권 국무총리가 제안했으며, 일본 측에서도 논쟁이 되는 부분까지를 포함하는 포괄적인 협정보다는 부분적인 협정을 바란다는 입장이 나타났다.[12] 당시 한일협정에서 끝까지 해결되지 못하고 있었던 쟁점은 어업수역의 조정, 독도문제 그리고 재일조선인의 법적 지위에 대한 것이었다.[13]

그러나 한일협정은 계속해서 타협점을 찾지 못했다. 일본은 한국에서 벌어지는 한일협정 반대시위를 빌미로 한일회담을 연기하고자 하는 소극적인 자세를 보였고, 한국정부는 공개적으로 개입하기를 꺼리는 미국이 더 강력하게 개입할 것을 요청했다. 또한 한일협정이 맺어진다고 하더라도 군축이 중지되리라는 보장은 없었다. 한일협정을 통해서 대한원조를 줄이겠다는 미국이 한국에 대한 부담을 일본에 떠넘기는 과정에서 군축을 더 적극적으로 실행할 가능성이 컸기 때문이었다. 이러한 미국의 목적이 한국정부에 직접적으로 알려진 것은 아니었지만, 그렇다고 해서 한국정부가 이와 같은 사실을 모르지는 않았다. 이미 1962년부터 미국의 원조는 실질적으로 감소하고 있었던 것이다.[14]

군축을 막는 두번째 대응은 미국인들을 만나 군축정책을 실행하지 못하도록 설득하는 것이었다. 김성은 국방부 장관은 6월 17일과 18일 유엔군 사령관을 방문해 다섯가지 사항을 미국 측에 요청하면서, 이 문제들을 논의하기 위하여 워싱턴을 방문하겠다는 의사를 전달했다.[15]

① 한국군을 감축하지 않는다.

② 미군을 감축하지 않는다.

③ 대한군사원조는 증가되어야 한다.

④ 무상군원프로그램(Military Assistance Program) 이양계획은 최소한 2년 연장되어야 한다.

⑤ 한국군의 임금인상을 지원해야 한다.

국방부 장관을 통해 한국정부가 요청한 5개 사항은 모두 미국의 대한 정책과는 배치되는 것이었다. 미합동참모본부는 한국정부의 요청 중 어느 한가지도 수용할 수 없다는 입장을 유엔군 사령관에게 전달했고, 그 내용을 한국관리들에게 전달할 것을 지시했다. 또한 주한미군 1개 사단을 철수할 계획이 있다는 인상을 한국정부에게 주어서는 안된다고 당부했다. 박정희가 1964년 9월 미국 방문을 허가해줄 것을 요청한 이유도 감군 계획의 실행을 막기 위한 것이었다.

결국 박정희 정부는 훨씬 거대한 국면 전환을 위한 제안을 내놓았다. 그것은 곧 베트남에 전투병을 파병하겠다는 것이었다. 이승만 정부가 군축에 대응하기 위하여 동남아시아 파병을 제안했을 때, 그리고 1961년 국가재건최고회의 의장 자격으로 미국을 방문한 박정희가 한국군의 베트남 파병을 제안했을 때 미국이 호의적이지 않았던 점을 고려한다면 한국군의 파병 제안은 결코 현명한 것이 아니었다. 두 차례의 제안을 미국은 냉랭하게 거부했기 때문이다. 스스로 안보를 지키지 못하여 외국군대를 끌어들인 나라가 자국 군대를 해외에 파병하겠다는 것은 어느 나라도 이해할 수 없는 일이었다.

그런데도 박정희 정부가 한국군의 파병을 제안한 것은 1963년말 미국이 베트남에 대한 지원을 요청했기 때문이었다.[16] 물론 당시 미국의 지원 요청은 전투부대의 파병은 아니었고, 한국정부도 의료부대와 태권도부대 정도만 파병하겠다고 결정했다.

이러한 상황에서 1964년 3월초 김현철 전 총리가 북베트남전쟁에서 미국을 돕기 위하여 3, 4천명의 한국군을 파병할 의사가 있음을 버거 대사에게 전달했다.[17] 그러나 이 제안은 당장 미국정부에 수용되지 않았다. 당시는 미국이 아직 본격적으로 베트남에 개입하지 않았던 때였고, 한국정부의 제안이 공식적인 것도 아니었기 때문이다. 또한 버거 대사는 한국군의 베트남 파병이 한일협정에 부정적인 영향을 끼칠 수도 있다고 보았다.[18] 왜냐하면 한일협정에 반대하는 일본 사회당과 학생들이 또다시 문제를 제기할 가능성이 있었기 때문이다.

그러나 이 제안은 매우 중요한 의미가 있다. 1965년 베트남전쟁에 미국이 본격적으로 개입한 이후 한국정부가 전투병 파병을 제안할 수 있는 빌미를 만들어준 것이 바로 이 제안이기 때문이다. 또한 이 제안을 미국이 적극적으로 거부하지 않자, 한국정부는 남베트남정부와 자주 접촉하기 시작했다. 1964년 3월 여당 지도부가 싸이공을 방문했고, 1964년 4월에는 베트남의 군사전문가들이 한국을 방문하여 한국군의 훈련과 민간정부 이행과정을 연구하고 돌아갔다.

한국정부는 일단 9월 11일 의료지원단(34명의 장교와 98명의 지원단)과 태권도지휘관 10명을 베트남에 파병했다. 그러나 이것만으로는 주한미군이나 한국군 감축정책을 막을 수 없었기 때문에 한국정부는 계속해서 전투병의 파병 가능성을 미국정부에 타진했다. 그러나 국무부는 게릴라전에서 외국군대가 그다지 유용하지 않다는 견해를 밝히면서 한국정부의 전투병 파병제안을 일축했다.[19]

한국정부는 1964년 11월 3일 합동참모본부 의장(김종오)을 통해서 다시 한번 한국군 전투부대의 파병을 제안했다.[20] 독일에서 돌아온 직후 박정희는 이후락 비서실장과 함께 브라운 대사를 만난 자리에서 필요하다면 2개 전투사단을 보낼 의사가 있다는 점을 다시 전달했다. 박정희는 한국에는 퇴역군인이 많기 때문에 퇴역군인들로 2개 정도의 전투사단을 만들어 보내는 것은 그다지 문제가 되지 않는다고 말했다.[21]

한국정부는 베트남 파병을 통해서 일석이조의 효과를 노렸다. 한국의 전투부대를 베트남에 파병할 경우 미국은 한국군을 감축할 수 없을 것이다. 게다가 파병부대를 퇴역군인들로 새로 구성할 경우 자동적으로 한국군이 늘어날 수밖에 없을 것이고, 미국이 새로운 부대에 재정 지원을 한다면, 그것은 한국정부에 더할 나위 없이 유리한 결과를 가져올 것이 분명했다.

그러나 2차 파병까지도 본격적인 전투부대의 파견은 이루어지지 않았다. 양국 정부는 12월 25일부터 추가파병을 위한 논의에 들어갔다. 미국무부는 추가파병의 규모가 1천명 정도 되어야 한다는 견해를 유엔군 사령부에 전달했고,[22] 이듬해 초 한국군의 파병규모는 2천명 수준으로 증가했다.[23] 그러나 한국이 동남아시아조약기구(SEATO) 가맹국이 아니라는 이유 때문에 정규군 파견은 이루어지지 않았고, 한국군 공병, 운송 및 자체 경비병력 등의 건설지원단만이 파견되었다.

2차 파병으로 주한미군과 한국군 감축을 위한 계획이 모두 취소된 것은 아니었다. 그러나 이때부터 한미관계에 중요한 변화가 나타나기 시작했다. 미국은 한국의 증파 요구를 일부 수용하면서 한국 측 요구에 긍정적으로 대응하기 시작했다. 그 첫번째 사례가 아시아 외무장관 회담을 서울에서 개최하겠다는 한국 외무부의 요구에 미국무부가 적극적으로 반응한 것이다.

한국정부가 외무장관 회담을 처음 언급한 것은 1964년 8월 31일이었다. 그러나 미국무부는 외무장관의 능력을 믿을 수 없고 초대받은 나라들이 참가할 것인지의 여부를 확신할 수 없다고 판단하여 이 요청을 거부했다. 그러나 국무부는 한국정부가 전투병 파병을 제안한 11월 18일 직후

〈표 5〉 한국군 파병 현황

1차 파병	1964.9.11.	제7후송병원(제1이동외과병원으로 개칭): 130명 태권도 교관단: 소령 1명, 위관장교 9명
2차 파병 (건설지원단)	1965.3.10. (비둘기부대)	육군공병대대, 공병야전정비반, 육군수송중대, 해병공병중대, LST 1척: 이상 1,022명 LST 2척 추가 및 자체지원 병력: 약 950여명
3차 파병 (1차 전투부대 파병)	1965.10.3.(청룡부대) 1965.10.16.(맹호부대)	수도사단 13,672명(맹호부대, 꾸이 뇽에 배치) 해병 제2연대 4,130명(청룡부대, 깜 란에 배치, 여단으로 개편시 4,218명)
4차 파병 (2차 전투부대 파병)	1966.9.25.~ 9.30.	수도사단(26·28·29·30연대) 제9사단
4-1차 파병	1967.8.	해병 및 지원부대 2,963명 1개 보병대대(제5대대 957명) 증편 해병여단을 해병사단으로 개편
5차 파병 (3차 전투부대 파병)	1968년 여름 예정	파병 무산

입장을 선회했다. 그리고 2주일 뒤에 이 회담이 한국과 타이완에 도움이 될 것이라는 훈령이 국무부에서 대사관으로 전달되었다. 게다가 국무부는 각국 대사관에 더 많은 나라의 외무장관들이 참석할 수 있게 하라는 지시를 내리기까지 했다.[24] 결국 1966년 6월 14일~16일 제1차 아시아태평양각료회의(The Ministerial Meeting for Asian and Pacific Cooperation, ASPAC)가 서울에서 열렸다.

두번째 사례는 박정희의 미국 방문을 긍정적으로 검토한 것이었다. 1964년 박정희가 처음 미국 방문 의사를 밝혔을 때 주한미국대사관과 국무부는 그렇게 호의적이지 않았다. 특히 한일협정이 조인되기 이전에 미국을 방문하는 것이 썩 긍정적인 효과를 가져오지 않을 수도 있다고 보았다. 한국정부가 한일협정과정에 미국이 강력하게 개입해줄 것을 바란 반면, 미국은 이러한 개입이 일본의 정계를 자극해 한일협정에 오히려 역효과를 가져온다고 생각했기 때문이다.

그러나 한국군의 2차 파병이 결정된 이후 상황은 달라졌다. 만약 한일협정이 체결되지 못한다고 하더라도 박정희의 미국 방문을 수락해야 한다는 결정이 내려진 것이다. 국무부는 박정희가 미국 방문을 통해 미국으로부터 뭔가를 얻어낸 상태에서 한일협정이 맺어지면 미국이 한국에서 손을 뗄 것이라는 야당의 주장을 반박할 수 있고, 결과적으로 박정희의 정치적 지위를 더 높여줄 것이라는 사실을 잘 알고 있었다.[25] 그럼에도 박정희를 초청한 것이다.

게다가 미국을 방문한 박정희에 대한 대접도 극진했다. 미국은 박정희에게 특별기를 보냈으며, 1965년 5월 19일 뉴욕에 도착한 직후 카퍼레이드를 벌일 수 있게 해주었다. 뿐만 아니라 아침 저녁으로 장관급 인사들이 참여하는 만찬과 오찬을 열었고, 워싱턴을 떠나기 전날에는 송별 파티까지 열어주었다. 송별 파티에 참석했다가 자리를 비운 국무장관을 대신하여 존슨 대통령이 직접 변명을 해주기도 했다. 워싱턴을 떠나기 직전 존슨은 다시 한번 박정희를 만났으며, 존슨은 박정희와 자신이 '일가'를 이루고 있다고 치켜세우기까지 했다.

사실 박정희가 방문하기 전 존슨에게 제공된 문서에 기록된 박정희는 자못 흥미로웠다.

> 박은 내성적이며, 가난한 집안에서 태어난 지식인이다. 그는 일생의 대부분을 군대에서 보냈으며, 키에 열등감을 느끼고 있다. 따라서 공식적이며 딱딱하다. 그러나 한번 편안하게 느끼면 비공식적으로도 대응한다. 그의 단 하나의 취미는 승마다.[26]

박정희가 미국에서 받은 대접은 상상 이상의 것이었다. 한국의 신문들도 박정희가 미국에서 극진하게 대접받은 것을 두고 호들갑을 떨었다. 박정희 대통령의 방미가 미국의 한국에 대한 인식을 바꾸어서 새로운 대한정책이 입안되는 계기가 되었다는 기사에서부터, 일본 신문이 박정희 대통령의 방미가 예상외의 성과를 거두었다고 보도한 기사도 실렸다.[27] 귀

1965년 5월 뉴욕을 방문한 박정희 대통령. 베트남에 파병이 결정된 이후 박정희 대통령은 미국정부로부터 극진한 대접을 받았다.

국하는 날 시청앞 전면에는 박정희의 대형 초상화가 걸렸고, 귀국 환영 파티가 경회루에서 열렸다. 박정희는 귀국 직후 "신문에 대한 인식이 상당히 달라졌다"는 발언을 통해 언론에 화답했다.[28] 물론 이렇게 극진한 환대를 받은 이면에는 한국정부에 전투병 파병을 요청하려는 미국의 의도가 숨어 있었지만, 언론에는 철저하게 관련 정보가 통제되었다.

환대받은 것은 박정희만이 아니었다. 전투병 파병에 공헌한 각료들에게도 대접이 이어졌다. 미국은 2차 전투병 파병 이후인 1966년 6월 22일부터 25일까지 김성은 국방부 장관을 초청하여 훈장을 주었다. 펜타곤에 도착한 국방부 장관은 군대의 사열을 받았으며, 미국 군부의 거의 모든 고위인사들을 만났다.

박정희는 이제 확실하게 무엇을 할 것인가를 알 수 있었다. 베트남에 더 많은 한국군을 보내면 보낼수록 한국은 미국으로부터 새로운 대접을 받을 수 있었다. 또한 파병의 댓가로 더 많은 것을 요구할 수 있다는 것도 알게 되었다. 결국 박정희 정부는 미국의 군축 추진이라는 위기상황에서 한국군의 희생을 바탕으로 위기 탈출에 성공한 것이다.

2. 전투부대 파병과 한국정부의 적극적인 대응

(1) 한국정부의 전투병 파병 요구

한국정부의 전투병 파병 요구가 계속되는 가운데, 미국은 1965년 3월부터 전투병 파병과 관련된 연구에 들어가기 시작했다. 국무부는 '한국의 전투사단이 베트남에 배치됨으로써 예상되는 공산주의자들의 대응'이라는 제목의 문서를 작성했다.[29] 이 문서에서는 한국의 전투사단을 베트남에 배치하는 것이 중국이나 북한의 침략으로 이어지지는 않을 것으로 예상되었으며, 단지 선전전만이 강화될 것으로 평가되었다.

이러한 미국의 평가는 한국군의 파병을 합리화하기 위한 과정이었던 것으로 보인다. 미국은 군사전략을 수정할 때 종종 새로운 전략을 합리화하기 위한 보고서를 제출했다. 이 보고서 역시 비슷한 유형의 보고서로 판단된다. 결국 미군 유지비에 비해서 훨씬 비용이 덜 드는 한국군을 이용하더라도 동북아시아에서 또다른 전선이 형성될 가능성은 없다고 평가했던 것이다.[30]

이제 미국으로서는 한일협정문제와 함께 한국의 전투부대 파병문제가 시급한 과제로 떠올랐다. 존슨 대통령은 '더 많은 깃발'(more flag) 정책을 천명했건만, 한국과 몇몇 국가를 제외하고는 다른 어떤 깃발도 더 추가되지 않았다. 그나마 전투병을 보내 지원하겠다는 나라는 한국밖에 없었다. 미국이 직접적인 개입을 꺼리면서 관계를 맺어온 동남아시아조약기구 국가들과 동남아시아에 이해관계가 있는 호주를 제외하고는 어떤 나라도 미국의 파병 요구에 응답하지 않았다.

미국으로서는 두가지 이유 때문에 한국군의 파병이 절실했다. 하나는 베트남인들과 비슷하게 생긴 아시아인들이 전쟁에 참전한다는 명분을 얻는 것이었고, 다른 하나는 한국군의 값싼 비용이었다. 한국군의 전투병 파병문제는 점차 한일협정의 조인 이상으로 중요한 문제가 되어갔다.[31] 일본의 시이나(椎名) 외상이 한국을 방문하여 과거 문제를 어느정도 사과하고, 한일협정 체결이 기정사실화된 싯점부터는 사실상 한일관계 정상화보다 한국의 전투부대 파병이 더 우선적인 문제가 되었다. 1965년 4월 27일 존슨의 특사 로지(H. Lodge)가 한국을 방문하면서 전투병 파병 관련 사안은 이제 한국과 미국 사이에 가장 중요한 현안으로 떠올랐다.[32]

이제 박정희 정부는 미국으로부터 '부탁'을 받는 입장이 되었다. 한미관계에서 '부탁'으로 표현하는 것이 정확한지 아니면 '압력'으로 표현해야 하는지는 좀더 고민해봐야 할 필요가 있지만, 한국과 미국 사이에 외교관계가 성립된 이래 처음으로 미국이 뭔가를 해달라고 한국에 요청하는 관계가 설정된 것이다. 한국이 다른 나라를 도울 처지가 아니라는 것을 인정하면서도 미국은 한국에 도움을 요청할 수밖에 없었다.[33]

특히 한국정부가 한일협정 반대투쟁에 부딪혀 정치적으로 어려움에 처해 있을 때 미국이 시급하게 한국의 전투부대 파병을 요청했다는 점에 주목해야 한다. 국무부는 한국정부가 전투병 파병에 어려움을 겪고 있다고 판단했다.[34] 따라서 한국에 전투병 파병을 요구하려면 미국이 조심스럽게 접근해야 한다고 생각했다.

그러나 실제로 박정희 정부가 어려운 처지였던 것으로 보이지는 않는다. 오히려 전투병 파병을 통해 박정희 정부는 두마리 이상의 토끼를 한꺼번에 잡으려고 했다. 물론 여기에는 미국이 염려하는 것과는 반대로 정치적인 안정까지 얻을 수 있으리라는 계산이 깔려 있었다. 만약 한일협정 때문에 발생한 위기국면이 전환되지 않는다면, 박정희로서는 2년 앞으로 다가온 1967년의 선거에서 승리를 장담할 수 없었다. 따라서 박정희는 전투병 파병을 적극적으로 계속 추진했던 것이다. 1965년 5월 17일 워싱턴을 방문해 존슨을 만났을 때 박정희는 "국민들은 의심을 품고 있지만, 더 많은 부대를 보내고 싶다"며 전투병 파병에 대한 의지를 표출했다.[35] 물론 귀국 직후의 기자회견에서는 "계획된 전투부대 파병은 없다"고 언명했다.[36]

한국정부는 시간이 지날수록 미국정부가 한국의 요구를 거절하지 못하는 상황이 되어가고 있다고 판단했다. 이러한 판단은 1965년 2월, 1차 파병부대의 임금협상과정에서부터 시작되었다. 미국은 이전과는 달리 한국정부의 요구를 어느정도 고려해야 할 필요가 있다는 입장을 밝히기 시작했다.[37] 박정희가 미국을 방문하여 존슨에게 한국군의 임금인상을 요구한지 한달 만에 장교의 임금이 83.5%나 오른 것도 박정희 정부의 이러한 판단을 뒷받침해주는 것이었다.

한국정부는 전투병력을 파병하는 댓가로 미국정부에 몇가지 핵심적인 사안을 요구했다.[38] 그 중에서도 가장 중요한 것은 군대감축 중지와 북대서양조약기구(NATO) 수준의 확고한 안보공약을 받는 것이었다. 이승만 정부 이래로 한국정부는 한미상호방위조약 내에 '자동개입' 조항이 없는 점에 불만을 품고 있었다. 한미상호방위조약에 따르면 상대국가가 내외적인 위기에 처했을 때 '헌법적인 절차'를 따라 개입하도록 규정되어 있다. 다시 말하면 '헌법적인 절차'를 거치지 않는다면, 또는 절차를 거치는 동안에 문제가 발생하면 개입하지 못한다는 것을 뜻했다. 특히 항상 미의회가 골칫거리였다. 따라서 한국정부는 전투병 파병을 계기로 한미상호방위조약의 개입규정을 자동개입이 가능한 북대서양조약기구 수준으로 끌어올릴 것을 요구했다.

둘째, '주둔군지위협정'(SOFA)을 한국 측에 유리하게 조정하려고 했다. 1950년대말부터 '주둔군지위협정'은 한국과 미국 사이의 뜨거운 감자였다. 불평등한 주둔군지위협정은 한국민들에게 정부를 비판하도록 하는 중요한 사안이 되어왔다. 군사정부시기 최초의 대중적인 학생시위가 주둔군지위협정의 개정을 요구하는 것이었을 정도로 한국 내에서 주둔군지위협정을 개정해야 한다는 목소리는 매우 높았다.

박정희 정부로서는 한국 측에 더욱 유리한 조항들을 포함한 주둔군지위협정 개정안을 얻어내야 했다. 그러나 미국의 입장은 완고했다. 미국은 한국정부가 요구한 사법재판권의 자율성문제와 미8군에 고용된 한국인 노동자들의 노동쟁의 조정기간(70일) 보장 등을 허가할 수 없다는 입장을 보였다.[39] 특히 한정된 범주의 범죄(강간·살인·강도)를 호스트 정부(한국정부)가 선택할 수 있어야 한다는 것까지도 제한해야 한다는 것이 미합동참모본부의 견해였다. 합동참모본부가 내세운 이유는 한국법조계의 부패와 뇌물 문제였다.[40] 브라운 역시 필리핀과의 주둔군지위협정 내용이 한국보다 유리하게 되어 있긴 하지만, 미국이 더이상 후퇴해서는 안된다는 입장이었다.[41]

그러나 박정희가 미국을 방문했을 때 미국은 우선 70일간의 노동쟁의 조정기간을 인정해주었다.[42] 한국 내 신문들은 박정희가 주둔군지위협정에 관한 한 절반의 성공을 거두었다고 평가했다.[43] 또한 한국정부는 1966년 1월 미국의 2차 파병 요구가 들어오자 한국과 미국 사이에서 구두로 합의된 주둔군지위협정을 재논의해야 한다고 미국에 요구했고, 미국은 이를 승인했다.[44]

세번째 요구는 한국의 대 베트남 수출을 늘리는 것이었다. 1965년 4월 19일 국방부 장관은 일본이 한국전쟁을 통해 얻은 것을 한국이 베트남에서 얻어야 한다고 주장하면서, 베트남에 대한 역외(域外)조달에서 한국정부에 유리한 지위를 달라고 요청했다. 미국은 상업적인 원칙과 경쟁력 우위의 원칙을 지켜야 한다고 주장했지만, 베트남에 군대를 파견하는 한국의 요구를 무시할 수는 없었다. 따라서 타이어와 튜브처럼 한국에 경쟁력 우위가 있는 제품에 대해서는 최우선 특혜를 줄 수도 있다는 견해를 밝혔다.[45]

이 문제는 특히 미국이 2차 전투부대 파병을 요청하면서 더 적극적으로 개진되었다. 1966년 1월 1일 험프리(H. Humphrey) 부통령이 방한했을 때 박정희는 역외조달을 통한 한국의 대 베트남 수출을 더 늘려야 한다고 강력하게 요청했다.[46] 미국이 전투병의 증파를 세번째로 요청했을 때, 한국정부는 경제원조와 관련된 부분은 논의하지 않는다는 원칙에도 불구하고 고속도로 건설을 위한 원조를 요청했다.

(2) 협상과정에서 박정희 정부의 주도권 장악

박정희가 미국에서 돌아온 직후 한일협정이 체결되었고, 체결 이후 미국은 한국정부에 전투부대 파병을 요청했다. 이제 본격적으로 전투병 파병을 위한 한미간의 협상이 시작되었다. 한국정부는 이미 파병 과정에서의 학습효과가 있었기 때문에 단호하게 주도권을 쥐려고 했다. 물론 여기에는 미국의 다급한 사정이 중요한 전제가 되었다. 주한미국대사는 한국정부의 전투부대 파견 결정이 내려지자 1965년 7월 10일 다음과 같은 전문을 보냈다.

> 한국이 전투사단을 제공한다면, 이것은 우리의 관계에서 새로운 차원이 열리는 것이다. 한국군은 잘 싸우며, 미국 외에 공산베트남에 맞설 유일한 대항마다. 이것은 거룩한 결정이다.
>
> 한국에는 좀더 결정적인 시기가 될 것이며, 역사의 전환점이 왔다. (…) 한국군의 파병은 미국에 피와 재화를 아낄 수 있게 할 것이다.[47]

이제 한국군 파병문제는 한미관계에서 가장 중요한 사안이 되었다.[48]

이러한 상황에서 한국정부는 파병을 둘러싼 협상과정에서 주도권을 쥐기 위하여 몇가지 수단을 사용했다.

첫째, 국내의 정치상황 때문에 파병이 쉽지 않다는 점, 즉 한국정부가 항상 어려운 결정을 내리고 있다는 것을 강조했다. 1965년 6월초 베트남 정부는 한국정부에 전투부대 파병 결정을 내려줘 고맙다는 메씨지를 보냈다.[49] 그러나 박정희는 주한미국대사에게 아직 한국정부가 전투부대 파병을 결정하지는 않은 상황이라고 전했다. 현재 국회에서는 한일협정의 비준에 신경써야 하기 때문에 전투병 파병문제를 언급할 시기가 아니라는 것이었다.[50] 당시 베트남 주재 미군사령관 웨스트모어랜드(W. Westmoreland)는 한국군의 해병대가 가능한 한 빨리 도착하여 기존의 한국군 활동지역과는 다른 전투지역에서 활동하기를 희망했기 때문에 미국은 한국정부의 이러한 입장에 조급해질 수밖에 없었다. 1965년 12월 미국이 전투부대의 추가파병을 요청했을 때도 정일권 총리는 야당과의 관계를 거듭 언급했다.[51]

이것은 미국 방문을 전후하여 의회에서 한일협정 비준문제와 전투부대 파병 비준문제를 동시에 처리하겠다고 한 박정희의 약속과는 다른 것이었다. 1964년 야당과 학생들의 한일협정 반대로 위기를 겪은 박정희 정부는 이제 오히려 야당과의 줄다리기를 대외협상에 이용하기 시작했다. 그러나 과반수 이상의 의석을 차지한 민주공화당은 1965년 8월 13일 야당의 전원 불참 속에서도 어렵지 않게 전투부대 파병 동의안을 통과시킬 수 있었고, 같은해 10월 〈표 5〉와 같이 전투부대의 1차 파병이 이루어졌다.

둘째, 언론 플레이를 통해서 국내에 여론을 조성하는 것이었다. 김성은 국방장관은 베트남을 포함한 다른 나라의 파병군인들 월급과 비교한 한국군 월급을 놓고 벌인 미국과의 협상내용을 언론에 공개했다. 월급문제를 언급하면 베트남정부가 미국의 괴뢰정부라는 것을 세계에 알려주는 꼴이 되기 때문에 '비밀'로 해야 한다는 브라운 대사의 항의를 받고 김성은 장관은 결국 사과했다.[52] 그러나 이것은 언론 플레이의 시작에 불과했다. 브라운 대사는 김성은 국방부 장관의 사과를 받은 직후 미국에 보내는 전문에서 한국정부의 요구를 미국이 '심각하게' 받아들이지 않는다면 한국의 언론과 여론에 의해서 심각한 비난을 받을 것이라고 보고했다.[53] 이것은 박정희 정부가 언론을 적절하게 이용하고 있음을 잘 보여주는 사례였다.

특히 한국정부가 즐겨 사용한 것은, 군대는 한국이 보내고 역외조달을 포함한 경제적인 이익은 일본이 챙기고 있다는 소문을 내는 것이었다.[54] 실제로 『조선일보』 1965년 5월 3일자와 6월 29일자에는 베트남전 특수를 일본이 누리고 있다는 기사가 실렸다. 일본과의 문제를 건드리는 것은 한국의 여론을 통제하기 가장 쉬운 방법이었다. 이는 1950년대의 북송문제, 1970년대의 재일교포 간첩단사건과 문세광 사건, 1980년대 이후의 일본 교과서문제와 독도문제 등이 정부 비판에 쏠린 여론을 돌리는 데 성공적인 구실을 한 것과 다르지 않다. 브라운 대사는 국무부에 보내는 전문에서 일본이 이득을 본다는 소문이 한국 내에서 돌기 때문에, 한국이 파병 덕분에 많은 경제적 이득을 본다는 인상을 줄 수 있게 해야 한다고 권고했다.[55] 이후락 비서실장도 브라운 대사에게 베트남전쟁에서 일본보다 한국이 더 많은 이득을 보고 있다는 사실을 대중에게 알릴 수 있어야 한다고

강조했다.[56]

이제 한국정부는 미국이 추가파병을 더 원하는지를 묻는 입장이 되었다. 얼마든지 보낼 수 있으니, 원하면 요청하라는 것이었다.[57] 물론 한국정부는 여기서도 언론 플레이를 했다. 1965년 10월 전투부대의 1차 파병이 이루어진 직후인 12월초 이동원 외무부 장관이 미국을 방문했을 때 한국의 신문들에는 미국이 추가파병을 요구할 것이라는 기사가 일제히 실렸다.

미국이 추가파병을 요구하면 할수록 한미간의 협상과정에서 한국정부의 주도권은 점점 더 강화되었다. 1965년말 전투부대의 추가파병이 논의되면서부터 한국정부는 직접적으로 미국에 파병의 댓가를 요구했으며, 그러한 요구가 관철되기 전에는 전투부대를 파병하기 어렵다는 입장을 개진하기 시작했다. 게다가 한국정부는 단순한 물질적인 것 이상의 댓가를 요구했다. 박정희의 위치를 더 확고하게 해주기 위한 정치적인 조치들을 취해달라고 요청하기도 했다.

전투부대의 1차 파병(전체적으로는 3차 파병) 이후 더이상의 파병 요청은 없을 것이라고 했던 미국은 1965년 12월 16일 한국정부에 전투사단의 추가파병을 요청했다.[58] 정일권 총리는 미국의 국무부 장관이나 국방부 장관이 1966년초에 한국을 방문해줄 것과, 호의적인 여론을 조성하기 위하여 국회의원과 기자들을 미국의 비용으로 베트남에 초청해줄 것을 요청했고,[59] 험프리 부통령이 1966년 1월 1일 한국을 방문했다.

협상과정에서 한국정부가 주도권을 잡을 수 있다고 확신하게 된 것은 1966년 1월 전투부대의 2차 파병을 논의할 때였다. 한국정부로서는 파병이 급할 것이 없었던 반면, 점차 여론이 악화되어가던 미국의 처지에서 부족한 전투병력을 메워줄 수 있는 유일한 대안은 한국군밖에 없었다. 물론 대통령선거를 1년여 앞둔 박정희도 확실한 무엇인가를 요구할 필요가 있었다.[60] 1965년 5월의 미국 방문 때 1억 5천만달러의 차관 제공을 약속받았지만, 그것만으로는 부족했던 것이다. 그러나 박정희 정부에는 시간적으로 1년이 넘는 여유가 있었고, 미국은 당장 4월에 전투부대가 필요했기 때문에 시간적인 여유가 없었다.

이때 한국정부는 '미국정부의 고려를 위해 제안된 경제·재정적 지원'(Economic and Financial Supports Suggested for Review by USG)이라는 제목의, 미국으로서는 도저히 받아들이기 힘든 요구사항들을 제시했다.[61]

① 파병을 위한 추가 재정부담. 여기에는 사상자에 대한 보상, 이미 베트남에 있는 맹호부대를 대체할 새로운 사단 창설을 위한 비용을 포함(한화로 약 30억원).

② (다음 5개년계획이 끝나는) 1971년까지 군사예산의 75%를 미국이 지원.

③ (1963년까지 46억원으로 추정되는) 유엔군이 징발한 땅과 건물에 대한 보상.

④ 문화·교육·사회복지 계획을 위하여 '미국 대통령 긴급자금'에서 1천만달러 특별원조.

⑤ 군사원조계획과 AID로 다양한 해외조달 제안. 일본이나 다른 아시아 국가들보다 한국에 우선권을 줄 것. 군 보급과 수리에서 한국 시설의 이용을 확대할 것. 베트남에 대한 해외조달(예컨대 철과 강철)에서 물품을 취사선택하는 미국의 정책 폐지. 베트남을 위한 공법 480호 원조(PL 480)를 한국에서 조달. 한국의 기술자들을 베트남에서 이용하고, 베트남의 기술자들을 한국에서 교육시킴.

⑥ 다양한 개발차관 요청: 1966년부터 1971년까지 1억달러 할당. 1억 5천만달러의 공약 아래 계획의 승인을 촉진, 1966년말 이전에 인천·여수·포항·마산·부산 항구의 확장 지원. (…)

⑦ 1966년에 5천만달러, 1967년부터 매년 2천만달러의 차관을 제공하여 경제안정, 수출촉진, 국내자본 동원 지원.

⑧ 15만톤급 선박 마련 차관 제공.

⑨ 한국의 대미 수출 촉진. 한국의 면제품에 대한 미국의 쿼터 씨스템 철폐.

⑩ 반(反)침투 원조를 포함하여 1월 7일에 제시한 군사적 필수품들의 지급. 군사원조계획 전이를 1971년까지 연기. 군 숙소와 설비들을 위한 지원. 대공방어 강화.

이 요구는 한국의 총리, 부총리, 국방부 장관, 외무부 장관 그리고 비서실장이 합의한 것이라고 돼 있다. 전 대사로 근무하다가 국무부 한국과장으로 있던 버거는 브라운 대사에게 "한국정부가 구걸하고 있다"고 말했으며, 브라운도 "지극히 비합리적이며 불합리하다"고 평가했다. 또한 미국의 규정상 이러한 요구는 받아들일 수 없으며, 한국은 이 정도의 대규모 원조를 효과적으로 사용할 능력이 없다는 것이 미국 현지기관들의 평가였다.[62] 물론 브라운 대사는 최소한 한국이 베트남 조달에서 일본보다 좀 더 유리한 위치를 차지하지 않는 한 추가파병을 실행하기는 어렵다는 견해를 전달하기도 했다.

그러나 미국은 전체는 아니지만, 한국정부의 요구를 어느 정도까지는 받아들이려는 태도를 보였다. 그것은 한국에 "얼마를 지급하든지 간에 우리가 직접 전투부대를 파견하는 것보다는 비용이 싸"기 때문이었다.[63] 한국정부는 미국의 조정안에 대해서 "정말 한국군의 추가파병이 필요한가"를 묻는 등 미국에 압박을 가했지만, 미국은 이미 한국에 지원하려고 한 원조액에 약간만 증액한다면 한국정부의 요구를 수용하는 것이 가능하다고 판단했다.[64] 미국의 이러한 예상에도 불구하고 실제로는 한국군의 월급과 사상자 보상금이 인상되었으며, 베트남 현지 한국군에 대한 무기보급과 한국 내 새로운 전투사단의 창설을 위한 지원이 결정되었다. 또한 아연·철강의 베트남 수출과 건설업의 진출 등을 포함해 한국의 베트남 수출을 증가시키기 위해 '규정 내에서' 최대한도로 노력한다는 것이 한국정부에 제시되었다.[65]

한국정부는 의기양양해했다. 초안의 ③과 ④는 완전히 무시당했지만, 다른 요구 사안은 대부분 받아들여졌다고 판단한 것이다. 합의가 이루어지는 과정에서 한국정부와 주한미국대사는 동상이몽의 연기를 시작했다. 한국정부는 이 합의가 어려운 과정을 통해 이루어졌다는 인상을 주기 위해 조기 발표를 미루었는데, 이것은 박정희의 요청이었다. 그리고 주한미국대사는 정말로 많은 것을 주었다는 표정을 지었다.[66]

(3) 한국정부의 주도권 장악 배경

박정희가 한미간의 협상에서 주도권을 잡은 것은 한국정부의 외교력이 뛰어났기 때문이 아니다. 1965년 베트남에 대한 직접 개입을 선언한 이후 베트남에서의 상황이 호전되지 않자 미국은 추가병력을 투입할 필요가 있었다. 1965년 3월 북폭 개시 이래 전쟁은 계속해서 미국에 불리하게 전개되었지만, 미국은 좀더 많은 물량을 투입하면 승리할 수 있다는 착각에 빠져 있었다. 1965년 12월 30일 존슨 대통령은 한국의 전투부대 추가파병이 '가장 중요한 일'이라고 규정했다.[67]

1965년까지 미국은 한국의 요구에 '원칙'을 내세워 거절하는 태도를 보였지만, 1966년에 들어서는 어느 정도의 요구를 수용하더라도 한국의 전투부대 파병이 더 늘어나야 한다는 입장을 취했다. 1966년 '브라운 각서'는 이러한 배경에서 나온 것이었다. 한국군 전투부대의 2차 파병 요청이 이루어진 직후인 1966년 1월 이미 미국은 패키지 형태로 파병의 댓가를 한국정부에 지불하겠다는 정책을 내부적으로 확정한 상태였다.[68] 한국정부의 요구안이 주한미국대사관에 전달된 것이 1966년 1월 10일인 데 반해 미국정부에서 패키지 형태의 댓가 지불을 결정한 것은 1월 5일 이전이었다. 따라서 미국과의 협상에서 한국정부가 스스로의 외교능력을 통해 주도권을 잡았다고 판단했다면, 그것은 큰 오산이었다.

1966년부터 시작된 3차 전투부대 파견 협상은 미국에게 시급하게 해결돼야 할 사안이었다. 이 시기 국무부 내에서는 미 지상군의 20%가 1967년 중반까지 베트남에 주둔할 것이므로, 한국도 동일한 수준인 약 10만명 정도가 베트남에 파병되어야 한다는 주장이 제기되었다. 또한 1967년 대선에서 박정희가 불리해지는 것을 막기 위하여 공개적으로 추가파병을 요구할 수 없는 입장임을 감안해,[69] 국무부는 선거 이전에 구두로라도 추가파병 약속을 받아놓으라고 주한미국대사관과 유엔군 사령관에게 지시했다.[70] 이처럼 미국의 급박한 처지가 한국정부의 주도권을 가능하게 해준 것이다.

뿐만 아니라 '브라운 각서'의 내용을 비롯한 미국의 파병 댓가 지불이 한국정부에 그다지 많은 양보를 한 것은 아니라는 평가가 많았다. 1965년 박정희가 워싱턴을 방문했을 때 존슨이 약속한 1억 5천만달러 상당의 자금은 향후 3년간 지급이 예정된 정상적인 차관이었으며, 여기에 더하여 "적용할 수 있는 입법과 예산안하에서"라는 제한 조항까지 포함되었다.[71] 브라운 각서에서 약속된 1,400만달러 상당의 1967 회계연도 프로그램 차관은 이전에 계획된 것에서 500만달러 증액된 것이었다.[72] 미국국제개발처 역시 브라운 각서의 내용은 미국의 대외원조 기준에 따라 이행될 것이지만, 인플레이션을 막기 위한 재정안정화계획이 실패하더라도 원조를 제공해야 하는가의 문제에 대해서는 대통령의 승인이 필요하다는 입장을 개진했다.[73] 그나마 제공된 차관 1,500만달러 중 1,200만달러는 산업은행으로 이관되었는데, 미국정부는 이 자금이 중소기업에서 미국산 자본재를 구입하는 데 쓰여야 한다고 한국정부에 조건을 제시했다.[74] 박정희의 재선을 돕기 위해 급하게 승인된 개발차관도 미국산 발전장비를 구입하는 데 사용하라고 압력이 가해졌다.[75] 아울러 베트남전쟁과 관련된 한국의 기여가 끝난 이후에는 군사원조를 상당 수준 줄이겠다는 결정이 이미 내려진 상태였다.[76]

한국군 파병을 결정한 기본적 요인이었던 주한미군과 한국군 감축정책도 베트남 파병 이후에 계속 추진되었다. 1차 전투병 파병을 요청하는 와중에서도 미국의 현지기관들은 주한미군의 18%를 감축하는 정책을 고려하고 있었으며,[77] 1965년 5월 박정희가 미국을 방문했을 때 존슨에게 앞으로 군축은 없을 것이라는 약속을 받은 것도 실은 '상황이 변하면 박정희에게 제일 먼저 알리겠다'는 전제를 단 것에 불과했다.[78] 심지어 1차 전투부대 파병을 요청한 싯점에서도 미국은 제7보병대의 감축을 위한 논의를 국무부와 국방부 내에서 계속 진행했다.[79] 한국 전투부대의 2차 파병이 이루어진 뒤에도 미국은 김성은 국방부 장관에게 한국의 경제규모에 맞는, 북한군의 규모와 비슷한 수준으로 한국군을 감축하라고 요구했다.[80]

실제로 주한미군은 한국의 전투부대가 파병된 시기에 일부 감축되었다. 1966년 11월말 주한미군의 규모는 4만 3천명 정도였다.[81] 이것은 당시 미국정부가 한국에 문서상으로 약속한 5만 1천명에 미치지 못하는 규모였다. 베트남전쟁 때문에 미국은 주한미군의 규모를 약속한 정도의 규모로 유지하는 것이 불가능했던 것이다.

또한 한국정부가 요구한 한미상호방위조약 개정도 이루어지지 않았다. 나토 수준의 개정을 원하는 한국정부의 요구에 따라 재협상에 들어간 '주둔군지위협정' 역시 미국 국방부의 강력한 반대에 부딪혀 서독 수준 이상으로 개정되지는 않았다.[82] 3차 파병을 요청하는 싯점에서 주한미군의 중요 범죄에 대한 기본적인 재판권을 한국 측이 갖는다는 약간의 수정이 있었지만, 1966년 7월 9일에 서명된 주둔군지위협정에는 미국의 동의 없이 재판권을 행사할 수 없도록 규정함으로써 근본적으로는 불평등한 내용을 그대로 유지하게 되었다.[83]

그러나 이러한 미국 내의 계획은 한국정부에 전혀 알려지지 않았다. 그럼에도 이러한 계획들을 모르는 한국정부는 미국과의 교섭과정에서 확실한 우위를 확보했다고 판단했다. 그리고 이러한 상황이 하늘이 내린 행운이며 스스로의 외교능력 덕분이라고 여겼던 것 같다.

3. 한국정부의 과도한 대응과 한미관계의 변화

(1) 안보위기의 고조

이상과 같이 한국의 전투부대를 베트남에 파병하면서 한국정부는 한미간의 협상과정에서 주도권을 장악했다고 확신했던 것으로 보인다. 따라서 전투부대 2차 파병 직후 미국의 3차 전투부대 파병 요청이 전달되자 이전보다 더 적극적으로 대응하기 시작했다. 특히 이 시기 한국정부의 대응이 수동적인 것이 아니라 능동적으로 새로운 상황을 만들어나가는 모습을 보여주었다는 점은 주목할 만하다.

이 시기 한국정부가 특히 주목한 것은 한반도의 안보문제였다. 즉 2차 전투병 파병과정에서 한국군을 증강시킨 경험이 있는 한국정부는 3차 전투병을 파병하면서는 한반도의 안보문제를 강조함으로써 한국군 증강을 얻어내야 한다고 판단했다. 한국정부는 한반도의 안보가 불안한 상황에서 미국이 큰 댓가를 치르면서까지 한국군을 베트남으로 끌어들일 수 없을 거라고 계산했던 것으로 보인다. 그러므로 한국정부는 미국이 값싼 인건비로 베트남전쟁을 치르는 대신 한국의 안보를 확고히 보장해주어야 한다고 요구할 수 있었다.

물론 한국정부가 치밀한 계산을 하지 않은 채 이런 판단을 했을 가능성이 크다. 오히려 비무장지대에서 벌어진 남북한간 충돌이 빈번해지고 이에 대해 호전적으로 대응하는 과정에서 내려진 판단일 가능성도 있다.[84] 그러나 한국정부가 이러한 상황을 미국과의 교섭과정에 적극 이용하고자 한 것은 분명하다. 또한 이전에는 유엔군의 지시에 따라 북한의 공세에 수동적으로만 대응했지만, 이제는 미국이 한국에 무엇인가를 요청하는 상황인만큼, 북에 적극적인 대응도 가능하다고 보았다. 이에 따라 남북 사이의 교전과정에서 보복을 위한 것이긴 했지만 남한이 먼저 북한을 습격하는 사건들이 발생했고, 공교롭게도 그 싯점은 항상 미국과의 중요한 협상이 진행되는 시기와 일치했다. 한국정부의 이같은 적극 대응이 시작된 싯점 역시 미국의 러쎌(R. B. Russell) 상원의원이 미국 1개 사단의 한국 철수를 제안한 시기(1966년 10월초)와 맞아떨어진다.

1966년 6월 미국의 현지기관들은 당시의 정치적인 상황을 고려해 추가파병문제를 한국정부에 거론하지 말라고 권고했다. 당시 주한미국대사가 우려한 정치적 상황은 두가지였다. 하나는 대통령선거가 1년도 남지 않았다는 점이었고, 다른 하나는 3차 파병 요구 때문에 한미관계가 '불행한 결론'을 맞이할 수도 있다는 것이었다. 특히 미국의 베트남 파병 요구를 잘 받아주는 박정희가 전투병 파병문제 때문에 대통령선거에서 곤경에 빠져서는 안된다는 점이 강조되었다.[85]

박정희의 재선을 위해 미국의 국무장관이나 국방장관이 한국을 방문해 달라는 김현철 주미한국대사의 요청은 거절했지만, 미국정부는 박정희에 대한 지지를 보여주기 위하여 선거 직전 미국과의 경제관계 증진을 명목으로 국무차관 볼(G. Ball)을 23개 미국회사와 3개의 미국은행 대표와 함께 한국에 파견했으며, 한국의 국무총리와 국방부 장관, 상공부 장관을 워싱턴에 초청하여 존슨 대통령이 직접 만나기도 했다.[86] 선거 이틀 전에는 3,470만달러 상당의 개발차관이 승인되었다. 이렇게 '박정희 재선시키기' 전략을 위해 미국은 선거에 악영향을 끼칠 수 있는 추가파병을 언급하지 않았던 것이다.

그러나 박정희는 미국이 또 한차례의 파병을 요청할 것이라는 정보를 늦어도 1966년 6월에는 파악했던 것으로 보인다. 이에 따라 한국의 국방부 장관은 미국을 방문하여 한국이 추가로 병력을 더 파견할 수 있다고 제안했다. 물론 정규 전투부대가 아니라 전역한 군인들을 중심으로 새로운 부대를 창설하여 파견하겠다는 제안이었다. 이것은 1961년과 1964년 박정희 정부가 처음 미국에 전투병 파병을 제안했을 때와 유사한 방안이었다.

그리고 이 무렵 남한의 대북 선제공격이 몇차례에 걸쳐 실행되었다.[87] 특히 주목되는 사건은 1966년 10월 31일~11월 2일 존슨 대통령의 방한 시에 발생한 북한군의 유엔군 공격사건이었다. 11월 2일 아침에 발생한 이 사건으로 미군 6명과 한국군 1명이 사망했다.[88] 유엔군사령부의 조사에 따르면 이 사건은 존슨 대통령의 방한에 맞추어 실행된 것이 아니라, 10월 26일에 감행된 한국군의 선제공격에 대한 보복 차원에서 이루어진

〈표 6〉 북한의 대남 도발 건수

	1965	1966	1967
비무장지대 주요 사건	42	37	423(286)
휴전선 남부 주요 사건	17	13	120
비무장지대 교전횟수	23(29)	19(30)	117(132)
휴전선 남부 교전횟수	6	11	95
휴전선 남부 북한군 사살	4(34)	43	224(146)
휴전선 남부 북한군 생포	51	19	50
유엔군 피살자	21(40)	35(39)	122(75)
유엔군 부상자	6(49)	29(34)	279(175)
한국경찰·민간 피살자	19	4	22
한국경찰·민간 부상자	13	5	53

출처: 『조선일보』 1967년 11월 4일자. ( )안은 유엔군이 국무부에 보고한 수치.

것이었다.[89]

브라운 대사는 존슨 대통령이 미국으로 돌아간 직후인 11월 3일과 17일 박정희 대통령과 정일권 국무총리에게 이 사건에 대해서 심각하게 항의했다. 본스틸(C. H. Bonesteel) 유엔군 사령관 역시 북한의 늘어나는 공격에 적절한 대응이 필요하지만, 그렇다고 해서 선제공격 같은 극단적인 수단을 쓰는 것에는 반대한다는 입장을 전달했다.[90] 그러나 유엔군 사령관에게는 11월 12일을 전후해 또 한차례의 한국군 선제공격이 보고되었다.[91]

이같은 남북한간의 상호대응과정은 실질적인 안보위기를 조성했다. 1967년 남북한 사이의 충돌은 1966년보다 10배가량 증가했으며(표 6 참고), 전체적인 충돌 횟수를 고려한다면 하루에 한번꼴로 충돌이 일어난 셈이었다. 비무장지대에서 벌어진 충돌은 1965년 42건에서 1967년에는 400여 건으로 늘어났다. 1967년 6월에는 남한군 13명과 북한군 7명이 사망하는 대규모 충돌도 발생했다. 또한 미국의 CIA는 1·21사태가 발생하기 6개월 전인 1967년 6월말 북한이 박정희를 암살하려고 계획하고 있다는 정보도 입수했다. 북한이 게릴라전을 통해서 남한군의 베트남 파병을 막으려고 한다는 정보도 있었다.[92] 본스틸 유엔군 사령관은 한반도에 심각한 안보위기가 도래하고 있다고 보았다.[93]

이러한 상황에서 한국정부는 미국에 두가지를 요청했다. 하나는 안보위기에 대응하기 위한 반(反)침투장비의 추가지원이었고, 다른 하나는 퇴역 후 실업상태로 있는 사람들 중 희망자들로 구성된 새로운 부대와 민간 전문가·노동자를 베트남에 파견하는 것이었다. 미국이 공식적으로 3차 전투부대 파병을 요청하기 이전에 전달된 이 두가지 요구는 결국 3차 전투부대 파병 요청이 공식화된 이후까지도 가장 핵심적인 협상대상이 된다.

이 가운데 후자는 끝까지 논란이 되었지만, 전자는 전투부대 파견을 가능하게 하는 기본전제였기 때문에 미국으로서도 거부하기 힘들었다. 다시 말해 미국은 최소한 한반도 안보에 문제가 생기는 것은 막아야만 했다. 만약 한반도 안보에 문제가 생긴다면 추가파병이 어려워질 뿐만 아니라 이미 파병된 한국군마저도 철수하라는 여론을 조성할 위험이 있었기 때문이다.[94] 박정희는 이러한 요구사항을 미국의 공식적인 추가파병 요청이 있기 전에 존슨에게 전달했다.[95] 요구사항 중 가장 중요한 것은 반침투전술을 위한 헬리콥터와 구축함의 지원이었다.

그러나 박정희 정부의 이러한 적극적인 전술은 미국의 현지기관 관계자들에게 점점 위기감을 안겨주기 시작했다. 이러한 위기감은 한국정부의 적극적인 대응 때문에 조성된 측면이 강했다. 또한 박정희 정부가 베트남 파병문제와 한국의 안보문제를 이슈로 미국을 과도하게 압박한 것도 사실이었다. 이에 따라 박정희 정부의 요구가 이제 한계를 넘어섰다는 평가까지 나타나기 시작했다.

1967년 6월 브라운 대사가 이임하기 직전 워싱턴에 보낸 전문은 이러한 미국의 시각을 잘 보여준다. 그는 베트남에서 미군의 상황을 고려할 때 한국정부에 전투부대 추가파병을 요청하는 것이 불가피하지만, 조심스럽게 접근해야 한다는 점을 강조했다. 만약 미국이 박정희가 '예'나 '아니

오'로만 대답할 수 있게 질문한다면, 미국은 곤경에 빠질 수 있다고 그는 경고했다.[96]

이러한 브라운의 견해는 후임자인 포터(W. J. Porter) 대사에 의해서 더 강조되었다. 포터 대사는 취임 직후부터 전투부대 3차 추가파병을 놓고 한국정부와 협상을 해야 했다. 1967년 9월 4일 박정희는 포터와 대면한 자리에서 추가파병 여부는 반침투장비가 얼마나 제공될 수 있는지에 달려 있다고 언급했다.[97] 포터 대사는 ①더 많은 한국군을 베트남으로 보내는 것 ②우리의 재정과 외환 부담에서 한국의 추가파병이 주는 부담을 최소화하는 것 ③한국정부의 국내 정치적 어려움을 개선해주는 것이 자신의 목표라고 밝혔지만,[98] 협상을 하면 할수록 문제가 많다고 느끼기 시작했다.

포터가 느낀 부담은 부임한 직후 그동안의 협상과정을 검토하면서 나타난 것이기도 하지만, 더 중요한 이유는 파병 협상과정에서 드러난 박정희의 강력한 대응 때문이었다. 포터는 협상과정에서 몇가지 원칙을 가지고 있었다. 하나는 2차 전투부대 파병 때와는 달리 경제문제는 일절 언급하지 않는다는 것이었고, 다른 하나는 베트남전쟁이 끝난 뒤 군사원조가 급격히 줄어들 예정이므로 파병과정에서 미리 국방력을 키워놓을 필요가 있다고 한국정부를 설득한다는 것이었다.[99] 포터 대사의 이러한 태도는 브라운 대사와 비교할 때 한국정부에 대해 덜 우호적인 것이었다. 아마도 미국무부는 2차 파병 때의 경험을 토대로 포터 대사에게 좀더 완고한 협상원칙을 고수할 것을 지시했을 가능성이 크다.

그러나 한국정부는 상당한 댓가가 확실하게 주어지지 않는 한 협상에 임하지 않겠다며 예상보다 강하게 대응했다. 비무장지대 부근에서 남북간 충돌이 벌어지자 박정희는 미국의 반대에도 불구하고 북한의 도발에 모두 보복하겠다는 의지를 표명했다.[100] 포터 대사는 파병 협상이 한참 진행중이던 1967년 9월 4일 남한군이 북한을 공격했다는 보고를 받고 한국정부에 강력히 항의했지만, 박정희는 보복이 이루어져야 한다는 입장을 굽히지 않았다. 유엔군 사령관은 보복과 관련된 문제는 미국 대통령의 대표인 포터 대사와 의논해야 한다고 했지만, 박정희는 강력한 어조로 유엔군 사령관에게 '경고'를 보냈다.

> 한국군은 유엔군의 작전지휘 아래 있기 때문에 유엔군의 동의 없이 보복을 하지 않을 것이다. 그러나 유엔군이 강력하게 대응하지 않는다면, 한국인들은 한국정부에 대해서 점차 더 많이 불평할 것이다. 우리에게는 60만명의 군인이 있다. 만약 어떠한 대응전술이 취해지지 않는다면, 국민들은 더이상 참을 수 없을 것이다. 그러고 나서 적들이 계속 그들의 공격을 강화해나간다면 유엔군은 과연 어떤 대응전술을 펼칠 것인지 본스틸 장군이 말해주면 아주 고맙겠다고 박정희는 말했다. (…)
>
> 만약 유엔군 사령부가 정전협정을 위반하는 편에 선다면, 사령부를 계속해서 유지하기는 어려울 것이라고 박정희는 말했다. (…)
>
> 포터는 (유엔군 사령관과 박정희의 대화에 대해서) 박정희가 미국의 협조가 있든 없든 간에 북한에 대한 한국군인들의 행동이 예전보다도 더 넓은 공간에서 더 적극적으로 계속될 것이라는 점을 미국으로 하여금 알게 하고자 하는 의미가 있다고 논평했다. 미국은 남한에 의한 침범이 일어난 이후에 통보받을 것이며, 주한미군은 북한의 가능한 보복에 대해서 준비해야 한다. 포터는 박정희로 하여금 미국이 한국의 침범을 승인하지 않았으며, 북한의 행동이 북한에 더 많은 피해를 주도록 하는 수단을 유엔군 사령부와 논의할 것을 요청해야 한다고 권고했다. 번디는 포터의 권고에 동의했으며, 워싱턴에서 긴급하게 주목해야 한다고 말했다.[101]

박정희의 이러한 태도는 한편으로는 북한의 도발 증가에 단호하게 대처하겠다는 의지를 보여주는 것이었지만, 다른 한편으로는 미국에 압력을 가하는 수단으로도 작용했다. 박정희는 만약 자신의 보복정책에 반대한다면 유엔군 사령관의 대안은 무엇인가를 물었고, 심지어는 유엔군 사령부를 유지하는 것조차 힘들 것이라고 위협했다.

한국정부의 입장에서 이것은 반침투장비를 원조받기 위한 중요한 압력 수단이었지만, 미국 입장에서는 동북아시아에서 미국의 정책에 타격을 줄 수 있는 커다란 위협이었다. 이미 1950년대 이승만이 유엔군의 지휘를 떠나 단독으로 북진하는 것을 막기 위하여 엄청난 규모의 원조를 제공하면서 거대한 규모의 한국 군대를 유지시켰던 경험이 있는 미국이었지만, 박정희의 이렇듯 강력한 태도는 1950년대의 위협을 넘어서는 것이었다. 이승만 정부의 북진통일론은 한번도 실행된 적이 없는 '수사적' 의미가 컸다면, 박정희의 대북보복은 이미 진행중인 상황이었기 때문이다.

만약 미국의 원조로 유지되는 한국정부가 먼저 문제를 일으킨다면 미국으로서는 더이상 한국을 도와줄 명분이 없었다. 그렇게 되면 한미상호방위조약은 아무런 효력도 가질 수 없었다. 게다가 남한군은 전술한 바와 같이 벌써 몇차례에 걸쳐 북한에 선제공격을 감행한 적이 있었다. 미국의 눈에 박정희는 넘지 말아야 할 선을 넘고 있는 것으로 보였을 것이다. 미국무부의 정보보고에서 미국은 안보위기가 전면전으로 비화되지는 않을 것이고, 북한의 의도 역시 전면전을 감안한 것은 아니지만, 남한의 보복이 계속될 경우 전쟁으로 발전할 가능성도 배제할 수 없다고 판단했다.[102]

그러나 미국의 반대와 압력에도 박정희는 강력한 보복이 필요하다는 뜻을 굽히지 않았다. 특히 미국의 3차 전투병 파병 요구가 본격화하기 시작한 1967년 11월, 유엔군 사령관은 한국정부가 '더 강력한 행동'을 준비한다는 정보를 받았다. 미국으로서는 미래에 발생할지 모르는 사태에 대비해야만 했다.

이런 상황에서 이루어진 1967년 10월 31일 정일권 국무총리와 험프리 부통령의 만남은 한미관계가 다시 위기로 치닫는 하나의 계기가 되었다. 다음은 필자가 재정리한 대화의 내용이다.

험프리 한국정부의 대북 보복행동이 위협을 초래할 수 있다.

정일권 (이에 대한 대답 없이) 한국정부가 요청한 구축함 3대 중 2대에 대한 원조가 상원에서 부결되었다고 들었다. 전투병 추가파병 얘기가 나오면 야당이 이 문제를 들고 나올 것이다. 반침투전술을 위한 레이더와 통신수단을 언제까지 지원해줄 수 있는가?

험프리 만약 우리가 지원하지 못한다면 어떻게 할 것인가? 우리는 언제까지 한국의 정규군을 도와주어야 하는가?

정일권 (놀라서 한발 물러서며) 주한미군의 계속된 주둔에 감사한다. 지프나 트럭 같은 운송수단의 지원을 원한다.

험프리 전투병의 추가파병을 원한다. 그러나 존슨이 직접 이야기할 수 있는 상황은 아니다.

정일권 한국은 베트남에서 승리할 때까지 함께할 것이다. 그런데 반전시위가 도를 넘어서고 있다는데, 이들을 한국에 보내면 모두 전향시킬 수 있다. 다음 베트남 참전 7개국 회의 때는 20만명을 보내 반전시위를 침묵시키겠다.

험프리 그건 그렇고, 남한은 계속해서 일방적으로 돌발행동을 할 것인가? 대통령에게 미국의 뜻을 전해달라.

정일권 (이에 대한 답변 없이) 한국의 수출을 좀 도와달라. 미국의 보호장벽이 너무 높다. 그리고 베트남에서 싸우고 온 군인들 가운데 실업자로 있는 사람들이 다시 베트남에 파견될 수 있도록 해달라.

험프리 지금 웨스트모어랜드 장군이 검토하고 있다. 베트남에 새로 정부가 들어서서 더 많은 인력이 필요할 것이다. 채명신 장군에게 감사의 말을 전한다.[103]

두 사람의 대화에서 한국정부의 행동과 요구가 미국이 설정한 선을 넘어서고 있다는 점이 느껴진다. 게다가 이 모임을 보도한 신문 기사 때문에 포터 주한미국대사의 불쾌감은 극에 달했다. 한국 신문들은 험프리 부통령이 3대의 구축함 지원을 약속했다고 보도했다.[104] 이에 대해 포터 대사는 이제 한국정부가 미국을 '협박'하기 위하여 언론을 이용하고 있다고 보고했다. 또한 이즈음 미국의 문서들에는 베트남 파병협상에서 유리한 위치를 차지하기 위해 한국정부가 '야당의 반대'라는 정치상황을 이용한다는 인식도 나타나기 시작했다.[105]

1967년 11월 13일 신임 최규하(崔圭夏) 외무장관이 워싱턴을 방문했을 때도 러스크 국무장관은 한국정부가 도발적인 행동을 하지 말 것을 강력히 요청했다. 어떤 충돌이 일어나더라도 남한은 침략의 희생자가 되어야 하며, 이것은 많은 외국정부의 지원과 동정을 얻기 위한 것이라고 설득했다.[106] 그만큼 미국은 이 문제에 주목하고 있었다. 한국정부의 전략은 북한에 자신감을 보여주는 동시에 미국에서 더 많은 것을 얻어내기 위한 주도권을 잡는 것이었지만, 미국으로서는 넘어서는 안될 마지노선이었던 것이다. 한국정부는 미국으로부터 특별한 대접을 받고 싶어하며, 베트남에 있는 5만명을 '알라딘의 램프'로 생각하고 있다는 것이 포터 대사의 판단이었다.[107]

포터 대사는 이제 더이상 한국군 파병을 요구해서는 안된다고 권고했다. 한국군의 대규모 참전은 주한미군의 감축을 더 늦추는 결과를 초래할 뿐이라는 이유였다. 포터 대사의 이러한 권고가 당시 미국의 정책에 그대로 반영된 것은 아니었지만, 버거 대사나 브라운 대사와 마찬가지로 한미간의 협상에서 주한미국대사의 역할은 상당한 것이었다. 포터 대사의 부정적인 견해는 박정희의 무시하는 듯한 태도에서 비롯된 것이기도 했다.[108] 그러나 기본적으로는 협상과정에서 주도권을 잡고 휘두른 한국정부의 안하무인적인 태도에서 결정적인 영향을 받았다.

한국정부의 이러한 태도는 1967년 12월 21일 캐나다에서 박정희와 존슨이 만났을 때에도 부정적인 영향을 미쳤다. 베트남 상황이 다급했던 존슨은 파병이 조속히 이루어질 수 있도록 가능한 한 빨리 한국정부의 요구사항을 수용하도록 하겠다고 밝혔다. 이에 대해 박정희는 "우리가 무엇인가를 결정할 때 우리는 당신들보다 더 빠르다"고 꼬집어 말했다.[109] 베트남 상황 때문에 존슨은 박정희의 이런 태도를 받아들일 수밖에 없었지만,

'박정희 길들이기'와 '박정희 키우기'의 주인공인 미국이 이런 태도를 어떻게 받아들였을지는 불을 보듯 뻔한 것이었다. 3월까지 추가파병을 해달라는 요구에 박정희가 "국방장관의 말에 따르면 4월이나 되어야 한다"고 대답했을 때 존슨은 "당신은 왜 대통령인가? 국방장관을 더 열심히 일하게 할 수 있지 않은가? 불가능한 것을 하는 것이 대통령의 임무"라고 충고하기까지 했다.[110] 양자 사이의 대화 속에는 박정희의 자신감 있는 태도에 대한 존슨의 부정적인 반응이 녹아 있었다. 이것은 한국 전투부대의 베트남 파병 이후 처음 있는 일이었다.

이제 미국은 한국과의 협상에서 거리를 두기 시작한다. 비록 추가파병을 요청하는 위치였지만, 한국의 요청에 단호하게 대처하기 시작한 것이다. 고속도로 건설을 위한 지원 요구를 거절했고, 한국 국회에서 파병 인준을 받기 전에 국무총리와 국방부 장관이 미국을 방문할 수 있게 해달라는 요구도 거부했다.[111] 한국이 전투병 파병에 응했음에도, 한미관계는 또 다른 위기상황으로 치달아가고 있었던 것이다.

전투부대 2차 파병이 이루어진 직후 미국 내에서 3차 파병에 대한 논의가 나오자 브라운 대사는 '잉크도 마르기 전에' 3차 파병을 요구하면 자칫 '불행한 결과'를 가져올 수 있다고 지적한 바 있다.[112] 그가 지적한 '불행'은 박정희 정부의 정치적 어려움을 뜻하는 것이었지만, 그것은 마침내 한미관계에서 '불행'의 씨앗을 만들어냈다. 그리고 그 무대의 중심에는 박정희와 포터 대사가 서 있었다. 불행의 씨앗은 1968년 안보위기 때 한미관계의 불화로 이어졌으며, 이것은 1970년대 갈등의 출발점이 되었다.

(2) 1968년 안보위기와 한미관계의 파산

1967년에 시작된 한국과 미국 사이의 갈등은 1968년의 안보위기로 더욱 심화되었다. 즉 1968년 1월 21일에 일어난 북한 특수공작원에 의한 청와대 습격사건(이른바 '1·21 무장공비 청와대 습격사건')과 이틀 뒤에 일어난 푸에블로호 사건 등의 처리를 둘러싸고, 한국과 미국의 관계가 급속히 냉각된 것이다.

주목되는 점은 1967년에 터진 일련의 사건들이 마치 1968년 신년벽두에 시작된 남·북간, 미·북간의 여러가지 갈등을 미리 예측하고 있는 듯한 인상을 준다는 점이다. 1968년 한해 동안 1·21사태, 미국의 정보함 푸에블로호 사건, 북한 특수부대의 울진·삼척지구 침투사건 등 중요한 사건들이 연이어 터졌다. 그런데 1·21사태는 1967년 6월 발생한 남파 특수훈련원 침투사건과 유사했고, 푸에블로호 사건은 1967년 12월 26일자 신문에서 보도된 '북한의 미국 간첩선 나포' 기사와 비슷했다. 또한 1967년말에는 북한이 한반도에서 제2전선을 만들 것이라는 소문이 돌았는데, 유엔군 사령관이 가능성을 부인했음에도 불구하고, 울진·삼척 사건은 마치 제2전선이 형성된 듯한 느낌을 주는 사건이었다. 또한 1·21사태가 발생하기 보름 전인 1968년 1월 6일 박정희가 원주에서 군 관계자들을 소집하여 북한의 침투에 만전을 기해야 한다고 경고하자마자 마치 기다렸다는 듯 1·21사태가 발생했다.[113]

1969년 1월 푸에블로호 협상을 담당한 우드워즈 소장이 기자회견을 갖는 모습. 푸에블로호 사건은 한미관계를 급속히 냉각시켰다.

한편 이 사건들을 계기로 한국정부는 미국이 설정한 마지노선을 넘어가려 했다. 한국정부의 대북 보복공격 가능성은 1968년 이전의 수준을 넘어섰다. 북한 무장부대의 청와대 습격사건에 화가 난 박정희는 대규모 보복을 계획했다. 박정희의 보복계획은 북한에서 게릴라를 훈련하는 6개 장소를 동시에 습격하는 것을 포함한 구체적인 것이었다.[114] 박정희는 한편으로 유엔에서 1·21사태를 언급해준 것에 대해 존슨에게 감사의 뜻을 전하면서, 다른 한편으론 언론을 통해 미국이 푸에블로호 사건에 비해 1·21 사태를 소홀히 대응하고 있다는 불만을 털어놓았다.[115]

한국정부는 국무총리를 통해 푸에블로호의 송환을 둘러싼 북한과 미국 사이의 비밀회의를 반대하는 한국의 여론을 포터 대사에게 전했다. 이 자리에서 국무총리는 비밀회담이 계속될 경우 한미관계를 재고할 것이라는 협박도 서슴지 않았다.[116] 박정희는 존슨의 강력한 반대를 무릅쓰고 2월초까지 대북 보복계획을 계속 고수했다.[117] 2월 9일에는 박정희가 '자살행위'에 가까운 공습명령을 내릴 가능성이 있다는 정보가 한국 공군을 통해 본스틸 유엔군 사령관에게 전달되었다.[118] 박정희는 미국과 북한 사이의 비밀회담에 한국이 참여해야 한다는 점을 강력히 요청했으며, 북한의 도발이 다시 일어난다면 곧바로 보복공격에 들어갈 것이라고 포터 대사에게 전했다. 포터는 이러한 행위는 곧 한국전쟁의 재개를 의미한다고 판단했다.[119]

미국 역시 부분적인 보복계획을 세우기도 했다. 북한지역에 첩보부대를 파견하는 것을 포함한 포괄적인 보복계획이었다. 그러나 이 계획은 1963년에 실행된 첩보침투작전이 50% 이하의 성공률밖에 보이지 못한 점, 1965년부터 1967년 사이 침투작전이 단 한 건만 성공한 점, 한국군이 단독으로 수행한 6건의 침투작전도 그다지 성공적이지 못했던 점 그리고 이러한 계획이 오히려 북한의 안보능력을 더 강화할 수 있는 가능성이 있다는 점 때문에 더이상 고려되지 않았다.[120]

미국정부는 보복공격을 계속 주장하는 한국정부에 강한 불쾌감을 드러냈다. 한국정부의 보복공격이 일어날 경우 미국은 한국을 원조할 명분이 없어지는 동시에 푸에블로호 선원들을 돌려받기 위한 북한과의 협상이 더이상 진척될 수 없기 때문이었다. 또한 한국정부가 요구한 공개적인 회담과 남한 대표의 회담 참여를 북한이 거절할 경우 푸에블로호와 관련된 미국과 북한 사이의 유일한 창구마저 사라질 가능성이 있다고 판단했다. 아울러 미국정부로서는 베트남전문제가 더 우선적인 문제였기 때문에 한국에서 또다른 전선이 형성되는 것을 피하고자 했다.

따라서 보복계획을 고려했던 태평양사령부는 한국인들의 적대감이 계속될 경우 한국은 '엄청난 고통을 받을 것'이라고 경고했으며, 2월 6일 국무장관은 포터 대사에게 보낸 전문에서 한국인을 '아시아의 아일랜드인'이라고 일컬으면서, 이승만 정부 시기보다 더 다루기 어려운 상황이 벌어지고 있다고 언급했다.[121] 또한 본스틸 유엔군 사령관은 한국의 여론이 한국정부에 의해 심각하게 조작되고 있다고 보고했다. 박정희 정부에 의한 언론통제 역시 미국정부에 심각하게 받아들여졌던 것이다.

1·21사태가 일어난 지 20여일이 지난 2월 10일은 서울에서 한미간의 갈등이 극에 달한 날이었다. 이날 포터 대사는 박정희를 만났다. 포터는 박정희를 비롯한 한국정부 인사들이 이성을 잃고 있다고 판단했다. 그는 박정희가 그에게 소리를 질렀으며, 비이성적인 표현을 담은 편지를 존슨에게 보내려 한다고 국무부에 보고했다.[122] 박정희와 만난 직후 포터는 외무부 장관을 만났다. 외무부 장관은 유엔군의 한국군 작전지휘권을 부분적으로 반환해줄 것을 요구했을 뿐만 아니라 존슨 대통령이 미의회의 승인 없이도 한국에 개입할 수 있도록 해주어야 한다고 요청했다.[123] 미국정부는 서울에 있는 현지기관과 한국정부의 협상으로 더이상 어떠한 문제도 해결될 수 없다고 판단했다.

이에 존슨 대통령은 2월 9일 밴스(S. Vance)를 특사로 임명한다는 서신을 박정희에게 보냈다. 밴스 특사는 2월 11일부터 15일까지 한국을 방문했다. 미행정부는 밴스 특사에게 다음과 같은 중요한 임무를 맡겼다.

> ① 1968년에 미국에서 대통령선거가 있기 때문에 푸에블로호 선원들의 빠른 귀환이 중요하다. 이에 따라 미국은 한국정부가 요구하는 북한과의 공개회담을 절대로 받아들일 수 없다.
>
> ② 푸에블로호 사건이 해결되더라도 미국은 한국을 포기하지 않을 것이라는 점을 전달해야 한다.

③ 박정희 대통령은 그의 관료들이 북한에 무력도발을 하지 못하도록 막아야 한다. 만약 이러한 사태가 발생한다면, 한미간의 동맹에 위험과 제약을 가져올 것이다.

④ 한국군을 베트남에서 철수시키겠다는 협박은 전혀 통하지 않는다는 점을 인식시켜야 한다.[124]

밴스의 한국 방문은 박정희 정부의 대북 보복 공격을 막을 수는 있었지만 그다지 성공적이지 못했으며, 서로의 입장차이를 명확하게 확인하는 계기가 됐을 뿐이었다. 한국정부는 1953년 휴전협정을 앞두고 이루어진 로버트슨 극동담당 차관보의 방한이 성공적이지 못했다는 점을 들어 이번만큼은 성공적이어야 한다고 했지만, 서로간의 입장차이를 좁히기는 힘들었다. 특히 베트남에 파병된 한국군문제가 제기되었을 때 양자 사이에 심각한 견해차가 드러났다. 정일권 국무총리가 베트남에서 한국군을 철수시킬 수도 있다고 하자 밴스는 한국에서 미군을 철수시킬 수도 있다고 대응했다.[125] 마침내 밴스는 한국정부로부터 미국과의 협의 없이는 보복행위를 하지 않을 것이라는 약속을 받아냈지만, 귀국한 직후 존슨에게 다음과 같이 보고했다.

그들은 푸에블로호 사건에 대해서도 화가 나 있습니다. 그들은 우리가 원산에 보복해야 했으며, 그렇게 하지 않는 것은 체면 실추라고 생각합니다.

그들 중 국방부 장관은 정말 골칫거리입니다. 그는 명령을 내려 휴전선을 넘어 북한으로 습격을 감행하는 유능한 반침투부대를 조직했습니다. 그래서 사방에서 비난이 일고 있습니다.

박대통령에 의한 일방적인 행동은 매우 위험합니다.

박대통령은 나라 전체를 통제합니다. 어느 누구도 그에게 그가 듣고 싶어하지 않는 말을 하지 않을 것입니다. 그는 매우 변덕스럽고 술을 지나치게 마십니다. 그는 위험인물이며, 더 불안정해지고 있습니다. (…)

저는 그들이 남베트남에서 철수를 고려하기만 해도, 우리는 한국에서 우리 군대를 빼내올 것이라는 점을 박대통령에게 확실하게 전달했습니다.

요약하면, 앞으로의 전망은 그리 좋지 않습니다.[126]

밴스는 "박대통령이 정권을 지속할 수 있을지 모르겠다"는 점과 "과거에 남한은 미국을 위한 쇼케이스였지만, 완벽한 쇼케이스는 더이상 없다"는 말로 보고를 마무리지었다. 밴스의 보고 이후에 이루어진 대통령과 밴스, 미행정부 내 각료 사이의 다음과 같은 대화는 이후 한미관계의 전개를 보여주는 주목할 만한 내용이므로, 다소 길지만 원문 그대로 인용한다.

존슨 박대통령의 무리한 음주가 요즘 들어 생긴 현상인가요?

밴스 아닙니다. 얼마간 계속되어온 것입니다. 그는 자기 부인을 재떨이로 쳤습니다. 그의 보좌관에게도 몇번 재떨이를 던졌고, 저는 만반의 준비를 했습니다.

존슨 그는 우리가 무엇을 해주기를 원합니까?

밴스 그는 긴 목록을 가지고 있습니다. 그가 원하는 것들입니다. (…)

존슨 올해 일어난 600건의 습격결과는 어떻습니까? 남한은 많은 타격을 입었습니까?

밴스 그렇지 않습니다. 청와대 습격을 제외하면요.

존슨 청와대 습격에서 우리의 대사 또한 목표가 되었나요?

밴스 그렇지 않습니다. 사로잡힌 한 침투원은 남한 정보부로부터 포터 대사를 찾고 있었다고 말하라고 지시받았지만 실제로는 말하지 않았습니다. (…)

존슨 그들은 베트남에 대해서 언급했습니까?

밴스 아닙니다. 말하지 않았습니다.

러스크 그들이 베트남에서 군대를 철수하면 우리 군대를 남한에서 철수할 것이라고 포터 대사가 말했습니까?

밴스 아니요. 포터가 그렇게 말했는지 저는 모릅니다. 제가 박대통령에게 그런 태도를 고집해서는 안된다고 분명히 했습니다. 저는 그러한 논의가 양국 관계의 미래에 치명적인 영향을 끼칠 것이라고 말했습니다.

러스크 만약 이러한 협의를 일찍 시작했더라도 우리에게 이러한 문제가 발생했을까요? 아니면 협의와는 상관없이 그 생각들이 박대통령에게 원래부터 있어온 것입니까?

밴스 그러한 생각들은 박대통령이 원래부터 가지고 있던 것입니다.

카첸바흐 그들은 아직도 우리가 원산을 공격해야 한다고 생각합니까?

밴스 그렇습니다. 그들은 어떤 사건이 일어날 경우 취할 행동을 저와 함께 검토했습니다. (…)

맥너마라 남한군의 대북 습격은 어떻습니까?

밴스 한달에 두번꼴로 행해지고 있습니다.

존슨 우리는 그들의 행위를 명확히 알고 있습니까?

밴스 그들은 최근 한달에 두번 작전을 수행해오고 있습니다. 반침투부대는 국방부 장관의 명령권 아래 있습니다. 그들은 최근의 공격에 사단본부를 동원했습니다. 3월이 가기 전에 비무장지대를 넘는 공격이 계획되어 있습니다. 그 수는 확실하지 않습니다. 비무장지대와 관련된 각 사단에 훈련된 반침투부대원 약 200명이 있으며, 지금도 훈련중인 그룹이 하나 더 있습니다. 한편, 고도로 훈련된 게릴라 부대들도 있습니다. 그들은 30명이 한개 팀으로 구성되었으며 총 2,400명이 있다고 추정됩니다. (…)

러스크 만약 비무장지대를 넘어서 570건의 습격을 했다는 사실이 밝혀지면 우리가 곤란한 입장이 되는 것은 아닙니까?[127]

맥너마라 우리는 그것에 대한 적절한 정보가 없습니다.

밴스 바로 여기 목록이 있습니다. 10월 26일부터 12월 사이에 11번의 습격이 있었습니다.

험프리 그들은 언제 습격을 시작했습니까?

밴스 저는 모릅니다. 최소한 1년 동안 있어왔다고 생각하지만요. (…)

존슨 이러한 습격의 목적은 무엇입니까?

휠러 보복적인 성격입니다. (…)

러스크 우리는 20년 전 이승만 때와 똑같은 문제를 안게 되었습니다. 그가 북한을 치려고 했을 때 우리는 얼마나 많은 것을 주었습니까?

클리포드 저는 박대통령의 불안정성이 매우 마음에 걸립니다. 그는 주요한 행동을 취할 권한을 가지고 있습니까?

밴스 (한국의) 장군들이 우리에게 알릴 것이고 지연시킬 수는 있을 것입니다. 그렇지만 그가 가라고 하면 그들은 가야 할 것입니다. 어떤 장군 하나는 본스틸 장군에게, 그의 일방적인 행동 가능성 때문에 매우 두렵지만 만일 명령이 떨어지면 행동해야 한다고 말했습니다. (…)

밴스 박대통령이 술에 취해 명령을 내린다면 장군들은 다음날 아침까지 어떤 조치라도 연기할 것입니다. 만일 그가 다음날 아침 아무 말도 하지 않으면, 그가 지난밤에 한 말들은 그냥 잊혀진 것이 될 것입니다.

존슨 이런 정보를 어디서 얻습니까?

밴스 본스틸 장군으로부터 얻습니다. 군대는 유엔군 총사령관과 그의 지위를 매우 존중합니다.

클리포드 남베트남에서 군대를 철수하는 것과 관련하여 어떤 감추어진 위협이라도 받은 것이 있습니까?

밴스 국무총리는 입법부가 그것을 요구할 수도 있다고 언급했습니다. 저는 그에게, 그런 일이 일어난다면 우리 군대를 남한에서 뺄 거라고 매우 퉁명스럽게 말했습니다. 국무총리는 창백해졌습니다. 이것은 그에게 정말 충격이었습니다. (…)

존슨 우리 편에서 누가 상황을 관측합니까?

밴스 포터 대사가 대통령을 관측합니다. 본스틸 장군이 언제라도 함께할 것입니다.

휠러 제가 이해하기로는, 본스틸 장군은 국방부 장관과 한국의 합동참모본부에 촛점을 맞추고 있습니다.

테일러 군대가 이승만에 대항하는 억지력이 되었던 20년전으로 거슬러올

라가는군요. 고위장성들은 솔직하게 말할 것입니다.

밴스 그것이 바로 제가 그들을 만난 이유입니다.

이와 같은 대화 내용은 미행정부의 주요인사들이 박정희와 그의 참모들을 더이상 믿을 수 있는 파트너가 아니라고 판단하게 되었음을 보여준다. 포터는 한국군의 보복을 둘러싼 논쟁이 휩쓸고 지나간 직후 국무부 번디 차관에게 보내는 비망록에서 "우리가 통제하기 어려운 호랑이를 길러왔다"는 사실을 명백하게 인정해야 한다고 전했다. 심지어 그는 통일교의 문선명을 동원해서라도 한국정부를 제어할 수 있기를 기대한다고까지 밝혔다.[128]

이 대화는 다른 한편으로 당시 한반도가 얼마나 위험한 상황이었는가를 보여준다. 지도자가 이성을 잃은 상황에서, 그리고 정전협정이 제 역할을 못하고 있었던 상황에서 전선에서는 남북간의 충돌이 발생하고 있었다. 만약 위의 대화가 모두 진실이라면, 전쟁이 일어나지 않은 것이 이상한 상황이었다.

그러나 이것으로 한미간의 협력관계가 모두 막을 내린 것은 아니었다. 특히 한국군이 베트남에 파병된 현실에서 미국은 박정희의 추가원조 요청을 부분적으로 받아들이면서 한국과의 갈등을 봉합해야만 했다. 실제로 존슨 대통령은 청와대 습격사건과 푸에블로호 납치사건이 일어난 뒤에도 한국에 전투병 파병을 요청하려고 했다. 존슨은 이 사건 이후 한국에 반침투전술을 추가로 원조하면서 한국의 전투부대 추가파병 약속이 변경되지 않는다는 조건에 따라 이루어지는 것임을 강조했다.[129] 또한 북한의 전략이 한국의 베트남전 참전을 막기 위한 것이라면, 안보위기 상황에서 추가파병은 결국 북한의 전략 실패를 의미하는 것이라고 판단하기도 했다.[130] 그러나 안보위기 이후에도 이루어진 파병 요구는 베트남에서의 '구정공세'가 미국정부를 군사적으로 더 조급해지게 만들었기 때문이다.

그러나 한국정부의 무리한 요구는 또 한번 추가파병문제를 난항에 빠지게 한다. 1968년 3월 8일 정일권 국무총리는 포터 대사와의 회의에서 2개 사단 이상의 추가파병이 가능하겠지만, 이를 위해 3개 예비사단을 완전무장사단으로 전환하고 7개 후방예비사단을 정규예비사단화해야 하며, 사또오 일본 총리가 오끼나와 기지 반환을 요청하면 그 항공사단을 제주도에 창설해야 한다고 주장했다.[131]

1968년 4월 17일 호놀룰루에서 만난 존슨과 박정희는 추가파병문제를 논의했지만, 논의는 더이상 진전되지 못했다. 한국정부의 과도한 요구를 미국이 받아들이지 않았으며, 박정희는 재출마를 포기한 존슨이 대한원조를 의회에 강요할 만한 정치적 힘을 갖고 있지 않다고 판단했다. 더이상의 추가파병이 불가능하다는 것을 한국과 미국 양쪽이 묵인하는 상황에 이르게 된 것이다.[132]

결국 존슨 행정부는 더이상 한국정부와의 약속을 지키지 않았다. 존슨은 주한미군의 감축이 이루어질 경우 한국과 사전협의를 한다고 약속한 바 있다. 그러나 국무부가 주한미군의 감축 계획을 결정했을 때 한미간의 사전협의는 전혀 이루어지지 않았다. 그 계획안은 1971년 주한미군 제2사단, 1973년 주한미군 제7사단의 철수 가능성을 타진하기 위한 것이었으며, 1975년을 기점으로 모든 원조를 중단하기 위한 것이었다.[133] 이 계획은 수정을 거쳐 1969년과 1970년 닉슨 행정부에서 그대로 결정되었다. 물론 이와 함께 한국정부가 실업자문제 해결을 위해 요청한 비전투요원 5천명의 베트남 배치안도 모두 철회되었다.[134]

이제 미국정부는 한국정부를 더는 믿을 수 없었다. 자칫 잘못하면 한국정부 때문에 미국의 동북아시아정책 전체를 다 망칠 수도 있었다. 한국정부는 푸에블로호 사건의 해결에만 치중하고 대북 보복에는 전혀 무관심한 미국에 섭섭한 감정을 숨기지 않았다. 이로써 한미관계는 다시 위기국면에 들어선 것이다.

이러한 위기는 미국이 자초한 측면이 강했다. 김종필 제거계획과 한국군의 베트남 파병과정에서 미국은 박정희를 '일인지하, 만인지상(一人之下萬人之上)'의 위치로 만들어주었다. 그리고 어느 순간 박정희를 통제하기 힘든 상황에 이르게 되었다. 이는 이승만 제거계획을 여러 차례 입안하고도 결국 실행에 옮기지 못한 미국의 고민이 또 한번 재현된 것을 의미했다.

한국정부는 베트남전쟁을 통해 많은 것을 얻을 수 있었다. 우선 정치적인 위기를 극복할 수 있었다. 이를 위하여 한국정부는 국내의 정치적인 상황과 언론을 적절히 이용했다. 또한 미국에서 받은 돈과 대 베트남 수출 증가는 경제개발계획이 성공적인 성과를 거두는 데 크게 공헌했다. 미국이 대한원조를 줄여나가는 싯점에서 이러한 과정들이 진행됐기 때문에 그 효과는 더욱 컸다. 박정희 정부의 가장 큰 지지기반인 군대의 증강도 이루어졌다. 전투경험이 증가했을 뿐 아니라 예비사단이 전투사단화되었고 1개의 준(準)전투사단이 새로 창설되었다.

그렇지만 진정 '한국'이 얻은 것은 무엇인가를 다시 한번 생각하지 않을 수 없다. 한국이 미국에 요구해서 얻을 수 있는 댓가는 철저하게 제한되어 있었다. 그나마 미국 측에서는 참전의 댓가가 한국군의 파병에 따른 정당한 것이 아니라 한국정부의 '구걸'에 따른 것이라고 보고 있었다. 또한 한국군의 대북 보복공격은 미국의 추가 군사원조를 꺼리게 만들었다. 즉 추가 군사원조가 이뤄질 경우 한국군이 북한에 보복공격을 할 수 있는 힘을 더 실어준다고 판단한 것이었다.[135]

무엇보다도 박정희가 얻고 싶어한, '한국이 미국으로부터 일본과 동등하거나 더 나은 대접을 받아야 한다'는 희망은 결코 이룰 수가 없었다. 박정희는 다른 나라들이 윤리적·도덕적·인류보편적인 원칙 때문에 결행하지 못한 베트남 파병을 감행하면서까지 미국과의 가깝고도 특수한 관계를 국내외에 과시하고 싶어했다.[136] 그러나 미국의 3차 전투병 파병 요구에 대한 한국정부의 적극적인 대응은 결국 한국과 미국 사이의 밀월관계마저도 '불행'한 결말에 이르게 했다. 미국의 요구에 응해준만큼, 한미관계는 이에 걸맞은 관계로 격상되어야 했는데, 그러지 못했던 것이다.

오히려 한국정부와 미국정부는 상호간에 신뢰를 잃었다. 1·21사태가 일어난 지 4개월이 지났을 때, 미국무부는 북한이 먼저 전면전을 일으킬 가능성은 거의 없는 반면, 북한의 작은 도발에 남한이 거대한 보복으로 맞서면서 전면전으로 확대될 가능성이 크다고 보았고, 이 때문에 북한보다는 남한정부를 통제하는 것이 더 중요하다고 보고했다.[137] 미국은 북한정부만큼이나 한국정부를 신뢰하지 못하고 있었던 것이다.

지금 한국은 미국의 요청에 따라 이라크에 한국군을 파병한 상태다. 과연 한국정부는 이를 통해 무엇을 얻으려고 했을까? 또 이라크 파병에 반대하면서도 '국익'을 위해서는 어쩔 수 없다고 판단한 국민들은 베트남전쟁에서 어떠한 학습효과를 얻은 것일까? 베트남 파병이 '좋은 장사'라고 생각한 것처럼, 한국인들은 이라크 파병에 대해서도 같은 생각을 하고 있는 것은 아닐까?[138] 그러나 베트남전쟁 때 협상에 임했던 미국의 태도를 본다면 과연 우리가 이라크 파병을 통해서 무엇을 얻을 수 있을까를 다시 한번 생각해보지 않을 수 없다. 경제적인 이득이 아니라 한미간의 정상적인 외교관계 형성 또는 미일동맹에 버금가는 수준의 한미동맹을 원하는 것이라면, 그것은 단지 희망에 불과할 뿐이라는 사실을 베트남 파병 협상과정이 잘 보여주고 있기 때문이다. 이라크 파병이 '알라딘의 램프'가 될 수는 없는 것이다.

현재 진행되는 한미간의 작전통제권 반환을 둘러싼 협상이 부시 행정부의 해외주둔 미군의 재배치계획과 맞물려 있으며, 주한미군의 신속기동군으로의 재편과 맞물려 있다는 점에서 볼 때, 베트남 파병의 역사는 더더욱 소중한 교훈이 될 수 있다. 베트남 파병이 미국의 주한미군 및 한국군 감축 정책에서 출발했으며, 주한미군의 신속기동군으로의 재편 논의가 이미 1964년에도 진행된 바 있기 때문이다.[139] 한국정부의 추가 문서공개를 바탕으로 좀더 치밀한 논의가 진행되어야겠지만, 한국군의 베트남 파병문제는 현재까지도 계속 분석·논의해야 할 문제임에 틀림없다.

제7부

1970년대의 한미관계와 학습효과

1. 파병을 둘러싼 협상과정에서의 학습효과
2. 광주는 누구의 책임인가?

1960년대에는 한미관계에서 일정한 변화가 나타났다. 예전과는 달리 미국이 일방적으로 한미관계를 이끌어가지 못하게 된 것이다. 이러한 변화는 한국군의 베트남 파병과정에서 미국이 한국에 '아쉬운' 소리를 해야 했기 때문에 나타난 현상이기도 했지만, 다른 한편으로는 1960년대 한국의 경제·사회적 성장과 변화도 중요한 이유가 되었다. 1979년 10·26사건 직후 미국이 한국에 개입할 때 나온 다음과 같은 문서는 한미관계가 변화했다는 사실을 잘 보여준다.

> 우리의 영향력은 현 지배엘리뜨들이 이제는 좀더 민주적인 헌정으로 이행해야 한다는 믿음을 갖게 하도록 은밀히 행사되어야 한다. 동시에 '지시한다'거나 '가르친다'는 인상을 주어서는 안된다.[1]

표면적으로 볼 때 1970년대의 한미관계는 평탄하지 못했다. 1970년대에 나타난 한국과 미국 사이의 갈등은 때로는 '동맹'국 사이에서는 나타날 수 없을 만큼 심각한 것이었다. 이러한 현상은 한미관계에서 어떠한 의미를 갖는 것일까? 그것은 한미관계에서 질적인 변화가 있었다는 것을 뜻하는 것일까? 주한미군 감축과 철수를 한국정부와 논의하지 않고 결정한 미국정부의 태도, 핵무기 개발을 포함한 자주국방을 추진한 한국정부의 태도 등은 과연 일반적인 군사 동맹관계에서 나타날 수 있는 현상이었을까?

1. 파병을 둘러싼 협상과정에서의 학습효과

(1) 새로운 대외정책: 리얼 폴리틱스(real politics)

1969년 미국에서 닉슨 행정부의 등장은 미국의 대외정책에 또 한번의 큰 변화를 가져왔다. 무엇보다도 중요한 변화는 닉슨 행정부가 해외의 동맹국에 대한 적극적인 개입을 자제하면서 '돈 안 드는' 현실적인 대외정책을 추진했다는 점이다. 케네디 행정부와 존슨 행정부의 지나친 해외 개입, 특히 베트남 파병으로 인한 군사비의 증가가 미행정부의 재정상황을 악화시켰기 때문에 보수적인 재정정책으로 선회하게 된 것이다.

닉슨 행정부의 이러한 정책은 1950년대 아이젠하워 행정부의 뉴룩정책과 비슷했다. 한국전쟁으로 인한 정부의 세입과 세출 사이의 불균형을 막기 위해 실행된 보수적인 재정정책으로 미국의 대외 개입은 축소됐고, 한국전쟁의 빠른 종결이 추진되었다. 아울러 군사비 지출을 막기 위해 아이젠하워 행정부는 주한미군 감축을 실행했으며, 닉슨 행정부 역시 주한미군을 비롯해 아시아에 주둔한 미군의 감축을 추진했다.

이러한 대외정책 변화는 나날이 달라지는 세계정세에 기인한 것이기도 했다. 먼저, 일본과 유럽이 성장하면서 미국의 달러 독점시대가 마감되었다. 1971년 8월 15일 닉슨 대통령은 '금태환 정지'를 선언했다. 1944년 브레튼우즈 조약 이래 국제통화기금(IMF)체제에서 미국은 금 1온스당 35달러의 태환을 보장하는 고정환율제도를 유지해왔다. 그러나 이러한 금본위제는 유럽과 일본의 고도성장에 따른 미국의 경쟁우위 상실, 국제수지 적자의 누적 그리고 미국 내 인플레이션 때문에 더이상 작동할 수 없게 되었다.[2]

둘째, 중국의 성장이다. 미행정부는 냉전체제에서 소련만을 공산주의권의 '두목'으로 인정하는 정책을 취해왔다. 그러나 미행정부의 이러한 정책은 중국이 성장하면서 더이상 유지되기 힘들어졌다. 또한 1950년대 후반 이후 중국과 소련의 갈등이 심화되면서 소련과의 협상만으로는 공산주의권을 통제하기 어려워졌다. 게다가 1964년 중국이 핵실험에 성공하면서 중국과의 협상 필요성은 더욱 절실해졌다.

중국은 이제 소련의 지원 없이도 주변국들에 위협을 줄 수 있는 존재가 되었다. 특히 닉슨 행정부가 군사비를 감축하기 위하여 베트남 철수를 고려하는 상황에서 동남아시아와 국경을 맞댄 중국은 매우 위협적인 존재가 아닐 수 없었다. 미국은 한국전쟁 이래 중국에 적대적인 정책을 취해왔으며, 이러한 정책은 타이완 대신 중국공산당이 유엔에 가입하는 것을 반대하는 것으로 이어졌다. 그러나 이제 중국과의 타협을 통한 대외정책의 변화가 불가피해졌다. 다른 한편으로 중국과의 타협은 공산권의 분열을 일으키기 위한 정책이기도 했다.

셋째, 대외원조를 줄이기 위한 새로운 정책이 필요했다. 대외원조를 줄이려면 대외적인 개입을 줄일 필요가 있었지만, 미국의 대외관계를 고려할 때 무작정 원조를 줄일 수는 없었다. 대외원조를 줄이기 위해서는 미국의 이해관계가 걸린 동맹국들이 받는 위협을 줄여야만 했다. 동맹국들의 대외적인 위협이 감소한다면, 대외원조를 줄일 수 있는 중요한 명분을 얻게 되는 셈이기 때문이다. 또한 미국으로서는 이러한 과정에서 미국의 원조 감축이 '소련과의 경쟁에서 물러나고 있다'는 인식을 심어주지 않도록 노력했다.

이같은 세계정세의 변화로 드디어 미국은 '냉전체제'에서의 '명분'보다는 현실주의적인 '실리'를 챙기는 노선으로 전환했다. '명분'만 따지자면 '악의 축'인 공산주의권을 붕괴시키는 군사·경제적 정책을 강화하고, 공산주의가 확산되는 후진국에 개입하여 공산화를 막아야 했지만, '현실'은 그러지 못했다. 미국이 개입할 수 있는 능력에 한계가 있다는 사실을 '베트남전쟁'이 여실히 보여주었던 것이다.

미국의 대외정책 변화는 닉슨의 국가안보담당 보좌관으로 취임한 키씬저가 주도했다. 이른바 '리얼 폴리틱스'로 명명되는 키씬저의 이론은 냉전체제에 대한 새로운 이해방식을 보여주는 것이었다. 그는 힘의 균형(power balance)을 강조했으며, 세계질서의 힘이 미국과 소련이라는 양극에 의해서만 나오는 것이 아니라, 이미 성장한 다양한 지역—2부에서 언급한 케넌의 5개 거점지역과 유사한—으로부터 나온다고 보았다. 또한 특정하게 고정된 국제질서는 존재하지 않는다고 보았다. 이것은 냉전에 기초한 기존의 '봉쇄'전략과는 다른 개념에서 출발하는 것이었다. 따라서 그는 '제로섬' 게임과 같은 대외정책은 더이상 유효하지 않으며, 미국의 한계를 인정해야 한다고 보았다.[3]

키씬저의 이론은 변화된 세계환경에 대응하는 새로운 정책으로의 전환을 의미했다. 특히 키씬저는 중국의 성장 및 중소분쟁 그리고 한계에 부딪힌 소련의 힘에 주목했다. 이 점 역시 케넌의 이론과 유사한 것이었다. 키씬저는 중국과의 관계 정상화와 소련과의 군축협상에 적극적으로 나서는 데땅뜨정책을 추진했다. 미국이 공산주의권과의 갈등을 완화한다면, 안보 위협을 느끼는 동맹국에 대한 원조를 감소시킬 수 있으며, 동시에 소련과의 경쟁 때문에 엄청나게 지출되는 군사비 또한 감소시킬 수 있었다. 키씬저는 닉슨 행정부와 포드 행정부에서 이러한 리얼 폴리틱스라는 기조 아래 미국의 대외정책을 주도해나갔다.

닉슨 행정부의 새로운 정책은 한국에 이내 커다란 충격으로 다가왔다. 곧 미국의 아시아정책에서 변화를 이끌어낸 닉슨 독트린이 발표된 것이다.

> 이제 내가 간단하게 언급하고 싶은 것은 이러한 상황에서 우리의 역할과 관련된 주요하고 새로운 두가지 요소가 있다는 사실입니다. 그중 하나는 특히 필리핀에 가보면 알 수 있는데, 이는 1953년에는 볼 수 없던 것입니다. 그것은 바로 민족주의입니다. (…)

두번째 요소는 아시아의 장래에 지대한 영향을 끼칠 것으로 우리는 이것을 고려해야 합니다. 우리가 방문하는 모든 곳에서 아시아인들은 외부의 명령을 받지 않고 싶어하며 아시아인에 의한 아시아를 건설하기를 원한다고 말하고 있습니다. 그것이 우리가 원하는 것이며, 우리의 역할이 되어야 합니다. (…)

우리의 역할과 관련하여, 우리는 아시아의 국가들이 우리에게 의존하게 만들어, 마침내 베트남에서처럼 그들의 분쟁에 말려들게 되는 그러한 정책을 피해야 합니다. 이러한 노선을 따르기가 쉽지는 않겠지만, 우리가 적절한 계획을 만든다면 가능한 일입니다. (…)

나는 이제 우리가 아시아의 모든 우방들과의 관계에서 두가지 측면을 강조할 때가 되었다고 생각합니다. 첫째, 우리는 우리의 공약을 지킬 것입니다(예를 들면 태국과 동남아시아조약기구에서의 공약). 둘째, 내부적인 위험이 문제시되는 한, 그리고 군사적 방위가 문제시되는 한, 핵무기를 동반한 강대국들이 연루된 분쟁을 제외하고는, 미국은 그러한 문제들을 점점 더 아시아 국가들 스스로의 힘으로 처리해야 하며 또한 그들의 책임이라는 점을 고무하고, 기대할 권리가 있다는 점입니다. (…)

아시아는 아시아인들의 것입니다. 이 점은 미국이 원하는 바이며, 미국이 맡아야 할 역할입니다.[4]

1969년 7월 29일 발표된 닉슨 독트린은 베트남분쟁의 베트남화, 한국문제의 한국화를 선언한 것이었다. 즉 지역적인 분쟁을 국제적인 차원에서 해결하기보다는 분쟁이 발생한 지역의 정부와 주민들이 스스로 해결해야 한다는 것이다. 물론 이것이 당장 이루어지지는 않을 것이고 기존의 동맹관계는 유지되겠지만, 장차 외부로부터의 위협이 감소한다면 지역분쟁은 지역에서 해결되도록 하겠다는 강력한 의지를 표명한 것이다. 결국 이 선언에는 주한미군을 감축 또는 철수하겠다는 의지, 아울러 주한미군이 없어도 될 만한 국제적인 여건을 만들겠다는 미국의 의지가 담겨 있었다.

특히 미국방부와 합동참모본부는 1950년대부터 주한미군의 억지력을 북한만이 아닌 중국까지 확장해서 염두에 두고 있었기 때문에, 중국과 미국이 우호적인 관계로 변한다면 주한미군을 감축 또는 철수시킬 수 있는 명분은 더욱 커지는 것이었다. 미국정부는 이미 1960년대초부터 한국군만으로도 충분히 북한군을 상대할 수 있다는 보고서를 제출한 바 있었다. 또한 1968년에 나온 국무부 보고서는 한국군과 북한군을 단순비교할 경우 공군을 제외한 모든 부문에서 한국군이 우세하다고 판단했다.

여기에 더하여 또 하나의 중요한 조건은 한일관계가 정상화되었다는 점이었다. 미국은 1950년대부터 한일관계 정상화를 위해 노력했다. 한일관계의 정상화는 경제적으로뿐만 아니라 정치·군사적으로도 동아시아에서 미국의 부담을 일본에 넘기기 위해 꼭 필요한 정책이었다. 아시아에서 일본의 위치를 부각시키기 위한 이러한 정책은 1960년대에 이르러 한일관계 정상화와 아시아개발은행의 창립으로 표출되었다.[5] 미국은 한일협정이 체결되는 대로 주한미군과 한국군을 감축하고 대한원조를 축소할 계획을 갖고 있었지만, 한국군의 베트남 파병으로 이 계획은 연기될 수밖에 없었다.

그러나 미국이 베트남에서 발을 빼고자 하는 상황에서 더이상 일본 중심의 아시아 질서 재편을 연기할 이유가 없었다. 키씬저의 리얼 폴리틱스 역시 일본의 역할에 주목하고 있었다. 게다가 일본도 한국과 마찬가지로 중국과 북한으로부터의 위협에 직접 노출되어 있었기 때문에 한반도의 안정에 적극적인 태도를 취했다. 시기에 따라 차이는 있지만, 한일회담에서 한국정부는 경제적인 목적을 우선시한 데 반하여 일본은 안보적인 이유를 가장 중요시했다.[6]

미국과 일본의 이러한 의견 일치는 마침내 닉슨과 사또오 일본 수상의 공동성명에서 '한국 조항'으로 표현되었다.

> 닉슨 대통령과 사또오 수상은 특히 한반도에서 긴장이 지속되고 있다는 점

에 주목했다. 사또오 수상은 이 지역에서 유엔의 평화유지 노력에 깊은 감사의 뜻을 표시했으며, 한국의 안보가 일본 자체의 안보에 긴요하다고 언급했다.[7]

사또오는 회담 직후 프레스클럽에서 한 연설을 통해 공동성명에서보다 더 직접적으로 한반도의 안보문제를 언급했다.

특히 한국에 대한 군사공격이 발생한다면 일본의 안보는 심각하게 영향을 받을 것이다. 따라서 그러한 경우에 대응하는 군사작전을 위해 미군이 일본 내의 시설과 지역을 사용할 필요가 생기면, 앞서 설명한 인식에 근거하여 일본정부는 적극적이고도 신속하게 입장을 마련할 것이다.[8]

이것은 한반도에서 문제가 생겼을 때 일본에 주둔한 미군이 '실질적인 사전협의 없이도' 출격할 수 있게 한다는 것이었다. 이는 한반도 안보의 중요성을 강조하는 것이기도 했지만, 다른 한편으로 한반도에서 미국이 개입할 경우 일본도 자동적으로 개입하게 된다는 것을 의미했다. 이제 본격적으로 한·미·일 3자동맹이 '안보'적인 측면에서 작동하게 된 것이다. 1950년대 아이젠하워 행정부가 처음 추진해 진행돼온 장기적인 과제가 이제 한단계 마무리되는 순간이었다. 그리고 미국정부는 '닉슨 독트린'에서 선언한 바와 같이 동맹국의 안보에 커다란 위기를 조성하지 않는 한도 내에서 주한미군을 감축할 수 있는 조건을 조성할 수 있었다.

(2) 7·4공동성명과 유신의 충돌

괌에서 닉슨 독트린을 선언한 지 한달이 지난 1969년 8월 22일 닉슨 대통령은 박정희 대통령을 만나 공동성명을 발표했다. 그러나 두 사람은 이 만남이 1970년대 내내 한미관계가 평행선을 달리면서 갈등을 일으킬 수밖에 없음을 보여주는 신호탄이 되리라는 사실을 몰랐을 것이다. 아니, 어쩌면 박정희만 모르고 있었을지도 모른다. 왜냐하면 닉슨과 박정희의 만남은 의외로 호의적인 분위기에서 끝났기 때문이었다.

박정희는 닉슨에게 북한의 계속적인 침략행위로 인한 안보문제를 강조했다. 이에 두 나라 대통령은 대한민국 국군과 주한미군이 한미상호방위조약에 의거하여 강력한 경계태세를 지속해야 한다는 데 합의했다. 또한 새로 편성된 향토예비군이 한국의 안정에 이바지하고 있다는 점에도 동의했다. 그러나 박정희는 끊임없이 안보를 외쳤고, 닉슨은 위기를 감소시키기 위한 유화정책의 필요성을 강조했다. 견해 차이는 분명했지만, 공동성명서는 모호한 선에서 마무리되었다.[9]

1969년 8월 22일 샌프란시스코에서 만난 박정희와 닉슨. 박정희의 심각한 표정과 닉슨의 여유로운 표정이 서로 대비된다.

공동성명서가 발표된 지 1년이 채 지나지 않은 1970년 3월 20일, 닉슨 행정부는 한국 내에 주둔한 2개 사단 중 하나를 철수한다고 결정했다. 기본적으로는 현상유지정책을 통해서 평화상태를 유지하겠지만, 1971년 3월까지 2사단 병력 2만명을 한반도에서 철수한다는 것이었다.[10] 그러고 나서 포터 주한미국대사에게 다음과 같은 전문을 보냈다.

> 박대통령을 만났을 때 다음 사항을 언급할 것.
>
> ① 박정희 본인이 미국이 주한미군문제를 오랫동안 검토해왔다는 것을 잘 알고 있을 것이다.
>
> ② 박정희 본인이 최근 미국이 한국에 2개 사단을 무한정 주둔시킬 수 없음

을 인정했다.

③ 한국은 경제개발, 방위 그리고 정치적 안정에서 많은 발전을 이룩했다. 최근 한국 국민들은 자신들의 지도자에게 압도적인 지지를 표명했다. (…)

④ 남아 있는 미군병력만으로도 전투능력이나 억지력 면에서 충분하며, 한국군의 현대화작업이 한국의 힘을 크게 신장시킬 것이다.[11]

주한미군 철수정책은 1970년 7월 박정희에게 일방적으로 통보되었다. 그리고 같은해 8월 애그뉴(S. T. Agnew) 부통령이 한국을 방문했다. 애그뉴의 방한은 한편으로는 주한미군 감축에 대한 미국의 입장을 설명하기 위한 것이었고, 다른 한편으로는 이듬해 선거를 앞둔 박정희에게 정치적 선물을 주기 위한 것이었다. 이 점은 애그뉴의 방한을 앞두고 나온 문서에 잘 드러난다.

당신의 방한은 한국의 안보에 대한 미국의 이해를 확인해달라는 한국의 희망에 응답하는 것으로 인식돼야 한다.

— 한국에 대한 우리의 방위공약은 철저하다(1954년 한미상호방위조약).

— 한국과 함께 대북 억지력을 확보하기 위해 충분한 주한미군과 동북아의 미군병력을 유지한다.

— 의회의 지지가 있다면, 한국군 현대화 프로그램을 가능한 한 빨리 진행시킨다.

우리는 한국의 지도자들에게 다음과 같은 인상을 남기도록 노력해야 한다.

— 우리는 믿을 만한 동맹국이며, 우리의 한국 방위와 복지에 대한 의지는 전쟁과 평화를 거치면서 시험된 바 있다. 감군 결정은 양국 안보의 이익을 모두 고려한 뒤에 나온 것이다. 그 2만명은 한국 방위에 필요하지 않다.

— 한국 방위에 거는 우리의 공약은 그 어느 때보다 굳건하다. 미국은 모든 조약의 의무를 지킬 것이라는 닉슨 독트린의 제1원칙을 보면 알 수 있다. 그러나 한국에서 우리의 방위 의무가 '자동개입'(automatic response)으로 바뀔 수

없다. (…)

박대통령은 당신의 방한을 한국의 안보공약 요구를 확인하는 결과로 묘사할 것이다.[12]

이 문서는 한국정부의 적극적인 대북 공세에 미국이 절대 개입하지 않을 것임을 분명하게 보여준다. 이것은 '자동개입'을 절대 허용할 수 없다는 언급에서 잘 나타난다. 애그뉴는 방한을 마치고 떠나면서 5년 내에 주한미군이 더 많이 감축될 것이라는 발언을 하기도 했다.

이상과 같이 주한미군 감축계획은 사전협의가 전혀 이루어지지 않은 상황에서 한국정부에 통보되었다. 이것은 주한미군 감축이 있을 경우 '반드시' 한국정부에 먼저 통보하겠다던 존슨 대통령의 약속이 지켜지지 않았다는 것을 뜻했다. 박정희가 가장 불쾌하게 생각한 것이 바로 이 점이었다.[13] 이것은 또한 한국군의 베트남 파병을 둘러싼 한미간의 협상과정에서 한미관계가 변화되지 않았음을 의미하는 것이었다.

한국이 베트남 파병을 통해 미국에서 얻어내야만 했던 중요한 성과는 경제적인 이득과 함께 한미관계를 정상적인 동맹관계로 만들어내는 것이었다. 박정희 정부 또한 이러한 관계를 만들기 위하여 노력했다. 그것은 박정희 정부가 전투병 파병으로 '또다른 일본'이 되기 위해 노력했다는 점에서 잘 드러난다.

그러나 6부에서 살펴본 바와 같이 한국정부가 협상과정에서 주도권을 잡기 위해 보여준 무리한 대응은 결국 한미관계가 정상적인 관계로 격상되는 것을 어렵게 했다. 물론 주한미군과 한미상호방위조약이 존재하고 한국의 안보적인 짐을 상당 부분 미국이 책임진 상황에서 한미관계가 완전히 정상적인 외교관계가 되기는 어려웠을 것이다. 그러나 안보라는 짐을 미국에 맡기고 있는 일본의 경우와 비교한다면, 정상적인 외교관계로 만드는 것이 완전히 불가능하지는 않았다. 결국 미국정부의 일방적인 주한미군 감축 통보는 한국군의 베트남 파병이 한미관계에 아무런 변화도 가져오지 못했다는 것을 보여주는 대표적인 예라고 할 수 있다.

물론 한국군의 베트남 파병을 계기로 한미관계가 좋아졌다고 하더라도, 닉슨 행정부의 대외정책에 따라 주한미군 감축은 이루어졌을 것이다. 그러나 중요한 점은 철수정책의 실행 여부가 아니라, 한국사회에 중대한 변화를 일으킬 수 있는 정책을 결정할 때 한국정부와 사전협의가 있었는가의 문제다. 1962년 군사정부가 통화개혁을 실행했을 때 미국정부는 사전협의가 이루어지지 않았다는 점을 가장 중요하게 지적하고 원조를 중단함으로써 군사정부를 압박했다. 그러나 주한미군 감축과정에서는 미국정부가 한국정부와 전혀 사전협의를 하지 않는 상황에서 정책결정이 이루어졌다. 다른 한편으로 이것은 주한미군 감축과정에서 사전협의가 이루어질 경우 한국정부에 의해서 돌이킬 수 없는 안보위기가 발생할 수도 있다는 '학습효과' 때문이었을 가능성도 있다.

한미 당국은 주한미군 감축문제를 토의한 끝에 1971년 2월 6일 공동성명을 발표했다. 여기에는 미 제7보병사단의 철수 외에 3개 공군비행대대의 철수, 비무장지대를 따라 최전선에 배치된 제2보병사단의 후방배치 등이 포함되어 있었다.[14] 박정희가 받은 충격은 엄청난 것이었다. 특히 베트남에 한국의 전투부대가 파견되어 있고 대통령선거가 1년 앞으로 다가온 상황에서, 주한미군 감축은 정치적인 위기로 받아들여질 수밖에 없었다. 1967년의 예에서 보이듯이 박정희 정부가 국민을 동원하는 두가지 축은 '경제개발계획'과 '미국으로부터의 두터운 신임'이라는 이미지였기 때문이다.

이에 대한 박정희 정부의 첫번째 대응은 안보적인 요인을 강조하면서 미국정부를 설득하는 것이었다. 1949년과 1967년 한국정부는 주한미군의 철수 또는 감축 정책에 대응하기 위하여 적극적으로 위기상황을 만들어냈지만, 1970년의 한국정부는 그렇게 할 수 없었다. 6부에서 언급했듯이 미국은 이미 1968년의 안보위기 상황에서 보복을 위한 한국정부의 도발이 미국을 설득하는 도구가 되는 것이 아니라, 한미관계를 파탄으로 몰고

갈 수 있는 위험한 수단이 될 수도 있다는 점을 한국정부에게 전달했기 때문이다. 당시 밴스는 주한미군이 모두 철수될 수 있다고 경고하여 국무총리를 긴장하도록 했다.

1971년 9월 16일 박정희는 닉슨에게 보내는 편지에서 더이상 적극적인 공세는 없을 것이라고 밝혔다. 즉 그는 "새삼스럽게 말할 필요도 없이, 한미간에 현존하는 방위체제는 오로지 침략으로부터의 방어를 위한 것으로, 미군의 한국 주둔은 한반도에서의 전쟁 재발을 막는 가장 효과적인 억지력으로 작용"하고 있다고 썼다. 이는 지금까지 북한의 공격에 적극적인 대응 입장을 밝힌 것에서 한발 물러선 것이었다.[15] 1972년 새로 부임한 하비브(P. C. Habib) 대사도 한국정부가 보복을 명분으로 한 공세를 펼치지 않을 것으로 예상했다.[16]

이제 한국정부는 적극적인 대북 공세와는 다른 수단을 통해 미국의 정책변화를 꾀했다. 박정희가 닉슨 대통령에게 직접 편지를 써보내기도 했고, 베트남에서 성실하게 동맹의무를 수행하고 있는 한국을 미국이 배신했다는 결의를 한국 국회에서 통과시키기도 했으며, 내각이 총사퇴를 결의하기도 했다.[17]

1970년 7월 21일부터 22일까지 개최된 제3차 한미 연례안보협의회에서 한국정부는 주한미군 감축에 대한 보복조치로 베트남에 파병한 한국군을 철수하겠다고 위협하기까지 했다.[18] 그러나 베트남에서 기대 이상의 댓가를 얻고 있었던 한국정부는 철수할 뜻이 전혀 없었다. 이것은 미국이 한국에 대해서 경제·군사지원을 끊겠다고 위협하던 1960년대의 상황과 비슷했지만, 그것이 미국에서 한국의 방향으로는 통할지 몰라도 그 반대 방향으로는 통하지 않았다. 게다가 미국이 베트남전쟁의 지역화를 추진하는 상황에서는 더더욱 효과적인 위협수단이 되지 않았다.

박정희 정부의 또다른 대응은 의회를 통해서 닉슨 행정부의 정책을 변화시키는 것이었다. 이러한 방식은 불법정치자금을 매개로 은밀하게 이루어졌다. 후에 코리아 게이트 사건을 통해서 밝혀진 사실들로 미루어볼 때 닉슨 행정부가 들어서면서 미국의 상하원 의원들에 대한 로비가 본격적으로 시작되었으며, 로비 자금은 대체로 청와대와 중앙정보부에서 나온 것으로 파악된다. 이들은 한국에 이해관계가 있는 의원들—한국에 대한 수출과 관계있는 지역 출신—을 대상으로 로비를 벌였으며, 이들을 통해 미의회에서 한국정부에 유리한 정책이 나올 수 있게 하고자 했다. 그러나 이러한 정책은 효과적이지도 않았을뿐더러 1970년대 중반 발생한 '코리아 게이트' 사건으로 인해 오히려 한국의 명예를 국제적으로 실추시키는 계기가 되었다. '코리아 게이트'는 돈으로 정치인 매수를 일삼던 한국의 방식을 그대로 미국에 적용하려다 들통난 사건이었다.

한편, 닉슨 행정부는 한국정부의 반발에도 불구하고 주한미군 감축과 한반도의 긴장완화를 위한 조치를 적극 추진했다. 한국정부 내에서는 아직 한국이 북한과의 대화에 나서기에는 너무 허약하다는 견해가 지배적이었지만,[19] 국무부와 포터 주한미국대사는 한국정부가 북한과 접촉함으로써 한반도에서 긴장을 완화해야 한다는 점을 지속적으로 강조했다. 북한과의 긴장완화는 한편으로는 주한미군 감축의 명분을 만들 수 있는 것이며, 다른 한편으로는 한국정부가 안보위기를 무기로 미국에 '압박'을 가할 수 있는 수단을 제거한다는 의미가 있었다.

당시 이에 대한 미국의 의지는 매우 적극적이었다. 1971년 2월의 전문에서 '조용한 설득보다는 좀더 강력한 수단'이 필요하다고 밝힌 포터 대사는 제7대 대통령선거가 끝난 직후인 같은해 4월 27일, 다음과 같은 전문에서 강력한 의지를 보여주었다.[20]

> 우리는 덜 소극적이어야 하며 (…) 덜 관용적이어야 한다. 세계의 다른 곳에서는 공산주의국가들과 긴장을 완화시키기 위해 적극적인 방도를 찾고 있다. 미군주둔으로 한국의 방위를 공약하고 있는 이상 우리는 한반도의 긴장완화를 위한 길을 찾는 것에 직접적인 이해관계가 있으며, 한국정부가 우리를 경직된 적대상태에 붙잡아두는 것을 허용할 수 없다. (…)

만약 한국정부가 긴장완화를 위한 만족할 만한 조치를 취하지 않는다면 우리가 직접 북한 측과 비공식 대화를 위한 채널을 찾아나설 것이라고 통고해야 한다.[21]

포터 대사는 미국의 이러한 정책이 한국민들의 보편적인 공감대를 얻고 있다고 판단했으며,[22] 1975년에는 미국의 대한무상원조가 끝날 것이라고 선언함으로써 한국정부를 더 압박해왔다.

한국은 미국의 이러한 일방통행을 따라갈 수밖에 없었다. 미국이 한국정부와의 사전협의 없이 일방적으로 정책을 추진했기 때문이었다. 이 역시 베트남 파병을 둘러싼 한미간의 협상과정에서 얻은 학습효과였다. 이것은 특히 한국정부의 협상태도에 지극히 부정적인 시각을 갖고 있던 포터 대사의 강력한 입장에서 잘 드러난다. 미국의 이러한 압력은 마침내 1971년 남북적십자회담과 1972년 7·4공동성명으로 이어졌다.[23]

박정희에게 이것은 또다른 위기였다.[24] 남북한의 1인당 국민소득이 비슷했던 그 무렵의 상황을 고려할 때, 전쟁이 아닌 다른 수단으로 남북한의 경쟁에서 남한이 승리한다는 보장이 없었기 때문이다. 뿐만 아니라 '전쟁위기'라는 수단은 국민을 통제하고 동원할 수 있는 가장 효과적인 방법이었는데, 이 방법을 사용할 수 없게 된 것이다. 물론 이 점에서는 북한도 동일한 위기의식을 갖고 있었으며, 이러한 위기의식이 북한에서는 1972년의 사회주의헌법 채택과 1970년대 중반 후계자구도의 확립으로 이어졌다.

박정희는 7·4공동성명이 발표되는 싯점에도 안보위기를 심각하게 생각하고 있었다.

(북한은) 대대적인 전격전으로 단 수일 내 서울과 인천을 점령하고 한강을 일차 경계선으로 삼아 공세를 일시 중단할 것이다. 그 경우 미국이 신속히 서울을 방위할 수 있는 충분한 병력을 파견하기는 불가능할 것이다. 국제연합도

전혀 효과를 발휘하지 못할 것이며, 잘해야 휴전을 요구하는 결의문을 채택할 수 있을 것이다.[25]

박정희 정부는 남북간의 긴장 조성이 더이상 유효하지 않게 된 상황에서 또다른 카드를 선택했다. 그것은 곧 한국사회 자체를 국민과 자원을 동원할 수 있도록 씨스템화하는 것이었다. 박정희는 안보위기 이전인 1968년 1월 15일에 이미 '제2경제론'과 관련한 선언에서 국가 전체를 동원할 수 있는 씨스템에 대한 구상을 밝힌 바 있는데,[26] 이 구상을 더욱 구체화하기 시작한 것이다.

우선 1971년 12월 6일 국가비상사태를 선언했다. 한국정부는 앞으로 추진될 남북접촉 개시를 위한 준비조치라고 강조하면서, "중국의 국제연합 가입에 따른 국제정세의 급변" 때문에 "한반도에 미치는 영향, 북한의 무력남침 준비 등을 주시한 결과 현재 한국의 안전보장상 중대한 싯점으로 판단되어 비상사태를 선언"한다고 발표했다. 또한 7·4남북공동성명을 발표한 직후인 10월 17일에는 유신체제를 선언했다.

(3) 불개입정책과 '두 개의 한국'정책

박정희의 이러한 대응은 한미관계에서 두가지 의미가 있었다. 첫째, 한국에서 민주주의체제를 강조하는 미국의 정책에 대한 정면대응이었다. 둘째, 닉슨 독트린으로 힘의 공백이 나타난 시기를 이용한 것이었다. 미국은 전세계적으로 동맹국에서 민주주의체제를 강조했지만, 닉슨 행정부 시기에는 어떠한 독재에도 개입하지 않았다. 1970년 캄보디아에서는 론놀 장군의 쿠데타가 일어났고, 1971년 11월에는 태국의 군사정권이 의회를 해산시키고 계엄령을 선포했다. 1972년 9월에는 필리핀에서 마르코스가 계엄령을 선포했다. 그러나 이 모든 사태에 미국은 개입하지 않았다. 그리고 유신체제를 선언한 한국정부에 대해서도 미국은 우려를 표명하긴 했지만 직접 개입하지는 않았다.

포터의 뒤를 이은 하비브 대사는 당시 한국의 상황을 개괄하면서, 미국이 선택할 수 있는 옵션과 자신의 생각을 다음과 같이 국무부에 전달했다.

개헌안이 국민투표를 통과할 것은 확실하며, 과거 헌법이 가진 견제와 균형의 제도가 사라진 일인독재정권이 세워질 것이다. 이러한 퇴보적인 단계는 단순한 궁정쿠데타나 권력장악보다 더 복잡한 것이다. 한국을 과거 12년간 지배해온 박정희와 그의 그룹은 오직 박정희만이 한국을 통치할 수 있고, 남북대화와 강대국 데땅뜨라는 이중의 과제와 불확실성 속에서 한국의 국가이익을 보호할 수 있다고 굳게 믿고 있다. (…)

우리가 한국에서 27년간 주장하고 지지해온 정치철학에서 박정희가 멀어져가는 것은 분명하다. 그가 약점이라면서 버린 씨스템의 성격들은, 예를 들면 행정부 권한의 제한, 대통령 직선에서 오는 반대 의견과 불안정성 등처럼 우리가 장점으로 여기는 것들이다. 한미간의 역사적인 관계, 우리의 안보공약, 주한미군의 존재 때문에 우리는 한국의 사태 발전에 대응해야 하는 문제에 직면해 있다.

박정희로 하여금 현재 행동을 완전히 포기하고 구헌법으로 돌아가도록 설득하는 것은 비현실적이므로 애초부터 포기해야 한다. 오직 구체적이고 과감한 조치만이 그의 마음을 돌릴 수 있다(말하자면 즉각적인 경제·군사원조의 중단). 그러나 그러한 조치는 박정희를 파멸시키거나 그와의 장래 협력을 불가능하게 만들 것이다.

두번째 선택은 재편의 기본적인 구조를 받아들이면서 억압적인 측면을 부드럽게 만들고 민주주의 원칙과 절차를 무시하는 좀더 심각한 요소들을 수정하도록 박정희를 설득하는 것이다. (…)

세번째 그리고 우리의 판단에 따르면 바람직한 선택은 불간섭정책을 채택하는 것이다. 우리는 서울과 워싱턴에서 계엄령 선포에 대한 우리의 실망과 반대의사를 이미 분명히 했다. 사적으로 벌써 헌법의 재편에 강한 반대의사를 피력했기 때문에 그것의 구체적인 내용을 평할 필요가 없다. 27일에 헌법개정이 공포된 이후 국무부는 한국정부가 우리와 아무 관련 없이 일을 추진하고 있다는 점을 밝혀야 한다. 국무부의 성명은 또한 미국이 한국과 이 문제를 상의하지 않았으며, 이러한 조치의 필요성을 느끼지 않는다는 내용을 포함해야 한다. 그런 후에 우리는 헌법 재편과정에 관여해서는 안된다. 그러나 박정희가 인권을 심하게 억압하는 프로그램을 시작하면 이에 항의해야 한다.

이러한 선택을 한다는 것은 미국이 더이상 한국 내정의 방향을 결정할 수도 없고 해서도 안된다는 사실을 받아들인다는 것을 의미한다. 우리는 이미 한국에서 미국의 개입수준을 점진적으로 낮추는 작업을 시작했다. 이러한 불개입 정책은 가속화되어야 한다.[27]

이처럼 미국은 1952년 부산정치파동이나 1963년 민정이양의 경우처럼 압력을 행사해 정상적인 궤도로 돌아오게 하는 정책 대신 적극적으로 개입하지 않는 쪽을 택했다.

닉슨 행정부가 이렇듯 유신체제에 개입하지 않은 이유는 유엔에서 남한을 중심으로 통일을 추진한 이전과는 다른 정책을 구상하기 시작했기 때문이다. 즉 미국은 평화공존의 동북아질서 속에 남과 북이 서로의 존재를 인정하면서 한반도에 두 개의 한국이 존재하는 상황을 그대로 유지하는 정책으로 전환을 추진하기 시작한 것이다. 키씬저의 리얼 폴리틱스는 현실적 상황과 미국의 힘의 한계를 인정하는 현상유지정책의 필요성을 강조하고 있으며, 대한정책 역시 이에 예외가 아니었다.

한국에 대한 정책은 1950년 이래 크게 변하지 않았으며, 냉전시대의 가정에 의거, 갈수록 시대착오적이 되고 있다. 새로운 분쟁을 막고 한국을 지지하는 이 정책의 기본적인 요소들은 다음과 같다.

① 주한미군으로 상징되는 한국에 대한 미국의 안보공약.

② 한국군의 현대화와 국제적 경제 지원에 대한 미국의 지지.

③ 한국에서 유엔한국통일부흥위원단과 유엔군 사령부를 통한 유엔의 역할.

④ 한국에 유리한 방향으로 이뤄지는 평화적 통일을 지지.

냉전의 긴장이 완화되고 미중관계의 정상화 진전으로 이 정책은 훼손되었으며 그 일부분은 시대착오적이 되었다. 미·소·중·일 4강의 일치된 견해는 남북분쟁의 위험을 줄이는 방향으로 양쪽을 화해시키는 것이다. 남한과 북한도 양자대화를 시작함으로써 이러한 조류를 따르고 있다.

최근 남북대화의 진전이 없음에도 불구하고, "잠정적인" 두 개의 한국을 인정하는 조치에 대한 압력이 점증하고 있다. (…)

정책목표 : 한국의 화해를 도움

미국의 대한정책의 목표는, 한반도의 점진적인 통일을 최종목표로 남겨둔 채, 일정기간 동안 남과 북 사이에 두 개의 한국을 형식화하고 공고화하는 것이다. (…)

정책 가이드 라인

① 미국은 외교적 또는 다른 모든 수단을 동원해서 두 개의 한국 정책을 적극적으로 정착시켜야 한다.

두 개의 한국을 정착시키는 데서 기본적인 문제는 미국의 개입 정도다. 현 상태에서 미국이 적극 개입하지 않으면 미국의 이익에 반하는 방향으로 상황이 전개될 것이다. 현재 한국조차도 미국의 적극적인 역할을 원하고 있다. (…)

즉각 조치를 취해야 할 사항들

A. 교차 승인

B. 유엔 동시 가입(유엔한국통일부흥위원단의 해체 포함)

C. 미북관계의 정상화

북한을 공식적으로 인정하는 것은 훗날로 미루어야겠지만, 북한과의 관계를 정상화하는 과정을 시작해봄직하다. 특히 북한과의 비공식적인 비밀접촉은 북한에 관해 직접적인 정보를 얻고 평양의 정책에 대한 안목을 기를 수 있는 기회를 제공할 뿐만 아니라 평양이 서구와 좀더 건설적인 관계를 형성하는 데에도 일조할 것이다. 여행제한규정을 고치거나 비공식적인 접촉을 고무함으로써 우리의 의도를 밝힐 수도 있을 것이다. 단, 북한과의 접촉은 남한의 민

감성을 고려해야 한다.[28]

'현상유지'는 대외정책에서 가장 돈을 적게 쓸 수 있는 방법이었다. 이미 1950년대 아이젠하워 행정부 시기 뉴룩정책에 따라 대외원조를 감축하기 위하여 현상유지정책을 실행한 적이 있지만, 1950년대 미국은 중국과 적대적인 관계를 형성하고 있었기 때문에 북한을 인정하는 것은 불가능했다. 그러나 1970년대의 데땅뜨 분위기에서는 상황이 변했다. 위의 문서에서도 나타나는 바와 같이 '두 개의 한국' 정책은 결국 한국이 분단된 지 20년이 넘는 시간이 흐르는 동안 변화한 세계정세에 맞추어 대한정책을 바꾸어야 한다는 것을 의미했다.

1948년 이후 미국의 대한정책 문서에는 언제나 두가지 중요한 목표가 설정되어 있었다. 하나는 단기적으로 대한민국의 안정적인 민주주의 질서를 유지한다는 것이었고, 다른 하나는 장기적으로 유엔의 권위 아래 한반도를 대한민국의 체제로 통일한다는 것이었다. 그러나 위의 인용문은 이제 그러한 정책이 더이상 유효하지 않다는 점을 보여주는 것이다.

게다가 이 시기에는 '유엔'을 통한 한반도정책의 구현이라는 미국의 대한정책상 특수성도 부분적으로 철회되었다. 이것은 중국의 강력한 요청에 따라 유엔 내에서 유엔한국통일부흥위원단과 유엔군의 해체문제가 대두되면서 본격화되었다. 1973년 드디어 미국은 유엔한국통일부흥위원단의 해체를 결정했다. 유엔군과 관련해서는 유엔군사령부의 역할을 축소하면서 한미연합사령부의 창설과 남북한 사이의 불가침협정 체결 등이 향후 실행되어야 할 정책으로 결정되었다.[29]

이제 표면적으로는 한국과 미국의 관계가 다시 평온한 상태로 돌아서는 듯했다. 미국은 불개입정책을 표명했으며, 한국에서의 현상유지정책을 채택했다. 이것은 1970년대 이전과 비교할 때 엄청난 변화였다. 그러나 이것으로 모든 문제가 해결된 것은 아니었다. 1970년대 미국의 정책과 한국정부의 대응 사이에서 갈등은 계속되었고, 1970년대가 지나가기도 전에 미국이 다시 한번 적극적으로 한국의 상황에 개입할 수밖에 없는 상황이 다시 전개되었다.

2. 광주는 누구의 책임인가?

(1) 1970년대 중반의 소용돌이

워터게이트로 닉슨이 물러나고 포드(G. R. Ford)가 대통령직을 이어받으면서 한미관계는 다시 순탄하게 흘러가는 듯했다. 포드는 닉슨보다 안보적인 측면을 강조했으며, 베트남이 공산화되자 한국의 안보문제에 더욱 적극적인 입장을 취했다.[30] 포드의 대통령 취임 일성은, 데땅뜨는 유지하지만 동맹국의 안보와 자립을 적극 지원하면서 강력한 세계방위체제를 수립하겠다는 것이었다.[31]

닉슨 행정부와 불편한 관계를 맺어온 박정희 정부는 포드의 취임을 계기로 미국과의 관계에서 새로운 전환기를 마련할 수 있다는 자신감을 얻었다.[32] 특히 포드 대통령의 한국 방문으로 박정희 정부는 더 큰 기대를 갖게 되었다. 포드 대통령이 방한을 준비할 때 미의회 의원 8명은 한국 방문 때 재야인사들을 만남으로써 한국의 인권상황에 대해 압력을 행사할 것을 요청했지만,[33] 한국을 방문한 포드는 방위공약을 재확인하고 주한미군의 추가감축이 없을 것이라는 점에 합의하고 돌아갔다.[34] 포드 대통령의 방한은 긴급조치와 함께 1974년 10대 뉴스에 들 정도로 대대적으로 선전되었고, 주한미군의 감축으로 약화된 한국정부의 위상을 한껏 드높여주는 계기가 되었다.

그러나 베트남 공산화의 효과는 그리 오래가지 않았다. 가장 먼저 문제가 된 것은 한일관계의 악화였다. 1973년의 김대중 납치사건에 이어 1974년에 일어난 문세광 사건은 한일관계를 극한상황에까지 이르게 했다. 포드 대통령은 박정희 대통령에게 편지를 보내 한일관계가 더이상 악화되지 않도록 해달라고 설득했다. 또한 주한·주일 미국대사관은 양국 관계의 정상화를 위해 많은 노력을 기울여야만 했다.[35] 한일관계에 문제가 발생하면 미국은 동북아정책을 전면 재조정해야만 했다. 어쩌면 박정희 정부는 한일관계를 통해 인권문제에 비판적인 미국을 압박하려고 했는지도 모른다.

한일관계는 정치적으로 매듭지어졌지만, 1976년에 일어난 잇따른 사건들은 한미관계를 악화시키는 결정적인 계기가 되었다. 1976년 8월 18일 판문점에서 발생한 '도끼만행사건'을 계기로 한국정부는 한국의 안보문제를 더 강조하고자 했지만, 미국에서는 미군철수를 공약으로 내세운 카터(J. Carter)가 대통령에 당선되었다. 또한 앞서 언급한 코리아 게이트 사건으로 1976년말 이후 한미관계는 전면적으로 악화되기 시작했다. 특히 인권과 도덕성을 강조하던 카터가 대통령에 당선된 후 미의회는 코리아 게이트를 조사하기 위한 특별위원회를 구성하기까지 했다.

여기에 더하여 주미한국대사관에서 실행된 불법행위들이 폭로되기 시작했다. 주미한국대사관은 미국에서 유신반대운동을 한 교포들에 대한 중앙정보부의 불법사찰을 묵인 또는 방조했으며, 미국의 정치인들에 대한 불법 로비에도 관여했다. 이러한 사실은 미국에 망명한 주미한국대사관 관계자와 전 중앙정보부장 김형욱(金炯旭)의 미의회 증언을 통해 더욱 적나라하게 드러났다. 코리아 게이트의 주역 박동선(朴東宣)은 한국에서 출국하지 않고 있었고 한국정부는 박동선의 로비에 전혀 관계가 없다고 주장했다.[36]

결국 코리아 게이트 문제는 정치적인 타협을 통해서 일단락되었지만,[37] 한국정부는 새로 들어선 카터 행정부의 주한미군 철수문제에 적극적으로 대응하지 못했다. 주한미군 철수는 카터가 대통령선거 때 내세운 공약이었기 때문에 쉽게 철회되기 어려웠기 때문이다. 물론 당시 카터 행정부의 국무장관을 비롯한 주요인사들은 주한미군의 완전철수에 반대하는 입장이었지만, 카터 대통령은 주한미군의 철수를 강력하게 밀어붙였다. 카터는 대통령에 당선된 직후에 나온 대통령검토각서(Presidential Review Memorandum, PRM 13)에서 관계기관과 해당부서들에 지시하여 한국에서의 미군 철수를 위한 개괄적인 예비계획에 착수하도록 했다. 1977년 5월 5일에는 대통령 명령(Presidential Directive)을 통해 철수를 위한 계획이 마련되었다.

카터의 계획은 1978년까지 제2보병사단의 1개 전투여단 6천명을 즉각 철수하고, 1980년 6월말까지 두번째 여단과 모든 비전투병력 9천명을 철수하도록 하는 것이었다. 잔여병력과 주한미군사령부 그리고 핵무기의 완전철수는 1982년까지로 예정되었다.[38]

이 싯점에서 박정희가 선택한 또다른 카드는 '핵무기' 개발이었다.[39] 만약 미국과의 안보동맹에 문제가 생긴다면 한국이 스스로 안보문제에 책임을 져야 하고, 이를 위해서는 핵무기의 개발이 필요하다는 것이 박정희의 생각이었다. 한국정부는 1975년 포드 행정부와의 공조 속에 핵확산금지조약에 가입했지만,[40] 상황이 바뀌자 비밀리에 핵무기 개발을 추진했다.

그러나 이것은 미국정부가 설정한 또 하나의 마지노선을 넘는 것이었다. 미국정부는 박정희를 통제할 수 없는 상황에서 한국이 핵무기를 개발하게 될 때 초래될 결과를 예상할 수 없었다. 이미 박정희 정부는 1960년대말 대북 선제 보복공격을 가했던 적이 있었다. 또한 소련과 전략무기제한협정을 추진하고 국제적으로 핵확산금지조약을 강화하려고 한 싯점에서 미국정부는 더더욱 한국의 핵무기 개발을 막아야만 했다.

또다른 문제는 카터의 '인권외교'와 유신체제의 충돌이었다. 카터는 한국의 인권 향상을 위해 모든 종류의 압박을 가할 것임을 분명히 했다. 주한미군 철수문제와 관련해서도 카터는 그것이 한국의 유신체제와 관련이 있다고 명확히 밝혔다.[41] 카터 행정부 내의 많은 관료들이 인권외교가 미국과 동맹국들의 '안보'에 부정적인 영향을 끼칠 수 있다고 비판했지만, 카터는 유신체제의 인권 억압에 대한 부정적인 견해를 굽히지 않았다. 이처럼 주한미군 철수를 내세워 유신체제에 압박을 가하겠다는 것은 결과적으로 미국이 한국 내부의 문제에 직접적으로 개입하겠다는 것을 의미했다.

(2) 미국은 10·26의 배후에 있었는가?

카터 행정부가 들어선 이후 1979년 10·26사건에 이르기까지의 과정을 보면 미국이 10·26사건의 배후에 있었을 가능성이 크다는 인상을 받게 된다. 공식적인 기록에는 나타나지 않지만, 김재규(金載圭)가 사건을 일으킨 직후 국방부에서 "내 뒤에는 미국이 있다"는 말을 했다는 소문도 끊이지 않았다. 결국 인권문제와 핵무기문제로 카터 행정부와 대립하던 박정희를 제거하기 위하여 미국이 배후에서 개입한 것이 아닌가 하는 의문이 당연히 제기될 수 있다. 이미 미국정부는 1952년과 1963~64년 한국의 핵심적인 지도자들을 제거하려는 계획을 세운 바 있으며, 제3세계의 쿠데타에 개입한 전력이 있었기 때문에 비밀리에 박정희 제거를 계획했을 가능성도 어렵지 않게 추측할 수 있다.

그러나 1979년의 상황은 그전과는 다르게 진행되었다. 즉 1979년 들어 카터와 박정희의 관계가 일단 진정국면에 들어간 것이다. 무엇보다도 1979년 2월 카터 행정부가 주한미군 철수계획을 연기했다는 점과 박정희 정부가 핵무기 개발을 포기하고 일정정도 인권 개선의 신호를 보여주었다는 것이 양자의 관계 개선에 중요한 역할을 했다. 한국정부는 주한미군 철수가 연기된 것이 마치 한국정부의 노력으로 이루어진 것처럼 보이게 했다. 김용식 주미대사가 귀임하기 전 미국 내에서 철군 연기를 지속적으로 주장했다는 보도와, 1979년 미국의 한 연구소가 주한미군이 철수하면 한국정부가 핵무기를 개발할 것이라는 보고서를 제출했다는 보도는 그 대표적인 예였다.[42] 그러나 주한미군 철수 연기는 처음부터 이 정책에 반대한 카터 행정부 내의 안보관련 관료들의 주장을 카터가 받아들인 결과였다.

카터 행정부의 대외정책은 이중성을 띠고 진행되었다. 한편에서는 인권외교를 주장했지만, 다른 한편에서는 강경한 냉전주의자들이 포진했다. 폴란드 출신의 냉전주의자 브레진스키(Z. Brezinski)가 백악관에 있었고, 베트남전쟁 때 공군 장관을 역임하면서 북베트남 폭격을 지휘한 브라운(H. Brown)이 국방장관으로 기용되었다.[43] 이처럼 카터 행정부 내에서는 한편에서는 인권외교를 주장하는 세력이, 다른 한편에서는 제3세계 개입과 소련에 대한 강력한 냉전정책의 실행을 주장하는 세력이 팽팽하게 맞서고 있었던 것이다. 그러던 중 1979년 이란과 니까라과에서 반미정권이 수립되고 소련이 아프가니스탄 개입을 강화하면서 미국의 제3세계 정책은 강경노선으로 선회했다.

또한 1978년 11월 미의회의 중간선거에서 미국의 보수세력이 상당한 의석을 차지했고, 기존의 민주당 내 자유주의적인 정치인들도 세계적인 상황이 변화하면서 점차 보수화했다.[44] 특히 이들은 제3세계 반공독재정권과의 결합이 미국의 자유주의적 정책과 배치되지 않는다는 생각을 하고 있었다. 이러한 생각은 1960년대 이래 로스토우와 헌팅턴에 의해서 확산된 것으로, 이들은 제3세계나 후진국에서는 독재정부의 존재가 미국의 이해관계에 더 유리할 수도 있다고 판단했다.

로스토우에 따르면 정치적 민주주의는 후진국 국민들에게 하나의 사치에 불과할 수 있다. 이 책의 4부에서 살펴본 바와 같이 식민지에서 벗어난 후진국의 지도자들은 정치적 민주화보다는 빠른 경제성장을 통한 국력의 신장에 더 많은 관심을 쏟는다는 것이 로스토우의 주장으로, 따라서 미국식 민주주의를 이들 나라에 무리하게 적용하면 오히려 역효과를 낼 수 있다는 것이었다. 이러한 논의는 정치학적으로 1960년대 후반 이후 헌팅턴에 의해서 발전되었으며, 경제학적으로는 쿠즈니츠(S. S. Kuznets)의 분배이론으로 계승되었다. 미국의 이러한 후진국 정책의 주요 내용을 정리하면 다음과 같다.

① 후진국에서는 정치적 민주주의보다는 경제성장을 더 원하고 있다. 따라

서 무리하게 미국식 자유주의에 근거한 정치·경제적 민주화를 추진하는 것은 반미주의를 불러올 수 있다.

② 이러한 현상은 후진국과 미국을 포함한 선진국 사이의 역사적 차이에서 비롯된 것이다. 이들 국가에서는 민족주의가 강하며, 강한 국가주의적 성향을 보인다. 따라서 민족주의와 국가주의가 사회주의로 흐르지 않게 하면서 이를 자본주의적 경제발전의 성장동력으로 이용해야 한다.

③ 자본주의적 경제성장의 과정에서 이들 국가들이 독재체제를 형성할 수도 있다. 이것은 미국적 민주주의와 부합하는 것이 아니지만, 후진국에서 경제성장을 촉진할 수 있는 지도력을 형성할 수 있다.

④ 민주주의적 제도는 경제성장이 이루어진 뒤에 자동적으로 달성될 수 있다. 아울러 경제성장과정에서 빚어진 부의 불균형 역시 어느 정도의 경제성장이 이루어지면 자동적으로 좀더 균형적인 분배로 바뀔 수 있다.

이러한 논리가 강화될수록 카터의 인권외교는 힘을 잃어갔고, 한국의 유신체제와 일정한 선에서 타협이 이루어졌다. 결국 1979년 들어서 미국은 박정희 정부와 일정한 타협을 시도했다. 그것은 한국과 미국 사이의 정상회담 개최와 주한미군 철수계획의 재조정이었다. 국무부의 외교문서 속에서는 두 사건을 한미간의 관계정상화로 표현했다.[45]

미국의 이러한 정책은 1979년초 주한미국대사관에서 작성한 「한국의 인권상황과 관련해 글렌 상원의원에게 보내는 브리핑」에서 잘 드러난다.[46] 이 문서에는 몇가지 중요한 언급이 포함돼 있다. 하나는 한국정부가 1978년말 이후 점차 민주주의적 질서를 수용하고 있다는 것이다. 그러나 그것이 민주주의적인 씨스템을 도입하는 것은 아니었고 '비판세력을 다루는 데서 더 관용적'이 되었다는 것이었다. 둘째는 스스로의 견해를 전파하려는 비판세력의 노력이 실질적으로 좌절되었다는 점이다. 1978년의 선거에서 여당이 유효득표의 50%를 얻지 못하는 실패를 했음에도 불구하고, 한국정부는 국회를 통제할 수 있다는 것이다.[47]

결과적으로 주한미국대사관은 한국인들이 아직도 "역사·문화적 요인들 때문에 강력한 정부를 받아들일 필요를 느끼고 있으며" 당분간 "유신체제의 제약들 속에서 살아갈 능력과 용의를 갖고 있다는 증거"들이 나타나고 있다고 보았다. 그리고 한국의 여론은 법이나 체제를 수정하라고 공개적으로 압력을 넣는 미국을 혐오할 것이라고 판단했다. 결론적으로 한국에서 인권이 꾸준히 개선될 가능성이 있으며, 미국정부가 이를 위해 최선으로 기여할 수 있는 방법은 "우호적이며 튀지 않는 충고"라고 결론을 내렸다. 이러한 평가는 한국의 상황을 미국인들이 한국인들과 얼마나 다르게 보고 있는지를 잘 보여준다. 또한 '서울의 봄'이라는 상황 하에서 신군부의 손을 들어준 것 역시 이러한 판단에 근거했을 가능성이 크다.

주한미국대사관의 이 보고서는 명백한 사실 왜곡을 포함하고 있었다. 1979년 들어서 유신체제를 비판하는 국민들의 열기는 더 높아져갔다. 그것은 1978년 총선거에서 진작에 표출되었으며, 두 차례에 걸친 오일쇼크와 이중가격제에서 비롯된 고통 때문에 더 불붙고 있었다. 또한 1979년초부터 함평 고구마 사건, 크리스찬아카데미 사건 그리고 남조선민족해방전선준비위원회 사건 등 인권탄압의 요소가 짙은 사건들이 연이어 터졌다.

그러나 1979년 5월 25일에 작성된 문서는 유신정권이 국민들의 지지를 받고 있다며 다음과 같은 평가를 내린다.

> 유신정권은 여전히 국민들의 지지를 확보하고 있다. 비록 정당정치에 기반을 두지 못한 채 국민적 합의 없이 정책이 실시되고 있지만 안보, 경제성장, 국제지위 향상 등 유신정권이 내세운 정책목표는 국민 대다수의 지지를 받고 있다.
>
> 그러나 유신정권의 권위적인 통제는 지나치다. 유신정권은 내부 안정을 위하여 긴급조치와 유신헌법이 필요하다고 주장하지만, 이는 국내 반대세력에 대한 과잉반응이다. 그럼에도 권위적 통제에 저항하는 내부 반발의 가능성은 거의 없다. 한국인들은 정치자유화를 원하기보다는 안보·경제적 복지를 우선

시하기 때문이다.[48]

결국 1979년 6월 31일~7월 1일에 열린 카터와 박정희의 정상회담 결과 발표된 공동성명은 인권이나 민주주의 문제를 최소화한 가운데 한미간의 군사·경제적 협력관계만을 최대한 부각시켰다. 공동성명은 인권문제도 담고 있었지만, 핵심적인 내용은 주한미군 철수계획을 연기 또는 포기한다는 것이었다. 인권문제에 대해서는 전체 21항으로 이루어진 공동성명 가운데 15항에만 언급되었을 뿐이다. 또한 카터 대통령이 주한미군과 함께 조깅하는 모습은 텔레비전과 신문을 통해 전국민들에게 대대적으로 선전되었다.

이러한 보수적인 정책의 핵심에는 글라이스틴(W. H. Gleysteen) 대사가 있었다. 카터가 한국을 방문하기 전에 글라이스틴 대사는 다음과 같이 대통령에게 보고했다.

> 나는 긴급조치 9호 해제를 정식으로 요구하지 않기를 바란다. 비록 긴급조치가 해제된다 하더라도 반공법 같은 대체법안으로 강권통치는 계속될 것이다. 미국에 가능한 선택은 정치범 석방이다.
>
> 권고: 나는 인권문제에 대한 공개적·공식적 논의는 삼가라고 권고한다. 정상회담을 개최하는 댓가로 인권문제에서 진전을 이룰 수 있다는 생각은 버려야 한다. 정상회담이 열리기 전에 다른 경로를 통하여 '가시적인 조치가 정상회담의 분위기를 좋게 할 것이며, 이것이 중요하다'는 미국의 견해를 전달하기 바란다.[49]

글라이스틴 대사의 이러한 태도와 카터의 한국 방문 등을 고려한다면, 미국이 10·26사건의 배후에 있었을 가능성은 거의 없다. 미국은 의도적으로 유신체제를 좀더 긍정적으로 평가하려 했던 것이다. 글라이스틴 대사 역시 10·26사건 직후 본국에 보낸 보고문에서, 10·26 이전에 김재규를 자주 만난 적은 있지만 그에게 박정희 제거를 요청하기는커녕 박정희가 한미관계에 방해가 되고 있다는 암시를 준 적도 없다고 보고했다. 글라이스틴은 11월 19일의 전문에서 다음과 같이 밝혔다.

> 우리 중 어느 누구도 김재규나 한국의 다른 인사에게 박정권의 날이 얼마 남지 않았다든지, 또는 우리가 박대통령 제거를 용인한다는 암시를 주지 않았음을 솔직하게 말할 수 있다. (…) 나는 박대통령의 향후 임기와 같은 미묘한 주제를 언급할 정도로 정신나간 사람은 아니다.[50]

그렇다고 해서 유신체제의 몰락과 미국이 전혀 관계가 없다고 볼 수는 없다. 왜냐하면 카터 대통령이 방한한 이후 한미관계가 다시 급속도로 악화되었기 때문이다. 한국정부는 카터의 방한 이후 제헌절 특사로 긴급조치 위반자 86명을 석방했다. 또 변호사이자 인권운동가였던 이태영(李兌榮) 여사의 출국을 허락했고 제적된 학생들을 복교시켰으며 광복절 특사로 긴급조치 위반자 53명을 석방했다.

그러나 그뒤에 이어진 8월 11일의 YH사건, 김영삼(金泳三) 신민당 총재 직무정치 가처분 결정 등은 다시 미국과의 갈등을 불러일으켰다. 9월 11일 김용직 대사-홀브루크(R. Holbruk) 차관보 면담에서 홀브루크는 김영삼 총재의 직무정지와 관련된 신민당 내분에 개입하지 말라는 의견을 전달했다. 9월 27일에는 박동진(朴東鎭) 장관이 홀브루크 차관보와 만났다. 홀브루크는 한국의 차관 신청(아시아개발은행에 신청한 차관)에 미국이 반대하거나 기권하여 한국을 불리하게 할 수 있음을 경고했다.

그러나 박정희 정부는 10월 4일 김영삼 의원 제명을 강행했다. 카터 행정부는 김영삼 제명에 '깊은 유감'을 표현하는 항의성명과 함께 주한미국대사를 소환했다. 본국으로 소환된 미대사는 국무부 한국 관련자, 한국문제에 관심을 갖고 있는 의회 지도자들을 만나 대한정책을 논의했다.

국무부는 한국정부에 간접적인 방법으로 압박을 가했다. 10월 9일 주

1978년 7월 박정희 대통령에게 신임장을 제정하는 글라이스틴 대사. 그는 한국에서 보수적인 정책을 펴면서 1981년 8월까지 주한 미국대사로 근무했다.

일미대사 맨스필드(M. Mansfield)는 기자회견을 열어 한국이 미국의 방위 영역 밖에 있다고 밝혔다. 이것이 비록 국무부의 공식적인 입장은 아니라 하더라도 안보공약을 언급했다는 점에서 한미관계를 파국으로 몰고갈 수 있었다.[51]

부마민주항쟁이 일어나자 글라이스틴 대사는 박정희 대통령을 만나 미국의 우려를 전달했다. 이 자리에서 박정희 대통령은 강경하게 대응하지 않을 것이라고 밝혔지만, 결국 부산과 마산 지역에 계엄령을 선포하는 강수를 두었다. 이렇게 한미관계는 카터의 한국 방문 이후 또다시 갈등양상으로 빠져들었다.

게다가 미국의 문서에 따르면 미국은 1979년 중반부터 '박정희 이후'를 고려하고 있었다.[52] 그리고 이 문제를 김재규와 함께 논의하기도 했다.[53] 그 내용은 박정희가 후계자를 키우지 않기 때문에 한국사회에 혼란이 올 수도 있다는 상황 분석이었지만, 대화하는 상대에게 오해를 줄 수 있는 가능성도 없지 않았다.

그러나 이러한 상황적인 인식만을 갖고 미국이 10·26사건의 배후에 개입했다는 판단을 내리는 것은 불가능하다. 정확한 증거 없이 정황증거만으로 역사적인 사실을 판단할 수 없기 때문이다. 다만 지금까지 나온 자료들을 종합할 때, 한가지 제시할 수 있는 가능성은 존재한다. 그것은 한미관계가 파국으로 치닫는 것을 김재규가 스스로 막고자 했을 가능성이다. 즉 김재규는 글라이스틴 주한미국대사와 자주 만남을 가지면서 박정희의 존재가 한미관계를 위협하며 이것이 궁극적으로 대한민국을 위협할 것이라고 느꼈을 가능성이 있다는 것이다.

10월 28일 글라이스틴이 미국무부에 보낸 문서에는 다음과 같은 구절이 있다. "김재규는 박정희 대통령의 강경책이 대한민국을 위태롭게 한다고 느낀 여러 사람들 중 하나일 수도 있다."[54] 김재규는 한국에 있던 미국의 관료들과 만나면서 그러한 느낌을 신념으로 키워간 것이 아닐까? 역사에서 '가정'은 위험한 것이기 때문에 10·26문제에 대해 어떤 결론을 내리기는 어렵다. 그렇지만 이 문제는 후술할 광주문제와 함께 앞으로 반드시 밝혀져야 할 한미관계에서의 중요한 사안이다.

(3) "민주화세력은 믿을 수가 없다"

1979년에서 1980년 사이 미국의 대한정책과 한미관계에 대한 기존의 연구성과들은 대체로 한국에서 신군부가 등장하고 광주에서 학살이 일어난 데에는 미국이 책임이 있다는 문제를 제기한다. 실제로 당시의 문서들을 보면 미국정부가 10·26사건 직후에는 민주주의체제의 점진적 회복을 지지하는 입장에 서 있다가 한국사회의 안정을 위해 신군부를 지지하는 쪽으로 입장을 바꾸었다는 사실을 알 수 있다.[55] 또한 미국정부가 5·18 광주민중항쟁 이전부터 학생시위를 막기 위한 한국군의 이동을 승인함으로써 '서울의 봄'이 물거품이 되는 데 일조했으며,[56] 광주를 '안정'시키기 위해 한국군 투입을 승인했다는 사실도 밝혀졌다.

특히 이 문제에 관심이 모인 이유는 한국군의 광주 투입에 대한 미국의 해명이 사실과 다른 거짓말로 드러났기 때문이다. 한국에서 미국의 책임 문제를 두고 논쟁이 벌어졌을 때 발표된 국무부의 답변 요지는 다음과 같았다.

미국은 10·26에서 5·17 이후 일련의 사건들을 사전에 알지 못했다. 이를 알고 난 뒤 12·12 병력동원 및 5·17 계엄확대 등에 대해 전두환 장군에게 항의하고, 5·27 광주 진입 때도 비군사적인 방법을 시도하도록 조언했다. 따라서 미국은 책임이 없다.

그러나 1980년 봄, 글라이스틴은 아래와 같은 문서를 국무부에 보냈다.

한국군부는 미군사령부와 다음과 같은 군대이동에 관해 협의했다. 현재 연합야전군 지역에 있는 제13공수여단을 5월 8일 임시임무를 위해 서울 동남방의 특수전쎈터로 이동할 것이다. 5월 10일에는 현재 제1군 지역에 있는 제11공수여단을 김포반도로 이동해 임시임무를 위한 제1공수여단과 같은 위치에 있도록 한다. 총 2,500명에 달하는 이 두 여단은 학생시위 가능성에 대처하기 위해 서울지역으로 이동중이다. (한국군부는) 미군사령부에게 현재 포항에 있는 대한민국 제1해병사단을 대전·부산지역으로 이동하게 될 가능성이 있다고 통보했다. 제1해병사단은 연합사의 작전통제권하에 있으며, 따라서 부대이동시 미국의 승인이 필요하다. 아직 그런 요청은 없었다. 그러나 요청을 받으면 유엔군 사령관은 동의해줄 것이다.[57]

이처럼 미국은 시위 진압을 위한 한국군의 이동을 알고 있었으며, 신군부의 요청이 있을 경우 이에 찬성하겠다는 입장을 명백하게 밝혔다. 물론 주한미국대사와 국무부는 5월 17일의 학생·정치인 체포와 계엄령의 전국확대조치에 대해서 한국정부에 화를 냈다. 그러나 그 이유는 강경한 조치를 취했다는 것 때문이 아니라 한국정부가 미국에 사전협의나 사전통보를 하지 않았다는 점 때문이었다.[58]

광주항쟁이 진행중일 때는 미국의 개입이 더 확연하게 드러났다. 먼저 미군사령관 위컴(J. A. Wickham)은 북한의 남침 가능성에 대비해 데프콘(DEFCON) 3 수준의 경계태세를 취하는 데 동의했다. 이것은 신군부의 요청에 따른 것이었다.[59] 또한 공수부대만으로는 시위진압이 힘들어 박준병의 20사단을 추가로 광주에 증원 파견해줄 것을 요청하자, 5월 22일 주한미군사령관 위컴은 이동을 승인했다.[60]

글라이스틴은 훗날 광주에서의 진압부대 투입이 누구의 책임인가라는 문제가 대두되자, 자신이 군의 투입을 25일에서 27일로 늦추었다고 여러 차례 증언했다. 그러나 백악관은 이미 5월 22일 싯점에서 진압작전을 위한 한국군 20사단의 투입에 반대하지 않겠다는 입장을 정리한 상태였다. "미국은 자제를 촉구했으나, 필요하다면 병력 사용을 배제하지는 않았다."[61]

이와 관련된 위컴 사령관의 증언은 다음과 같다.

> 당시 육군참모총장 등 한국군 고위관계자들이 연합사를 방문, 폭동통제를 위한 훈련 목적이라면서 20사단의 이동을 승인해달라고 요청해와 대포 등 중무기는 북한 쪽으로 그대로 놓아둔다는 조건 아래 승인했다. (…)
>
> 당시 한국군 20사단의 투입을 승인한 것은 사실이지만, 이것은 한국 당국의 합법적인 요구에 따라 이루어진 것이었다.[62]

그리고 5월 27일 광주가 진압되고 난 뒤 글라이스틴은 다음과 같은 전문을 보냈다.

> 나는 모든 것들을 촉발시킨 첫날 이후 군부가 보여준 자제, 시민들이 보여준 자제와 규율을 특히 강조하고 싶다. (…) 한가지 유감이 있다면, 이 정도 찬사 이상의 찬사를 하지 못하고 이 보고를 끝내야 한다는 것이다.[63]

미국정부 및 주한미국대사관, 주한미군 사령관의 이러한 태도에 비추어 한국국민들은 당연히 미국의 책임문제를 제기했던 것이며, 이 문제가 최근까지도 한미관계에 가장 중요한 관심사항이 되어왔다. 게다가 전두환

이 대통령이 되자마자 미국으로 불러들여 그의 손을 들어준 레이건(R. W. Reagan) 행정부에 대해서 많은 비판이 제기되었다.

이 시기를 연구한 대표적인 학자 이삼성은 미국의 책임과 관련해 다음과 같은 결론을 내렸다.

> 1979년 12·12 이전 미국의 그 같은 태도의 재연이 새삼스럽게 느껴지는 것은 바로 12·12와 그 필연적 귀결인 광주의 비극 전개라는 한국현대사의 결정적 싯점에서 미국이 무엇을 선택하게 될 것인가가 이미 결정되어 있었던 것으로 보이게 만드는 하나의 필연성을 느끼게 만들어주기 때문이다.[64]

그러나 만약 당시 한국국민들이, 특히 민주화운동세력들이 다른 모습을 보였다면, 미국이 신군부를 쉽게 승인할 수 있었을까? 레이건 행정부의 강경책이 한창 진행중이던 1987년 6월 미국은 전두환 정부의 계엄령 또는 위수령 발동계획에 대해서 어떠한 정책을 실행했는가? 소련의 적극적인 대외정책 때문에 한국군 감축계획마저도 포기한 아이젠하워 행정부는 4·19혁명에 어떻게 대처했는가?

여기에서 필자가 제기하고자 하는 문제는 미국의 책임문제보다는 한국정치인들의 책임문제다. 신군부가 집권하는 과정에서 수많은 광주시민들이 죽었고, 민주주의를 원하는 학생과 시민 들이 탄압을 받은 데 미국의 책임이 없었다는 것이 아니라 한국 정치인들 자신에게는 아무런 문제도 없었는지를 따져보자는 것이다. 이는 좀더 구체적으로는 야당과 민주화세력의 문제다.

1979년에서 1980년 사이에 나온 미국의 문서들은 야당과 민주화운동세력을 보는 흥미로운 인식을 보여준다. 이들을 평가한 단어들 가운데 눈에 띄는 것만 모아보면 다음과 같다.

> 마늘과 후추를 먹는 전사들의 사회(Society of garlic and pepper eating

combattants, 글라이스틴이 국무부에 보낸 전문)

소수의 극렬 기독교 재야인사들(a handful of Christian extremist dissidents, 홀브루크 차관보가 글라이스틴 대사에게 보낸 보고서)

야권의 완강한 충돌주의자들(hardbitten confrontationalists in opposition)

미국의 환심을 사기 위해 혈안이 된 구걸꾼들(supplicants)[65]

방해주의자들(obstructionists)[66]

당시 미행정부와 주한미국대사관이 한국의 야당 및 민주화세력을 보는 시각은 지극히 부정적인 것이었다. 심지어 이들은 10·26사건 직후 민주화 일정을 앞당기기 위해 재야세력이 일으킨 YWCA 결혼식 사건을 "비교적 한줌에 지나지 않는 기독교계 과격파 반정부운동가들로 보이는 자들의 행동"으로 규정했다. 그리고 영향력 있는 성직자들이 이 사건에 관여하지도, 이 사건을 고무하지도 않은 사실에 주목하면서 기독교계 반정부 인사들이 가두시위를 조장함으로써 계엄당국의 강력한 대응을 조장하고 있다고 판단했다. 결국 미국의 판단에 따르면 잘못은 민주화운동세력에 있는 것이지 계엄당국에 있는 것이 아니었다.[67]

이러한 미국정부와 미국 현지기관들이 야당 및 민주화운동세력을 바라보는 시각에는 분명 '오리엔탈리즘'적인 인식이 깔려 있었을 것이다. 다시 말하면 '선택받은' 서구인들에 대비되는 '선택받지 못한' 동양인들을 비하하는 편견이 중요하게 작용했다고 짐작할 수 있다. 광주항쟁 직후 존 위컴 주한미군 사령관이 한국의 정치지도자들을 '들쥐'라고 평가하여 문제가 되었던 것 역시 '한국에서 민주주의가 자리잡는 것은 쓰레기통에서 장미가 피어나는 것'과 같다고 평가한 1950년대의 어느 외신기자의 평가와 맥을 같이하는 것이라고 할 수 있다.

그러나 여기에는 분명 '한국 정치인'들의 책임이 있었다. 이와 관련해서 가장 눈길을 끄는 대목은 10·26사건 직후 글라이스틴이 작성한 문서에 나타나는 다음과 같은 구절이다.

한국의 각 분파는 자신들의 목적을 위해 미국의 영향력을 빌리려 할 것이다. 벌써 몇몇 분파가 나에게 접근해왔으며 앞으로도 장성, 반체제인사, 정치적 반대파들로부터 이같은 접근이 예상된다.[68]

또한 민주화를 위한 호기가 다가왔는데도, 한국의 야당세력들은 민주화보다는 자신이 정권을 잡는 데만 혈안이 되어 있다는 것이 글라이스틴의 평가였다.

김영삼과 김대중 두 진영으로 갈라져 있다. 양 김씨는 공개적으로는 대통령 지명을 위해 최선을 다할 것과 승자를 지원할 것임을 밝히고 있다. 그러나 두 사람 모두 이번이 투표를 통해 권력을 장악할 최초의 진정한 기회라고 여기며, 자신이 야당대표가 될 권리를 가졌다고 확신한다. 이들은 자신의 심복들하고만 일하기를 선호하며 권력의 분점을 원하지 않는다. 일단 후보지명을 따낸다면 상대편 사람을 요직에 앉힐 가능성은 거의 없다. 후보지명을 위한 당내 선거운동이 매우 격렬하기 때문에 치유하기 힘든 상처를 남길 것으로 예상된다. 우리는 야당세력의 분열 가능성을 배제하지 않고 있다.[69]

이 문서는 마치 1987년 6월항쟁 이후 한국에서 전개된 상황을 미리 보여준 듯한 느낌을 준다. 한국에서 중요한 정치적 상황이 전개될 때마다 미국에 의존하는 정치인들, 그리고 정권을 잡기 위해 대의나 명분보다는 스스로의 이익을 우선시하는 한국인들의 모습이 미국정부와 현지기관에 어떻게 비쳤을까?

이러한 인식이 비단 이 시기에만 나타나는 것은 아니었다. 1952년 부산정치파동 당시 이승만 제거계획을 추진하고 있던 미국에 다가가 야당을 지지해달라고 요청한 정치인들, 이승만 제거계획을 추진하는 동안에 이승만 정부의 탄압이 두려워 도망간 정치인들, 1956년 대통령선거를 앞두고 한국에 새로 부임한 주한미국대사를 만나기 위하여 줄을 선 정치인들, 1961년 5·16쿠데타가 일어나자 몸을 숨겨버린 정치인들은 모두 미국이 이러한 인식을 갖는 데 일조한 사람들이었다.

1963년 민정이양 선거를 앞두고 당시 주한미국대사 버거는 "야당의 지도력은 희망적이지 못하다"는 결론을 내렸다. 그는 만약 야당이 대통령선거와 총선에서 이긴다면 "내부의 분란에 휘말릴 것이고, 또다른 쿠데타 위협과 민간과 군부의 갈등이 일어날 것"이라고 예측했다.[70] 이것은 단지 버거가 박정희를 선호했기 때문에 나타난 평가만은 아니었다. 그는 이미 1960년에서 61년 사이의 민주당 정부 시기 그리고 1963년의 선거과정에서 야당의 분열상을 알고 있었던 것이다.

그는 1964년 한일협정 반대시위 때도 "끊임없이 책임질 수 없는 비난공세를 퍼부음으로써 정부의 어려움과 대중의 동요를 불러일으켜 정부를 끌어내리는 것"이 민주화세력과 야당의 목표라고 규정했다.[71] 버거의 이러한 평가는 한일협정 반대시위 때 미국대사관을 찾아가 박정희를 끌어내려달라고 요청한 한국인들과의 만남에서 비롯된 것이었다.

결국 1980년의 상황에서 미국은 야당이나 민주화운동세력이 정권을 잡을 경우 한국사회는 위기로 치달을 것이며, 이것은 결국 미국의 대한정책의 두가지 목표—강력한 반공정권의 수립과 이를 통한 안정적인 민주주의체제 성립—를 모두 실패하게 할 수 있다고 보았다. 물론 당시 카터 행정부와 레이건 행정부 내의 적극적인 냉전정책이 신군부를 인정하게 한 기본요인이었지만, 야당과 민주화세력에 대한 부정적인 인식 역시 하나의 중요한 요인이 되었다.

그렇다면 왜 한국의 야당과 민주화세력은 미국으로부터 이런 평가를 받아야만 했던 것일까? 이 문제는 1990년대 이후 꾸준히 제기돼온 '민주화 이후의 민주화문제'와도 무관하지 않다. 어려운 과정을 거쳐 정권을 잡은 민주화운동세력들이 왜 스스로 비판의 대상으로 삼아온 독재정부와 비슷한 오류를 범하게 되는 것일까?

여기에는 여러가지 요인이 있겠지만, 무엇보다도 민주화운동시기에 체험한 독재정권의 강력한 탄압이 기본적인 요인이 될 것이다. 정보기관을 비롯해 모든 수단이 동원된 탄압을 경험한 야당과 민주화세력은 그들 자신 역시 누구도 믿지 못하는 악순환에 빠지고 말았다. 또한 독재정부는 수많은 정치공작을 통해 야당을 분열시켰다. 10·26 이후 작성된 김재규의 검찰조서는 중앙정보부뿐만 아니라 대통령 경호실까지도 정치공작에 개입되어 있음을 보여주고 있다. 따라서 독재정권 못지않게 측근정치를 할 수밖에 없는 처지가 된 것이다. 결국 독재정권을 비판했던 야당과 민주화세력들 역시 독재의 잘못된 유산을 고스란히 떠안고 갈 수밖에 없었다.

그러나 또 하나의 중요한 원인은 지나치게 미국에 의존하려 한 점이다. 실제로 야당과 민주화세력은 스스로가 안고 있던 약점 때문에 미국에 의존하지 않고는 정권을 교체할 수 없었다.

한국의 야당과 일부 민주화세력은 미국과 관련된 관점에서 보면 오히려 독재정권보다도 더 보수적이었다. 이는 한국 야당의 뿌리가 미군정시기 여당인 한민당에 있기 때문이기도 했지만, 스스로 국민의 지지를 얻을 수 있는 역량을 갖추지 못했다는 점이 더 근본적인 원인이 되었다. 독재정권을 대체할 수 있는 이념·정책적 목표를 상실한 채 '민주화'만으로 독재정권에 대응한 야당과 일부 민주화세력은 오로지 미국의 힘에 의해서만 독재정권이 무너질 수 있다고 판단했다. 야당세력 가운데 일부가 '부일협력' 경력이 있었다는 것도 치명적인 약점으로 작용했을 것이다.

이것은 어쩌면 야당과 일부 민주화세력이 미국의 힘이 한국정부를 좌지우지하는 가장 중요한 요인으로 작용한다는 것을 경험한 데 따른 것일 수도 있다. 안보를 중요시하는 국민들의 지지를 얻으려면 미국으로부터 신임을 받는다는 인상을 심어주어야 했다. 또한 미국의 원조나 협조 없이 정부를 운영하는 것이 불가능했던 5,60년대의 경험은 야당과 민주화세력에게 중요한 학습효과를 주었을 것이다. 그리하여 이들은 미국정부와 대립하는 독재정부를 비판하면서 미국과 더 나은 관계를 정립하기 위해 노력했다.

결국 야당과 일부 민주화세력의 무책임한 정치행태는 미국이 결정적인 시기에 신군부의 손을 들어줄 수밖에 없는 하나의 요인이 되었다. 이는 미국이 1961년 5·16쿠데타 당시 무책임하게 사라져버린 민주당 정부 인사들 대신 쿠데타 주체들의 손을 들어준 것에 대해서 그다지 큰 양심의 가책을 느끼지 못한 사례에서 극명하게 드러난다.

결론

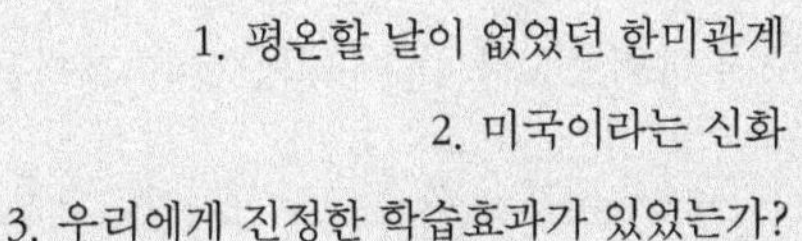

1. 평온할 날이 없었던 한미관계
2. 미국이라는 신화
3. 우리에게 진정한 학습효과가 있었는가?

1. 평온할 날이 없었던 한미관계

1972년 하비브 대사는 아래와 같은 전문을 국무부에 보냈다.

> 한미관계는 평온한 적이 없었다. 사실 강한 의견의 불일치나 양자에게 중요한 문제에 대한 상호간의 의심이 과거 20년간 한미관계의 주요한 면모였다. 이승만은 격렬하게 휴전협정을 반대했고 한국이 통일될 때까지 계속해서 싸우기를 원했다. 우리는 그가 공공연히 주장한 북진정책을 두려워했고 반대했다. 서울에 있는 우리 대사관은 처음에는 박장군이 일으킨 1960년(1961년의 오기)의 쿠데타를 반대했으며, 1963년에는 박이 선거를 치르도록 하기 위해 최고의 압력을 넣었다. 푸에블로호 피납과 청와대 습격에 대한 우리의 대응은 박을 격노케 했다.[1]

하비브 대사는 유신체제가 선포되기 직전 위와 같은 전문을 본국에 보냈다. 그는 5·16쿠데타 직후에도 주한미국대사관에 참사관으로 근무한 적이 있던, 한국에 관한 한 베테랑 외교관이었다. 그는 5·16쿠데타와 민정이양을 둘러싼 한미간의 갈등을 목격했으며, 이 전문을 보내는 싯점에는 닉슨 행정부의 주한미군 감축을 둘러싼 한미간 갈등의 한가운데에 서 있었다. 위의 전문은 한미관계에서 나타난 대표적인 갈등과 쟁점을 가장 압축적으로 잘 보여주고 있다.

하비브 대사의 전문에서 나타나는 것과 같이 1948년 대한민국 정부가 수립된 이후 한국사람들은 미국이 가장 가까운 '우방'이라는 이미지를 갖고 있었다. 특히 한국전쟁 이후 한미상호방위조약과 주한미군의 존재는 소련과 중국이라는 거대한 공산주의국가의 지원을 받는 북한과 대치하는 상황에서 한국인들에게 안전을 담보해주는 중요한 수단이 되었다. 따라서 한국정부가 미국과의 관계에서 불리한 입장에 처하거나 미국의 무리한 요구에 별다른 불평 없이 응할 때에도, 한국인들은 그것을 미국이 '베풀어준' 은혜에 대한 당연한 보답이라고 생각했다.

그러나 한미관계의 이면은 결코 순탄치 않았다. 이 글에서 분석한 바와 같이 수많은 위기와 갈등이 1945년부터 1980년까지 표출되었으며, 이 글에서 살펴보지 못한 1980년 이후 현재에 이르기까지 또다른 갈등이 끊임없이 있어왔다. 지금도 한국과 미국 사이에는 주한미군기지 이전을 둘러싼 문제, 주한미군의 전략적 유연성과 전시 작전통제권 반환을 둘러싼 문제, 한미FTA문제 그리고 북한 핵문제의 해법에 대한 문제 등과 같은 여러 갈등과 논쟁이 진행중이다. 한미관계가 별다른 마찰 없이 순탄하게 진행된 시기는 한국군의 베트남 파병이 본격화하기 시작한 1965년을 전후한 시기와 신군부 집권 직후인 1980년대초가 거의 유일했다.

과연 왜 이러한 갈등이 한국과 미국 사이에 지속되었을까? 무릇 외교관계라는 것은 국가의 이해관계가 충돌하는 과정이기 때문에 갈등과 대립이 나타나는 것이 당연하지만, 이른바 '동맹'관계로 규정되는 한국과 미국의 관계에서 갈등이 계속된 이유는 무엇일까?

지금까지 확인할 수 있었던 갈등의 원인은 두가지였다. 첫째, 이러한 갈등은 '제국'인 미국이 자국의 정책을 한국에 무리하게 적용하려고 했기 때문에 발생했다. 미국의 정책은 '제국주의'적이라고 할 수 있을 만큼 후진국의 내부질서에 깊숙이 개입하는 성격을 띠었다. 물론 이것은 미국정부가 본국의 이해관계에 비추어 중요하다고 판단되는 지역에서 나타나는 현상이며, 한국은 그러한 지역들 중 하나였다. 한반도의 중요도가 중국이나 일본보다 떨어지는 것은 사실이지만, 미국의 이해관계에서 절대적인 위치에 있는 중국과 일본 사이에 자리잡고 있다는 것만으로도 그 중요성은 충분한 것이었다. 1945년부터 현재에 이르기까지 미행정부 내에서 한반도를 포기할 것인가 아니면 지원할 것인가를 놓고 계속해서 논쟁이 이루어진 것은 한반도 자체보다는 그 주변의 중요성에 기인하는 것이었고, 미국은 한반도를 포기함으로써 미국이 상정한 '적'의 영향력 아래 들어가도록 방관하지는 않았다.

미국의 한반도 개입은 군사적인 분야에서 '주한미군'의 주둔을 통해 가장 두드러지게 나타났다. 그리고 주한미군의 존재는 한국인들의 의사보다는 미국의 이해관계에 따라서 그 규모와 성격이 결정되었다. 1947년과 1953년, 1964년과 1970년, 1979년과 1990년 그리고 오늘날에 이르기까지 미행정부는 한국에서 주한미군을 감축하거나 철수하기 위한 논의를 계속해왔다. 그러나 주한미군의 규모와 성격에서 어떤 변화가 있었을지언정 해방 이후 주한미군이 한반도에 존재하지 않은 시기는 1949년 7월부터 1950년 6월까지의 1년간이 유일했다. 뿐만 아니라 주한미군사령부는 한국군의 작전지휘권을 장악함으로써 한국의 군사분야에 직접적으로 개입해왔다. 주한미군의 규모와 작전지휘권 사이에는 밀접한 관계가 있으며 주한미군을 너무 축소하거나 철수할 경우 한국군의 작전지휘권을 갖고 있을 명분이 없다는 점이 그동안 심각하게 고려되었다. 현재 진행되는 한국군의 전시 작전통제권 반환과 관련된 논의는 미국의 해외미군 재배치 계획 하에서 이루어지고 있으며, 이는 신속기동군으로 재편된 주한미군이 유사시 한반도에서 다른 지역으로 이동함으로써 작전통제권을 수행할 수 없는 경우를 상정하고 있는 것으로 보인다.

물론 미국의 개입은 군사적인 분야뿐 아니라 정치, 경제 그리고 사회에 이르기까지 광범위하게 이루어졌다. 1966년 전 주한미국대사 버거가 "미국정부는 한국의 행정부가 무엇을 하든 지지할 수밖에 없는 상황을 만들어서는 안되고, 이를 대체할 세력을 갖고 있어야 한다"고 언급한 데서도 잘 알 수 있듯이, 미국은 단지 정치적 압력을 행사하는 데 그치지 않고 새로운 정치세력을 창출하는 과정에도 개입했다.[2] 미군정하에서 이루어진 좌익 탄압과 우익보수세력 지원, 이승만 제거계획과 김종필 제거계획 등은 그 대표적인 예라고 할 수 있다. 또한 원조와 차관, 무역은 경제적 개입 수단이 되었으며, 교육원조와 유학 지원은 사회·문화적 개입의 수단이 되었다. 미국은 구제국주의와는 다른 '신'제국이었으며, 연성권력을 통한 개입은 그 상징이라고 할 수 있다.

또한 주한미군 사령관이 한국군의 작전지휘권을 쥐고 있었기 때문에 미국이 개입하지 않은 것도 개입이 될 수 있었다. 예컨대 주한미군 사령관이자 유엔군 사령관이었던 매그루더는 자신의 작전지휘권에서 불법으로 이탈한 쿠데타 부대뿐만 아니라 쿠데타 부대를 진압하고자 한 부대에도 아무런 명령을 내리지 않았다. 즉 겉으로는 전혀 개입하지 않은 것이다. 그러나 쿠데타를 진압하려던 부대는 유엔군 사령관의 명령 없이 군대를 이동할 수 없었다. 불개입이 결과적으로는 개입이 돼버린 것이다. 동일한 상황은 1979년 12월 12일 밤과 13일 새벽에도 일어났다.

한미관계에서 나타나는 갈등의 또다른 요인은 한국정부의 미숙한 대응이었다. 이 글에서 고찰한 바와 같이 한국정부는 미국의 정책과 개입에 대응하기 위하여 나름대로 다양한 대응양상을 보여주었다. 즉 1952년 부산정치파동, 1953년 반공포로 석방, 1950년대 후반 한국군의 동남아시아 파병 제의, 1963년의 민정이양 번복, 1964년 이후 한국군의 베트남 파병과 안보위기 조성, 1972년의 유신체제 선포, 1970년대 중반의 핵무기 개발 시도와 코리아 게이트 등은 미국의 정책에 대한 한국의 대응을 보여주는 대표적인 사례들이었다.

그러나 한국정부의 대응은 미국과의 마찰을 불러왔으며, 미국정부는 항상 한국정부에 압력을 가함으로써 대응을 무력화하려고 했다. 이 과정에서 미행정부가 가장 많이 사용한 방법은 원조와 차관을 무기로 한국정부에 압력을 가하는 것이었다. 1960년대까지 미국의 원조와 차관 없이는 생존이 불가능했던 한국정부로서는 일부 경우—예컨대 1960년대 경제개발계획 추진과 베트남 파병—를 제외하고는 미국의 압력에 의해 스스로의 대응을 철회할 수밖에 없었다.

결국 한국정부의 대응은 미국과의 관계에서 갈등을 만들어내는 구실을 했다. 그렇다면 한국정부의 대응이 과연 적절한 것이었는가를 평가하는 것이 중요하다. 만약 한국정부가 적절하게 대응했다면, 불필요한 갈등은 최소한으로 줄일 수 있었을 것이다. 그러나 미국이 판단하기에 한국정부의 대응은 결코 적절한 것이 아니었다. 때로는 '벼랑끝 전술'이라고 불릴 만큼 무모한 것들이 많았다. 또한 미국이 설정한 마지노선을 넘어섬으로써 한미관계의 위기를 자초하는 경우도 있었다. 반공포로 석방이나 안보위기의 조성 등은 그 대표적인 예라고 할 수 있다.

일부 연구에서는 한국정부의 부적절한 대응을 '민족주의'라는 관점에서 긍정적으로 평가하기도 한다. 그러나 한국정부의 대응은 대체로 '정권' 차원에서 안보를 최우선의 목표로 삼은 경우가 대부분이며, '민족' 차원에서 안보와 이익을 생각하지는 않은 것이 사실이다. 예컨대 1953년 반공포로 석방은 '민족'을 공멸하게 할 수 있는 전쟁을 계속하겠다는 의지를 표명한 것이었으며, 1970년대 중반의 핵무기 개발 시도 역시 이와 크게 다르지 않았다. 한국군의 해외파병은 '민족'의 젊은이들을 죽음으로 몰아넣음으로써 '정권'이 위기에서 탈출하기 위한 수단에 불과했다.[3]

또한 한국정부의 대응은 철저하게 '민주주의'에 역행하는 방식으로 이루어졌다. 부산정치파동과 민정이양 번복 그리고 유신체제의 수립은 인권과 민주주의를 후퇴시키는 것이었으며, 민족구성원들의 권리를 철저하게 짓밟는 것이었다. 과연 이러한 한국정부의 대응을 '민족주의'라는 이름으로 포장할 수 있을까?

2. 미국이라는 신화

미국의 무리한 개입과 한국정부의 부적절한 대응은 한미관계에 갈등을 일으켰다. 그러나 미국정부가 세계질서의 주도권을 장악했다 할지라도 모든 나라에 무리하게 개입할 수는 없으며, 개개의 국가들 역시 미국정부의 개입에 모두 부적절하게 대응하지는 않는다. 그렇다면 왜 한미관계에서 한국과 미국정부는 서로 부적절한 정책과 대응을 반복해온 것일까?

한미관계의 문제는 기본적으로 한국정부가 민주주의에 기초하지 않고 있었다는 사실에 기인한다. 한국정부는 헌법질서 아래 형식적인 민주주의 씨스템을 갖추고 있었지만, 기실 그 내용에서는 1990년대까지 실질적인 민주주의를 갖추지 못하고 있었다. '선거'라는 형식은 한국민들이 항상 독재정부를 지지하고 있다는 결과를 보여주었지만, 그 '선거'가 철저하게 강제와 압박 속에 치러졌기 때문에 진정으로 국민의 의지를 보여준다고 할 수 없었다. 또 때로 '선거'가 국민의 지지를 보여주었다고 하더라도, 강력한 독재정권에 의해서 왜곡·동원된 여론을 표출하는 것이었기 때문에 진정한 국민의 뜻과 동일시할 수는 없다. 이러한 과정은 종종 정부의 언론장악에 따른 여론조작을 통해서 나타났다. 1950년대말의 상황, 5·16쿠데타 직후 군사정부하에서의 상황, 1970년대 유신체제하에서의 상황 그리고 1980년대 신군부하에서의 상황 등은 그 대표적인 예라고 할 수 있다.

만약 한국에 민주적인 정부가 수립되어 있었다면 한미관계가 한국현대사의 과정에서 무리한 정책과 대응으로 일관하지는 않았을 것이다. 즉 언론이나 대중매체를 통해서 국민들이 미국의 무리한 개입과 한국정부의 부적절한 대응에 관련된 정보에 접근할 수 있었다면, 한미관계는 좀더 '정상적'인 관계로 나아갔을 가능성이 크다. 독재 하에서 한국사회에는 미국의 '실체'가 아니라 '신화'만이 존재하고 있었다. 그리고 지금도 독재의 유산은 계속되고 있다.

미국과 서유럽을 제외한 지역에서 미국과의 관계가 '정상적'으로 진행되는 나라는 대체로 민주주의적인 질서가 자리잡은 나라들이다. 인도나 일본, 필리핀은 그 대표적인 예이며, 그나마 필리핀은 마르코스 독재정부 시절에는 미국과 정상적인 관계를 유지할 수 없었다.

일반적으로 민주주의적인 제도는 내적으로 많은 견해를 수용하는 과정이기 때문에 어느정도 '비용'이 필요하며, 이로 인해서 권위주의 정부 또는 파시스트 정부보다 그 효율성이 떨어진다고 평가되기도 한다. 그러나 민주주의적인 제도는 한 국가의 대외관계에 엄청난 힘을 준다. 민주주의적인 과정을 거쳐 국민의 동의를 바탕으로 집권한 정부에 외부세력이 강력하게 개입하기는 어렵기 때문이다. 이 경우 '정권의 안보'는 민주주의제도와 국민의 동의 위에 존재하게 된다. 그러나 국민적 동의를 얻지 못한 정권은 안보의 동인을 사회 내부에서보다는 외부에서 찾게 된다. 우리는 19세기 이후 나타난 독재정권·파시스트정권들이 사회적인 개혁보다는 외부로의 확장 또는 전쟁을 통해 국민적인 통합을 달성하려고 한 사례들을 어렵지 않게 찾을 수 있다.

국민의 지지와 동의에 기초하지 않았던 한국의 독재정권들이 북진통일론이나 해외파병 같은 무력 사용, 일본과의 갈등 그리고 안보위기 등을 수단으로 삼아 국민의 동의를 구하려고 한 것 역시 민주주의적 제도와 국민적 동의 없이 수립된 정부가 보여주는 일반적인 현상이었다. 게다가 독재정권들은 강압통치의 정당성을 민주주의적 절차보다는 '안보위기'에서 구했다. 따라서 '안보 우산' 역할을 하는 미국의 지지를 받는지의 여부가 독재정권의 '안정성'에 중요한 역할을 한다. 북한 역시 '미국과의 대결'에서 조성된 위기를 통해 정권을 유지하는 케이스라고 할 수 있다. 결국 외부로부터의 압박은 내부의 통합을 강화할 수 있는 기제를 만들어주는 것이기 때문에 현재 부시 행정부가 추진하는 대북한정책의 유효성에 의문을 제기할 수 있다.

일부 연구자들은 한미관계의 특수성을 '안보'문제에서 찾기도 한다. 그러나 '안보'문제에 관한 한 한국과 일본은 크게 다르지 않다. 한국의 경우 군대가 있고 일본은 자위대가 있다는 점이 다르지만, 미국의 안보 우산 속에 있는 미군 주둔국이라는 점에서 크게 다르지 않다. 그러나 미국과 일본의 관계에서는 상호보완적이며 상호협조적인 논의가 순탄하게 진행되는 반면, 미국과 한국의 관계는 그렇지 못하다. 한국현대사에서 한미 양국간에는 협조적인 논의보다는 일방적인 통보가 더 많았다.

또한 '진정한' 안보는 강력한 힘을 지닌 국가와의 동맹에 의해서만 보장되는 것이 아니다. 1961년 5월 16일 아침, 쿠데타문제를 논의하기 위해 윤보선을 만난 자리에서 나온 그린 대리대사의 다음과 같은 발언은 국가의 진정한 안보가 어디에서 나오는가를 다시 한번 생각해보게 한다.

> 쿠데타는 또다른 쿠데타를 불러올 것이다. 아울러 나는 그러한 쿠데타의 성공이 한국의 국제적인 위치에 영향을 줄 것이며 한국의 민주적 기관과 자유선거로 수립된 정부는 북쪽의 공산주의 전체주의자들과의 대결에서 가장 큰 재산이라고 언급했다.[4]

안보에는 대외적 안보와 대내적 안보가 있다. 대외적 안보는 외부로부터의 침략을 지키는 것이고, 대내적 안보는 내적 통합력을 유지함으로써 사회의 안정을 유지하는 것을 뜻한다. 그러나 이 양자는 서로 분리되어 있는 것이 아니다. 대내적인 안보가 확고할 때 대외적인 안보는 더욱 튼튼해진다. 독재정부는 대내적 안보를 '위기' 담론으로 확보하려고 하지만, 민주주의에 기초한 정부는 민주주의적 질서와 국민적 동의를 통해 대내적인 안보를 확보할 수 있다.

독재정부와 민주주의적 질서에 기초한 정부 사이의 차이는 1965년 한일협정을 둘러싼 한국과 일본의 논의에서도 잘 드러난다. 한국정부는 한일협정과정에 미국이 적극 개입해주기를 원했다. 즉 한국정부는 미국의 적극적인 개입만이 국민들의 반대를 잠재울 수 있는 유일한 길이라고 판단하고, 미국의 개입을 요구했다. 그러나 일본정부는 미국의 적극적인 개입은 한일협정을 실패로 이끌 수 있다고 보았다. 즉 외부의 압력에 따라 다른 나라와 외교관계를 정상화한다면 일본사회가 강하게 반발할 것을 예상한 것이다.

여기에서 한미관계의 비정상적 작동과정을 불러일으키는 또 하나의 중요한 원인을 발견할 수 있다. 그것은 바로 한국사회 구성원들이 갖고 있는 미국이라는 '신화'이다. 한국사회의 구성원들은 한국과 미국 사이의 비정상적인 관계를 당연하게 받아들였다. 한국인들은 이미 19세기말부터 미국을 긍정적으로 받아들였으며, 한국이 미국 중심의 연합국의 승리로 해방되고 한국전쟁에서도 이들의 도움으로 공산군으로부터 남쪽을 지켜내게 되자, 이러한 신화는 더욱 확산되고 굳어졌다. 미국은 단순히 외교관계를 맺고 있는 나라가 아니라 한국과 '특수한' 관계를 맺은 국가이기 때문에 다른 나라와 다를 수밖에 없다는 것이다.

한국사회 구성원들의 이러한 생각은 반공이데올로기를 근간으로 하는 정책에 의해서 더욱 강화되었고, 냉전시대를 거치면서 가장 중요한 담론으로 자리잡았다. 미국이 영향력을 미치고 있는 나라 가운데 한국만큼 '반미(反美)'와 상관없이 지내온 나라는 없었다. 최근 한국사회에서 미국에 대한 비판이 확산되고 있지만, 그것 역시 진정한 의미의 반미라고 볼 수 없다. 한국인들에게 여전히 미국은 '아름다운 나라'이고 배우고 추구해야 할 '모델'이기 때문이다. 1990년대 이전 한국사회에서 미국을 비판하는 것은 공산주의를 찬양하는 것과 동일한 '범죄행위'로 인식되기까지 했다.

따라서 대한민국이 주권국가임에도 불구하고, 대한민국의 구성원들은 주권의 가장 중요한 요소 가운데 하나인 군대의 지휘권이 제한당하는 것을 불편하게 생각하지 않았다. 또한 미국의 지지는 한국정부의 능력을 판단하는 중요한 기준의 하나가 되었다. 역대 한국 대통령들은 미국 방문을 통해서 미행정부와의 '우의'를 표출했고, 이러한 '우의'는 한국 내의 대중매체에서 적극적으로 선전되었다.

한국전쟁 당시 미군 헬리콥터를 보고 놀라 달아나는 주민들. 한미관계에서의 비정상적인 작동은 미국이라는 신화를 당연하게 받아들인 한국인들의 생각에서 비롯된 것은 아닐까?

그러나 군대의 통제권이 주한미군 사령관에게 있었기 때문에 국민들은 실질적인 정치주권을 제약당할 수밖에 없었다. 어떠한 불법적인 쿠데타도 효율적으로 제어될 수 없었다. 주한미군 사령관의 동의를 얻지 않고서는 쿠데타를 진압할 수 있는 부대의 이동이 어려웠기 때문이다. 어떤 시기에는 한국정부보다도 주한미군 사령관의 한국군부 통제력이 더 강력하게 작동되었다. 미행정부는 1952년의 부산정치파동과 1953년의 정전협정 체결 그리고 4·19혁명시기에 한국군이 한국정부보다 미국에 더 충성스러운 조직이라는 판단을 근거로 대한정책을 입안할 수 있었다.

한미관계에 대한 국민들의 '생각'에서 드러나는 또 하나의 문제는 국제관계에서 '사회진화론'적인 인식이 그 중심에 자리잡고 있다는 것이다. 즉 약육강식의 세계질서 속에서 살아남으려면 '실리(實利)'를 추구하는 것이 가장 중요하다고 보는 것이다. 이것은 한국의 외교정책이 항상 미국을 비롯한 강대국에 촛점을 맞추고 있다는 점에서 잘 드러난다. 또한 베트남에 한국군을 파병할 때 한국인들이 가졌던 사고방식도 이런 인식을 보여준다. 물론 당시 국민들의 생각을 알아보기 위해 40여년이 지난 지금 여론조사를 실시할 수는 없다. 그러나 그 무렵 주한미국대사관이 한국의 관료 및 지식인들과 인터뷰를 하면서 내린 결론은, 일본이 한국전쟁에서 얻은 것과 같은 이익을, 한국은 베트남전쟁에서 얻고자 한다는 것이었다. 다른 나라들이 명분 없는 파병을 꺼리고 있을 때, 한국은 미국의 용병이라는 비난을 뒤로 한 채 '실리'만 얻으면 된다고 생각한 것이다.

국민들의 이러한 생각은 한국정부에 의해 통제되고 왜곡된 정보와 교육에 토대를 둔 것임에 분명하다. 그렇지만 이런 생각들이 그대로 남아 있는 한 한국정부의 외교정책은 바뀌지 않을 것이다. 현재 한국군은 왜 이라크에 가 있는 것일까? 파병을 반대한 수많은 목소리들이 왜 50%가 넘는 파병 지지 여론으로 바뀐 것일까? 그 내면에는 이라크 파병으로 한반도에서 안보를 얻어내고, 중동에서 무언가 '특수'를 얻고자 하는, 베트남전쟁 당시에 존재한 것과 비슷한 한국인들의 생각이 또다시 작동한 것은 아닐까? 혹 이라크 파병을 통해 우리도 '제국'이 될 수 있다는 또다른 신화를 꿈꾸고 있는 것은 아닐까?

3. 우리에게 진정한 학습효과가 있었는가?

이제 이 책의 원래 질문으로 다시 돌아가보자. 한미관계를 어떻게 규정할 것인가? 한국과 미국은 동맹관계인가? 아니면 중심부와 주변부 국가 사이의 종속적인 관계인가? 혹 일본제국주의와 만주국 사이에서 나타난 것 같은 제국주의 본국과 '꼭두각시' 정부 사이의 관계는 아닌가? 그것도 아니라면 국제관계 연구자들이 많이 언급하는 보호자-피보호자(patron-client)의 관계인가? 이미 서론에서 밝힌 바와 같이 한미관계를 규정하기 위하여 그동안 수많은 연구들이 진행되었으며, 수많은 이론들이 적용되었다. 그러나 한미관계를 한마디로 정확하게 규정하기란 쉽지 않은 일이다.

이 책은 1945년 이후 한미관계를 역사적으로 분석함으로써 한미관계의 성격을 규정할 수 있는 기초적인 자료를 얻고자 했다. 그러나 이 책에서 얻을 수 있는 결론은 아쉽게도 '한마디로' 규정할 수 있는 한미관계의 성격을 찾아내는 것이 불가능하다는 사실이다. 즉 미군정시기부터 한국전쟁 시기, 이승만 정부 시기, 박정희 정부 시기 그리고 신군부가 집권한 시기의 한미관계를 분석해보면, 각각의 시기마다 서로 다른 관계와 양상이 나타난다는 것이다.

위에 언급한 각각의 이론들은 한미관계의 한 시기를 대표한다. 미군정 시기 한미관계는 제국과 식민지 관계와 마찬가지였다. 미군정은 총독부와 비슷한 기관이었으며, 한국을 직접 통치하면서 미국의 대한정책에 유리하도록 한국 내의 정치세력들을 재편하고자 했다. 또한 이같은 시도가 완전히 성공한 것은 아니었지만, 한반도의 반쪽에서나마 미국의 이해관계에 부합하는 정치세력을 집권시키는 데 성공할 수 있었다.

1950년대의 한미관계는 보호자-피보호자의 관계였다. 한국정부는 미국의 도움 없이는 생존하는 것조차 불가능했다. 한국정부는 미국의 원조 없이 재정적으로 자립할 수 없었으며, 그저 미국의 안보 우산 밑에서 공산주의권과의 군사적 대결을 수행할 따름이었다. 한국의 안보는 불안정한 정전협정과 한미상호방위조약에 따라 지탱되고 있었고, 한국정부는 더 많은 달러를 얻기 위하여 환율정책에 모든 사활을 걸고 있었다.

1960년대의 한미관계는 중심부와 주변부국가 사이의 전형적인 관계를 잘 보여준다. 중심부국가는 차관과 작전지휘권을 무기로 주변부국가의 내부에 깊숙이 개입했다. 주변부국가의 지도세력·경제정책 등은 모두 중심부국가의 이해관계에 따라 재편되었다. 외교관계에서도 중심부국가(미국)의 이해관계에 따라 주변부국가(한국)와 '반(半)중심부'국가(일본) 사이의 국교정상화가 이루어졌다. 한국과 일본의 관계정상화는 서로간의 이익을 위한 것이기도 하지만, 미국의 결정적인 역할이 없었다면 이뤄지기 힘들었을 것이다. 또한 주변부국가는 중심부국가의 이해관계에 기초하여 스스로의 안보도 스스로 지키지 못하는 상황에서 해외에 군대를 파병하기까지 했다.

또한 1960년대 미국의 대한정책에서는 1945년 이전 일본제국주의가 만주국에서 실시한 정책들이 재현되기도 했다. 일본의 만주국 정책은 한편으로는 전쟁기지를 만들기 위한 것이었지만, 다른 한편으로는 일본제국주의정책을 선전하는 하나의 '쇼윈도우(진열장)'를 마련하기 위한 것이었다. 이와 마찬가지로 북한과 이데올로기 대결을 벌이는 한반도에서 남한에 대한 미국의 경제개발원조는 자유세계 내에서 또다른 '쇼윈도우'를 만들기 위한 정책이었다.

1970년대의 한미관계는 그 이전의 한미관계와는 다른 복잡한 양상을 띠고 전개되었다. 즉 단순히 제국주의와 식민지의 관계, 중심부와 주변부의 관계 또는 보호자와 피보호자의 관계만으로 규정할 수 없게 된 것이다. 한국정부는 이전과는 달리 한국사회를 통제할 수 있는 능력이 더 향상되었으며, 미국의 압력 속에서도 스스로를 위한 정책을 만들어 실행할 수 있는 '공간'을 형성했다. 물론 그러한 '공간'은 결코 넓지도 않았고 완전히 자유롭지도 않았다. 그럼에도 미국의 정책문서들에는 1970년대 이전과 같은 방식의 '압력'이 결코 효과적이지 않을 것이라는 지적이 자주 등장했다.

이상과 같이 한미관계는 시기에 따라 다양한 특징과 성격을 보이면서 전개되었다. 때로 미국은 직접적인 개입으로 한국 내의 지형을 바꾸어놓았고, 어떤 시기에는 '앉아서 지켜보는'(Wait-and-See) 정책을 구사하기도 했다. 한국정부 역시 어떤 시기에는 미국의 정책에 순응하며 따랐지만, 때로는 적극적인 대응으로 맞서 미행정부와 갈등을 빚기도 했다.

따라서 1945년 이후 진행돼온 한미관계를 하나의 이론이나 모형으로 설명하는 것이 쉽지 않다는 것이 이 책의 결론이다. 그러나 한미관계가 '정태적'인 것이 아니라 시기와 상황에 따라 그 성격을 달리하는 '동태적'인 것이라는 결론은 내릴 수 있다. 이것은 마치 한 인물을 역사적으로 평가할 때 한마디로 규정하는 것이 불가능한 것과 마찬가지일 것이다. 1950년대의 한미관계는 1970년대와 다르며, 1970년대의 한미관계는 오늘날의 한미관계와 다르다. 한미관계를 규정하는 각각의 조건들이 달라지기 때문에 한미관계 역시 달라지는 것이다. 독재정권이 집권했던 시기의 한미관계와 민주주의적인 질서가 존재하는 시기의 한미관계는 당연히 다를 수밖에 없으며, 또한 달라야 한다.

그러나 필자가 마지막으로 제기하고 싶은 중요한 문제가 있다. 그것은 바로 '학습효과'다. 이 책에서 필자는 미국의 대한정책과 한국정부의 대응을 분석하고 그 과정에서 나타나는 '학습효과'를 서술했다. 그런데 이 과정에서 발견한 사실은 놀랍게도 한국정부의 외교정책에서는 '학습효과'가 거의 나타나지 않는다는 점이다.

미행정부는 한국과의 외교관계를 통해서 많은 '학습효과'를 얻었다. 미국 문서의 곳곳에서 이전 한미관계의 전개과정과 특징을 살펴본 뒤 그러한 경험을 고려할 때 미국이 앞으로 어떠한 정책을 실행해야 하는가를 검토하는 작업이 발견된다. 1964년 6·3사태 때 존슨 행정부는 4·19혁명시기의 한미관계를 점검했다. 1968년 박정희 1인 권력이 점차 위력을 발휘할 때 미국무부는 1952년 이승만 제거계획이 실패한 과정을 점검했다. 1969년과 1970년 닉슨 행정부가 대한정책을 입안할 때는 베트남 파병을 둘러싼 한미간의 논의과정에서 중요한 학습효과를 얻었다. 1980년 서울의 봄 시기 주한미국대사관이 야당을 부정적으로 바라본 것은 1950년대 이래 계속된 한국의 보수야당에 대한 인식에 기초한 것이었다. 1987년 6월 위수령을 발동하려는 전두환 정부에 대응해 레이건 행정부는 1980년 광주의 악몽을 떠올리며 정책을 입안했다.

뿐만 아니라 한국에 새로 부임하는 주한미국대사들은 예외없이 모두 이전의 한미관계 관련 정보들을 먼저 학습했다. 이것이 미국의 문서에서 가장 잘 드러나는 예는 1967년 부임한 포터 대사의 경우였다. 포터 대사는 베트남전 파병문제를 한국정부와 협상하기 전에 먼저 이전 시기 한국정부와의 협상과정을 검토했다. 그러한 검토를 거쳐서 포터 대사는 한국정부와의 협상이 결코 쉽지 않을 것이며, 더이상 한국정부에 파병을 요청하는 것이 바람직하지 않다는 견해를 제출했다.

그런데 한국정부는 이전의 한미관계에서 과연 어떠한 학습효과를 얻은 것일까? 지금까지 한국정부의 대응을 보면 아무런 학습효과도 얻지 못하고 있는 것은 아닐까 하는 의구심이 든다.

미군정시기 모스끄바 3상협정에 대한 부적절한 대응과 정치세력의 분열이 분단과 전쟁을 이끌어냈는데도, 그 사실을 토대로 얻은 학습효과는 전무했다. 미국이 강경한 정책으로 전환해나가는 싯점에서 한국의 정치세력은 다시 분열되었고, 그 결과는 엄중한 것이었다. 케네디 행정부의 적극적인 개입정책이 시작되는 싯점에서 민주당은 심각하게 분열되었고, 쿠데타를 진압해야 한다는 유엔군 사령관의 권고에 한국 대통령은 "무너져야 할 정권이 무너졌을 뿐"이라는 무책임한 말을 남겼다.

주한미군 감축을 막기 위해 한국군을 동남아시아로 파견하겠다는 이승만 정부의 정책이 미국에 수용되지 않았던 경험이 있었음에도 박정희 정부는 베트남 파병을 적극 추진했다. 물론 세계정세가 변화하면서 박정희 정부의 제안은 미국에 의해 받아들여졌다. 그러나 한국군의 베트남 파병이 오로지 미국의 간곡한 요청에서 결정된 것이 아니라 한국정부의 위기를 탈출하기 위한 방안에서 나온 것이었기 때문에 미국으로부터 원하는 결과를 얻어낼 수는 없었다. 오히려 적극적인 협상카드를 만들어내는 과정에서 한미관계에 부정적인 결과를 가져왔을 뿐이었다.

이처럼 적극적인 대응이 오히려 부정적인 효과를 낼 수 있다는 점 역시 또다른 학습효과를 가져오지 못했다. 1970년대 중반 핵무기 개발 카드는 1960년대 후반 안보위기라는 카드와 마찬가지로 미국의 대한정책 또는 세계정책에 정면으로 배치되는 것이었다. 뿐만 아니라 유신체제의 인권탄압 역시 1952년 부산정치파동의 경험을 전혀 무시한 것이었다. 과연 한국정부는 과거 한미관계의 경험에서 학습효과를 얻으려는 노력을 한 것일까? 했더라도 과거의 경험을 잘못 이해하고 해석한 것은 아닐까?

학습효과의 문제는 현재도 계속되고 있다. 몇년 전 중앙일간지에 실린 한 기사는 이러한 사실을 잘 보여준다. 그 기사는 케네디가 암살당한 지 40년이 되는 해라는 점을 지적하면서 케네디의 정신을 긍정적으로 평가했다. 물론 케네디는 프런티어 정신을 추구하고자 한 인물이며, 미국의 민주주의적인 전통을 세계로 확산시키려 한 사람이었음에 틀림없다. 그러나 그 기사에 한미관계에서 체험된 케네디 행정부 시기의 학습효과는 전혀 언급되지 않았다. 케네디 행정부는 후진국의 정책에 깊숙이 개입했으며, 베트남에 대한 개입 역시 케네디 행정부에서 시작되었다고 해도 과언이 아니다. 까스뜨로를 쓰러뜨리기 위해 무리하게 피그만 침공을 결정한 것도 케네디였다. 후진국의 독재정권을 합리화하는 미국 외교정책의 이론적인 토대도 케네디 행정부에서 처음 마련되었으며, 한국의 내정에 대한 간섭이 가장 심했던 시기도 바로 이때였다.

미국 내에서 어떤 평가를 받을지 모르겠지만, 한국의 처지에서 볼 때 케네디 행정부의 외교정책은 결코 본받아야 할 대상은 아니었다. 만약 한국이 현재 후진국이나 제3세계 정책을 입안하고 실행할 때 케네디 행정부와 비슷한 정책을 구사한다면 어떻게 될까? 여기에는 물론 나라마다 차이가 있겠지만, 해당 국가에 긍정적인 한국의 이미지를 심어주기는 어려울 것이다.

한국의 이라크 파병문제는 어떤가? 베트남 파병에서 아무런 학습효과도 얻지 못했다는 사실을 드러내는 것은 아닐까? 한국은 분명 베트남 파병에서 많은 것을 얻어냈다. 그러나 진정으로 얻어내야 할 것을 얻어내지 못했다. 그것은 바로 한미관계를 정상적인 관계로 만드는 것이었다. 미국의 요청에 따라 세계에서 세번째로 많은 군인들을 이라크에 파견했지만, 미국의 대통령은 기회가 있을 때마다 한국보다 적은 병력을 파견한 일본에 대해서는 감사의 말을 할지언정 한국에 대해서는 일언반구도 없다.

그렇다면 북미관계로 눈을 돌려보자. 이라크 파병의 댓가로 북미관계의 파산을 막을 수 있었는가? 당장 시작될 전쟁을 연기시켰다고 할 수도 있다. 그러나 북미관계는 그리 개선되지 않고 있으며, 앞으로도 개선될 여지는 별로 없다. 미국과 북한 정부는 모두 북미관계의 갈등을 이용하고 있다. 아니, 즐기고 있다. 동북아시아의 위기는 미국이 중국을 지속적으로 봉쇄할 수 있게 하는 중요한 근거가 될 수 있다. 경제가 무너진 상황에서 내부 안보에 어려움을 겪는 북한으로서는 미국과의 위기상황이 내부 주민들의 통합을 유지하는 데 큰 도움이 된다. 그러므로 미국의 이라크 파병 요청을 들어주고 그 대신 미국으로부터 한반도의 안보를 보장받는다는 안일한 생각은 베트남 파병의 협상과정을 제대로 검토하지 않은 결과라고 할 수 있다. 즉 베트남전쟁에서와 마찬가지로 한국정부가 이라크 파병에서 무언가를 얻을 수 있다고 생각한 것은 역사에 대한 무지의 소산이라고 할 수 있는 것이다.

마지막으로 '사회진화론'에 몰두하는 한국사회의 국제관계담론이 이제 점점 힘을 잃어야 한다는 점을 강조하고 싶다. 지금까지 한국의 외교는 모두 약육강식의 개념에 의존해 이루어졌다. 우리의 외교는 항상 강대국만을 고려한 것이었다. 그러나 이제 한국의 위상이 이전과 달라진만큼, 우리 외교의 시야 역시 좀더 넓어져야 한다. 또한 약육강식의 논리가 후진국이나 제3세계에 부정적인 효과를 가져올 수밖에 없다는 사실을 인식해야 한다. 로스토우는 미국의 강압적 이미지가 제3세계에 미치는 악영향을 재차 강조했다.

한국정부의 외교정책은 약육강식 논리에 잠식된 한국인들의 생각에 바탕을 두고 있다. 만약 우리가 약육강식의 개념을 계속 고수한다면, 일본제국주의의 한반도 식민지화를 비판할 수 없게 될 것이다. 일본은 주장하기를, 스스로 식민지가 되지 않기 위하여 한반도를 식민지화할 수밖에 없었으며, 그 결과 한국은 조선시대에 비해 더 발전한 나라가 되었다고 주장한다. 약육강식의 논리로 국제관계를 본다면 이러한 일본의 주장은 결코 잘못된 것이 아니다. 우리는 한반도를 식민지화한 일본을 비판하면서, 스스로는 다른 약소국가들로부터 비난받을 행동을 하고 있는 것이다.

실리도 중요하지만, 명분과 도덕 그리고 인류의 보편적인 가치—평화와 인권—는 실리 이상으로 더 중요한 역할을 할 것이다. 눈앞의 이익을 위해서는 '사회진화론'적인 인식이 필요한 것이 사실이지만, 장기간의 관점에서 국익을 고려한다면 명분과 도덕 그리고 보편적인 가치가 더 중요한 빛을 발할 것이다. 이것이 바로 20세기 한미관계가 한국에 가져다준 가장 중요한 학습효과일 것이다.

| 주 |

서론

1 "Letter From the Ambassador of Korea(Brown) to the Assistant Secretary of State for Far Eastern Affairs(Bundy)," August 26, 1966, *Foreign Relations of the United States*(이하 *FRUS*로 약칭) *1964~1968*, Vol. XXIX, 문서 번호 84.

2 "Memorandum of Conversation," December 19, 1966, *FRUS 1964~1968*, Vol.XXIX, 문서 번호 106.

3 최상룡 『미군정과 한국민족주의』, 나남 1988.

4 Bruce Cumings, *The Origins of the Korean War*, Vol. I, Princeton: Princeton Universty Press 1981(김주환 역 『한국전쟁의 기원』 상·하, 청사 1986).

5 Bruce Cumings, "The Origins and Development of the Northeast Asian Political Economy: Industrial Sectors, Product Cycles and Political Consequences," *International Organization*, Vol. 38, No. 7, 1984.

6 졸고 「1945~1946년 미군정의 정치세력 재편계획과 남한 정치구도의 변화」, 『한국사연구』 76집(1991); 정병준 「1946~1947년 좌우합작운동의 전개과정과 성격변화」, 『한국사론』 29호(1993); 도진순 『한국민족주의와 남북관계』, 서울대 출판부 1997; 정용욱 『해방전후 미국의 대한정책』, 서울대 출판부 2003.

7 홍석률 「한국전쟁 직후 미국의 이승만 제거계획」, 『역사비평』 1994년 가을호; 박태균 「1956~1964년 한국 경제개발계획의 성립과정」, 서울대 국사학과 박사논문(2000); 이철순 「이승만 정권기 미국의 대한정책 연구(1948~1960)」, 서울대 정치학과 박사논문(2002); 정일준 「미국의 대한정책 변화와 한국 발전국가의 형성(1953~1968)」, 서울대 사회학과 박사논문(2000); 신욱희 「기회에서 교착상태로 — 데탕트 시기 한미관계와 한반도의 국제정치」, 『한국정치외교사논총』 26집, 제2호.

8 이삼성 『현대 미국외교와 국제정치』, 한길사 1994.

9 李鍾元 『東アジア冷戰と韓米日關係』, 東京大學出版會 1995; 「戰後美國の極東政策と韓國の脫植民

地化」,『近代日本と植民地 8—アジアの冷戰と脫植民地化』, 岩波書店 1993;「米韓關係における介入の原型:『エウァ-レヂィ計劃』再考 1~2」,『法學』58권 1호(1994년 4월), 59권 1호(1995년 4월);「韓日國交正常化の成立とアメリカ——九六O~六五年」, 近代日本硏究會『近代日本硏究·十六·戰後外交の形成』, 山川出版社 1994.

10 빅터 D. 차, 김일영·문순보 역『적대적 제휴—한국, 미국, 일본의 삼각 안보체제』, 문학과지성사 2004.

11 같은 책 186~89면.

제1부

1 김일영『건국과 부국—한국 현대정치사 강의』, 생각의나무 2005.

2 Arthur J. Brown, *The Mastery of the Far East*, New York: Charles Scribner's Sons 1919, 471면, 이길상「한국교육에서의 지식과 삶의 괴리와 미국」, 강치원 편『미국은 우리에게 무엇인가』, 백의 2000, 89면에서 재인용.

3「美國全權大臣回還後入侍筵說」, 한국학문헌연구소 편『朴定陽全集』6권, 아세아문화사 1984.

4『高宗實錄』26권(己丑 7월 24일조).

5 한철호「초대 주미전권공사 박정양의 미국관」,『한국학보』66호(1992) 참조.

6 브루스 커밍스, 김동노·이교선 역『브루스 커밍스의 한국현대사』, 창작과비평사 2001, 183~96면.

7 이길상, 앞의 글 91~92면에서 재인용.

8 "United States Policy Regarding Korea(Part 2), 1941~45," 611.95/5-150, 1950년 5월, 한림대 아시아문화연구소 편『미국의 대한정책, 1934~1950』, 1987, 69면에 수록.

9「한국의 신탁문제를 논의」(얄따회담, 1945년 2월 9일), 합동통신사조사부 역편『얄따비밀협정—미국무성 발표전문』, 합동통신사 1956, 311~12면, 김인걸 외 편『한국현대사 강의』, 돌베개 1998, 23~24면에서 재인용.

10 김국태 역『해방 3년과 미국』1, 돌베개 1984(*FRUS* 1945년편 6권과 1946년편 8권의 한국관련 문서들을 번역한 책), 54~60면.

11 송남헌『해방 3년사』1, 까치 1985, 81~82면.

12「육군성 차관보(맥클로이)가 국무차관(애치슨)에게」(1945년 11월 13일자 전문), 김국태 역, 앞의 책 141면.

13 정병준「해방직후 이승만의 귀국과 동경회합」, 간송조동걸선생기념논총간행회 편『한국민족운동사연구』, 나남 1997 참조.

14「재일본 정치고문 대리 애치슨이 국무장관에게」, 김국태 역, 앞의 책 150~53면.

15 「재한국 정치고문 대리(랭던)가 국무장관에게」, 같은 책 151~52면.

16 독립촉성중앙협의회에 대해서는 정병준 「주한미군정의 '임시한국행정부' 수립구상과 독립촉성중앙협의회」, 『역사와현실』 19호(1996) 참조.

17 정병준 「이승만의 독립노선과 정부수립 운동」, 서울대 국사학과 박사논문(2002), 185~86면.

18 "The Charge in the Soviet Union(Kennan) to the Secretary of State," January 25, 1945, *FRUS 1946*, Vol. VIII, 617~18면.

19 졸저 『한국전쟁 — 끝나지 않은 전쟁, 끝나야 할 전쟁』, 책과함께 2005, 86~92면 .

20 도진순 「1945~1948 우익의 동향과 민족통일정부 수립운동」, 서울대 국사학과 박사논문(1993), 42면.

21 이에 대해서는 졸저 『현대사를 베고 쓰러진 거인들』, 지성사 1994 참조.

22 「A. V. 아놀드 소장과의 회담 비망록」(워싱턴, 1946. 10. 9), 김국태 역, 앞의 책 353~56면.

23 「SWNCC 176/18」(1946. 1. 28), 같은 책 209~13면; 「국무부에서 매카서 사령관에게」(1946. 2. 28), 같은 책 236면.

24 「국무부 점령지구담당 차관보(힐드링)가 육군성 작전처에 보내는 비망록」(1946. 6. 6), 같은 책 294~95면.

25 졸저 『조봉암 연구』, 창작과비평사 1995, 3장 참조.

26 정병준 『몽양 여운형 평전』, 한울 1995, 232~33면에서 재인용.

27 "Suggested Investigation into Relations of Lyuh Woon Hyung,"(1946. 8. 2) Memo for the CG, XXIV corps, Signed Leonard Bertch, 2nd Lt., G-2 File, 같은 책 234면에서 재인용.

28 졸저 『현대사를 베고 쓰러진 거인들』 3장 참조.

제2부

1 John Lewis Gaddis, *Strategies of Containment*, Oxford: Oxford Univ. Press 1982, 2·3장 참조.

2 "United States Assistance to Other Countries from the Standpoint of National Security,"(JCS 1769/1, 1947, 4, 29), Thomas H. Etzold and John Lewis Gaddis, eds., *Containment: Documents on American Policy and Strategy 1945~1950*, NY: Columbia University Press 1978, 71~84면.

3 삼성조정위원회는 미국의 대외정책을 조정하기 위하여 1947년까지 설치되어 있던 기관이다. 당시에는 공군이 없었기 때문에 육군성과 해군성이 국무부와 함께 대외정책을 조율했다. 1947년 공군성이 설치된 직후 삼성조정위원회는 사성조정위원회(State Army Navy Airforce Coordinating Committee, SANACC)로 이름을 바꾸었고, 1948년 SANACC를 확대한 국가안보회의(National Security Council, NSC)가 설립되었다. 국가안보회의에는 SANACC에 참여했던 국무부·육군성·해군성·공군성 외에 중앙정보국(CIA)·예산국·통상부 등이 정기적으로 참여했으며, 사안에 따라서

다른 정부기관들의 관련자들이 참여하기도 했다. 1945년 이후 미국의 정책 문서들 가운데 앞에 SWNCC·SANACC·NSC가 붙은 문서들은 미국정부의 관련 기관들의 조정을 거친 초안이거나, 몇 차례의 수정을 거친 가장 중요한 문서들이다. 수정과정의 순서에 따라 /1, /2 등의 번호가 붙는다.

4 Bruce Cumings, *The Origins of the Korean War 2: The Roaring of the Cataract 1947~1950*, Seoul: Yuksabipyungsa 2002, 54~57, 61면.

5 김동욱 「1940~1950년대 한국의 인플레이션과 안정화정책」, 연세대 박사학위논문(1995), 52면에서 재인용.

6 "Report by the National Security Council on the Position of the United States with Respect to Korea," April 2, 1948, *FRUS 1948*, Vol. VI, 1164~69면.

7 같은 곳.

8 "Oral History Interview with Ambassador John J. Muccio,"(Washington D.C. February 10 & 18, 1971) Jerry N. Hess and Harry S. Truman, *Library Independent*, Missouri 1972, 26면.

9 「740.0019Control(KOREA)/5-0148」(From Bunce to Edwin Martin), 국사편찬위원회 편, 『대한민국사자료집』 25권, 1995.

10 "Memorandum by President Truman to the Secretary of State," August 25, 1948, *FRUS 1948*, Vol. VI, 1288~89면.

11 "Memorandum by the Assistant Secretary of State for Occupied Areas(Saltzman): Future Economic Assistance to Korea," September 7, 1948, *FRUS 1948*, Vol. VI, 1292~98면; "Marshall to Hoffman," September 17, 1948, *FRUS 1948*, Vol. VI, 1303~305면.

12 Harry Barnes Price, *The Marshall Plan and Its Meaning*, Ithaca: Cornell University Press 1955, 184면; Robert A. Packenham, *Liberal America and the Third World: Political Development Ideas in Foreign Aid and Social Science*, Princeton New Jersey: Princeton University Press 1973, 33~35면.

13 *Hearings before the Committee on Foreign Affairs House of Representatives: Eighty-First Congress*, First Session on H.R.5330, Printed for the use of the Committee on Foreign Affairs, Washington D.C.: United States Government Printing Office 1949, 2면(이하 '*Foreign Affairs House of Representatives*'로 약칭).

14 *Foreign Affairs House of Representatives*, 7~10면.

15 「경제원조와 산업건설책」, 『주보』 제58호 , 1950년 5월11일자.

16 CIA, "Prospects for Survival of the Republic of Korea"(ORE 44~48, 1948년 10월 28일) 「부록 C: 한국의 긴급 경제문제」, 정용욱·이길상 편 『해방전후 미국 대한정책사 자료집』, 다락방 1996, 58~73면 수록.

17 *Foreign Affairs House of Representatives*, 71면.

18 *Foreign Affairs House of Representatives*, 23면; 국회도서관 입법조사국 『국제연합한국위원단 보

고서 1949년(A/936)』, 1965, 64~65면.

19 「한국의 미군 점령지역 내 민간 행정업무에 대하여 태평양방면 미군 최고사령관에게 보내는 최초 기본훈령: SWNCC 176/8」, 김국태 역 『해방 3년과 미국』 1, 돌베개 1984, 84~103면.

20 "Memorandum on Economic Condition in Korea," February 28, 1946, 895.50/2-2846, General Records of State Department, Record Group(이하 'RG'로 약칭) 59, Decimal File, 1945~1949 National Archives and Records Administration(미국가기록보존소: 이하 'NARA'로 약칭). 이런 문서에 붙는 795, 895 등의 번호는 십진법(decimal) 분류에 따라 편의상 붙여진 것이다. 가령 7은 정치, 8은 경제를 의미하며 그 뒤의 95는 한국, 95a는 북한, 95b는 남한이다. 895 뒤의 '05'는 좀더 자세한 분류를 위한 번호이며 '/' 다음의 숫자는 날짜를 가리킨다. 예컨대 2-2846은 1946년 2월 28일을 뜻한다; "Special Interdepartmental Committee memo," February 25, 1947, *FRUS 1947*, Vol. VI, 609~18면; No title, Bunce to Martin, February 12, 1947, 895.00/2-1247, General Records of State Department, RG 59, Decimal File, 1945~1949 NARA; "The Acting Secretary of State to the Secretary of War(Patterson)," March 28, 1947, *FRUS 1947*, Vol. VI, 621~23면 ; "Memorandum by the Assistant Secretary of State(Hilldring) to the Secretary of State," August 6, 1947, *FRUS 1947*, Vol. VI, 742~43면.

21 Bruce Cumings, "The Origins and Development of the Northeast Asian Political Economy: Industrial Sectors, Product Cycles and Political Consequences," *International Organization*, Vol. 38, No. 7, 1984.

22 *Foreign Affairs House of Representatives*, 13면. 호프먼은 "한국은 극동에서 오늘날 민주주의를 위한 핵심적인 전초부대다"라고 주장했다. 같은 책 10면.

23 Robert A. Packenham, 앞의 책 33~34면, 43~49면. 주한미국대사 무초는 ECA 원조는 '포인트 포'에 의해서 실행할 수 있게 되었다고 회고했다. Jerry N. Hess and Harry S. Truman, 앞의 책 21면.

24 *Foreign Affairs House of Representatives*, 12, 80, 99~100면.

25 「740.0019Control(KOREA)/2-2048」(Whitman to Pearson), 국사편찬위원회 편 『대한민국사자료집』 제24권, 1995; "The Special Representative in Korea(Muccio) to the Secretary of State(Acheson)," November 12, 1948, *FRUS 1948*, Vol. VI, 1325~27면; "The Special Representative in Korea(Muccio) to the Secretary of State(Acheson)," January 27, 1949, *FRUS 1949*, Vol. VII, 947~52면.

26 CIA, "Prospects for Survival of the Republic of Korea,"(ORE 44~48, 1948년 10월 28일) 정용욱·이길상 편, 앞의 책 58~73면 수록.

27 「중앙정보부 비망록」(1950년 6월 19일자), 서동구 편역 『한반도 긴장과 미국』, 대한공론사 1977, 134~36면 참조.

28 W. D. Reeve, *The Republic of Korea : A Political and Economic Study*, London: Oxford University

Press 1963, 106면.

29 호프먼의 연설 "Recovery," *Foreign Affairs House of Representatives*, 10, 15면.

30 Public papers, Harry S. Truman, 1949, 546~47면.

31 「경제원조와 산업건설책」, 『주보』 제58호, 1950년 5월 11일자.

32 1950년 1월 19일 대한원조안이 미하원에서 1표 차이로 부결되었다. 『조선일보』 1950년 1월 22일; 1월 23일자.

33 James E. Webb, "Implementation of NSC8/2 during the period from August 1, 1949 through December 31, 1949"(NSC Progress Report 3, 1950년 2월 10일), 국방군사연구소 편 『한국전쟁 자료총서 I: Documents of the National Security Council: Korea(1948~1950)』 수록.

34 이에 비하여 1951 회계연도의 대한경제원조 계획은 "Division of Historical Policy Research Office of Public Affairs Department of State, United States Policy Regarding Korea: Part 3 December 1945~June 1950, Research Project No. 252,"(1951년 12월) 한림대 아시아문화연구소 편 『미국의 대한정책, 1934~1950』, 42~48면 참조.

35 李鍾元「戰後美國の極東政策と韓國の脫植民地化」, 『近代日本と植民地 8—アジアの冷戰と脫植民地化』, 岩波書店 1993, 8~9면.

36 커밍스는 「NSC 48」 씨리즈에서 일본 중심의 지역통합전략이 어느정도 완성된 것으로 파악했지만, 「NSC 48/2」의 내용을 볼 때 이러한 파악은 재고되어야 할 것으로 생각된다. 「NSC 48/2」는 일본에 대한 제반 정책은 평화조약이 체결된 이후 재검토돼야 한다고 규정했다.

37 국방군사연구소 편, 앞의 자료집 수록.

38 이종원, 앞의 글 11~12면에서 재인용.

39 *Economic Assistance to China and Korea 1949~1950*, (The Senate Foreign Relations Committee's Historicak Series) with an introduction by Richard D. Challener, New York: Garland Publishing Inc. 1979, 159~60면.

40 이종원, 앞의 글 27~28면에서 재인용.

41 같은 글 29~30면에서 재인용.

42 "The Ambassador in Korea(Muccio) to the Secretary of State," January 18, 1950, *FRUS 1950*, Vol VII, 8~11면; 존 메릴 「한국의 내란 1948~1950—한국전쟁의 국지적 배경」, 부르스 커밍스 외, 박의경 역 『한국전쟁과 한미관계』, 청사 1987, 192면.

43 『주보』 제49호, 1950년 3월 9일자.

44 A. I. Bloomfield and J. P. Jensen, *Banking Reform in South Korea*, Federal Reserve Bank of New York, 1951년 3월 참조.

45 국회도서관 입법조사국 편 『국제연합한국위원단 보고서 1949~1950』, 국회도서관 입법조사국 1965, 286~87면.

46 "Division of Historical Policy Research Office of Public Affairs Department of State, United States Policy Regarding Korea; Part 3 December 1945~June 1950, Research Project No. 252," 한림대 아시아문화연구소 편, 앞의 책 42~48면.

47 「민국복리를 위하야 대충자금의 사용결정 — 긴요사업에 유출」, 『주보』 61호, 1950년 5월 25일자.

48 한국은행 『조사월보』 1954년 9월호, 55면.

제3부

1 "Conversation between General of the Army MacArthur and Mr. George F. Kennan: PPS 28/2," March 5, 1948, Thomas H. Etzold and John Lewis Gaddis, eds., *Containment: Documents on American Policy and Strategy, 1945~1950*, New York: Columbia University Press, 1978, 228~32면. (이하 *Containment*로 약칭)

2 "Strategic Evaluation of United States Security Needs in Japan: NSC 49," June 15, 1949, *Containment*, 231~33면.

3 Bruce Cumings, *The Origins of the Korean War 2: The Roaring of the Cataract 1947~1950*, Seoul: Yuksabipyungsa 2002, 46면.

4 같은 책 82~97면.

5 "United States Objects and Programs for National Security: NSC 68," April 14, 1950, *Containment*, 385~442면.

6 토드 부크홀츠, 이승환 역 『죽은 경제학자의 살아있는 아이디어』, 김영사 1994, 9~10장 참조.

7 William O. Walker III, "Mixing the Sweet with the Sour: Kennedy, Johnson, and Latin America," Diane B. Kunz, ed., *The Diplomacy of the Crucial Decade: American Foreign Relations During the 1960s*, New York: Columbia University Press 1994.

8 "The Joint Chiefs of Staff to the Commander in Chief, Far East(Clark)," June 25, 1952, *FRUS 1952~1954*, Vol. XV, 358~60면.

9 "The Commander in Chief, United Nations Command(Clark) to the Joint Chiefs of Staff," *FRUS 1952~1954*, Vol. XV, 378면; 홍석률 「한국전쟁 직후 미국의 이승만 제거계획」, 『역사비평』 1994년 가을호.

10 "The Ambassador in Korea(Muccio) to the Assistant Secretary of State for Far Eastern Affairs(Allison)," February 15, 1952, *FRUS 1952~1954*, Vol. XV, Part 1, 50~52면.

11 "The Charge in Korea(Lightner) to the Department of State," May 27, 1952, *FRUS 1952~1954*, Vol. XV, Part 1, 252~56면.

12 "Paper Submitted by the Commanding General of the United States Eighth Army(Taylor): Outline Plan Everready," May 4, 1953, *FRUS 1952~1954*, Vol. XV, Part 1, 967면.

13 "Memorandum of Conversation, by the Assistant Scretary of State for Far Eastern Affairs(Robertson)," *FRUS 1952~1954*, Vol. XV, Part 1, 933~35면.

14 "The Ambassador in Korea(Griggs) to the Department of State," April 26, 1953, *FRUS 1952~1954*, Vol. XV, Part 1, 938~40면; 홍석률, 앞의 글 151면.

15 "The Ambassador in Korea(Briggs) to the Department of State," May 25, 1953, *FRUS 1952~1954*, Vol. XV, Part 1, 1100~102면.

16 홍석률, 앞의 글 153면.

17 "Telegram of the Ambassador in Korea(Briggs) to the Department of State," April 14, 1953, *FRUS 1952~1954*, Vol. XV, Part 1, 906면.

18 "Memorandum of Conversation, by the Director of the Office of Northeast Asian Affairs(Young)," April 8, 1953, *FRUS 1952~1954*, Vol. XV, Part 1, 898~99면.

19 "The Chief of Staff, United States Army(Collins) to the Commander in Chief, Far East(Clark): South Korean Attitude toward Armistice," May 29, 1953, *FRUS 1952~1954*, Vol. XV, Part 1, 1119~23면.

20 "Letter of the Ambassador in Korea(Briggs) to the Department of State," June 7, 1953, *FRUS 1952~1954*, Vol. XV, Part 1, 1148면.

21 "A letter of the Secretary of State to the President of the Republic of Korea(Rhee)," June 22, 1953, *FRUS 1952~1954*, Vol. XV, Part 1, 1238~40면.

22 홍석률, 앞의 글 159~67면.

23 "Memorandum of the Substance of Discussion at a Department of State-Joint Chiefs of Staff Meeing," July 3, 1953, *FRUS 1952~1954*, Vol. XV, Part 2, 1318면.

24 "The Ambassador in Korea(Briggs) to the Department of State," October 22, 1954, *FRUS 1952~1954*, Vol. XV, Part 2, 1902~905면; 홍석률, 앞의 글 164면.

25 "Memorandum by the Joint Chiefs of Staff to the Secretary of Defense(Wilson)," December 7, 1954, *FRUS 1952~1954*, Vol. XV, Part 2, 1932~33면; 홍석률, 앞의 글 161면. 이 문서는 「NSC 170/1」로 규정된, 1954년에 나온 미국의 중요한 대한정책 문서 중 일부를 수정하도록 권고한 것이었다. 미국은 한국 내에서 이승만을 대체할 수 있고 미국에 협조적인 새로운 지도자의 창출을 대한정책의 중요한 한 부분으로 삽입한 것이다.

26 강원룡·박태균 「이승만·조봉암 사이에서 양다리 걸친 미국」, 『신동아』 2004년 1월호 참조.

27 李鍾元 「米韓關係における介入の原型: 『エウァ-レヂィ計劃』 再考 1~2」, 『法學』 58권 1호(1994년 4월), 59권 1호(1995년 4월) 참조.

28 같은 글 참조.

29 "Organization and Development of the Democratic Party," February 13, 1956, 795B.00/2-1356, General Records of State Department, RG 59, Decimal File, 1955~1959 NARA.

30 졸저 『한국전쟁 — 끝나지 않은 전쟁, 끝나야 할 전쟁』, 책과 함께 2005, 304~11면.

31 "The Chief of the United Command Mission to Korea(Meyer) to the Secretary of State," May 24, 1952, *FRUS 1952~1954*, Vol. XV, Part 1, 238~42면.

32 한국일보사 편 『재계회고』 7, 389~90면.

33 Steven Hugh Lee, "The Poltical Economy of US-ROK Relations, 1954~1960," prepared for presentation at an international conference on "Toward an Industrial Society in Korea," organized by Center for Korean Research, University of British Columbia 1996, 13~15, 24~32면.

34 이원덕 『한일과거사 처리의 원점』, 서울대 출판부 1996, 84~89면; 졸고 「한일회담 시기 청구권 문제의 기원과 미국의 역할」, 『한국사연구』 131호, 37~47면.

35 "Letter From the Assistant Secretary of State for Far Eastern Affairs(Robertson) to the Assistant Secretary of Defense for International Security Affairs(Sprague)," July 8, 1958, *FRUS 1958~1960*, Vol. XVIII, 424면.

36 "Telegram From the Assistant Secretary of Defense for International Security Affairs(Sprague) to the Commander in Chief, United Nations Command(Decker)," December 11, 1957, *FRUS 1955~1957*, Vol. XXIII, Part 2, 525~27면.

37 이승만이 한국군 감축을 반대하자, 미국무부는 한국군에 M-47 탱크, 120mm AAA 대포, M-33D 화염방사기 그리고 트랙터 원동기 등을 제공한다는 조건을 내걸고 병력을 63만명으로 감축하는 데 동의를 얻어냈다. 그러고 나서 국무부는 유엔군 사령관 데커에게 곧 축하전문을 보냈다. "Telegram From the Department of Defense to the Commander in Chief, United Nations Command(Decker)," March 28, 1958, *FRUS 1958~1960*, Vol. XVIII, 449~51면.

38 "Letter From the Assistant Secretary of Defense for International Security Affairs(Sprague) to the Assistant Secretary of State for Far Eastern Affairs(Robertson)," January 21, 1958, *FRUS 1958~1960*, Vol. XVIII, 431면.

39 『조선일보』 1958년 1월 28일자(조간).

40 James F. Schnabel and Robert J. Watson, 군사편찬위원회 역 『미국합동참모본부사 — 한국전쟁(하)』, 군사편찬위원회 1991, 460면.

41 "Memorandum by the Joint Chiefs of Staff to the Secretary of Defense," June 11, 1954, *FRUS 1952~1954*, Vol. XV, Part 2, 1806~807면.

42 "The Ambassador in Korea(Briggs) to the Department of State," June 23, 1954, *FRUS 1952~1954*, Vol. XV, Part 2, 1813~14면.

43 "The Secretary of State to the Embassy in Korea," November 8, 1954, *FRUS 1952~1954*, Vol. XV,

Part 2, 1910~11면.

44 『조선일보』 1954년 5월 26일자(조간).

45 『조선일보』 1955년 8월 13일자(조간).

46 『조선일보』 1955년 11월 15일자.

47 『조선일보』 1955년 8월 17일자(조간); 8월 31일자(조간).

48 『조선일보』 1955년 8월 30일자(조간).

49 "United States Summary Minutes of the Fourth Meeting of United States-Republic of Korea Talks," July 30, 1954, *FRUS 1952~1954*, Vol. XV, Part 2, 1857면.

50 "Draft Statement of Policy on U.S. Objectives and on Courses of Action in Korea(National Security Council Report, NSC 5514)," February 25, 1955, *FRUS 1955~1957*, Vol. XXIII, Part 2, 44~48면.

51 "Memorandum of a Conversation, Department of State," April 7, 1955, *FRUS 1955~1957*, Vol. XXIII, Part 2, 64면.

52 "Telegram From the Department of State to the Embassy in Sweden," May 1, 1956, *FRUS 1955~1957*, Vol. XXIII, Part 2, 255면.

53 "Memorandum of a Conversation, Department of State," May 4, 1956, *FRUS 1955~1957*, Vol. XXIII, Part 2, 257~62면.

54 *FRUS 1955~1957*, Vol. XXIII, Part 2, 274면, 각주 4.

55 『조선일보』 1956년 6월 10일자(조간). 감시소조가 철수하기 이전에 폴란드 대표단이 비행기 사고로 사망하는 일이 발생했다. 1955년 11월 7일 대표단 교체를 위하여 미군 비행기를 이용, 판문점으로 돌아가던 폴란드 대표 3명이 비행기 추락사고로 전원 사망한 것이다. 『조선일보』 1955년 11월 9일자(조간).

56 『조선일보』 1955년 9월 7일자.

57 *FRUS 1955~1957*, Vol. XXIII, Part 2, 15면, 각주 3.

58 "Telegram From the Department of the Army to the Commander in Chief, United Nations Command(Hull)," February 5, 1955, *FRUS 1955~1957*, Vol. XXIII, Part 2, 27면.

59 "Memorandum From the Deputy Assistant Secretary of State for Far Eastern Affairs(Sebald) to the Deputy Under Secretary of State for Political Affairs(Murphy)," February 23, 1955, *FRUS 1955~1957*, Vol. XXIII, Part 2, 38~39면.

60 "Memorandum of Discussion at the 240th Meeting of the National Security Council," March 10, 1955, *FRUS 1955~1957*, Vol. XXIII, Part 2, 56~58면.

61 "Memorandum of Discussion at the 245th Meeting of the National Security Council," April 21, 1955, *FRUS 1955~1957*, Vol. XXIII, Part 2, 68~71면.

62 "Memorandum of Conversation," June 3, 1955, *FRUS 1955~1957*, Vol. XXIII, Part 2, 111~12면.

63 "Memorandum of Discussion at the 248th Meeting of the National Security Council," May 12, 1955, *FRUS 1955~1957*, Vol. XXIII, Part 2, 92~94면.

64 "Record of a Meeting," January 18, 1957, *FRUS 1955~1957*, Vol. XXIII, Part 2, 387~89면.

65 "Memorandum of a Conversation," June 18, 1955, *FRUS 1955~1957*, Vol. XXIII, Part 2, 114~16면.

66 *FRUS 1955~1957*, Vol. XXIII, Part 2, 126면. 각주 4. 아이러니하게도 미그기의 도입을 알게 된 계기는 미군 비행기의 정찰비행 때 이에 대응하기 위해서 미그기들이 출격했기 때문이다. 그러나 그 지역이 만주 근처였다는 점을 고려한다면, 미그기가 중국의 만주에서 출격한 것인지 아니면 북한에 새로 반입된 것인지는 정확히 알 수 없었다. *FRUS 1955~1957*, Vol. XXIII, Part 2, 103면, 각주 2.

67 『조선일보』 1955년 5월 27일자(조간); 7월 6일자(조간); 12월 31일자(조간); 1956년 10월 20일자(조간); 12월 14일자(조간); 1957년 5월 8일자.

68 "Editorial Note," *FRUS 1955~1957*, Vol. XXIII, Part 2, 432~33면.

69 "Editorial Note," *FRUS 1955~1957*, Vol. XXIII, Part 2, 460~61면; 『조선일보』 1957년 6월 22일자(조간).

70 John Lewis Gaddis, *Strategies of Containment*, Oxford: Oxford Univ. Press 1982, 3~4장 참조.

71 졸고 「미국 이해에 따라 결정된 주한미군의 운명」, 『월간중앙』 2000년 8월호.

72 졸고 「1950~60년대 미국의 한국군 감축론과 한국정부의 대응」, 『국제지역연구』 제9권, 3호(2000) 참조.

73 같은 글 35~36면.

74 "National Security Council Report (NSC 5702)," January 14, 1957, *FRUS 1955~1957*, Vol. XXIII, Part 2, 374~84면. 지금까지 대부분의 연구에서는 1957년 8월에 나온 「NSC 5702/2」 문서를 주목했다. 그 이유는 「NSC 5702/2」가 한국의 경제개발과 관련된 내용을 담고 있었기 때문이다. 그러나 실제 「NSC 5702」 씨리즈의 초안이 되었던 문서는 한국군의 감축과 관련된 여러가지 옵션들을 그 내용으로 하고 있다. 따라서 당시 한국에서의 경제개발문제는 기본적으로 한국군의 감축문제와 긴밀하게 연결되어 있었으며, 「NSC 5702/2」 문서를 미국의 '경제개발전략'이 담긴 새로운 내용의 문서로 파악하고자 하는 이종원·우정은 등의 기존 연구는 당시 미국의 대한정책이 담고 있는 전후 사정을 제대로 파악하지 못한 것이라고 할 수 있다.

75 "Telegram From the Commander in Chief, United Nations Command(Lemnizer) to the Department of the Army," January 30, 1956, *FRUS 1955~1957*, Vol. XXIII, Part 2, 209~13면.

76 "Memorandum of Discussion at the 245th Meeting of the National Security Council," April 21, 1955, *FRUS 1955~1957*, Vol. XXIII, Part 2, 68~71면.

제4부

1 로스토우 이론에 대한 비판은 다음의 몇가지로 구분된다. 첫째, 그가 제시한 경제성장의 다섯가지 단계는 서로 다른 단계를 연결하는 어떠한 메커니즘도 특화하여 제시하지 못했다. 둘째, 전통적인 사회가 이륙의 전제조건을 낳을 사회로 바뀌어야 하는 이유를 설명하지 못했다. 셋째, 특정한 발전 단계의 전제조건만을 제시했을 뿐 그것이 어떠한 방향으로 발전해야 하는가, 또는 발전할 수밖에 없는가에 대해서는 설명하지 못했다. Charles P. Oman and Ganeshan Wignaraja, *The Postwar Evolution of Development Thinking*, OECD Development Centre: MacMillan Academic and Professional LTD. 1991, 12~13면.

2 박희범 『한국경제성장론』, 고려대학교 출판부 1968, 298~326면; 변형윤 「로스토우 도약이론의 한국경제에 대한 적용문제」, 『경제성장의 이론과 현실』, 내각기획조정실 1969, 36~51면.

3 쿠데타 직후 박희범의 활동에 대해서는 졸고 「1961~1964년 군사정부의 경제개발계획 수정」, 『사회와 역사』 57집(2000) 참조.

4 로드위즉은 로스토우의 사상을 정책입안자로서의 위치에 주목하여 분석하고자 한 첫번째 연구자였다. 그러나 그의 연구는 로스토우가 지은 책의 일부와 베트남에서의 게릴라전과 관련된 로스토우의 '활약'에만 주목하고 있다. 이 책에서는 그의 사상이 당시 제3세계를 어떻게 변화시키려 했는가 하는 점에 총체적으로 접근해보고자 한다. John Lodewijk, "Rostow, Developing Economies, and National Security Policy," Craufurd D. Goodwin ed., *Economics and National Security: A History of Their Interaction, Annual Supplement to Volume 23*, Durham and London: Duke University Press 1991.

5 Walt W. Rostow, *View from the Seventh Floor*, New York: Harper & Row 1964, 109면.

6 John Lodewijk, 앞의 글 285면.

7 John K. Galbraith, *A Life in Our Times*, Boston: Houghton Mifflin 1981, 241면.

8 John Lodewijk, 앞의 글 286~87면.

9 "Recorded interview by Richard Neustadt," April 11, 1964; April 25, 1964, John F. Kennedy Library Oral History Program, 113, 149면.

10 Walt W. Rostow, *Eisenhower, Kennedy, and Foreign Aid*, Austin: University of Texas Press 1985 참조.

11 "Recorded interview by Richard Neustadt," 46~47, 80면.

12 국무부의 정책기획위원회에서 활동하던 로스토우는 "Basic National Security Policy"나 "Reflection on National Security Policy at April 1965"와 같은 중요한 정책문서들을 입안했다. "Basic National Security Policy (S/P draft),"(1962. 3. 26) Lyndon B. Johnson Papers, Vice Presidential-Security File,

Box 7, Lyndon B. Johnson Library(이후부터 LBJL로 약칭); John Lewis Gaddis, *Strategies of Containment*, Oxford: Oxford Univ. Press 1982, 200~201면 참조.

13 로스토우의 형 유진 로스토우는 1966년 9월 국무부 정치담당 차관보에 임명되었다.

14 Thomas Parker, *America's Foreign Policy 1945~1976: Its Creator and Critics*, New York: Facts on File, Inc. 1980, 143~46면.

15 "The Role of the Military in the Underdeveloped Areas," RG 59, Department of State, 1960~1966: Policy Planning Council, 1962~1963, Box 6, NARA.

16 "The Challenge of Democracy in Developing Nations," Keynote Address by the Honorable Walt W. Rostow, Counselor and Chairman of the Policy Planning Council, Department of State, At the Seminar on Democracy, Merida, Venezuela, Sunday, January 26, 1964, 4:00 p.m., Entry 5041, Records of the Policy Planning Council, 1963~64, Lot 70D199 NND, Box 267, NARA.

17 John Lewis Gaddis, 앞의 책 5장 참조.

18 케네디 행정부에는 트루먼 행정부 시기에 활약했던 케인즈주의자의 일부가 참여했으며, 재정지출의 증가를 바탕으로 경제를 활성화하고자 하는 적극적인 재정정책이 추진되었다. 일부 학자들은 이러한 케네디 행정부에서의 새로운 정책을 '케인즈적인 혁명'(Keyensian Revolution)이라고 지칭한다. John Lewis Gaddis, 앞의 책 213~32면.

19 호프먼의 연설, "Recovery," *Foreign Affairs House of Representatives*, 10, 15면.

20 "The Challenge of Democracy in Developing Nations."

21 Walt W. Rostow, "Memorandum to the President(1961. 2. 28): Crucial Issues in Foreign Aid," National Security File(이하 'NSF'로 약칭): Meetings & Memorandum(이하 'M&M'으로 약칭): Staff Memoranda, Walt W. Rostow, Foreign Aid, International Aid for Underdeveloped Countries, 2/24/61-2/28/61, Box 324, John F. Kennedy Library(이하 'JFKL'로 약칭).

22 "Memorandum from Robert H. Johnson and George Weber to Rostow," February 22, 1961, NSF: M&M: Staff Memoranda, Walt W. Rostow, Foreign Aid, International Aid for Underdeveloped Countries, 2/21/61-2/23/61, Box 324, JFKL.

23 『대학신문』 1965년 5월 3일자.

24 김종권 「로스토우 박사의 개발연대 비화—나의 충고에 따라 케네디는 박정희를 돕기로 결심했다」, 『월간조선』 1992년 12월호.

25 졸고 「1950년대 경제개발론 연구」, 『사회와 역사』(2002) 참조.

26 졸고 「1956~1964년 한국 경제개발계획의 성립과정」, 서울대 국사학과 박사논문(2000) 제4장 참조.

27 Walt W. Rostow, *The Prospects for Communist China*, Cambridge: Technology Press of MIT and Wiley 1954.

28 "Memorandum of Conversation: Japan's World Responsibilities,"(S/P File) May 13, 1963, RG 59, NND

979524, U.S.-Japanese Security Relation Documents(Micro Fiche), 하바드 Lament 도서관 소장.

29 "The Joint U.S.-Japan Committee on Trade and Economic Affairs: the Southeast Asia Regional Development Program,"(S/P File) July 3, 1965, RG 59, NND 979519, U.S.-Japanese Security Relation Documents(Micro Fiche), 하바드대 Lament 도서관 소장.

30 아시아개발은행에 대한 일본의 입장과 관련해서는 2003년 6월 30일 토오꾜오대 동양문화연구소에서 발표한 「일본의 아시아지역 경제개발원조 아시아개발은행 — 미국의 대일정책을 중심으로」(미출간 원고) 참조.

31 "Department of State Policy on the Future of Japan," June 26, 1964, U.S.-Japanese Security Relation Documents(Micro Fiche), 하바드대 Lament 도서관 소장.

32 "Report by Hugh D. Farley of the International Cooperation Administration to the President's Deputy Sepcial Assistant for National Security Affairs(Rostow)," March 6, 1961, President's Office Files: Countries Series(이하 'CO'로 약칭); Korea, Security 1961~1963, JFKL. 팔리는 대통령 안보담당 보좌관 번디와 논의를 거친 슐레진저(A. Schlesinger)의 요청을 받아 자신의 보고가 제출되었다고 밝혔다. *FRUS 1961~1963*, Vol. XXII, 424면.

33 사회개혁과 관련하여 이 보고서에서는 한국인들에 의해 사회개혁이 진행될 경우 '폭발적인 반미운동'이 전개될 것으로 보고, 미국이 사전에 사회개혁에 개입해야 할 필요성이 있음을 강조했다. 그럼에도 이러한 사회적 위기는 오히려 미국에 기회를 제공하고 있으며, 한국민들은 미국의 개입을 기다리고 있다고 분석했다. 여기서 미국의 개입은 '조용한 혁명의 착수'를 의미하며, 시기적으로 4·19혁명 1주년이 되는 날이 가장 적당한 날이라고 판단했다.

34 이재봉 「4월혁명과 미국의 개입」, 『사회과학연구』 18(1995) 참조.

35 "Embassy Telegram(대사관 전문, 이하 'Embtel'로 약칭) No. 1142," March 11, 1961, 795B.00/3-1161, General Records of State Department, RG 59, Central Decimal File, 1960~1963, Box 2181, NARA(이하 'Box 2181, Decimal File, 1960~1963'으로 약칭); "Memorandum from Sheppard to Labouisse," March 10, 811.0095B/3-861, Box 2181, Decimal File, 1960~1963; "Memorandum from the Under Secretary of State for Economic Affairs(Ball) to the President's Deputy Special Assistant for National Security Affairs(Rostow)," March 20, 1961, *FRUS 1961~1963*, Vol. XXII, 429면; "Mr. Bacon to FE Mr. Steeves: For Meeting on Monday, March 13, at ICA concerning the Hugh Farley Matter," March 19, 1961, RG 59, Bureau of Far Eastern Affairs, NND 959269, Box 5, NARA; "Hugh Farley's Views on the U.S. Program in Korea," March 16, 1961, RG 59, Bureau of Far Eastern Affairs, NND 959269, Box 5, NARA.

36 "Memorandum From the President's Deputy Special Assistant for National Security Affairs(Rostow) to President Kennedy," March 15, 1961, *FRUS 1961~1963*, Vol. XXII, 428~29면.

37 "Note by Battle(Executive Secretary)," March 15, 1961, 795B.00/3-1561, Box 2181, Decimal File,

1960~1963.

38 "Memorandum," March 15, 1961, NSF: CO; Korea, General, 1/61-3/61, JFKL.

39 "NSC Meetings No. 483," NSF: M&M: NSC Meetings, May 5, 1961, JFKL(*FRUS 1961~1963*, Vol. XXII, 448면에서 재인용). 대통령은 한국문제긴급임무팀의 조직을 국가안보행동 2421호(National Security Action No. 2421)로 승인했다. *FRUS*는 공식적으로 한국문제긴급임무팀에서 이뤄진 토론과 관련된 문서가 없다고 지적했지만, 미국가기록보존소에 있는 가드너 문서군의 자료에 의하면 국무부(10명), 국방부(3명), 중앙정보부(이름·숫자 불명), 국제협조처(3명), 미공보처(3명), 재무부(2명), 국가안보회의(1명), 예산국(1명)에서 최소한 23명이 참여해 토론에 임했다.

40 "First Draft Report of the Korea Task Force," May 15, 1961; "Third Draft-Report of the Korea Task Force," May 22, 1961; "Walter P. McConaughy to Members of Task Force: Fourth Draft-Report of the Korea Task Force," June 1, 1961(이상 가드너 문서군).

41 "Summary and Revision of Recommendations of Task Force Report on Korea: For discussion at meeting at White House at 4 P.M. on June 12, 1961," President's Office Files: CO; Korea, Security, 1961~1963, Box 120, JFKL; "Summary and Revision of Recommendations of Task Force Report on Korea: Walter F. McConaughy to Members of the Task Force on Korea," June 13, 1961, 가드너 문서군.

42 L. L. Lemnitzer(Chairman of Joint Chiefs of Staff), "Strategic Appraisal of US Position in Korea 1962~1970(U)," April 10, 1962, RG 59, Records of the Policy Planning Council, 1963~64, Box 281, NARA.

43 "Walter P. McConaughy to Members of Korea Task Force: Meetings of Korea Task Force," May 12, 1961, 가드너 문서군.

44 "Presidential Task Force on Korea: Report to the National Security Council," June 5, 1961, President's Office Files: CO; Korea, Security, 1961~1963, Box 120, JFKL.

45 "Telegram From the Embassy in Korea to the Department of State," July 23, 1962, *FRUS 1961~1963*, Vol. XXII, 581~85면.

46 *FRUS 1961~1963*, Vol. XXII, 549면, 각주 2. 버거·매코너기·번디 등이 동의한 내용이다.

47 "Editorial Note," *FRUS 1961~1963*, Vol. XXII, 656~57면.

48 Robert Komer, "Relative Priority of Military vs. Reconstruction: Focus in Korea," June 12, 1961, President's Office Files: CO; Korea, Security, 1961~1963, Box 120, JFKL.

49 "National Intelligence Estimate (14.2/42-61)," September 7, 1961, *FRUS 1961~1963*, Vol. XXII, 521면.

50 미국의 원조가 무상원조에서 차관으로 변화함에 따라 군사정부에서는 모자라는 외환을 메울 필요가 있었다. 이를 위하여 1962년 7월31일 법률 1114호와 1115호로 '장기결제방식에 의한 자본재

도입에 관한 특별조치법'과 '차관에 대한 지불보증에 관한 법률'을 공표했으며, 1966년 8월 3일자 법률 제1802호로 외자도입법을 제정했다. 경제기획원 편 『경제기획원 30년사』, 미래사 1994, 396~97면.

51 "Rusk to Samuel Berger," August 1, 1961, FG 84, NND 948813, Korea, General Records, Box 27, NARA.

52 1961년 5월 15일자 「한국문제긴급임무팀 첫번째 초안」(First Draft Report of the Korea Task Force)의 맨 처음 항목에서 가장 중요한 문제로 '부패'가 다루어져 있다. 여기에서는 부패를 한국의 역사에서 계속되어온 문제로 인식했다. "Corruption has been deeply engrained in Korean society for centuries."

53 "Statement by Embassy Seoul: Korean Government and Business are riddled with Graft and Corruption" "Statement by Embassy Seoul: General Conclusions and Recommendations on Measures to Cope with Corruption and Nepotism in Korea," no date, 가드너 문서군.

54 "Memorandum for Mr. Rostow: This Afternoon's Meeting on Korea," July 12, 1961, NSF: CO; Korea, General, 6/61, Box 127, JFKL.

55 "General Statement of AID Policy," August 1, 1962, Agency for International Development Manual, Records of Government Agencies, AID, Reel 18, JFKL.

56 "Walter P. McConaughy to Members of Korea Task Force: Meetings of Korea Task Force," May 12, 1961, 가드너 문서군.

57 한국에 대한 편견이 가장 잘 정리된 문서는 "Donald S. Macdonald(Korean Desk Officer(State) to Members of Task Force: Economic Policy Recommendations excerpted from recent Communications from Embassy Seoul," May 10, 1961, 가드너 문서군; "Statement by Embassy Seoul: General Conclusions and Recommendations on Measures to Cope with Corruption and Nepotism in Korea," no date, 가드너 문서군.

58 Walt W. Rostow, "The future of Foreign Aid," *Foreign Service Journal*, 38-6, 30~35면; 임대식 「1950년대 미국의 교육원조와 친미엘리트의 형성」, 『1950년대 남북한의 선택과 굴절』, 역사비평사 2004 참조.

59 Richard Pells, *Not Like Us: How Europeans Have Loved, Hated, and Transformed American Culture Since World War 2*, New York: Basic Books 1997, 58~63면.

60 "Memorandum to the President: Crucial Issues in foreign Aid," February 28, 1961, NSF: M&M: Staff Memoranda, Walt W. Rostow, Foreign Aid, 2/24/61-2/28/61, Box 324. JFKL,

61 李鍾元 「韓日國交正常化の成立とアメリカ ── 一九六○~六五年」, 近代日本研究會 『近代日本研究・十六・戰後外交の形成』, 山川出版社 1994 참조.

62 "National Security Action Memorandum No. 151," April 24, 1961, NSF: M&M: Staff Memoranda,

Arthur M. Schlesinger, 7/62-6/63, Box 327, JFKL.

63 "Walter P. McConaughy to Members of Korea Task Force: Meetings of Korea Task Force," May 12, 1962, 가드너 문서군.

64 Department of State(Policy Planning Council), "Brief Foreign Policy Statements," March 5, 1963, RG 59, Lot 70D199, Records of the Policy Planning Council, 1963~64, Box 243, NARA.

65 "Department of State Guidelines For Policy and Operations," October, 1961, RG 59, Bureau of Far Eastern Affairs, NND 959269, Box 20, NARA; "Japanese Aid to the Developing Areas," March 1, 1962, RG 59, Bureau of Far Eastern Affairs, NND 959269, Box 20, NARA.

66 "AGENDA," National Security Council Standing Group Meeting, International Situation Room, The White House, May 18, 1962, NSF: M&M, NSC meetings, 1963 Standing Group Meetings, 5/18/62-8/3/62, Box 314, JFKL.

67 "Some Comments on a Far East Strategy," Department of State, 1960~1966: Roger Hilsman, General, 1963~1966, Box 8, JFKL.

68 "Korean-Japanese Relations," Background paper for use in connection with the meeting of the NSC standing Group, May 18, 1962, NSF: M&M, NSC meetings, 1963 Standing Group Meetings, 5/18/62-8/3/62, Box 314, JFKL.

69 정창현 「5·16쿠데타는 미국이 주도했다」, 『말』 1993년 4월호.

70 조성관 「미정보기관, 장도영 추대하여 장면 정부 뒤엎으려 했다」, 『월간조선』 1993년 8월호.

71 AS-88 January 24, 1961, 795B.00/1-2461, Box 2181, Decimal File, 1960~1963.

72 "A Proposal to the Presidential Task Force on Korea," May 12, 1961, 가드너 문서군.

73 공교롭게도 한국문제긴급임무팀의 결성이 승인된 것은 쿠데타가 발생한 1961년 5월 16일이었다. 그러나 회의를 위한 자료는 4월말부터 현지근무팀을 중심으로 작성되기 시작했으며, 토론을 위한 초안은 5월 9일에 제출되었고, 첫 회의는 5월 12일에 이루어졌다.

74 정대철 『장면은 왜 수녀원에 숨어 있었나』, 동아일보사 1997, 107~122면.

75 천희상 「박정희·김종필·매그루더 비밀회담 기록」, 『월간조선』 1991년 5월호.

76 장도영의 회고에 의하면 그는 박정희에게서 쿠데타에 관한 이야기를 보고받은 적이 없다. 단지 4·19혁명 1주기에 소요가 발생할 경우 이를 막기 위한 '비둘기작전'에 대해서만 보고받은 바 있다고 회고했다. 비둘기작전은 소요가 확대될 경우 계엄을 발동하고자 하는 계획이었다. 장도영 「나의 쿠데타 가담설은 조작이다」, 『신동아』 1984년 8월호.

77 "Memorandum From Director of Central Intelligence to President," May 16, 1961, *FRUS 1961~1963*, Vol. XXII, 456~57면.

78 박정희 집 앞에서 고구마 장수로 위장한 방첩대원이 박정희의 거동을 감시했다는 것이다. 이영신 「장도영 실각, 육사 5기와 8기의 갈등」, 『신동아』 1984년 5월호.

79 당시 재무부에 있었던 이한빈은 1960년 김영선 재무장관과 함께 미국에 다녀오는 길에 한 미국관리에게서 박정희를 주목해야 한다는 언질을 받았다고 회고했다. 이한빈 『일하며 생각하며 — 이한빈 회고록』, 조선일보사 1996.

80 "Outline of Discussion," May 9, 1961, 가드너 문서군.

81 "First Draft Report of the Korea Task Force," May 15, 1961, 가드너 문서군.

82 4월 17일자 러스크 국무장관의 훈령도 이 보고서와 비슷한 내용이다. 러스크는 장면의 지도력에 가장 큰 문제가 있다고 지적했지만, 민주당 정부하의 한국정부 발전을 계속 지원하기 위해 지속적인 노력을 기울여야 한다고 강조했다. "State Department Telegram(국무부 전문, 이하 'Deptel'로 약칭) No. 1123," 795B.00/4-161, Box 2181, Decimal File, 1960~1963.

83 이한림은 장면 총리처럼 가톨릭 신자였으며, 당시 장면 총리를 뒤에서 지원하고 있던 김철규 신부의 추천으로 참모총장 물망에 오르기도 했다. 그러나 장도영이 참모총장이 되었다.

84 홍석률 「5·16쿠데타의 원인과 한미관계」, 『역사학보』 제168집 참조.

85 그린 대리대사의 문서가 쿠데타를 다룬 첫번째 전문은 아니다. 대사관 직원과 주한미군으로부터 본국에 쿠데타 소식을 보내는 전문들이 워싱턴에 도착한 것은 한국시각 5월 16일 새벽 2~3시경이었다.

86 군사혁명사편찬위원회 『한국군사혁명사』 I-A, 동아서적주식회사 1963, 260면; 천희상, 앞의 글 참조. 유엔군 사령관이 미군을 동원하지 않기로 했다는 사실을 전하고 있는 유일한 보도는 『뉴욕타임즈』 1961년 5월 16일자 기사다. 여기에는 유엔군 사령관이 "8군에 비상을 걸었으나 방관적 정책을 취했"으며 "미군이 영내에 머물도록 지시하여 이번 분쟁에 말려들지 않게" 했다고 보도했다. 「미국이 본 5·16 군사정변」, 『신동아』 1982년 3월호.

87 "Telegram From the Commander in Chief, U.S. Forces Korea(Magruder) to the Joint Chiefs of Staff," May 16, 1961, *FRUS 1961~1963,* Vol. XXII, 449~51면.

88 "Embtel No. 1350," May 16, 1961, 795B.00/5-1661, Box 2181, Decimal File, 1960~1963.

89 "Embtel No. 1536," Section one of two, Section two of two, May 16, 1961, 795B.00/5-1661, Box 2181, Decimal File, 1960~1963.

90 홍규선 대통령 비서관의 회고는 위의 대담 내용을 거의 정확하게 기술하고 있다. 그는 매그루더 유엔군 사령관이 세차례에 걸쳐 1군을 이용한 진압계획을 윤보선에게 전했으며, 윤보선은 몇차례에 걸쳐 이에 동의할 수 없다는 의견을 밝혔다고 한다. 홍규선 「당시 청와대 비서관의 5·16 관찰기록 — 윤보선 대통령의 24시」, 『월간조선』 1991년 4월호.

91 장면이 사퇴하고 국가재건최고회의가 들어선 이후 박정희·김종필과의 회담에서 매그루더 장군이 강조한 것은 바로 한국군에 대한 작전지휘권을 회복하는 문제였다. "Embtel No. 1663," 795B.00/5-2561, Box 2181, Decimal File, 1960~1963; "Embtel No. 1676," 795B.00/5-2761, Box 2181, Decimal File, 1960~1963; 천희상, 앞의 글 참조.

92 "Telegram From the Commander in Chief, United Nations Command(Magruder) to the Chairman of the Joint Chiefs of Staff(Lemnitzer)," May 17, 1961, *FRUS 1961~1963*, Vol. XXII, 458~61면.

93 문명호 「김웅수 인터뷰—5·16쿠데타 진압 좌절의 진상」, 『신동아』 1986년 5월호; 강성재 「김웅수 인터뷰—자기만 애국자란 생각은 곤란」, 『신동아』 1987년 10월호; 이청 「비운의 장군 정강」, 『월간조선』 1993년 6월호.

94 정용석 「20년 만에 공개하는 4·19, 5·16 비화—마셜 그린 당시 주한미 대리대사 본지독점 인터뷰」, 『신동아』 1982년 4월호.

95 김정기 「5·16 당시 미대사관 문정관 그레고리 헨더슨의 회고—케네디, 5·16 진압건의를 묵살」, 『신동아』 1987년 5월.

96 방자명 「우리는 5·16쿠데타 저지에 실패했다」 『신동아』 1984년 5월호. 매그루더 사령관은 쿠데타 직후 예편했다. 일반적으로 미8군 사령관 겸 유엔군 사령관은 승진을 위해 거치는 미군 내 요직으로 알려져 있음에도 불구하고 매그루더 사령관은 예편했다. 이에 대해 쿠데타에 반대한 데 대한 문책이라는 주장도 있지만, 5·16 이전에 이미 예편이 결정되어 있었다는 주장도 있다.

97 방자명, 앞의 글.

98 김정기, 앞의 글 222, 223, 225면.

99 "Telegram From the Chairman of the Joint Chiefs of Staff(Lemnitzer) to the Commander in Chief, U.S. Forces Korea(Magruder)," May 16, 1961, *FRUS 1961~1963*, Vol. XXII, 451~52면.

100 「서울발 뉴욕타임즈 본사독점계약—미국이 본 5·16 군사정권」, 『신동아』 1982년 3월호.

101 보울즈는 예일대 출신으로 1948년부터 1950년까지 코네티컷주 주지사, 1951년부터 1953년까지 주인도 미국대사를 거친 민주당의 대외정책 관련 전문가다. 그는 1960년부터 1961년 사이 후진국 정책을 입안하는 위치에 있었다.

102 김종환 「로스토우 박사의 개발연대 비화」, 『월간조선』 1992년 12월호.

103 "Telegram From the Department of State to the Embassy in Korea," May 16, 1961, *FRUS 1961~1963*, Vol. XXII, 455~56면.

104 "Meeting of Korea Task Force," May 29, 1961, 가드너 문서군.

105 "Embtel No. 1454," 795B.00/5-1761, Box 2181, Decimal File, 1960~1963; "Embtel No. 1545," 795B.00/5-1761, Box 2181, Decimal File, 1960~1963.

106 "Deptel No. 1320," 795B.00/5-1761, Box 2181, Decimal File, 1960~1963.

107 "Telegram From the Department of State to the Embassy in Korea," May 17, 1961, *FRUS 1961~1963*, Vol. XXII, 461~62면.

108 "Embtel No. 1579," 795B.00/5-1861, Box 2181, Decimal File, 1960~1963. 이 문서가 작성된 정확한 시간을 알 수 없는 이유는 795B 씨리즈에는 이 문서가 해제되어 있지 않고, *FRUS*에 각주로서 부분적으로 설명되어 있기 때문이다. 번호는 이해를 돕기 위해 필자가 붙였다. 번호가 붙지 않을 경우

6항목이 아니라 7항목이 된다. *FRUS 1961~1963*, 462면, 각주 2 참조.

109 졸고 「1956~1964년 한국 경제개발계획의 성립과정」, 2장 참조.

110 현석호는 당시 윤보선이 "나라를 구하는 길은 이 길밖에 없다고 나는 보오. 그러면 군사혁명이 일어난 이 마당에 어떻게 하자는 말이오?"라고 했다고 한다. 현석호 「5월 16일 10시의 윤보선 씨」, 『월간중앙』 1970년 7월호. 현석호는 장면과 가까운 사이였고, 가톨릭 신자다.

111 윤보선 「유원식 회고록에 할말 있다」, 『정경문화』 1983년 10월호; 장도영 「나는 역사의 죄인이다」, 『신동아』 1984년 9월호.

112 윤보선이 속한 민주당 구파로 이루어진 당시 신민당에서 당위원장을 맡은 김도연은 쿠데타 다음날인 5월 17일 긴급 간부회의를 소집해서 사태를 논의한 끝에 이제는 거국내각을 구성해야 한다는 것을 윤대통령에게 건의하기로 하고 정식성명을 냈다. 조세형 「5·16과 서대문형무소」, 『월간조선』 1985년 12월호.

113 「서울발 뉴욕타임즈 본사독점계약—미국이 본 5·16 군사정권」.

114 "Embtel,"(문서번호 없음) 795B.00/5-2261, Box 2181, Decimal File, 1960~1963.

115 정대철에 의하면 장면 총리는 주한미국 대리대사를 만나러 대사관저로 갔다가 경비의 저지 때문에 만나지 못했다고 한다. 정대철, 앞의 책 272면.

116 "Embtel No. 1536," Section one of two, Section two of two, 795B.00/5-1661, Box 2181, Decimal File, 1960~1963.

117 이상우 「윤보선, 유원식 논쟁의 진위」, 『정경문화』 1983년 11월호. 베트남 대사로 나가 있던 최덕신도 쿠데타 직후 윤보선이 쿠데타에 연루되어 있다고 판단했다. "Embtel No. 1784," 795B.00/5-2361, Box 2181, Decimal File, 1960~1963.

118 윤보선, 앞의 글; 장도영, 앞의 글.

119 조세형 「5·16과 서대문형무소」, 『월간조선』 1985년 12월호.

120 "Embtel No. 1337," 795B.00/4-1461, Box 2181, Decimal File, 1960~1963.

121 "Embtel No. 1627," 795B.00/5-2261, Box 2181, Decimal File, 1960~1963.

122 "Embtel No. 1727," 795B.00/6-361, Box 2181, Decimal File, 1960~1963.

123 "Embtel No. 1627," 795B.00/5-2261, Box 2181, Decimal File, 1960~1963.

124 "Memorandum From State Department to General Consul in Geneva," 795B.00/5-1761, Box 2181, Decimal File, 1960~1963.

125 "Telegram From the Department of State to the Embassy in Korea," May 16, 1961, *FRUS 1961~1963*, Vol. XXII, 455~56면.

126 미국이 공식적으로 쿠데타의 성공과 군사정부의 존재를 인정한 것은 국무총리와 내각요인들이 사퇴하고 한국군의 지휘권이 유엔군 사령관 아래로 복귀된 5월말 이후였지만, 쿠데타가 성공했음을 암시하는 발언은 쿠데타 직후부터 계속되었다. 「서울발 뉴욕타임즈 본사독점계약—미국이 본

5·16 군사정권」.

127 "Embtel No. 1607호," 795B.00/5-2061, Box 2181, Decimal File, 1960~1963.

128 이상우, 앞의 글 59면.

129 "Embtel,"(문서번호 없음) 795B.11/7-1261, Box 2181, Decimal File, 1960~1963.

130 "Embtel,"(문서번호 없음) 795B.00/5-2261, Box 2181, Decimal File, 1960~1963.

131 "Deptel No. 1421," 795B.00/6-361, Box 2181, Decimal File, 1960~1963.

132 이상우, 앞의 글 59~60면.

133 "Telegram From the Department of State to the Embassy in Korea," May 17, 1961, *FRUS 1961~1963*, Vol. XXII, 461~62면.

134 주한미국대사관의 일부 참사관들은 1950년대말부터 한국의 일부 관료들과 정기적인 쎄미나를 개최했다. 이들은 한국의 현재와 미래를 진단했으며, 경제·정치·사회 전반에 걸친 문제들을 논의했다. 국무부는 이들과의 관계를 통해 1950년대 한미간에 갈등을 빚고 있던 경제현안들이 해결될 것으로 생각했다. 졸고 「1956~1964년 한국 경제개발계획의 성립과정」, 87~91면

135 "Embtel,"(문서번호 없음) 795B.00/5-1961, Box 2181, Decimal File, 1960~1963.

136 "Deptel,"(문서번호 없음) 795B.00/5-2061, Box 2181, Decimal File, 1960~1963. 이한빈과 이기홍이 민주당 정부의 경제개발계획에 필요한 차관을 얻기 위해 미국에 가 있는 상황에서 5·16쿠데타가 발생했다. 위의 문서는 이 두 사람이 한국으로 돌아가기 직전 인사차 매코너기 극동담당 차관보(전 주한미국대사)를 만나 나눈 대화를 보고한 것이다. 이한빈은 나이든 사람들로 임시내각을 구성하는 데 반대하면서 3, 40대의 열정적인 인물로 임시내각이 구성되어야 한다고 주장했다. 그가 열거한 인물은 정인욱, 나익진, 장준하, 이용희, 서석순, 김상협, 정일권, 손원일, 정남규, 차균희, 장기영, 유창순, 오재경, 신응균 등으로, 민간을 중심으로 일부 군인을 포함시키는 진용이었다.

137 "Foreign Exchange and Stabilization," December 11, 1961, RG 84, NND 948813, Korea, General Records, Box 29, NARA.

138 Park, Tae-Gyun, "W.W. Rostow and Economic Discourses in South Korea in the 1960s," *Journal of International and Area Studies*, Vol.8, No 2, 2001.

139 "From Director, CIA to President: Current Situation in South Korea," May 18, 1961, NSF: Co; Korea, 4/11/61-5/17/61, Box 128, JFKL; "Background Paper on the Korean Military Government, May 16~August 15, 1961," NSF: Co; Korea, Cables, 8/61-9/61, Box 128, JFKL.

140 문서로 나타나진 않지만, 차균희가 경제기획원 부원장으로 임명된 데에는 미국의 입김이 작용했을 것으로 추측된다. 쿠데타 직전에 작성된 국무부 문서에는 차균희의 역할을 적극적으로 평가하는 문서가 있다. "Objectives of ROK Economic Working Group," 895B.00/5-961, Box 2181, Decimal File, 1960~1963. 이 문서는 당시 미국을 방문한 이한빈·이기홍·김영록 등 3인과의 대화를 수록한 문서이지만, 미국을 방문하지 않았던 차균희의 역할을 설명하고 있다.

141 "Embtel No. 1725," 795B.00/6-361, Box 2181, Decimal File, 1960~1963.

142 "Embtel No. 1738," 795B.00/6-761, Box 2181, Decimal File, 1960~1963. 최고회의의 각 분과에 민간인으로 구성된 자문위원회를 구성한 사실과, 시기적으로는 훨씬 나중이지만, 1962년 2월 8일 박정희 의장이 최고위 각 분과위원회를 시찰하고 각 기관에 파견된 현역군인의 감축을 당부한 것은 미국의 입장에 대한 군사정부의 회답이었던 것으로 추측된다.

143 1963년 대통령선거를 앞둔 싯점에서 작성된 CIA 보고서는 윤보선이 자신의 인물들을 군사정부 내에 합류시키려고 의도했지만, 박정희가 그러한 의향이 없음을 확인한 후 사퇴했다고 분석했다. "Special Report: Background for Elections in South Korea, by Central Intelligence Agency (SC No. 00613/63C)," October 11, 1963, NSF: CO; Korea, General, Box 127, JFKL.

144 "Embtel No. 1055호," March 20, 1962, NSF: Co; Korea, Cables, 1962, Box 128, JFKL. 흥미로운 점은 이 시기 이승만이 귀국을 표명했다는 점이다. 이 문서에서 버거는 윤보선의 대통령직 사임이 이승만의 귀국문제와는 연결되지 않을 것이라는 점을 분명히 했다.

145 졸고 「1961~1964년 군사정부의 경제개발계획 수정」 참조. 박정희를 만난 버거는 5개년계획은 최고회의의 요구에 따라서 경제학자들이 만들어낸 현실성 없는 계획에 불과하다고 직접적으로 비난하기도 했다. no title, August 22, 1961, RG 84, NND 948813, Korea, General Records, 1961, Box 28, NARA.

146 "Mr. McConaughy to Leonard L. Bacon: Current Economic Situation in Korea," July 24, 1961, RG 59, Bureau of Far Eastern Affairs, NND 959269 Box 5, NARA; "Proceedings of Meeting of Working Level Task Force on Korea," Room 5714, October 4, 1961, RG 59, Bureau of Far Eastern Affairs, NND 959269, Box 5, NARA.

147 「긴급통화조치법 공포」, 『서울경제신문』 1962년 6월 10일자. 통화개혁은 화교들의 은행예금을 동원하려는 목적을 가지고 있었다. 천병규 『천마초원에 놀다』, 동백천병규고희자전편찬위원회 1988, 204면.

148 「산업개발자금화」, 『서울경제신문』 1962년 6월 17일자; 「산업공사 장기투융자기관으로」, 『서울경제신문』 1962년 6월 18일자.

149 이완범 「제1차 경제개발계획의 입안과 미국의 역할」, 『1960년대의 정치사회 변동—한국현대사의 재인식』 10, 백산서당 1999, 97~98면.

150 "Mr. Gordon from Albert E. Pappano," July 31, 1962, RG84, Classified General Records, NND 948833, Box 34, NARA; "Embtel No. 1306," June 17, 1962, RG84, Classified General Records, NND 948833, Box 34, NARA.

151 "Embtel No. 1306," June 17, 1962, RG84, Classified General Records, NND 948833, Box 34, NARA.

152 "Embtel No. 1171," June 27, 1962, NSF: CO; Korea, Cables, 1962, Box 128, JFKL.

153 "Comparison of recent ROK Currency Conversion with that in Western Zones of Germany in 1948 (A-102)," June 23, 1962, RG84, Classified General Records, NND 948833, Box 34, NARA.

154 이완범, 앞의 글 99면에서 재인용.

155 「봉쇄계정을 전면 해제」, 『서울경제신문』 1962년 7월 14일자.

156 「개발공사법안 폐기될 듯」, 『서울경제신문』 1962년 12월 12일자.

157 "From Joseph A. Yager to FE Avery F. Peterson: Arthur D. Little Company Report—Reconnaissance Survey of Economic Development Planning in Korea," July 26, 1962, RG 59, Bureau of Far Eastern Affairs, NND 959269, Box 5, NARA.

158 "Embtel, No. 1312," 795B.00/6-1962, Box 2181, Decimal File, 1960~1963; "Memorandum of Discussion at a Department of State: Joint Chiefs of Staff Meeting," June 15, 1962, *FRUS 1961~1963*, Vol. XXII, 575~76면; "Telegram From the Embassy in Korea to the DOS," July 23, 1962, *FRUS 1961~1963*, Vol.XXII, 581~85면.

159 「경우방담—6,70년대의 뜨거웠던 경협전쟁」, 『경우』 1990년 11월, 66면. 미국은 "박정희를 둘러싸고 있는 작은 그룹"(a small group around President Pak)이 경제정책 결정과정에서 독점적인 영향력을 행사하고 있다고 판단했다. Department of State, "National Policy Paper: Republic of Korea, Part One: U.S. Policy," September 9, 1965, NND 979519, RG 59, Box 306, NARA.(정일준 박사 소장 자료).

160 김용태 『김용태 자서전』, 집문당 1990, 162면.

161 "Telegram From the Embassy in Korea to the DOS," July 23, 1962, *FRUS 1961~1963*, Vol. XXII, 581~85면; "Telegram From the Embassy in Korea to DOS," July 27, 1962, *FRUS 1961~1963*, Vol. XXII, 589~90면.

162 미국의 문서 안에 직접적으로 언급되지는 않았지만, 최고회의 재경위원장 김동하를 주미대사관 수석무관 출신 유양수로 교체한 것 역시 미국의 압력과 관련이 있는 것으로 추측된다. 유양수는 쿠데타 직후부터 쿠데타 주체와 미국을 연결하는 역할을 했다.

163 "Telegram From the Embassy in Korea to the DOS," July 23, 1962, *FRUS 1961~1963*, Vol. XXII, 581~85면.

164 "Telegram From the Embassy in Korea to DOS," July 27, 1962, *FRUS 1961~1963*, Vol. XXII, 589~90면.

165 "Telegram From the Embassy in Korea to the Department of State," July 23, 1962, *FRUS 1961~1963*, Vol. XXII, 581~82면.

166 "Telegram From the Embassy in Korea to the Department of State," July 27, 1962, *FRUS 1961~1963*, Vol. XXII, 589면.

167 『김용태 자서전』 외에는 미국 대사관이나 유엔군 사령관이 직접적으로 특정 인물을 거론한 예는

찾기 힘들다. 유원식의 경우 자신이 해고된 것이 아니라 박정희의 결정에 반대하여 스스로 그만두었다고 회고하고 있다. 김용태, 앞의 책 162면; 유원식 『혁명은 어디로 갔나』 344면.

168 "From Macdonald to Tori Block," March 21, 1961, 795B.00/1-2462, Box 2181, Decimal File, 1960~1963.

169 "Embtel No. 876," January 16, 1962, NSF: Co; Korea, Cables, 1/62, Box 128, JFKL.

170 버거 대사는 1962년 10월말 김종필을 만나 워커힐 호텔 사건, 증권파동 그리고 통화개혁 등에 개입하지 말 것을 종용했다. "Airgram From Embassy in Seoul to the Department of State," October 23, 1962, NSF: Co; Korea, Cables, 9/62-12/62. Box 129, JFKL.

171 "Telegram From the Embassy in Korea to the Department of State," July 27, 1962, *FRUS 1961~1963*, Vol. XXII, 589~91면.

172 "Telegram From the Department of State to the Embassy in Korea," August 5, 1962, *FRUS 1961~1963*, Vol. XXII, 594~95면.

173 "Memorandum From Robert W. Komer of the National Security Council Staff to the President's Special Assistant for Natoinal Security Affairs(Bundy)," August 17, 1962, *FRUS 1961~1963*, Vol. XXII, 595면.

174 "Deptel No. 321," 795B.00/10-16, RG 59, Box 8985, Decimal File, 1960~1963. 공식적인 만남은 거절당했지만, 김종필은 미국 방문기간 동안 개인 자격으로 미중앙정보부를 방문하고, 국무장관과 국무부 정책기획실장 로스토우 등을 만났다.

175 "Telegram From the Embassy in Korea to the Department of State," July 15, 1963, *FRUS 1961~1963*, Vol. XXII, 653~54면.

176 "Telegram From the Department of State to the Embassy in Korea," August 5, 1962, *FRUS 1961~1963*, Vol. XXII, 591~95면.

177 "Telegram From the Embassy in Korea to the Department of State," July 9, 1962, *FRUS 1961~1963*, Vol. XXII, 496~98면. 이 문서에서 버거 대사는 박정희 외에 대안이 없음을 강조했다.

178 "Deptel,"(문서번호 없음) 795B.00/1-1062, Box 2181, Decimal File, 1960~1963; "Deptel,"(문서번호 없음), 795B.00/1-1862, Box 2181, Decimal File, 1960~1963.

179 "Memorandum From the President's Special Assistant for National Security Affairs(Bundy) to President Kennedy," June 20, 1962, *FRUS 1961~1963*, Vol. XXII, 578면; "Informal Visit of Korean Junta Leader, Lt. General PAK Chong-hui," September 1, 1961, RG 59, Bureau of Far Eastern Affairs, NND 959269, Box 5, NARA.

180 "Airgram From the Embassy in Korea to the Department of State(A-399)," December 7, 1962, *FRUS 1961~1963*, Vol. XXII, 616~17면.

181 같은 곳.

182 1월 10일 발기인대회에서 발표된 발기인은 12인으로 김종필·김동환(이상 혁명주체세력), 김정렬·조웅천(이상 퇴역장성), 박현숙·김원전(구자유당계), 김재순(구민주당), 서태원(구청조회), 윤일선(학계), 김성진·이원순·윤주영(기타) 등이었다. 중앙선거관리위원회 편 『대한민국정당사(증보판)』, 중앙선거관리위원회 1968, 262면.

183 이상우 『제3공화국』 1, 중원문화 1993, 59~62면.

184 중앙선거관리위원회 편, 앞의 책 262~63면.

185 Central Intelligence Agency, Office of Current Intelligence, "The South Korea Crisis (OCI No. 0478/63)," January 25, 1963, NSF: CO; Korea, General, Box 127, JFKL.

186 "Embtel No. 503호," January 17, 1963, NSF: CO; Korea, Cables, Box 129, JFKL.

187 버거 대사가 왜 멜로이 장군이 관여될 수 있다고 했는지는 정확히 알 수 없다. 문서들이 전부 공개되지 않았기 때문이다. 결국 멜로이 장군은 민정이양을 둘러싼 갈등이 어느정도 해결된 시기에 유엔군 사령관에서 물러났고, 신임으로 하우즈 장군이 임명되었다. 현재까지 멜로이 장군의 퇴임시기가 민정이양을 둘러싼 공방이 이루어진 시기와 우연히 일치하는 것인지, 아니면 깊은 관계가 있는 것인지를 밝혀주는 자료는 찾을 수 없다.

188 "Embtel, No. 503," January 17, 1962, NSF: Co; Korea, Cables, 1/63, Box 129, JFKL.

189 "Embtel, No. 504," January 17, 1963, NSF: CO; Korea, Cables, Box 129, JFKL.

190 국무부와 주한미국대사관은 이 시기 참모총장 김종오에게 상당한 기대를 걸고 있었다. 김종오가 박정희의 정계은퇴 선언을 종용한 군내 유일한 세력이며, 군내의 새로운 지도자로 부상하고 있다고 판단한 것이다. "Telegram From the Department of State to the Embassy in Korea," March 28, 1963, *FRUS 1961~1963*, Vol. XXII, 637~38면.

191 "Embtel No. 517," January 23, 1963, NSF: CO; Korea, Cables, Box 129, JFKL.

192 제거될 최고위원 명단에 반(反)김종필 라인의 핵심인물 김동하가 포함되지 않았던 이유는 알 수 없다.

193 "Embtel No. 517," January 23, 1963, NSF: CO; Korea, Cables, Box 129, JFKL.

194 케네디 도서관 소장 국가안보파일(National Security File)의 국가군(Countries)에서 한국에 관한 문서들에는 삭제된 부분이 상당히 많다. 삭제된 부분은 정보를 제공한 인물의 이름이나 지위 그리고 정보공작과 관련된 것이다. 따라서 몇몇 부분은 전후사정을 바탕으로 추측할 수밖에 없다. 일반적으로 대통령 도서관 소장 자료들은 국가기록보존소의 십진분류자료(Decimal File)에도 있는데, 흥미로운 점은 십진분류자료의 1960~63년 자료(Box 2179부터 Box 2189까지) 안에 케네디 도서관에 있는 1963년 자료의 상당부분이 없다는 점이다. 이 책에서 케네디 도서관의 자료를 주로 이용한 것도 그 때문이다.

195 "Embtel No. 21, January 24," 1963, NSF: CO; Korea, Cables, Box 129, JFKL.

196 "Deptel,"(문서번호 없음) January 24, 1963, NSF: CO; Korea, Cables, Box 129, JFKL. 대사관의

전문 521호가 국무부에 도착한 시각이 오후 6시이고, 국무부가 대사관에 이 문서를 발송한 것이 오후 6시 10분이다. 국무장관은 퇴근시간이 지나도록 박정희와의 대화결과를 기다렸으며, 이에 대해 즉각적인 입장을 표시했다.

197 "Embtel No. 526," January 25, 1963, NSF: CO; Korea, Cables, Box 129, JFKL.

198 중앙선거관리위원회, 앞의 책 263면.

199 "Deptel,"(문서번호 없음) January 25, 1963, NSF: CO; Korea, Cables, Box 129, JFKL.

200 "Embtel No. 527," January 26, 1963, NSF: CO; Korea, Cables, Box 129, JFKL.

201 "Embtel No. 529," January 27, 1963, NSF: CO; Korea, Cables, Box 129, JFKL. 이 문서에서는 박정희가 김종필그룹 쪽으로 선회하면서 함경도그룹에 대한 반혁명사건을 만들어낼 것, 반혁명사건에는 전 내각수반 송요찬과 전 최고회의 위원 유원식이 포함될 것, 박과 김의 관계는 변하지 않을 것이며, 김이 박을 필요로 하는 만큼 박도 김을 필요로 한다는 사실 등이 보고되었다.

202 *FRUS 1961~1963*, Vol. XXII, 622면, 각주 1. 박정희의 상심은 미국의 압력에 의한 좌절감에서 비롯되었을 가능성이 크다.

203 *FRUS 1961~1963*, Vol. XXII, 625면, 각주 3.

204 "Telegram From the Department of State to the Embassy in Korea," February 14, 1963, *FRUS 1961~1963*, Vol. XXII, 625면.

205 "Editorial Note," *FRUS 1961~1963*, Vol. XXII, 627면.

206 이상우, 앞의 책 24~25면. 국무부는 군정연장 선언 이후 2·27 '정국수습을 위한 선서식'에 강한 불만을 표시했다. 이 선언에는 "자유민주주의의 기본질서를 부정하는 행위를 한 자, 혁명행위를 방해한 자, 부정축재자 중 환수금을 완납하지 않은 자 그리고 형사소추를 면할 목적으로 도피중인 자"의 정치활동을 금지하고 있는데, 국무부는 박정희의 불건전한 의도가 포함된 것이라고 판단했다. "Telegram from the Department of State to the Embassy in Korea," March 28, 1963, *FRUS 1961~1963*, Vol. XXII, 637면.

207 김동하는 이 사건이 조작이라고 주장했으며, 스스로 '알라스카 토벌작전'이라고 명명했다. 이영석 「5·16혁명과 반혁명의 뇌관」, 『정경문화』 1984년 5월호. 미국 대사관이 김현철 내각수반에게서 받은 정보는 '민족청년단 계열 일부의 쿠데타 음모사건'이었다. 이 음모는 박정희를 암살하려 한 시도이며, 이로 인해 혼란에 빠져 있다고 말했다. "Telegram From the Embassy in Korea to the Department of State," March 14, 1963, *FRUS 1961~1963*, Vol. XXII, 628면.

208 *FRUS 1961~1963*, Vol. XXII, 628면, 각주 1. 유엔군 사령관 멜로이는 버거와는 다른 견해를 가지고 있었다. 그는 반혁명 쿠데타 음모가 실제로 존재했다고 주장했다. *FRUS 1961~1963*, Vol. XXII, 635면, 각주 3. '군일부 반혁명사건'은 김동하 계열과 박임항 계열로 나뉘어 공판이 진행됐으며, 김동하 계열은 조작된 사건이라고 주장한 반면, 박임항 계열은 공소사실을 인정했다. 이영석, 앞의 글.

209 "[Enclosure]Intelligence Note: Memorandum From Michael V. Forrestal of the National Security

Council Staff to President Kennedy," March 17, 1963, *FRUS 1961~1963*, Vol. XXII, 634면.

210 "Memorandum From Michael V. Forrestal of National Security Council Staff to President Kennedy," March 28, 1963, *FRUS 1961~1963*, Vol. XXII, 640면.

211 이상 미국무부의 발표에 대해서는 National Security Council, "U.S. Relations with the Korean Military Junta," March 28, 1963, NSF: CO; Korea, General, Box 127, JFKL 참조.

212 *FRUS 1961~1963*, Vol. XXII, 636면, 각주 1과 각주 3.

213 국무부는 '미래의 한국정부가 야당진영으로부터 구성될 것이므로' 야당인사들과의 접촉을 강화할 것을 대사관에 지시했다. "Telegram from the Department of State to the Embassy in Korea," March 28, 1963, *FRUS 1961~1963*, Vol. XXII, 637면.

214 "Telegram from the Department of State to the Embassy in Korea," March 28, 1963, *FRUS 1961~1963*, Vol. XXII, 637면. 반면 국가안보회의의 포리스털은 '과도정부안'이 미국의 이해관계와 일치될 수 있다는 견해를 피력했다. "Memorandum From Michael V. Forrestal of Naitonal Security Council Staff to President Kennedy," March 28, 1963, *FRUS 1961~1963*, Vol. XXII, 640면.

215 *FRUS 1961~1963*, Vol. XXII, 640면, 각주 2.

216 "Telegram From the Department of State to the Embassy in Korea," April 8, 1963, *FRUS 1961~1963*, Vol. XXII, 642면.

217 *FRUS 1961~1963*, Vol. XXII, 642면, 각주 1.

218 "Telegram From the Embassy in Korea to the Department of State," April 29, 1963, *FRUS 1961~1963*, Vol. XXII, 643~44면. 버거 대사는 김종필과 반김종필 진영의 파벌싸움 과정에서 중도파의 가치를 확인하기 시작했다. 버거가 의미하는 중도파에는 전 정치인, 나이 많은 교수들, 기업가들, 언론인들 그리고 김정렬과 같은 퇴역군인들이 포함되어 있다. "Embtel No. 527," January 26, 1963, NSF: CO; Korea, Cables, Box 129, JFKL.

219 *FRUS 1961~1963*, Vol. XXII, 617면, 각주 1.

220 "Embtel No. 504," January 17, 1963, NSF: CO; Korea, Cables, Box 129, JFKL.

221 이상우 「장군들의 충돌」, 『정경문화』 1983년 7월호.

222 "Telegram From the Embassy in Korea to the Department of State," July 15, 1963, *FRUS 1961~1963*, Vol. XXII, 652면.

223 이상우, 앞의 책 77~78면.

224 중앙선거관리위원회 편, 앞의 책 281면. 자유민주당은 송요찬을 대통령후보로 지명하는 등 독자적인 행보를 걷고자 했지만, 김재춘이 강제로 외유를 떠나면서 활동을 마감했다.

제5부

1 "Memorandum From the Joint Chiefs of Staff to Secretary of Defense McNamara (JCSM-815-64): Alternative US Courses of Action in Korea Under Certain Contingencies," September 21, 1964, *FRUS 1964~1968*, Vol. XXIX, 문서번호 22.

2 "Telegram From the Commander in Chief, United Nations Command, Korea(Howze) to the Chairman of the Joint Chiefs of Staff(Taylor)," March 26, 1964, *FRUS 1964~1968*, Vol. XXIX, 문서번호 6.

3 "Memorandum From Robert W. Komer of the National Security Council Staff to the President's Special Assistant for National Security Affairs(Bundy)," April 21, 1964, *FRUS 1964~1968*, Vol. XXIX, 문서번호 8.

4 "Memorandum From Robert W. Komer of the National Security Council Staff to the President's Special Assistant for National Security Affairs(Bundy)," March 26, 1964, *FRUS 1964~1968*, Vol. XXIX, 문서번호 9. 한달이 지난 후 코머가 또 한번 한국 상황을 정리하여 번디에게 보낸 문서에는 만약 학생들이 몇명 죽는다면, 제2의 4·19가 다시 일어날 것이라고 보았다. "Memorandum From Robert W. Komer of the National Security Council Staff to the President's Special Assistant for National Security Affairs(Bundy)," April 21, 1964, *FRUS 1964~1968*, Vol. XXIX, 문서번호 8.

5 "Telegram from the Embassy in Korea to the Department of State," July 21, 1964, Pol 15-1 Kor S, Subject-Numeric Files 1964~1966(홍석률 「1960년대 한미관계와 박정희 군사정권」, 『역사와현실』 56권(2005), 278면에서 재인용).

6 강원룡·박태균 「박정희 정권 추출 다짐했던 미국, 베트남 파병을 대가로 정권 보장」, 『신동아』 2004년 2월호.

7 "Telegram From the Commander in Chief, United Nations Command, Korea(Howze) to the Chairman of the Joint Chiefs of Staff(Taylor)," March 26, 1964, *FRUS 1964~1968*, Vol. XXIX, 문서번호 6.

8 "Telegram 1534 from Seoul, May 24: National Archives and Records Administration," RG 59, Central Files 1964~66, POL 23-8 Kor S, in "Editorial Note," *FRUS 1964~1968*, Vol. XXIX, 문서번호 11.

9 "Memorandum From Robert W. Komer of the National Security Council Staff to the President's Special Assistant for National Security Affairs(Bundy)," June 3, 1964, *FRUS 1964~1968*, Vol. XXIX, 문서번호 12.

10 "Memorandum From Robert W. Komer of the National Security Council Staff to the President's

Special Assistant for National Security Affairs(Bundy)," May 19, 1964, *FRUS 1964~1968*, Vol. XXIX, 문서번호 9.

11 "Telegram from the Embassy in Korea to the Department of State," September 2, 1963, *FRUS 1964~1968*, Vol. XXIX, 문서번호 19.

12 "Telegram from the Embassy in Korea to the Department of State," January 21, 1964, *FRUS 1964~1968*, Vol. XXIX, 문서번호 1.

13 "Airgram From the Embassy in Korea to the Department of State: Proposed U.S. Objectives in the Republic of Korea for 1964," February 13, 1964, *FRUS 1964~1968*, Vol. XXIX, 문서번호 4.

14 "Telegram From the Embassy in Korea to the Department of State," June 3, 1964, *FRUS 1964~1968*, Vol. XXIX, 문서번호 13.

15 민주공화당 창당과정에 참여한 정치인·기업인·지식인 들뿐만 아니라 군사정부시기 숙군과정을 지켜본 군사정부의 주체들 역시 김종필을 견제하고자 했다. 자신들도 언제 숙군 대상이 될지 모르기 때문이었다.

16 "Telegram From the Embassy in Korea to the Department of State," June 4, 1964, *FRUS 1964~1968*, Vol. XXIX, 문서번호 14.

17 "Telegram From the Embassy in Korea to the Department of State," June 6, 1962, *FRUS 1964~1968*, Vol. XXIX, 문서번호 15.

18 "Memorandum From Robert W. Komer of the National Security Council Staff to the President's Special Assistant for National Security Affairs(Bundy)," April 21, 1964, *FRUS 1964~1968*, Vol. XXIX, 문서번호 8.

19 "Memorandum From Robert W. Komer of the National Security Council Staff to the President's Special Assistant for National Security Affairs(Bundy)," March 26, 1964, *FRUS 1964~1968*, Vol. XXIX, 문서번호 9.

20 "Telegram from the Embassy in Korea to the Department of State," May 2, 1963, Pol 14 Kor S, Subject-Numeric Files 1963(홍석률, 앞의 글 56, 279면에서 재인용).

21 CIA, "Special Report," March 18, 1966(홍석률, 앞의 글 280면에서 재인용).

22 "Telegram From the Embassy in Korea to the Department of State," May 20, 1964, *FRUS 1964~1968*, Vol. XXIX, 문서번호 10.

23 "Telegram From the Embassy in Korea to the Department of State," May 20, 1964, *FRUS 1964~1968*, Vol. XXIX, 문서번호 10.

24 "Telegram From the Embassy in Korea to the Department of State," June 3, 1964, *FRUS 1964~1968*, Vol. XXIX, 문서번호 13.

25 버거의 이러한 요청은 국무부가 버거에게 김종필 제거를 지나치게 강조하지 말라고 지시했던 훈

령과 관련이 깊다. "Telegram From the Embassy in Korea to the Department of State," June 3, 1964, *FRUS 1964~1968*, Vol. XXIX, 문서번호 13.

26 "Telegram 1621, June 7: National Archives and Records Administration," RG 59, Central Files 1964~66, POL 15-1 Kor S, in "Editorial Note," June 3, 1964, *FRUS 1964~1968*, Vol. XXIX, 문서번호 16.

27 "Telegram From the Embassy in Korea to the Department of State," June 6, 1962, *FRUS 1964~1968*, Vol. XXIX, 문서번호 15.

28 "Editorial Note," *FRUS 1964~1968*, Vol. XXIX, 문서번호 16.

29 김종필이 외유를 떠난 지 한달도 안된 7월 2일, 박정희는 진해에서 버거에게 9월중 김종필이 다시 귀국하겠다는 의사를 전달해왔다는 사실을 전했다. 버거는 이에 대해 완강하게 반대하면서 김종필이 돌아온다면 이 나라가 다시 위기에 처할 것이라는 견해를 전달했다. 국무부 역시 이 견해에 동의했다. *FRUS 1964~1968*, Vol. XXIX, 문서번호 18, 각주 2.

30 "Telegram 551 from Seoul, December 19 (in Telegram From the Embassy in Korea to the Department of State)," December 21, 1964, *FRUS 1964~1968*, Vol. XXIX, 문서번호 29.

31 정일권은 1964년 5월 주한미국대사관에 김종필이 두달 안에 제거될 것이라는 견해를 전달하기도 했다. "Telegram From the Embassy in Korea to the Department of State," May 20, 1964, *FRUS 1964~1968*, Vol. XXIX, 문서번호 10.

32 "Memorandum of Conversation: Brown and Yi Hu-rak," October 13, 1965, box 2, Bureau of Far Eastern Affairs, Office of the Country Director for Korea, Recodrs Relating to Korea 1952~1966, RG 59, NA(홍석률, 앞의 글 290면에서 재인용).

33 Samuel D. Berger, "The Transformation of Korea: 1961~1965," January 7, 1966, RG 59, NND 979519, Subject Files of the Assistant Secretary of State for East Asian and Pacific Affairs 1961~1974, Box 305, NARA.

34 "Telegram From the Embassy in Korea to the Department of State," July 6, 1964, *FRUS 1964~1968*, Vol. XXIX, 문서번호 18.

제6부

1 "Memorandum From Robert W. Komer of the National Security Council Staff to President Johnson," January 2, 1964, *FRUS 1964~1968*, Vol. XXIX, 문서번호 2.

2 "National Intelligence Estimate(14.2/42-61)," September 7, 1961, *FRUS 1961~1963*, Vol. XXII, 521면.

3 "Telegram from the Embassy in Korea to the Department of State," January 21, 1964, *FRUS*

1964~1968, Vol. XXIX, 문서번호 1.

4 "Memorandum From Robert W. Komer of the National Security Council Staff to President Johnson," January 22, 1964, *FRUS 1964~1968*, Vol. XXIX, 문서번호 2.

5 "Memorandum From Robert W. Komer of the National Security Council Staff to President Johnson," January 23, 1964, *FRUS 1964~1968*, Vol. XXIX, 문서번호 3.

6 "Airgram From the Embassy in Korea to the Department of State: Aide-Memoire from ROKG in Connection with Secretary of State's Visit," February 5, 1964, *FRUS 1964~1968*, Vol. XXIX, 문서번호 3.

7 러스크의 방문을 앞두고, 1월 29일 한국정부는 스스로의 입장을 미국 대사관에 전달했다. *FRUS 1964~1968*, Vol. XXIX, 문서번호 3, 각주 2. 여기서 한국정부는 "공산주의적 경향을 가진 일본 거주 한국인들이 올림픽 기간 동안 일본의 민주적인 캠프에 침투할 수 있는 가능성이 있기 때문에, 일본 정부가 한국정부의 입장을 호의적으로 검토해주어야 한다"며 재일동포에 대한 편견을 드러내기도 했다. *FRUS 1964~1968*, Vol. XXIX, 문서번호 3, 각주 11.

8 "Airgram From the Embassy in Korea to the Department of State: Proposed U.S. Objectives in the Republic of Korea for 1964," February, 13, 1964, *FRUS 1964~1968*, Vol. XXIX, 문서번호 4.

9 "National Security Action Memorandum No. 298: Study of Possible Redeployment of U.S. Division now Stationed in Korea," May 5, 1964, *FRUS 1964~1968*, Vol. XXIX, 문서번호 9. 이 문서에서 존슨은 5월 26일까지 철군과 관련된 계획이 작성돼야 한다고 지시했지만, 어떤 이유에선지 계획 작성 완료기간이 연기되었다. 한국 내의 불안정한 상황이 주요한 이유였을 것으로 추측된다.

10 "Draft Memorandum From Secretary of State Rusk to President Johnson: Study of Possible Redeployment of U.S. Division Now Stationed in Korea," June 8, 1964, *FRUS 1964~1968*, Vol. XXIX, 문서번호 17.

11 "Memorandum From the Deputy Assistant Secretary of State for Far Eastern Affairs(Barnett) to the Chief of the Military Assistance Division of the Agency for International Development(Black): Comments on Proposed Reduction of FY 1965 MAP for Republics of Korea and China," October, 5, 1964, *FRUS 1964~1968*, Vol. XXIX, 문서번호 25.

12 "Telegram From the Embassy in Korea to the Department of State," June 6, 1964, *FRUS 1964~1968*, Vol. XXIX, 문서번호 15.

13 최근 공개된 문서들을 통해 좀더 자세하게 분석할 필요가 있겠으나, 한일협정이 포괄적으로 맺어진 것은 사실이지만 독도문제는 언급되지 않았고, 어업·문화재·재일조선인 문제와 관련해서는 해결책이 제시되지 못한 채 협정이 체결되었다. 최근 문서 공개에 참여한 전문가들에 의하면 공개된 문서들에는 한국정부가 '최대한의 노력'을 기울인 모습이 나타난다고 했지만, 미국의 문서들에서는 한일협정을 추진하는 과정에서 어떻게 하면 박정희 정부에 정치적으로 유리하게 진행할 것인가, 그

리고 조속한 체결을 위하여 문제가 되는 부분은 어떻게 미봉하고 넘어갈 것인가가 가장 중요하게 고려되고 있다. 재일조선인 문제는 1990년대까지 일본사회에서 여러가지 문제를 일으켰으며, 어업 문제는 현재까지도 한국과 일본 사이의 충돌을 일으키는 요인이 되고 있다.

14 박정희는 1964년 7월 2일 진해의 별장으로 버거 대사를 초청해 고속도로 건설계획 등에 따른 추가 원조를 요청했지만, 버거는 한마디로 일축했다. "Telegram From the Embassy in Korea to the Department of State," July 6, 1964, *FRUS 1964~1968*, Vol. XXIX, 문서번호 18.

15 "Memorandum From the Joint Chiefs of Staff to Secretary of Defense McNamara: Guidance to the Commander in Chief, United Nations Command (U) (JCSM-683-64)," August 11, 1964, *FRUS 1964~1968*, Vol. XXIX, 문서번호 19.

16 미국의 번디 차관보는 "1월 15일까지 한국군이 베트남에 도착하면 미국정부에 큰 도움이 되겠다"는 견해를 주미한국대사에게 전했다. 「'월남파병문제'에서 고려되어야 할 문제점」, 대통령 비서실 문서, 보고번호 65, 제7호(1964년 1월 6일자), 대전 국가기록원 전시실 전시 문서.

17 "Editorial Note," *FRUS 1964~1968*, Vol. XXIX, 문서번호 5. 미국이 베트남 파병을 전격적으로 결정한 것은 1965년 3월이었다. 즉 1964년 3월 한국정부의 파병 요청은 미국의 요청에 앞서 이루어진 것이었다. 따라서 한국군의 전투병 파병문제가 미국의 요청에 의해서 이루어진 것이라는 견해는 재고될 필요가 있다.

18 "Editorial Note," *FRUS 1964~1968*, Vol. XXIX, 문서번호 5.

19 "Editorial Note," *FRUS 1964~1968*, Vol. XXIX, 문서번호 5.

20 *FRUS 1964~1968*, Vol. XXIX, 문서번호 28, 각주 3.

21 *FRUS 1964~1968*, Vol. XXIX, 문서번호 28, 각주 3.

22 *FRUS 1964~1968*, Vol. XXIX, 문서번호 28, 각주 4.

23 "Telegram From the Embassy in Korea to the Department of State," December 30, 1964, *FRUS 1964~1968*, Vol. XXIX, 문서번호 30.

24 "Editorial Note," *FRUS 1964~1968*, Vol. XXIX, 문서번호 20.

25 "Memorandum From James C. Thomson of the National Security Council Staff to President Johnson: Your Meeting at 5 p.m. today with President Park," May 17, 1965, *FRUS 1964~1968*, Vol. XXIX, 문서번호 46.

26 "Memorandum From James C. Thomson of the National Security Council Staff to President Johnson: Your Meeting at 5 p.m. today with President Park," May 17, 1965, *FRUS 1964~1968*, Vol. XXIX, 문서번호 46.

27 『조선일보』 1965년 5월 21일자; 5월 30일자.

28 『조선일보』 1965년 5월 28일자.

29 "Special National Intelligence Estimate (SNIE 10-4-65): Probable Communist Reactions to

Development of a ROK Combat Division For Base Security Duty In South Korea," March 19, 1965, *FRUS 1964~1968*, Vol. XXIX, 문서번호 35.

30 이 문서에는 '베트콩들은 한국군에 테러를 감행해 국내의 여론을 악화시키려 할 것'이라는 지적이 있는데, 마치 현재 진행되고 있는 이라크의 상황을 보는 듯하다.

31 "Telegram From the Embassy in Korea to the Department of State," March 30, 1965, *FRUS 1964~1968*, Vol. XXIX, 문서번호 36.

32 "Memorandum From the Assistant Secretary of Defense for International Security Affairs (McNaughton) to the Deputy Secretary of Defense (Vance)," April 13, 1965, *FRUS 1964~1968*, Vol. XXIX, 문서번호 38.

33 "Telegram From the Embassy in Korea to the Department of State: ROK Troops for Vietnam," April 15, 1965, *FRUS 1964~1968*, Vol. XXIX, 문서번호 39.

34 "Telegram From the Embassy in Korea to the Department of State: ROK Troops for Vietnam," April 15, 1965, *FRUS 1964~1968*, Vol. XXIX, 문서번호 39.

35 "Memorandum of Conversation: U.S.-Korean Relations," May 6, 1965, *FRUS 1964~1968*, Vol. XXIX, 문서번호 42. 박정희는 미국을 방문하기 직전 브라운 대사를 만난 자리에서도 2,000명에 이르는 베트남 주둔 비전투병력의 경비를 위해서 전투부대 파견이 필요하다는 견해를 제시했다. 이에 대해서 브라운은 국무부에 근거없는 이야기라고 보고했다. "Telegram From the Embassy in Korea to the Department of State," April 27, 1965, *FRUS 1964~1968*, Vol. XXIX, 문서번호 41.

36 『조선일보』 1965년 6월 4일자.

37 "Editorial Note," *FRUS 1964~1968*, Vol. XXIX, 문서번호 32.

38 본격적인 요구는 박정희의 방미를 앞두고 정일권 총리에게서 나왔다. 정일권은 5월초 브라운을 만난 자리에서 '거래'하기 위한 것이 아니라고 거듭 말하면서도 구체적인 요구사항들을 밝히기 시작했다. 브라운 대사는 한일협정이 조인되기 전에는 전투부대 파병을 요청하지 않을 것이라고 했지만, 정일권은 구체적인 액수까지 언급하면서 원조와 방위조약의 개정을 주장했다.

39 "Letter From Secretary of State Rusk to Secretary of Defense McNamara," March 22, 1965, *FRUS 1964~1968*, Vol. XXIX, 문서번호 36. 이 문서에서 국무부 장관은 서독에서의 주둔군지위협정에 준하는 내용이 한국과 타이완에서 보장되어야 한다고 주장했다. 또한 한국·타이완과는 달리 필리핀에서는 필리핀에 좀더 유리한 내용으로 협정이 개정되었다는 점을 지적했다.

40 "Memorandum From the Assistant Secretary of Defense for International Security Affairs (McNaughton) to the Deputy Secretary of Defense (Vance): Chinese and Korean Status of Forces Negotiations — Criminal Jurisdiction," April 13, 1965, *FRUS 1964~1968*, Vol. XXIX, 문서번호 38.

41 "Telegram From the Embassy in Korea to the Department of State," May 14, 1965, *FRUS*

1964~1968, Vol. XXIX, 문서번호 44.

42 "Memorandum of Conversation: Joint Communique to Be Issued by Presidents Johnson and Park," May 18, 1965, *FRUS 1964~1968*, Vol. XXIX, 문서번호 49.

43 『조선일보』 1965년 5월 26일자.

44 "Telegram From the Embassy in Korea to the Department of State: SOFA Negotiations," January 6, 1966, *FRUS 1964~1968*, Vol. XXIX, 문서번호 70.

45 "Memorandum of Conversation," May 6, 1965, *FRUS 1964~1968*, Vol. XXIX, 문서번호 42. 김성은 국방부 장관은 수출 증가와 함께 국방예산의 75% 증가와 3,000만달러의 증액을 요구했지만, 브라운은 이것을 일언지하에 거절했다.

46 "Memorandum From Vice President Humphrey to President Johnson: Korea," January 5, 1966, *FRUS 1964~1968*, Vol. XXIX, 문서번호 48.

47 "Telegram From the Embassy in Korea to the Department of State," July 10, 1965, *FRUS 1964~1968*, Vol. XXIX, 문서번호 57.

48 *FRUS 1964~1968*, Vol. XXIX, 문서번호 63, 각주 2.

49 미국은 한국군 파병 요청에 대한 부담을 덜기 위하여 항상 베트남정부의 요청에 의해서 한국군이 파병되는 형식을 취하게 했다. 1964년 7월 15일 베트남정부가 처음으로 참전을 요청한 이래, 1965년 6월 14일, 1966년 2월 22일에 이루어진 한국군 전투부대의 추가파병 요청은 모두 베트남정부가 공식 요청한 것으로 되어 있다.

50 "Telegram From the Embassy in Korea to the Department of State: ROK troops to Vietnam," June 14, 1965, *FRUS 1964~1968*, Vol. XXIX, 문서번호 55.

51 "Telegram From the Embassy in Korea to the Department of State: Troops for Vietnam," December 28, 1965, *FRUS 1964~1968*, Vol. XXIX, 문서번호 65.

52 "Telegram From the Embassy in Korea to the Department of State," June 23, 1965, *FRUS 1964~1968*, Vol. XXIX, 문서번호 56.

53 "Telegram From the Embassy in Korea to the Department of State," July 10, 1965, *FRUS 1964~1968*, Vol. XXIX, 문서번호 57.

54 "Telegram From the Embassy in Korea to the Department of State," July 10, 1965, *FRUS 1964~1968*, Vol. XXIX, 문서번호 57.

55 "Memorandum From the Assistant Director of the United States Operations Mission to Korea (Brown) to the Director of the United States Operations Mission to Korea of the Agency for International Development(Bernstein): Procurement in Korea for Vietnam," September 23, 1965, *FRUS 1964~1968*, Vol. XXIX, 문서번호 59. 이 문서에서 브라운 대사는 대한원조를 더 많이 준다 하더라도 그것이 미국의 1개 사단을 파병하는 비용보다는 적게 들 것이라는 입장을 취했다.

56 "Telegram From the Embassy in Korea to the Department of State," January 5, 1966, *FRUS 1964~1968*, Vol. XXIX, 문서번호 48.

57 "Memorandum of Conversation," December 7, 1965, *FRUS 1964~1968*, Vol. XXIX, 문서번호 61.

58 1966년 7월 1일까지 1개 사단, 같은해 10월 1일까지 1개 여단의 파병을 요청했다.

59 "Telegram From the Embassy in Korea to the Department of State: Additional Korean Troops for South Vietnam," December 22, 1965, *FRUS 1964~1968*, Vol. XXIX, 문서번호 63.

60 "Korean Troops for Vietnam,"(1966. 1. 15) 0630Z, RG 59, Central Files 1964~66, POL 27-3 VIET S, *FRUS 1964~1968*, Vol. XXIX, 문서번호 72.

61 "Telegram From the Embassy in Korea to the Department of State," January 10, 1966, *FRUS 1964~1968*, Vol. XXIX, 문서번호 71.

62 한국정부의 요구에 대해 맥너마라 국무부 장관은 한국인들은 6~7억달러의 선물을 원하고 있지만, 미국은 7천만달러를 더 줄 용의가 있다고 밝혔다. *FRUS 1964~1968*, Vol. XXIX, 문서번호 71, 각주 5.

63 "Telegram From the Embassy in Korea to the Department of State: Troops for RVN," January 21, 1966, *FRUS 1964~1968*, Vol. XXIX, 문서번호 73.

64 예컨대, 한국의 국방부는 6,500만달러 상당의 장비를 요구했는데, 미국무부의 맥너튼(McNaughton) 차관보는 이미 미국이 상정하고 있는 한국군의 현대화 패키지에 600여만달러만 더 보태면 모두 해결될 것이라고 맥너마라에게 보고했다. "Memorandum From the Assistant Secretary of Defense for International Security Affairs(McNaughton) to Secretary of Defense McNamara: Additional ROK Forces for SVN," January 27, 1966, *FRUS 1964~1968*, Vol. XXIX, 문서번호 75.

65 "Telegram From the Department of State to the Embassy in Korea: Korean Troops for South Viet-Nam," January 27, 1966, *FRUS 1964~1968*. 미국이 제시한 내용은 1966년 3월 7일 한국정부에 전달됐으며, 일부 기밀이 삭제된 상태에서 '브라운 각서'로 명명되어 3월 8일 한국 언론에 공개됐다.

66 "Telegram From the Embassy in Korea to the Department of State," February 1, 1966, *FRUS 1964~1968*, Vol. XXIX, 문서번호 77.

67 "Telegram From the Embassy in Korea to the Department of State," December 30, 1965, *FRUS 1964~1968*, Vol. XXIX, 문서번호 67.

68 "Telegram From the Embassy in Korea to the Department of State," January 5, 1966, *FRUS 1964~1968*, Vol. XXIX, 문서번호 48.

69 박정희는 1966년 11월 10일에 가진 비공식 기자회견에서 더이상의 추가 파병은 없을 것이라고 밝혔다. "Telegram From the Embassy in Korea to the Department of State," November 22, 1966, *FRUS 1964~1968*, Vol. XXIX, 문서번호 91.

70 "Memorandum From the Executive Secretary of the National Security Council(Smith) to the President's Special Assistant(Rostow)," January 19, 1967, *FRUS 1964~1968*, Vol. XXIX, 문서번호

107.

71 "Memorandum From James C. Thomson of the National Security Council Staff and the President's Special Assistant for National Security Affairs(Bundy) to President Johnson: Development Loan Commitment to Korea," May 14, 1965, *FRUS 1964~1968*, Vol. XXIX, 문서번호 44.

72 "Memorandum From the President's Special Assistant for National Security Affairs(Bundy) to President Johnson: Sweetener for another ROK Division in Vietnam," February 3, 1966, *FRUS 1964~1968*, Vol. XXIX, 문서번호 78. 이 문서에서 번디 보좌관은 미국이 500만달러 정도만 더 증액했지만, 이것으로도 박정희가 충분히 유권자들을 매수할 수 있을 것이라고 존슨에게 보고했다.

73 "Memorandum From the Administrator of the Agency for International Development(Bell) to the President's Special Assistant for National Security Affairs(Bundy): A.I.D. Commitments to Korea in Connection with the Negotiations on Additional Korean Troops for Vietnam (Attach 4)," January 25, 1966 in "Memorandum From the President's Special Assistant for National Security Affairs(Bundy) to President Johnson," February 3, 1966, *FRUS 1964~1968*, Vol. XXIX, 문서번호 78.

74 "Memorandum From William J. Jorden of the National Security Council Staff to President Johnson: $12 Million Loan to Korean Reconstruction Bank," August 15, 1966, *FRUS 1964~1968*, Vol. XXIX, 문서번호 89.

75 "Memorandum From the President's Special Assistant(Rostow) to President Johnson: Loans to Korea for Power Development," May 1, 1967, *FRUS 1964~1968*, Vol. XXIX, 문서번호 115.

76 "Telegram From the Embassy in Korea to the Department of State," September 19, 1967, *FRUS 1964~1968*, Vol. XXIX, 문서번호 128.

77 "Telegram From the Embassy in Korea to the Department of State," March 15, 1965, *FRUS 1964~1968*, Vol. XXIX, 문서번호 33.

78 "Memorandum of Conversation: U.S.-Korean Relations," May 17, 1965, *FRUS 1964~1968*, Vol. XXIX, 문서번호 46.

79 "Telegram From the Embassy in Korea to the Department of State," June 4, 1965, *FRUS 1964~1968*, Vol. XXIX, 문서번호 54. 이 문서에서 흥미로운 점은 한국정부가 경찰을 증원해 주한미군부대에 배치했다는 점이다. 한국정부는 경찰에 주한미군의 이동이 이루어지는지 감시하라는 지시를 내렸다고 한다.

80 "Memorandum of Conversation," June 22, 1966, *FRUS 1964~1968*, Vol. XXIX, 문서번호 119.

81 "Letter From the Ambassador to Korea(Brown) to the Assistant Secretary of State for East Asian and Pacific Affairs(Bundy): U.S. Army Strength in Korea," December 13, 1966, *FRUS 1964~1968*, Vol. XXIX, 문서번호 105.

82 "Letter From the Assistant Secretary of Defense for International Security Affairs(McNaughton) to

the Assistant Secretary of State for Far Eastern Affairs(Bundy)," April 9, 1966, *FRUS 1964~1968*, Vol. XXIX, 문서번호 83. 이 문서에서 수정이 이루어지든 이루어지지 않든 간에 한국인들은 불평을 계속할 것이라는 판단이 함께 언급되었다.

83 "Editorial Note," *FRUS 1964~1968*, Vol. XXIX, 문서번호 88. 주한미국대사관은 한국과의 주둔군지위협정이 파키스탄과의 협정과 북대서양조약기구와의 협정을 혼합한 것이라고 평가했다.

84 1966년 이후 비무장지대에서 충돌이 늘어난 이유는 아직 정확하게 해명되지 않고 있다. 최근에 발표된 미첼 러너(Mitchell Lerner)의 글("A Dangerous Miscalculation: New Evidence from Communist-Block Archives about North Korea and the Crisis of 1968," *Journal of Cold War Studies*, Vol. 6, Issue 1, 2004 Winter)에 의하면 이것이 1966년부터 시작된 북한의 적극적인 전술에 의한 것으로 설명되고 있다(5~6면). 그러나 필자는 북한의 적극적인 전술이 한국군의 베트남 파병에 대응하는 성격이 강했던 것으로 본다. 또한 일부 연구에서는 미국이 한반도에서 또다른 전선을 열 가능성이 있었기 때문에 북한이 적극적으로 대응했다고 설명하지만(한국역사연구회 현대사연구반 「북한의 사회주의 건설과정과 자주노선」, 『한국현대사』 3, 풀빛 1991), 필자는 미국의 문서들을 종합해볼 때 북한이 남한의 베트남 파병을 막고 베트남 파병으로 인한 한국군 증강에 대응하기 위한 것이었다고 본다.

85 "Telegram From the Embassy in Korea to the Department of State: Troops for RVN," March 18, 1966, *FRUS 1964~1968*, Vol. XXIX, 문서번호 82; "Telegram From the Embassy in Korea to the Department of State," October 19, 1966, *FRUS 1964~1968*, Vol. XXIX, 문서번호 93; "Telegram From the Embassy in Korea to the Department of State," November 22, 1966, *FRUS 1964~1968*, Vol. XXIX, 문서번호 101.

86 "Memorandum of Conversation," March 14, 1967, *FRUS 1964~1968*, Vol. XXIX, 문서번호 110.

87 졸고 「1960년대 중반 안보위기와 제2경제론」, 『역사비평』 2005년 가을호 참조.

88 이 때문에 1967년 박정희 대통령 재취임 축하행사에 참석하기 위해 험프리 부통령이 방한할 때 미국은 한국의 보안수준을 다시 조사했다. "Report Prepared by the Office of National Estimates of the Central Intelligence Agency: SECURITY CONDITIONS IN SOUTH KOREA," June 23, 1967, *FRUS 1964~1968*, Vol. XXIX, 문서번호 120.

89 "Intelligence Memorandum: ARMED INCIDENTS ALONG THE KOREAN DMZ," November 8, 1966, *FRUS 1964~1968*, Vol. XXIX, 문서번호 98.

90 본스틸 사령관은 1966년 11월말 유엔군을 보호하기 위해서라면 보복을 위한 선제공격도 필요할 수 있다고 본국에 보고했다. "Memorandum of Conversation: Mr. Bundy's Meeting with Mr. Colby," December 1, 1966, *FRUS 1964~1968*, Vol. XXIX, 문서번호 104.

91 "Telegram From the Commanding General, United States Eighth Army, Korea, and the Commander in Chief, United Nations Command, Korea(Bonesteel) to the Chairman of the Joint

Chiefs of Staff (Wheeler)," November 10, 1966, *FRUS 1964~1968*, Vol. XXIX, 문서번호 99.

92 "Memorandum of Conversation: Mr. Bundy's Meeting with Mr. Colby," September 15, 1967, *FRUS 1964~1968*, Vol. XXIX, 문서번호 127.

93 "Memorandum From Alfred Jenkins of the National Security Council Staff to the President's Special Assistant(Rostow): Bonesteel's 'Eyes Only' of July 21," July 26, 1967, *FRUS 1964~1968*, Vol. XXIX, 문서번호 123.

94 "Memorandum From the Executive Secretary of the National Security Council(Smith) to the President's Special Assistant(Rostow)," January 19, 1967, *FRUS 1964~1968*, Vol. XXIX, 문서번호 107.

95 "Memorandum of Conversation," March 14, 1967, *FRUS 1964~1968*, Vol. XXIX, 문서번호 110.

96 "Telegram From the Embassy in Korea to the Department of State," June 7, 1967, *FRUS 1964~1968*, Vol. XXIX, 문서번호 117.

97 "Editorial Note," *FRUS 1964~1968*, Vol. XXIX, 문서번호 126.

98 "Telegram From the Embassy in Korea to the Department of State: Additional ROK Forces for Vietnam," September 19, 1967, *FRUS 1964~1968*, Vol. XXIX, 문서번호 128.

99 같은 문서.

100 "Telegram From the Embassy in Korea to the Department of State: Internal Security: Views of President Park," September 19, 1967, *FRUS 1964~1968*, Vol. XXIX, 문서번호 129.

101 같은 문서.

102 "Special National Intelligence Estimate (SNIE 14.2-67): NORTH KOREAN INTENTIONS AND CAPABILITIES WITH RESPECT TO SOUTH KOREA," September 21, 1967, *FRUS 1964~1968*, Vol. XXIX, 문서번호 130.

103 "Telegram From the Embassy in Vietnam to the Department of State: Vice President's Meeting with Prime Minister of Korea," October, 31, 1967, *FRUS 1964~1968*, Vol. XXIX, 문서번호 132.

104 『조선일보』 1967년 11월 1일자.

105 "Telegram From the Embassy in Korea to the Department of State: Additional ROK Troop Contribution to Vietnam," November 25, 1967, *FRUS 1964~1968*, Vol. XXIX, 문서번호 134.

106 "Memorandum of Conversation: North Korean Harassment and U.S. Commitments," November 13, 1967, *FRUS 1964~1968*, Vol. XXIX, 문서번호 133. 이 모임에서 최규하는 베트남에 대한 수출을 더 늘리고 싶다고 제안했지만, 일언지하에 거절당했다. 버거 한국과장은 1967년 전반기에만 베트남에서 한국으로 송금된 액수가 6천만달러에 이른다고 말하면서, 이것은 1966년 전체 송금액과 거의 비슷한 수준이라고 말했다. 최규하는 이 점을 부정하지 않았다. 한국군의 속옷을 한국제품으로 하고 싶다는 제안에 대해서도 버거는 브라운 각서에 포함되지 않은 사항이라며 거절했다.

107 "Telegram From the Embassy in Korea to the Department of State: Additional ROK Troop Contribution to Vietnam," November 25, 1967, *FRUS 1964~1968*, Vol. XXIX, 문서번호 134.

108 주베트남 대사 로케가 추가파병문제로 한국에 들렀을 때 포터 대사는 로케와 함께 박정희를 만났다. 이때 추가파병문제가 논의되었는데, 박정희는 이 문제를 자신과 더 이야기할 것 없이 국방부장관과 논의하라고 했다. 이것은 당시까지 주한미국대사가 한국의 대통령과 직접 협상을 벌였던 것과는 다른 방식이었으며, 따라서 포터 대사로서는 기분이 좋지 않았을 것이다. "Telegram From the Embassy in Korea to the Department of State," December 6, 1967, *FRUS 1964~1968*, Vol. XXIX, 문서번호 137.

109 "Telegram From the Embassy in Australia to the Department of State," December 21, 1967, *FRUS 1964~1968*, Vol. XXIX, 문서번호 139.

110 "Notes on Conversation Between President Johnson and President Pak," December 21, 1967, *FRUS 1964~1968*, Vol. XXIX, 문서번호 140.

111 "Memorandum From the President's Special Assistant(Rostow) to President Johnson: More Korean Troops for Vietnam," January 5, 1968, *FRUS 1964~1968*, Vol. XXIX, 문서번호 142.

112 "Telegram From the Embassy in Korea to the Department of State: Troops for RVN," March 18, 1966, *FRUS 1964~1968*, Vol. XXIX, 문서번호 82.

113 『조선일보』 1967년 6월 15일자; 12월 7일자; 1968년 1월 7일자; "Editorial Note," *FRUS 1964~1968*, Vol.XXIX, 문서번호 143.

114 "Telegram From the Embassy in Korea to the Department of State," January 24, 1968, *FRUS 1964~1968*, Vol. XXIX, 문서번호 145.

115 "Telegram From the Commanding General, United States Eighth Army, Korea, and the Commander in Chief, United Nations Command, Korea(Bonesteel) to the Chairman of the Joint Chiefs of Staff(Wheeler)," January 27, 1968, *FRUS 1964~1968*, Vol. XXIX, 문서번호 148.

116 "From the Embassy in Seoul to the Department of State," February 6, 1968, *FRUS 1964~1968*, Vol. XXIX, 문서번호 156.

117 "Telegram From the Embassy in Korea to the Department of State," February 3, 1968, *FRUS 1964~1968*, Vol. XXIX, 문서번호 150. 존슨은 2월 3일자로 박정희에게 친서를 보냈다. "Telegram from the Department of State to the Embassy in Korea," February 4, 1968, *FRUS 1964~1968*, Vol. XXIX, 문서번호 151.

118 "Telegram From the Commander in Chief, Pacific(Sharp) to the Chairman of the Joint Chiefs of Staff(Wheeler)," February 9, 1968, *FRUS 1964~1968*, Vol. XXIX, 문서번호 165. 본스틸 사령관은 한국군 장성들이 『이상한 나라의 앨리스』에 나오는 미친 해터(Hatter: 앨리스를 조종했던 사람)의 티파티(tea party)를 벌이고 있다고 보고했다. 이것은 박정희의 지시를 받아 북으로 진격해야 한다는

분위기가 군 장성들 사이에서 성숙해가고 있다는 내용을 보고한 것이다.

119 "Telegram from the Embassy to the Department of State," February 8, 1968, *FRUS 1964~1968*, Vol. XXIX, 문서번호 161.

120 "Telegram From the Commander in Chief, Pacific(Sharp) to the Chairman of the Joint Chiefs of Staff(Wheeler)," February 9, 1968, *FRUS 1964~1968*, Vol. XXIX, 문서번호 165.

121 "Embtel No. 4034: National Archives and Records Administration," RG 59. Central Files 1967~69, POL 33-6 KOR N-US, in "Telegram from the Department of State to the Embassy in Korea," February 7, 1968, *FRUS 1964~1968*, Vol. XXIX, 문서번호 160.

122 "Telegram From the Embassy in Korea to the Department of State," February 10, 1968, *FRUS 1964~1968*, Vol. XXIX, 문서번호 171.

123 "Telegram From the Embassy in Korea to the Department of State," February 10, 1968, *FRUS 1964~1968*, Vol. XXIX, 문서번호 174.

124 "Paper Prepared in the Department of State: MISSION OF CYRUS R. VANCE-special instruction," no date, February 9, 1968, *FRUS 1964~1968*, Vol. XXIX, 문서번호 168.

125 "Telegram From the Embassy in Korea to the Department of State," February 14, 1968, *FRUS 1964~1968*, Vol. XXIX, 문서번호 179.

126 "Notes of the President's Meeting With Cyrus R. Vance," February 15, 1968, *FRUS 1964~1968*, Vol. XXIX, 문서번호 180.

127 밴스는 같은 날짜에 보낸 비망록에서 한국군의 대북 보복 소식을 국방부 장관이 통제했기 때문에 한국의 다른 각료들이 모르고 있었다고 밝혔다. 또한 1967년 11월에는 남한의 특수부대가 북한의 한 사단본부를 폭파한 사건이 있었는데, 이것이 1·21사건으로 비화하지는 않은 것 같다고 밝혔다. "Memorandum From Cyrus R. Vance to President Johnson," February 20, 1968. *FRUS 1964~1968*, Vol. XXIX, 문서번호 181.

128 "Letter From the Ambassador to Korea(Porter) to the Assistant Secretary of State for East Asian and Pacific Affairs(Bundy)," February 27, 1968, *FRUS 1964~1968*, Vol. XXIX, 문서번호 182.

129 "Telegram from the Department of State to the Embassy in Korea," February 7, 1968, *FRUS 1964~1968*, Vol. XXIX, 문서번호 160.

130 "Telegram From the Embassy in Korea to the Department of State," February 12, 1968, *FRUS 1964~1968*, Vol. XXIX, 문서번호 176.

131 "Telegram From the Embassy in Korea to the Department of State," March 8, 1968, *FRUS 1964~1968*, Vol. XXIX, 문서번호 186.

132 "Intelligence Information Cable From the Central Intelligence Agency (TDCSDB-315/01422-68)," April 23, 1968, *FRUS 1964~1968*, Vol. XXIX, 문서번호 195.

133 "Paper Prepared by the Policy Planning Council of the Department of State," June 15, 1968, *FRUS 1964~1968*, Vol. XXIX, 문서번호 201.

134 "Information Memorandum From the President's Special Assistant(Rostow) to President Johnson," June 19, 1968, *FRUS 1964~1968*, Vol. XXIX, 문서번호 202.

135 "Telegram From the Embassy in Korea to the Commander in Chief, Pacific(Sharp)," April 16, 1968, *FRUS 1964~1968*, Vol. XXIX, 문서번호 191.

136 "Memorandum From Vice President Humphrey to President Johnson," January 5, 1966, *FRUS 1964~1968*, Vol. XXIX, 문서번호 48.

137 "Special National Intelligence Estimate (SNIE 14.2-68)," May 16, 1968, *FRUS 1964~1968*, Vol. XXIX, 문서번호 200.

138 "Telegram From the Embassy in Korea to the Department of State," June 23, 1965, *FRUS 1964~1968*, Vol. XXIX, 문서번호 56.

139 "Draft Memorandum From Secretary of State Rusk to President Johnson: Study of Possible Redeployment of U.S. Division Now Stationed in Korea," June 8, 1964, *FRUS 1964~1968*, Vol. XXIX, 문서번호 17.

제7부

1 「글라이스틴 주한미국대사가 밴스 국무장관에게 보내는 문서」(1979년 11월 1일자), 『뉴스메이커』 1996년 3월호, 35면. 이 문서는 "1979년의 한국은 헌법을 개정하라고 협박했던 1960년대 초반 박정권 때의 한국이 아니라는 점을 명심해야 한다"는 밴스 국무장관의 10월 28일자 문서에 대한 답장이었다.

2 정성진 「21세기 미국 제국주의」, 『사회경제평론』 20호(2003) 참조. 물론 이러한 금태환 정지 선언은 달러 중심체제의 붕괴를 의미하는 것이었다. 1973년 미국은 달러 중심의 변동환율제도를 채택함으로써 달러를 통해서 세계경제를 좌우할 수 있는 새로운 체제를 만들어냈다.

3 John Lewis Gaddis, *Strategies of Containment*, New York: Oxford Univ. Press 1982, 276~83면.

4 「태평양에서의 미정책에 관한 닉슨 미국대통령의 괌 기자회견(1969. 7. 25)」, 김용직 편 『사료로 본 한국의 정치와 외교』, 성신여대 출판부 2005, 410~11면.

5 박태호·박태균 「1960년대 아시아개발은행의 창립과정에 대한 연구」, 『국제지역연구』 13권 2호(2004) 참조.

6 박태균 「한일협정과정에서 나타나는 미국과 일본의 이해관계와 그 특징」, 『한일관계사연구논집 10』, 경인문화사 2005 참조.

7 일본연구실 편 『한일관계자료집』, 아세아문제연구소 1977, 643~46면.

8 빅터 D. 차, 김일영·문순보 옮김 『적대적 제휴 — 한국, 미국, 일본의 삼각 안보체제』, 문학과지성사 2004, 129~30면에서 재인용.

9 공동성명서에서 한미상호조약이 언급됐지만, '장기적'으로 한반도의 긴장요인을 완화시킬 노력이 필요하다는 점과 함께 베트남이 외부의 간섭이나 위협 없이 자신의 장래를 결정할 수 있게 한다는 내용이 포함되었다. 「박정희 대한민국 대통령과 닉슨 미합중국 대통령의 공동성명」(1969. 8. 22), 김용직 편, 앞의 책 412~13면.

10 NSDM 48을 통해 한국 내 주둔중인 2개 사단 중 하나를 철수하라고 지시했다. 같은 책 참조. 이때의 지시는 제2사단을 지목한 것이었지만, 실제로는 7사단이 철수했다. 박건영·박선원·우승지 「제3공화국 시기 국제정치와 남북관계」, 『국가전략』 9권 4호(2003) 70면.

11 김용직 편, 앞의 책 414~15면.

12 「부통령의 극동방문: 한국」(1970. 8), 같은 책 420~22면.

13 「미국무성 브리핑 비망록: 한미관계의 폭발」(1972. 5. 26), 같은 책 436~38면.

14 빅터 차, 앞의 책 109면.

15 「닉슨 대통령에게 보내는 박정희 대통령의 편지」(1971. 9. 16), 김용직 편, 앞의 책 427~29면.

16 「미국무성 브리핑 비망록: 한미관계의 폭발」(1972. 5. 26), 같은 책 436~38면.

17 『조선일보』 1971년 8월 25일자; 10월 29일자.

18 빅터 차, 앞의 책 116면.

19 "Embtel to Department of State: Conversation with General Kim Hyung Wook, former Director, ROK CIA," January 2, 1970, 박건영 외, 앞의 글 72면에서 재인용.

20 「1971년 2월 18일 포터 대사가 보낸 전문」, 박건영 외, 앞의 글 73~74면.

21 박건영 외, 앞의 글 74면에서 재인용.

22 「미하원 외교위 한미관계 청문회: 윌리엄 포터 대사의 증언」(1971. 6. 8), 김용직 편, 앞의 책 424~26면. 포터 대사는 한반도의 긴장완화를 바라는 한국민들의 정서는 제7대 대통령선거에서 군축을 선언한 김대중에 대한 지지에서 잘 드러난다고 주장했다.

23 7·4공동성명이 단순히 미국의 압력에 의해서만 이루어졌다고 볼 수는 없다. 7·4공동성명을 설명하기 위해서는, 통일을 가장 중요한 국가적 목표라고 생각하는 동시에 전쟁의 위기에서 벗어나고 싶어하는 국민적 공감대가 전제되어야 한다. 그러나 이 책에서는 한미관계의 입장에서 7·4공동성명을 설명한 기존의 연구성과들을 주로 인용했다.

24 박정희는 이 위기에서 벗어나기 위해 한국과 일본 사이의 상호방위조약 체결까지도 고려하고 있었다. 빅터 차, 앞의 책 136면.

25 박건영 외, 앞의 글 82면에서 재인용.

26 졸고 「1960년대 중반 안보위기와 제2경제론」, 『역사비평』 2005년 가을호 참조.

27 「유신에 대한 미국의 정책. 미국무성 전문: 한국 헌법개정에 대한 미국의 반응」(1972. 10. 23), 김용직 편, 앞의 책 445~46면.

28 「한국정책 재고찰: 두 개의 한국정책, 러시(K. Rush)가 키씬저에게 보내는 비망록에 첨부된 연구보고서」(1973. 5. 29), 같은 책 447~50면.

29 "NSDM 251,"(1974.3.29) Winston Lord Files Box 376(홍석률, 「1970년대 전반 동북아 데땅트와 한국통일문제: 미·중 간의 한국문제에 대한 비밀협상을 중심으로」, 『역사와현실』 제142권(2001), 227~28면에서 재인용).

30 베트남이 공산화되면서 포드는 미의회에 대한특별원조 500만달러를 요청하기도 했다. 『조선일보』 1975년 6월 21일자.

31 『조선일보』 1974년 8월 14일자.

32 『조선일보』는 당시의 상황을 "한미관계의 새로운 융화시대"라고 표현하기도 했다. 『조선일보』 1974년 11월 23일자.

33 『조선일보』 1974년 11월 6일자.

34 『조선일보』 1974년 11월 22일; 11월 23일자. 한국정부는 포드 대통령의 방한에 180만여명을 동원해 환영의 의지를 과시하고자 했다.

35 빅터 차, 앞의 책 208~11면.

36 『조선일보』 1976년 1월 6일자. 박동선은 1970년대초부터 미국의 로비스트를 자임하면서 수차례에 걸쳐 청와대와 중앙정보부를 드나든 것으로 알려져 있다.

37 코리아 게이트와 한미관계에 관련해서는 좀더 구체적인 자료 발굴을 통한 연구가 필요하다. 현재 코리아 게이트와 관련된 미의회 문서들이 일부 공개되어 있지만, 미행정부와 CIA 자료들 그리고 관련자들의 증언이 더 필요하다. 코리아 게이트에 대해서는 이후의 다른 작업에서 더 구체화시키도록 하겠다.

38 빅터 차, 앞의 책 227면에서 재인용.

39 박정희 정부의 핵무기 개발과 관련해서는 여전히 베일에 싸여 있는 부분이 많다. 여러가지 증언과 신문자료들이 있지만, 아직까지 핵무기 개발에 대한 확실한 자료들이 공개되지 않고 있기 때문이다. 따라서 이 책에서는 이 문제를 깊이있게 천착하지는 않을 것이다.

40 『조선일보』 1975년 4월 23일자.

41 빅터 차, 앞의 책 227면.

42 『조선일보』 1979년 1월 18일자; 4월 28일자.

43 이삼성 「광주학살, 미국·신군부의 협조와 공모」, 『역사비평』 1996년 가을호 95면.

44 이삼성 『현대 미국외교와 국제정치』, 한길사 1994, 252~72면.

45 이삼성, 앞의 글 99면.

46 같은 글 100~101면에서 재인용.

47 한국정부가 국회를 통제할 수 있었던 이유는 국회의원의 1/3을 대통령이 임명하는 유정회라는 조직이 있었기 때문이었지만, 주한미국대사관의 보고서에는 이 점에 대한 지적이 생략되어 있다.

48 최동준 「전두환, 카터를 농락하다: 1979~1980년 미국무부 비밀외교문서 4천페이지 철저 분석」, 『월간조선』 1996년 8월호, 339면에서 재인용.

49 같은 글 341~42면에서 재인용.

50 팀 셔록·김재일 「서울의 봄, 미 대사관 비밀전문 "신현확에게 한국을"」, 『시사저널』 1996년 4월 25일자, 32면.

51 최동준, 앞의 글 343면.

52 같은 글 334면.

53 같은 글 345면.

54 같은 글 348면.

55 박성원 「미국, 신군부에 끌려다녔다」, 『신동아』 1996년 5월호, 120면.

56 같은 글 120~21면.

57 "From Gleysteen to Secretary of State: ROK Shifts Special Forces Units,"(1980. 5) 07096Z, 이삼성, 앞의 글 123~24면에서 재인용.

58 "From Gleysteen to Secretary of State: Crackdown in Seoul,"(1980. 5) 1716730z; "From Christopher to Gleysteen: Crackdown in Seoul,"(1980. 5) 180008Z, 이삼성, 앞의 글 129면에서 재인용.

59 "From Gleysteen to Secretary of State: The Kwangju Crisis,"(1980. 5) 210932Z, 이삼성, 앞의 글 131면에서 재인용.

60 "From Gleysteen to Secretary of State: The Kwangju Crisis,"(1980. 5) 210956Z, 이삼성, 앞의 글 133면에서 재인용.

61 팀 셔록·김재일, 앞의 글 31면.

62 박성원, 앞의 글 122~23면.

63 정동준, 앞의 글 381~82면.

64 이삼성, 앞의 글 117면.

65 변창섭 「한국인은 구걸꾼, 미국의 오만과 편견」, 『시사저널』 1996년 3월 14일자, 34면.

66 팀 셔록·김재일 「80년 6월, 전두환 등극 인정」, 『시사저널』 1996년 3월 21일자.

67 「최규하는 정치 민주화 꿈도 못꿨다」, 『뉴스메이커』 1996년 3월호, 35면.

68 「최규하, 집정 부담스러워했다」, 『뉴스메이커』 1996년 3월호, 35면.

69 「미 양김씨 분열 예측했다」, 『뉴스메이커』 1996년 4월호, 67면.

70 "Telegram from the Embassy in Korea to the Department of State," September 2, 1963, *FRUS 1961~1963*, Vol. XXII, 657~661면.

71 "Telegram from the Embassy in Korea to the Department of State," January 21, 1964, *FRUS*

1964~1968, Vol. XXIX, 문서번호 1.

결론

1 「미국무성 브리핑 비망록: 한미관계의 폭발: 하비브 대사의 근심」(1972. 5. 26), 김용직 편 『사료로 본 한국의 정치와 외교』, 성신여대 출판부 2005, 436~38면.

2 Samuel D. Berger, "Transformation of Korea 1961~1965," January 7, 1966. RG 59, NND 979519, Subject Files of the Assistant Secretary of State for East Asian and Pacific Affairs 1961~1974, Box 305, NARA.

3 전쟁위기를 만들어낸 독재정부의 대응이란 판단에서 미국정부는 한국군의 작전지휘권 장악에 가장 많은 신경을 썼다. 대규모 군사원조와 작전지휘권을 맞바꾼 1954년의 합의의사록, 주한미군의 감축 또는 철군으로 인한 한국군의 작전지휘권문제에 대한 고민(소규모의 미군만을 남겨놓고 작전지휘권을 유지할 수 없기 때문이다) 그리고 유엔군 사령부의 해체로 인한 작전지휘권의 유권해석문제 등은 모두 이 과정에서 나온 미행정부의 중요한 고려사항 중 하나였다.

4 "Embtel No. 1536," Section one of two, Section two of two, May 16, 1961, 795B.00/5-1661, Box 2181, Decimal File, 1960~1963.

| 찾아보기 |

ㄱ

ㅂ

ㅅ

ㅈ

ㅊ

ㅋ

ㅌ

ㅍ

ㅎ

우방과 제국, 한미관계의 두 신화

8·15에서 5·18까지

초판 1쇄 발행 / 2006년 8월 30일
초판 6쇄 발행 / 2024년 3월 29일

지은이 / 박태균
펴낸이 / 염종선
책임편집 / 안병률
펴낸곳 / (주)창비
등록 / 1986년 8월 5일 제85호
주소 / 10881 경기도 파주시 회동길 184
전화 / 031-955-3333
팩시밀리 / 영업 031-955-3399 편집 031-955-3400
홈페이지 / www.changbi.com
전자우편 / nonfic@changbi.com

ISBN 978-89-364-8233-6 03910